本书的研究工作得到欧盟让·莫内项目的资助

Supported by Jean Monnet Program—European Module（2013-3175）

本书的研究工作及其出版得到同济大学德国研究中心的资助

德国研究丛书

冷战后德国与中东欧的关系

DIE BEZIEHUNGEN ZWISCHEN DEUTSCHLAND UND MITTEL- UND OSTEUROPA NACH DEM KALTEN KRIEG

杨 烨　高 歌 / 主编

社会科学文献出版社
SOCIAL SCIENCES ACADEMIC PRESS (CHINA)

序言一

国内学界关于德国与中东欧国家关系的研究并不多见，因此，杨烨、高歌两位老师主编的这本论文集为德国研究学者与中东欧研究学者之间的对话与交流提供了一个很好的平台。本人主要从事德国问题研究，对中东欧的关注，主要是从中国 - 中东欧国家“16 + 1”合作机制建立以来。

从德国的视角和中东欧的视角出发，看待一个国家和一个次区域以及这个次区域内各个国家之间的双边互动关系，往往会有所不同，这里涉及视角转换，而恰恰是这种视角转换，能让我们对两者之间的关系有更为全面的认识。

从德国视角看，德国在中东欧国家的转型以及加入欧盟与北约的过程中扮演了一个积极推动者的角色，这一方面是为了将这些国家纳入西方的价值共同体，另一方面则是出于德国自身的成本 - 收益考虑，这是指中东欧国家是德国的一个巨大的市场。但是，对德国而言，更重要的是“双重东扩”使得德国不再处于欧盟的边缘，而是成为欧盟的中心，这一在欧盟内地位的转变也改善了德国的安全环境。

从中东欧国家视角看，它们也有着加入欧盟和北约的强烈意愿，希冀进入统一的欧洲内部市场，获取结构基金的资助，以及获得可靠的安全保障。与此相关，它们乐见德国在欧盟内充当它们利益的代言人。

但是，德国与中东欧国家之间的关系也并非没有利益冲突。例如，在确定中东欧国家加入欧盟时，德国为这些国家的劳动力进入德国的劳动力市场设置了过渡期，这样做主要是担心来自中东欧国家移民的激增。然而后来的事实证明，这样的担心是多余的，因为有意愿和能力进入德国劳动力市场的人此前已经通过某种方式进入了。有意思的是，英国脱欧的一个原因恰恰是英国人觉得涌入的中东欧国家移民过多，侵蚀了英国的福利体制。为此，英国前首相卡梅伦就曾在与欧盟谈判中要求限制来自欧盟的移民。事实上，类似的论调在德国也间或存在。随着右翼民粹势力的崛起，这样的声音也日益喧哗，例如，这也反映在右翼民粹政党“德国另类选择党”的党纲中。

不过，德国与中东欧国家之间在政治与安全领域的关系由于历史的原因非常复杂，这主要是指中东欧国家对“德国霸权”的担心，这种霸权包括经济上的、政治上的和文化上的。中东欧国家对于德国时常有着一种矛盾心理，一方面希望德国发挥领导力，另一方面又担心德国单方面输出其价值和立场，独断专行。在欧债危机爆发时，针对德国在救助上的犹豫与迟疑，时任波兰外长西科尔斯基的一番话引起了人们的广泛关注。他表示：“我不担心德国的强大，反而担心德国的不作为，因为德国已成为欧洲不可或缺的国家。”但是，波兰以及其他欧盟国家期待的是德国出钱救助，而不是让德国真的来发号施令。所以，当德国政治家自豪地感叹，如今欧洲到处在谈论德国时，遭到的是不解乃至抵触。因此，德国必须小心走钢丝，平衡好各方的利益。例如，在乌克兰危机的应对中，中东欧国家与波罗的海国家一样，基于对俄罗斯扩张的恐惧，主张对俄罗斯采取强硬态度。而西欧国家由于与俄罗斯有着紧密的经贸关系，则不愿把与俄罗斯的关系过度搞坏，但是，为了平衡这两派的立场，尤其是为了顾及中东欧国家的安全关切，在德国带领下，欧盟还是对俄罗斯实施了全面的经济制裁。虽然这一制裁并未取得欧盟方面预想的效果，但是，德国在中东欧国家和波罗的海国家的牵制下，迄今无法在对俄罗斯政策上简单转向。

目前，欧盟内部面临着多重危机叠加的冲击，包括欧债危机、难民危机、暴恐危机、乌克兰危机、英国脱欧危机等。这当中形成了几条不同的分歧线，其中之一是主张财政紧缩的德国和北欧国家与主张推行扩张型财政政策的南欧国家之间的分歧；另一个分歧则是在难民问题上，中东欧国家尤其是维谢格拉德集团国家与德国之间的对立。德国虽然在欧盟内的领导地位越发突出，而且，英国脱欧后，德国在一个“缩小且衰弱”的欧洲中的地位还会进一步凸显，但是，德国需要寻找伙伴，来共同领导。除了法国以外，在中东欧国家方面，对德国尤为重要的是波兰。事实上，德国时常尝试发挥德法波之间的“魏玛三角”作用，只不过由于三国间的力量不对称和立场分歧而并未取得多少成功。但是，在未来，德国如果不希望欧盟分裂为一个个小集团，它就必须耐心地寻找合作伙伴，包括在中东欧，以便在相关议题上形成一个“获胜联盟”，只有这样，德国在欧盟内的领导才能摆脱“称霸”的指责以及对抗联盟的形成。

以上简单的漫谈已经表明，德国与中东欧之间的关系涉及的面相很多。而难能可贵的是，杨烨、高歌两位老师主编的这本论文集正是从文化、地缘、历史维度梳理分析这一国内鲜有研究的双边关系。论文集中的各篇论文虽然各自独立，但是，它们之间的有机组合，不仅让我们了解了德国与中东欧关系的全景，还使我们能够了解中东欧各个国家与德国之间关系的细貌。而且，本论文集还收入了外部因素或议题对德国与中东欧国家双边关系之影响的分析。

着眼德国与中东欧国家关系的未来发展，我们还可把它放到中欧关系的框架内进行考察，包括研究德国与中东欧关系对我国推进“一带一路”倡议的影响，以及对中国－中东欧国家“16＋1”机制的落实的影响。总之，这本论文集抛砖引玉，为研究德国与中东欧国家关系奠定了一个良好的基础，期待它能对学界同仁有所启发，以产出进一步的研究成果。

郑春荣
2016 年 12 月 10 日于
同济大学中德大楼

序言二

杨烨教授请我为本书写一个序，谈谈冷战后中东欧国家与德国关系的演进，并展望一下这组关系的未来。本人非德国研究的“局内人”，自然不能对德国问题说三道四。但作为中东欧研究的爱好者，对 20 世纪 90 年代以来中东欧国家与统一后德国关系演进有些肤浅的了解，也有一些“局外人”的思考，因而愿意在这里闲话几句。

冷战结束后，随着两个德国的统一和中东欧国家开始大规模全方位转型，德国和中东欧国家开始致力于在新的基础上建立政治、经济关系和构筑安全环境。但这种关系的发展受到历史、文化、战争、领土变更、德意志族人问题、欧洲一体化等多种因素影响。

统一后的初期，德国没有针对中东欧国家的系统性政策。德国一度担心这样的政策会引发英国和法国等欧盟伙伴对其“政治抱负”产生担忧，也担心中东欧国家因与其存在历史问题而对其心存疑虑。但很快，随着中东欧国家转型的大规模展开，德国着手在政治、经济和外交方面打造与中东欧国家的新型关系。

在政治上，统一后的德国在第二次世界大战后与德国相关的问题上采取了正确的立场，正式承认奥德－尼斯河为德国和波兰的边界。与此相关，德国政府也不支持第二次世界大战后被部分东欧国家驱逐的德意志族人“回归（中）东欧”的要求（赔偿土地和财产），借此实现了与波兰和捷克斯洛伐克等国家的和解。

在经济上，统一后的德国向转型中的中东欧国家提供了慷慨援助[①]。随

---

① 在 1990～1993 年间，德国提供的援助占西方对中东欧国家全部援助的 37%。在 1993～1998 年间，维谢格拉德集团国家获得全部转型援助资金（约 3.5 亿德国马克）的 22%。

着与中东欧国家的经济联系不断扩大和深化，今天的德国不仅已经成为中东欧国家最重要的外贸伙伴和主要的外国直接投资来源国，而且与维谢格拉德集团国家建立起产业链，将部分中东欧国家企业纳入德国的市场体系和标准之中。

在外交上，德国积极推动北约和欧盟向中东欧地区扩大。这不仅大幅增加了中东欧国家对德国的政治好感，也奠定了冷战结束后中东欧国家与德国关系不断发展的基石。从某种意义上说，推动中东欧国家加入北约和欧盟是德国等西方国家对这些国家转型的一种特殊援助形式。

二十多年来，中东欧国家与德国的政治、经济和外交事务的联系不断增多且日益加强，德国对中东欧国家的影响也在不断扩大。未来德国与中东欧国家如何发展取决于德国和中东欧国家在未来欧洲一体化进程中的相互认知和定位。

近年来，随着欧盟发展中的经济和政治事件接踵发生，凸显了德国在欧盟中作为重要的经济和政治稳定器的作用。2009 年欧元区主权债务危机爆发，德国是欧盟中少数经受住危机巨大冲击的成员，显示出强大的经济实力和财政救助能力。同时，为防止欧盟再出现类似的危机，德国力主，只有在解决欧元区财政政策各自为政的问题之后，才能发行统一的欧元一体债。在德国的坚持下，欧盟在 2011 年 12 月召开的峰会上通过了《欧元附加条款》，这不仅为欧元区的保存和欧元的继续存在提供了新的可能，也凸显了德国在欧盟决策中的主导地位。2016 年 6 月，英国决定退欧，德国在欧盟内失去了一个重要的盟友，但德国领导人坚定地表示，德国不仅不会受英国退欧的影响，还会坚定地与其他愿意留在欧盟中的国家一道，继续推动欧洲一体化。这不仅给其他成员吃了一颗定心丸，也彰显出德国作为一个欧盟大国的政治担当。德国的经济影响力及其在欧盟重大历史关头表现出来的坚毅的政治意志，使不少中东欧国家领导人坚信，德国已经成为欧盟不可或缺的国家。如今，这些国家的领导人并不担心德国变得更强大，而是担心其不作为。

在不断拉近与中东欧国家关系的同时，德国在 2014 年开启了继续推动欧盟向西巴尔干地区扩大的所谓“柏林进程”。德国希望通过帮助西巴尔干国家入盟，密切同这些国家的关系，进而使自己的经济和政治影响力涵盖整个中东欧地区，以此进一步降低俄罗斯对这一地区的影响。

与此同时，德国对中东欧国家的认识，特别是对维谢格拉德集团国家在德国外交政策中的地位和作用的认识也在不断变化。经过二十多年的转型和发展，绝大多数中东欧国家的面貌已经焕然一新。欧盟中的中东欧成员已经成长为一支不容忽视的力量。在政治上，中东欧国家，特别是维谢格拉德集团国家在欧盟诸多重大问题上的立场日渐鲜明，甚至公开与欧盟官方立场相左。近年来，维谢格拉德集团国家领导人不断呼吁欧盟进行实质性改革，要求将决定成员发展道路的“主权”从布鲁塞尔返还给欧盟成员；在入盟后选择发展道路时，匈牙利和波兰等国家剑走偏锋，尝试在欧盟框架内寻找适合本国发展的“民族道路”；在难民问题上，维谢格拉德集团国家拒绝接受欧盟关于成员的难民分配方案，坚称欧盟的这一政策不符合本国利益，将大批难民拒于国门之外；在跨大西洋关系方面，不少中东欧国家在北约框架之外不断增强与美国的双边安全联系，成为跨大西洋关系中的一道新的风景线。在经济上，随着转型不断深化，中东欧国家日益融入欧洲经济一体化进程或欧洲经济圈之中，多数中东欧成员的经济增长速度快于欧元区国家，正在成为欧盟经济发展新的增长点。

英国退欧的确给许多中东欧国家带来了巨大的心理冲击，也使部分与英国具有相同政治理念的中东欧国家失去了一个“政治盟友”。但英国退欧也给了有政治抱负的中东欧国家一个难得的机会，使它们得以重新发现和评估其在欧盟中的合理位置。客观地说，虽然以维谢格拉德集团为代表的中东欧国家的政治影响力相比过去有一定程度的提高，但还没有成长到可以在欧盟中“独往独来”的程度。要在欧盟事务中有所作为，中东欧国家必须要有欧盟大国的默许和支持。2008 年以来，欧盟的一系列经济和政治变故使德国事实上成为欧盟政治和经济方面最重要的国家。虽然德国“不情愿”地获得了欧盟的“核心”地位，并导致“欧洲的德国还是德国的欧洲”这一问题再次引发人们的热议，但德国至今一直理性地遵守其多边主义外交实践的信条：在推进欧洲一体化进程中进行多边合作。因此，中东欧成员未来将很可能更多地将德国视为其政治盟友以便在欧盟内部有所作为。同时，鉴于中东欧国家日益增长的影响，在欧洲一体化的某些重要政治关头，德国亦可以将中东欧国家视为可以依赖的新生力量。果真如此，中东欧国家可以在欧盟内部发挥某种政治平衡的作用。

当然，中东欧国家与德国未来关系的定位和发展也面临若干挑战。在政治上，德国积极推动欧洲一体化，在欧盟扩大的同时亦主张欧盟内部国家间关系不断深化。虽然德国面对英国退欧“处乱不惊”，但外界对德国有关继续推动欧洲一体化的相关表态的解读是，德国意欲与欧元区核心国家一道先行发展，形成事实上的多速欧洲。目前，欧盟中的多数中东欧成员出于自身经济利益的考虑，依然游离于欧元区之外。如果德国倡导的多速欧洲成为欧盟一体化进程的“新常态”，不仅会使多数中东欧国家处于不利的位置，而且，它们同欧盟决策中心的关系将被以德国为核心的欧元区国家所左右。这不符合要求“主权”回归的中东欧国家的利益，也会挫伤其继续趋向和追赶欧盟的积极性。

在经济上，2008 年爆发的全球金融危机及其后的经济危机暴露出中东欧国家的经济脆弱性，以及对德国市场的依赖性。随着日益增多的中东欧国家进入德国经济圈，并不断强化这种经济联系，德国经济的发展在很大程度上将成为中东欧国家经济发展的风向标，这种依赖在未来会多大程度上有利于中东欧国家经济的健康发展将是一个未知数。

在外交上，欧盟的中东欧成员大多为“新兴国家”，要么没有能力单独提出某项倡议，要么对欧盟层面上的外交事务关心不足。而德国已然是欧盟外交事务的主要决策者和执行人，这就导致今后一个时期中东欧国家在外交事务上要么对德国“言听计从”，要么不得不加强同德国的合作。那些对“主权”问题十分敏感且有政治抱负的中东欧国家未来将面临困难的抉择。

显然，在今天欧洲局势的背景下，欧洲巨人德国同进入青春期的中东欧国家轰轰烈烈的“恋爱”仍将继续，德国和中东欧国家在欧洲大陆的政治和经济事务中正在形成新的相互依赖关系，尽管这种依赖关系并不对称。重要的问题是，一旦中东欧国家对德国持积极的态度，两者之间将建立一种联盟。而这种联盟将对欧洲大陆的国际关系、对欧盟内部的业已存在的联盟关系，乃至对欧盟的政治和经济决策进程产生重大影响。

局外人的几句闲话，代为序。

朱晓中
2016 年 11 月
于北京海淀区万柳公寓

第三编　冷战后的德国、中东欧与外部世界

绪论：从“中欧”概念到德国与中东欧

任何一本值得阅读的书，都有其具体的来由。本书的来由是什么呢？

2016 年 6 月 23 日，英国举行了全民公投，其结果令欧洲各国以及全世界大跌眼镜。短短两年时间，“英国脱欧”俨然已经从一个启动的话题成为随时可能出现的现实。欧洲一体化的列车依然在徐徐向前，但是，有一节重要车厢已经脱轨而去，沿着英国自己的发展方向独自行走。

英国脱欧引起了连锁反应。德国是欧盟创始人之一，当然不想看到欧盟四分五裂。对德国而言，英国脱欧意味德国必须在欧盟内部寻找新的平衡力量。作为欧盟经济实力最强的成员，德国并不愿意独自承担欧盟的领导角色。基于历史、地理位置以及强大经济实力，德国对欧洲一体化是“负有责任”的。然而，德国既受累于沉重的历史包袱，也有现实政治的考量。在欧盟框架下，与法国“最紧密伙伴关系”是德国外交政策的基石；而外交政策独立性明显的英国则常常以“灵活的力量”出现，往往能够起到平衡德法以及新老欧洲之间分歧之意外效果。

英国脱欧对欧盟的新成员——中东欧国家也产生了深远的影响。一方面，这些国家高度依赖欧盟提供的旨在缩小地区差异的欧洲结构和投资基金，并在不同程度上需要欧盟提供的地缘政治保障。强大、团结和繁荣的欧洲符合中东欧国家的利益，因此，英国脱欧并非中东欧国家所乐见的结果。另一方面，这些国家跟欧盟和以默克尔为首的德国政府在经济改革、中东难民等问题上存有分歧。

从英国脱欧的后果及影响这一视角，折射出欧盟主要成员德国和新成员中东欧国家之间存在龃龉和利益分歧。这个话题似乎与本书的来由相关。然而，本书的写作意图形成更早，初步形成于2014年下半年。本书写作主题起始的真正原因，还是来自作为主编的两位中东欧研究学者的多年心得和思考的积累。

一　本书来由的细究：学术研究的特定情境

本书来自于以下几个问题的提出，而这些问题主要出自主编及作者对中东欧问题做长期研究并深陷其中的某种特定情境。

问题之一，“中欧”概念在中东欧重新受到青睐

翻开现代光怪陆离的欧洲地图，人们可以发现那上面留下的多次军队征战和地图被重新分割的深深痕迹。可以看到欧洲大陆、欧洲的东部、欧洲和西部等各种不同的地理名词的反复使用。在长达几百年的欧洲历史中，“中欧”曾经是一个古老的地缘历史概念，每一个时期这个概念总会被赋予不同的理解和解释。中欧地区在几个世纪以来的边界变动、民族变迁及文化融合中，逐渐成为一个动态的历史概念而不仅仅是一个静态的地理空间。

在第二次世界大战以后，由于政治和意识形态因素，整个欧洲大陆被一分为二，在长达五十年的冷战时期，西欧和东欧被用来描述分裂了的欧洲。雅尔塔体制下的东欧是一个政治概念。西欧主要经常被用来描述欧共体和欧洲联盟以及其他一些欧洲国家，而民主德国、波兰、捷克斯洛伐克、匈牙利、罗马尼亚、保加利亚、南斯拉夫和阿尔巴尼亚这八个国家被称作东欧国家。东欧并不是一个地理概念，而是一个政治概念，它与雅尔塔体制联系在一起。冷战结束后，中东欧国家在回归欧洲的过程中，“中欧”似乎成为中东欧新成员十分热衷的一个新的地理概念，重新引起关注和争议。

中东欧国家学者对“中欧”概念的青睐和争议，引起国内中东欧研究学者的关注。从20世纪80年代中期以来，在中东欧知识分子日益繁密的鼓噪声中，人们逐渐开始认识和接受“中欧”概念。同时，一些学者开始试图给“中欧”画像，并对它进行界定。这种描述和界定主要反映在文化（昆德拉和米沃什）和历史（许奇）两个层面上。有些人甚至明确表明，接受“中欧”概念即为中东欧回归欧洲过程中的一种“文化认同”。

问题之二，东扩后中东欧新成员对地缘因素的高度关注

20 世纪 80 年代末以来，对转型中的中东欧国家的研究，始终受到中国学术界的关注。其发展过程几经变迁，研究主题也时常转换。主题之一：体制改革的中东欧国家。20 世纪 80 年代初期，处在改革开放中的中国，将波兰、匈牙利等中东欧国家作为一批正在经历政治经济体制改革的社会主义国家进行比较研究。主题之二：处在转型中的中东欧国家。从 20 世纪 80 年代末 90 年代初开始，将中东欧国家作为转型国家的典型进行研究，并将其与俄罗斯的转型，以及中国的改革开放作比较。主题之三：东扩进程中融入欧洲的中东欧国家。1992 ~2004 年，中东欧融入欧洲的实际进程开始。再加上 20 世纪 90 年代末中东欧国家加入北约（NATO）和经合组织（OECD）之后，开始进入碎片化的中东欧状态。历史上的中东欧国家历来就是一个万花筒，色彩缤纷，各有特点，利益交错。2004 年东扩加入欧盟后，中东欧这些中小国家发现，它们各自具有不同的特征，利益差异也十分明显，它们仅仅是一个碎片化的中东欧。

如果说，对“中欧”概念的关注被看作中东欧回归欧洲过程中的一种“文化认同”，那么，本书作者则认为，“中欧”概念在中东欧国家重新受到青睐还提示另外一种迹象：中东欧国家在融入欧洲一体化的过程中面临的外交上的尴尬境地。在欧盟外交中，中东欧这些中小国家在一些重大利益和对外政策问题上，对欧盟包括一些重要大国并没有更多的决定性影响，在国际社会也难以求得一个稳定的国际角色定位。回归欧洲的过程中，由于这些中小国家难以真正摆脱对大国的依赖，因而他们更多地倾向于对本地区地缘因素的关注，希望以此成为其外交上基本定位的一个优势因素。或许，对地区和地缘因素的重视，是中东欧国家对“中欧”概念如此关注的另一重考虑。

问题之三，“中欧”概念导向了德国与中东欧的关系

“中欧”国家的特殊地缘位置使其成为西方主要大国抗衡德国和俄罗斯的重要棋子。东扩中加入欧盟的中东欧新成员在中欧的尴尬境地，非常快速地导出了一个新的路径：中欧地区的大国——德国与中东欧国家的关系。在欧洲历史上，“中欧”这一概念与德国密不可分，政治上的“中欧”是一种受特定的时空规范影响的政治文化概念。不可忽视的是，第二次世界大战期间，“中欧”这一概念也曾被德国用来为其扩张主义进行辩护。自 20 世纪 80 年代以来，部分倡导“中欧”概念的先驱们也有意无意地希望用德国的影响来取代苏俄在东欧的势力，希冀德国重筑中欧地区，并推动这一地区重新加入欧洲的主流。

冷战结束以后，中东欧对德国的意义在于以下几点：其一，在安全意义上中东欧成了德国的缓冲地带。其二，在外交上德国十分注重发展与中东欧的关系，建构一种伙伴关系。其三，在经济上中东欧是德国的重要市场，德国的社会市场经济对这些国家而言是一个极好的样板。其四，在文化上中东欧是德国文化的集中辐射区，一些著名城市的外貌多多少少地印上了德国的文化风味。

德国和中东欧国家都是中欧地区的国家。中东欧国家只是一些中小国家，而德国则是这一地区的大国。德国与中东欧国家的历史、文化、政治、经济和外交关系千丝万缕，层层交错。后冷战时期，在全球化潮流的裹挟下，突破了冷战时期两大对立阵营限制的地缘因素变得十分活跃。欧洲一体化进程中的曲折使得中东欧新成员对其邻国——中欧地区的大国德国给予更多外交和发展方面的期许。冷战后德国与中东欧的关系，就成为一个十分有趣的研究话题。国内以此为主题的专著还未出现，这也成为本书可以游刃有余和驰骋不羁的一个合理借口。

二 关于本书写作相关问题的解析和诠释

其一，本书涉及的中东欧国家究竟是哪些国家

冷战结束以后，东欧国家（原来的八个社会主义国家）的概念使用发生变化，中东欧国家成为国内常用的概念。这里，除去民主德国之外，指的是维谢格拉德四国——波兰、匈牙利、捷克、斯洛伐克；罗马尼亚、保加利亚、阿尔巴尼亚，还有一分为六的南斯拉夫，即塞尔维亚、斯洛文尼亚、克罗地亚、黑山、波黑、马其顿。中东欧国家，如上述共 13 个国家。

本书使用的书名是《冷战后德国与中东欧的关系》，但作者在写作中主要涉及的是维谢格拉德四国，罗马尼亚、保加利亚和波罗的海三国共九个中东欧国家。理由之一是，作者在研究中遵循“中欧”概念的走向，维谢格拉德四国自然是在视野之中，在此毋庸赘述。关于东南欧国家罗马尼亚和保加利亚，似乎需要一些解释。

罗马尼亚地处欧洲东南部，与德国并不接壤，但同处欧洲大陆的两个国家在历史上有着诸多交集，形成了民族之间、国家之间千丝万缕的联系，这种联系一直延续至今。19 世纪下半叶，在现代民族国家兴起的背景下，刚刚独立的罗马尼亚和统一后的德国建立了国家间的外交关系。两国建交以来，经历了一战、二战、冷战等国际风云变幻，又经历了欧盟东扩与欧洲一体化不断加深的历史进程，罗德两国置身其中，有着密切的联系与互动。罗德两国之间的关系是欧洲小国和大国关系的一个缩影。

保加利亚与德国也不接壤，但正是保加利亚的地缘位置使得两国在历史上有着诸多交集，形成了民族之间、国家之间千丝万缕的联系。保加利亚在东欧剧变后的主要目标就是“回归欧洲”。2004 年保加利亚加入北约，2007 年加入欧盟，加入申根区是保加利亚目前最重要的外交目标。保加利亚政府视德国为欧盟内重要的战略合作伙伴，德国也是保加利亚第一大贸易伙伴。通过保加利亚与德国的相互关系，可以透视欧盟框架下新老成员之间的政治互动与经贸联系的内在逻辑。

至于同德国隔海相望的波罗的海三国，则另有由头。爱沙尼亚、拉脱维亚和立陶宛是苏联最早宣布独立的三个加盟共和国。波罗的海三国在中欧的北部，历史上与德国的关系十分密切，尤其是爱沙尼亚和拉脱维亚。尽管波罗的海地区的德国人占人口少数，但从 12 世纪到 20 世纪初，波罗的海地区的德国人控制着这两地的政治、经济、教育和文化。数百年来波罗的海地区的德国人是爱沙尼亚和拉脱维亚的地主，他们是这地区的实际统治阶层。时至今日，波罗的海地区德国人的后裔，分布于世界各地，以德国和加拿大人数最多。所以，德国与波罗的海国家的关系在历史上经久长远。

本书较为遗憾的是没有涉及德国与巴尔干国家的关系。除去上述关于“中欧”概念的遵循之外，还有一个重要的原因是，本书写作过程中没有觅到巴尔干问题的专家，故不得不把巴尔干地区暂时搁置在一边，仅在第二编“冷战后德国与中东欧国家关系的发展”一文中以不多的篇幅介绍了欧盟东扩后德国与斯洛文尼亚和克罗地亚的经济关系。更多的笔墨则用来描述中欧地区中东欧国家与德国之间的关系。

其二，关于本书结构及其内容的几点说明

本书结构分为三个部分，即三编。

第一编主题是中欧概念的演变，从历史、地缘和文化的路径，对“中欧”概念的提出和释义做了追溯和分析。这一编有两篇论文是中方作者提供的，另有三篇是捷克学者提供的。书稿写作中，主编意识到，对于“中欧”概念的诠释和解析在本书中地位十分重要，如果能采用中东欧学者对这个问题的研究成果，将会使书稿的要点发挥得更为淋漓尽致。很巧的是，有一位同事访问中东欧后带回来一本英语、德语的电子专著，是捷克查理大学文学院和捷克科学院哲学研究所合作出版的《中欧？在现实、空想和构想之间》

（*Mitteleuropa? Zwischen Realität, Chimäre und Konzept*）①，主编如获至宝，将此专著中关于“中欧”概念的三篇论文收入本书，使得本书成为中国学者和中东欧学者合作的结晶。

第一编的《中欧概念演变与地缘政治变迁》一文，对“中欧”概念做出了有价值的判断：中欧地区在几个世纪以来的边界变动、民族变迁及文化融合中，逐渐成为一个动态的历史概念而不仅仅是一个静态的地理空间。这一篇的核心为：对历史上不同时期的“中欧”概念做界定；分析了回归欧洲进程中“中欧”概念成为新话题及其背后的时代背景因素；从多角度看冷战后德国与中东欧的差异性与动态性的结合。

第一编的最后一篇，即《文化、历史、地缘视域下的德国与中东欧》一文，其作者是一位德国问题和欧洲问题研究学者。作者对欧洲文化及欧洲界定做了比较详细的评析，从历史的视角剖析了德国与中东欧的文化历史渊源，并从冷战后的欧洲外交现实出发，以德国在乌克兰危机中的外交表现作为典型实例，深入分析了德国从战略高度提出解决乌克兰危机的基本原则和政策。

第一编的其余三篇文章是捷克学者提供的英语论文。约翰·P. 阿纳森（Johann P. Arnason）教授提供的《中欧：视角、模式、愿景》（Central Europe: Vision, Models and Presuppositions）一文，对欧洲文化与欧洲的界定做了详尽的评析。该文将德国、奥地利、捷克等中欧国家将近二十位著名学者关于中欧的历史回溯，以及中欧概念发展的现代轨迹做了卓有成效的辨析和考证。就中欧概念发展的现代轨迹，分析其试图巩固老地缘政治框架，同时保留一些基本的连续性，展现了现代轨迹的发展方向，从长远来看中欧显示了更为激进的变化，这就是建立区域边界的可能性。

简·科林（Jan Křen）撰写了论文《中欧及其多样化选择》（Cerntral Europe and Its Alternatives），明确提出中欧概念与德国的相关讨论联系紧密。1980 年有关中欧问题的讨论，与当时关于德国对其特殊道路的讨论同时出现。无论是从历史角度还是从当今的蓝图来看，将中欧与德国和俄罗斯这两支强劲力量联系在一起都是相当有必要的，尽管这两者的历史角色和当今分量都不一样。中欧与德国的联系往往更加深刻和紧密。

彼得·哈瓦塞克（Petr Hlavacek）撰写了论文《捷克对欧洲及欧洲大陆变迁的认同》（A Land of Many Names. An Essay on Zcech Content of Europe）。给人

① 《中欧？在现实、空想和构想之间》，查理大学出版社，布拉格，2014。

留下深刻印象的是，作者引用了十多位捷克学者的观点，用以表明处在中欧地区重要地缘位置的捷克对欧洲的认同，以及捷克在欧洲的重要地位。作者指出，重新回顾 1918 ~ 1948 年的政治历史，表明这风风雨雨的几十年代表了一个阶段，这期间捷克在思考着什么是欧洲、欧洲主义与欧洲认同。这一高度的客观性和文化性，影响到当代的捷克政治和知识精英。

第二编是书稿的核心部分，也是具体展开部分，主题为：冷战后德国与中东欧国家的关系。第一篇“德国与维谢格拉德集团关系的演化轨迹及其逻辑”体现了中东欧国家对于地缘政治的重视。第二、第三、第四篇分别对维谢格拉德集团的主要国家波兰、捷克、匈牙利同德国的历史与现实关系展开分析和评述。包括“德国与波兰：历史恩怨、地缘政治与欧洲化”，“德国与捷克：从地缘历史争议到冷战后政治关系的变化”，“德国与匈牙利的双边关系：历史与现实”。再接下去，是“罗马尼亚与德国的关系：小国与大国关系的缩影”，“德国与保加利亚的双边关系”。然后，是德国与波罗的海三国的关系，“隔海相望：德国与波罗的海三国的关系”。最后，作为这一编的总结部分，是德国与中东欧的关系——“冷战后德国与中东欧国家的外交关系”。

第三编选择了德国与中东欧关系中一些值得深入细究的视角和侧面进行论述。包括从欧盟的视角和侧面展现德国与中东欧的关系，以德国在乌克兰危机中的立场为例，如“德国和中东欧与欧盟 EaP 计划：兼论对乌克兰危机的立场”；从北约的角度展现德国与中东欧的关系，如“‘没有战略的战略’：德国在北约东扩中的立场与作为”；从德国与中东欧在民主改革方面的比较，如“德国与中东欧民主化进程比较：示范和影响”；从中东欧国家在德国的移民及社会融合视角分析，如“欧盟东扩背景下德国的中东欧国家移民及社会融合”；从德国在欧洲难民问题中影响非凡的默克尔政府决策来阐述，如“德国与中东欧国家应对欧洲难民危机的差异及合作分析”。

中东欧国家内部有很大的差异性，如果能将这些国家的内部差异及其特点做深入分析，对德国与中东欧国家关系的溢出因素做详细研究，中欧地区的乐观预期将为当前面临各种外来冲击的欧洲提供信心。

本书主编

2016 年 11 月于上海

第一编

中欧概念的演变：历史、地缘、文化

中欧概念演变与地缘政治变迁

杨 烨 王 静*

地图反映了人们认识世界的程度，地图的变化记录了人们认识世界的过程。欧洲中世纪时，地图主要由神职人员绘制，当时欧洲的世界地图千篇一律：基督教圣地耶路撒冷居于中心，多瑙河、地中海和顿河呈“T”字型，把世界分割为欧、亚、非三部分。

在欧洲版图中，“中欧”曾经是一个古老的地缘历史概念，每一个时期这个概念总会被赋予不同的理解和解释。在后冷战时期，中东欧国家回归欧洲的过程中，“中欧”似乎又成为中欧地区相关国家十分热衷的一个新的地理概念，引起关注和争议。

按照世界地图册上严格的地理概念，“中欧”指的是波罗的海以南，阿尔卑斯山脉以北的欧洲中部地区，包括波兰、捷克、匈牙利、斯洛伐克以及德国、奥地利、瑞士、列支敦士登。但是由于受到二战后冷战氛围的影响，奥地利、瑞士、列支敦士登、德国有时会被人们认为也是西欧国家的一部分，而捷克、斯洛伐克、波兰及匈牙利则也会被普遍认为是东欧国家。

一 “中欧”：边界变动、民族变迁及文化融合

中欧地区在几个世纪以来的边界变动、民族变迁及文化融合中，逐渐成

* 杨烨，博士，同济大学政治与国际关系学院教授，中东欧研究所所长。王静，硕士研究生，同济大学政治与国际关系学院。

为一个动态的历史概念而不仅仅是一个静态的地理空间。

首先，从民族构成的角度来讲，中欧地区的民族构成主要是斯拉夫民族和非斯拉夫民族。其中斯拉夫民族国家包括波兰、捷克、斯洛伐克。非斯拉夫国家则有德国和匈牙利。中欧相邻的国家还存在民族跨界现象，例如罗马尼亚和斯洛伐克的匈牙利人。现今中欧地区的民族是不断迁移和融合形成的。

其次，从历史的角度来讲，中欧地区历史上曾出现过公国或者王国，跨国帝国也是中欧国家的一个特征。匈牙利和波兰如今虽然属于小型或者中型国家，但在早期，它们曾是帝国。历史上的匈牙利比今天的大三倍，马扎尔人在 9 世纪末定居在匈牙利。公元 1000 年伊斯特万建立了匈牙利王国，该王国存在了 500 多年。波兰在 8 世纪至 10 世纪出现了以城市为中心的部落公国，诸如维斯瓦公国、马佐夫舍公国、波兰公国等。公元 963 年，梅什科一世在这些公国的基础上建立了统一的波兰王国。16 世纪的波兰是欧洲最大的国家，直到 18 世纪被俄国、普鲁士、奥地利王国瓜分。830 年捷克人和斯洛伐克人建立了大摩拉维亚王国。捷克人在波西米亚建立了波西米亚王国即捷克王国，存在了 700 多年（1198 年至 1918 年）。但是，这些中欧国家建立的公国最终都没有延续下来。中欧地区先后被罗马帝国、拜占庭帝国和奥斯曼土耳其帝国所统治。

中欧近代民族国家的出现则往往是大国战争的结果，正如波兰的重建、捷克和斯洛伐克的分裂、南斯拉夫的出现就是第一次世界大战的结果。第一次世界大战后，位于欧洲东部的俄国建立了社会主义国家。但是直到第二次世界大战结束前，中欧国家①和东欧国家的联系比较弱，而与西欧的联系仍旧十分紧密，不仅政治上实行了西方式民主，经济上实行自由市场经济，教育、科学、文化也都是西方式的。

在第二次世界大战后至冷战期间，中欧地区在两极格局下成为东欧的一部分，政治上开始实行社会主义制度，经济上实行高度集中的计划经济，文化上也出现了改变。尤其成为苏联阵营的成员之后，中欧国家完全站在了西欧的对立面。一直到冷战结束，中欧国家才开始了“回归欧洲”的进程。冷战的结束，使得原来地缘政治意义上的东欧已经不复存在，而且从身份认同上来看，原来东欧国家的民众更愿意认可自己“中东欧”国家民众的身份，

---

① 本文中的中欧国家指的是维谢格拉德集团成员：波兰、匈牙利、捷克和斯洛伐克。

更愿意称自己是“中东欧”人，而不愿意被称作“东欧”人。之所以会这样，是因为对他们来说，“东欧”这个词不仅会引起许多令人不快的回忆，还会使他们误认为你继续把他们的国家看作是苏联的“卫星国”。不仅如此，为了表明与西欧的亲近和对俄罗斯的疏离，一些认为自己属于西方的人还提出了“东中欧”的概念，以此说明他们国家所处的地理位置位于“西欧的东边”而非“东欧的西边”。如今，中欧国家的边界也是在战争及各种协约中逐步确立起来的。

从地理、历史以及地缘政治角度考量，中欧地区几千年来一直是大国争夺和企图控制的区域，在不同的历史时期受到大国政治经济和文化的影响。大国的不断争夺和控制使得中欧人民饱受战争的洗礼，受尽大国的统治和奴役，在一次次的战争中沦为大国蚕食宰割的对象。从古代的罗马帝国和拜占庭帝国、中世纪的奥斯曼土耳其帝国，到近代的奥匈帝国、沙皇俄国、德意志帝国等，都曾占领控制过这一地区。直到第一次世界大战之后，中东欧地区虽然建立起了不少民族国家，但也是大国构建凡尔赛体系的结果。甚至到第二次世界大战后的冷战期间，中东欧地区始终处在美苏两个超级大国对抗的两极格局中。

上述几个历史时期，不同的文化在这一地区融汇交织。中欧诸国同处东西文化的交界地带，且都有着深厚的历史文化传统，区域内各国民族间交往密切，文化习俗上又相互影响，其民族文化在差异中体现出明显的相近特征。目前，从民族构成上来看，德国的主要民族是德意志族，此外，还有土耳其人、丹麦人等。捷克的主要民族是捷克族，此外还有斯洛伐克族、摩拉维亚族、德意志族和波兰族。波兰的主要民族是波兰族，此外还有德意志族、白俄罗斯族、乌克兰族等少数民族。匈牙利的民族构成主要是马扎尔族，以及斯洛伐克族、德意志族、塞尔维亚族等少数民族。因此，从“中欧”国家的民族构成角度来看，不难发现，中欧地区内部国家间的边界虽然随着历史变迁在不断发生改变，但民族和文化却始终处在不断融合的过程中。

二　历史上不同时期对于“中欧”概念的界定

中欧地区种族民族构成多样，国家间和民族间的分界线长期不一致，使得中欧从来不仅仅是一个地理术语，更是一种不断变化的地缘概念。“中欧”

这一动态性和不断变化的概念涵盖以下主要时期。

中世纪早期

中世纪早期，由于基督教的传入，天主教和东正教出现了分界。不同国家的学者对于“中欧”这一概念的定义是不同的。主要观点有：匈牙利历史学家耶诺·斯祖克斯（Jenő Szűcs）① 认为，在11世纪至15世纪之间，基督教及其文化不仅在西欧被付诸实践，而且有明确西方特征的自由主义和自治思想在西欧广泛传播，中欧国家也受到了影响。② 在13世纪中叶的中欧国家，城镇自治政府、郡县，以及议会开始出现。1335年波兰、波西米亚以及匈牙利的君主在维谢格拉德举行会议，同意在政治和商业领域达成密切合作，这也鼓励了他们的继任者推出一个成功的中欧倡议。③

第一次世界大战前

第一次世界大战前的中欧主要包括：德国和奥匈帝国（不含波斯尼亚-黑塞哥维那和达尔马提亚），位于中欧和南欧之间的过渡区域的罗马尼亚。

“中欧”这一概念源自弗里德里希·瑙曼（Friedrich Naumann）的《中欧》④ 一书，是一个模糊的德语概念。这一概念在英语中有时被用来说明比中欧概念要大的地区。它指的是一战前，受日耳曼文化霸权统治的领土，包含奥匈帝国和德国在战前的编队，但通常不包括波罗的海国家和东普鲁士北部。在《中欧》一书中，瑙曼呼吁在战后建立一个经济联盟。瑙曼的想法是，这个经济联盟的中心是德国以及奥匈帝国，但同样包含欧洲所有的非英法同盟的国家以及俄罗斯。然而在一战后德国战败，奥匈帝国解体，这一想法自此破产，直至希特勒统治时期才再次出现。

根据德国历史学家弗瑞兹·费舍尔（Fritz Fischer）的观点，“中欧”是一个在1871~1918年帝国时代，由老牌帝国精英试图建立的，关于德国经济、军事以及政治的霸权统治体系，包括北部海域和低地国家⑤，以及通过

---

① J. Szűcs, J. Parti, “The Three Historical Regions of Europe: An outline”, *Acta Historica Academiae Scientiarum Hungaricae*, 29 (2/4), 1983, pp. 131 - 184, Retrieved from http://www.jstor.org/stable/42555425.

② Lászlό Zsinka, “Similarities and Differences in Polish and Hungarian History” (PDF), Retrieved 15 January 2015.

③ Halman, Loek, Wilhelmus Antonius Arts, *European values at the turn of the millennium*, Brill Publishers, 2004, p. 120.

④ Friedrich, Naumann, *Mitteleuropa*, Berlin: Reimer, 1915.

⑤ 低地国家（Low countries）是指欧洲西北沿海地区的荷兰、比利时和卢森堡三国的统称。

俄罗斯到达高加索大草原[①]的近东地区[②]。此后，弗瑞兹·费舍尔还指出，“西进运动”（Drang nach Westen）的威胁，一直是1871年帝国出现之前形成“中欧”这一意识的主要因素。

英国地理学家，同时也是地缘政治的鼻祖哈尔福德·麦金德爵士（Halford John Mackinder）发表了《历史的地理枢纽》[③]一书，提出了“心脏地带”论。在该书中，麦金德提出，国际政治的中枢地区就是从东欧平原到西伯利亚平原的地域，即“大陆心脏”。随后，在1904年的《民主的理想与现实》[④]一书中，麦金德将“心脏地带”扩展到包括东欧到西伯利亚平原的“心脏地带”以及包括亚欧非三个大洲在内的“世界岛”。麦金德把他的思想归纳为三句名言：“谁统治了东欧，谁就统治了大陆腹地；谁统治了大陆腹地，谁就统治了世界岛；谁统治了世界岛，谁就统治世界。”他认为，如果德国和俄国结盟或者德国征服俄国，那么就奠定了征服世界舞台的基础。

中欧的概念虽早在19世纪初就为人所知，但这一概念真正为人所使用和不断得到密切关注则是在20世纪。[⑤]因为，在1870年之前，发达的工业化仅仅在西欧和美国发展，并未扩展到世界其他地区，即使在东欧，工业化进程也十分落后。直到20世纪，伴随着德国经济的飞速发展，“中欧”（Mitteleuropa）这一概念才开始出现，这一概念第一次集合了科学、政治以及经济等多层含义，它的形成与当时德国经济的集约式增长以及德国称霸欧洲大陆的愿望具有十分密切的联系。由于德国人对中欧的定义太过于流行，以至于其他语言在说明从莱茵河到维斯瓦河甚至第聂伯河以及从波罗的海到巴尔干半岛的地区时都会提及这一概念。[⑥]

后来，“中欧”这一概念与德国试图建立其在欧洲政治、经济、文化上

---

① Fritz Fischer，https://en.wikipedia.org/wiki/Central_Europe.

② 近东地区（Near East）是一个大致涵盖欧洲北部海域以及西亚地区的地理术语，包括自低地国家穿过俄罗斯的大草原直至高加索地区。近东地区这个词近年来在英语中已很少使用。

③ 〔英〕哈尔福德·约翰·麦金德：《历史的地理枢纽》，林尔蔚、陈江译，商务印书馆，2007。

④ 〔英〕哈尔福德·约翰·麦金德：《民主的理想与现实》，武原译，商务印书馆，1965。

⑤ “Mitteleuropa”“is a multi-facetted concept and difficult to handle”（PDF），Archived from the original（PDF）on 17 December 2008，retrieved 31 January 2010.

⑥ A. Podraza，Europa Środkowa jako region historyczny，17th Congress of Polish Historians，Jagiellonian University，2004.

统治地位的计划紧密相连。到了1940年1月21日，在柏林建立的，以实现德国、奥地利和匈牙利的经济一体化为主要目的的中欧经济协会（Mitteleuropäischer Wirtschaftsverein）使用了这一概念，该协会随后扩展到了瑞士、比利时和荷兰。德国历史学家约尔格·布莱希特费德（Jörg Brechtefeld）认为，中欧不仅仅是一个地理名词，更是一个类似于欧洲、东欧和西欧的政治术语，传统上，“中欧”是位于西欧和东欧中间的那一部分。这听起来似乎很粗略，但可能是对中欧的最精确的定义。[①] 彼得·卡赞斯坦将“中欧”描述为欧洲化进程中的一站，标志着维谢格拉德集团成员虽然各有不同但大致相当的转型方式。他认为，在德国公众当前的想法中，“中欧身份”指的是罗马天主教和东正教之间的文明鸿沟。[②]

概而言之，“中欧”这一概念与德国密不可分，政治上的“中欧”是一种受特定的时空规范影响的政治文化概念。

第一次世界大战结束后

第一次世界大战结束后，德国战败，中欧地区被划分为“第三地带”，战后建立的凡尔赛体系在该地区竖起了屏障，其目的是阻隔俄国以及防止其与德国联手向西。此时，“中欧”国家的特殊地缘位置使其成为西方主要大国抗衡德国和俄国的重要棋子。这一举动引起了德国强烈不满，随后德国的地缘政治思考和实际行动都表明了德国的目的——铲除凡尔赛体系设置的屏障，确保德国对于该地区的有效控制。“中欧”这一概念就曾被德国用来为其扩张主义进行辩护。

有几位德国地缘政治家的思想也值得关注。其中帕奇[③]在1906年就提出中欧各民族应该为自己的生存团结起来，而这些成员包括具有相似特征的各日耳曼民族和其他种族（大部分为斯拉夫人）。帕奇认为，德意志帝国有权利和义务去组织他们。[④] 1917年，弗里德里希·瑙曼也认识到围绕着“中欧

---

① J. Brechtefeld, *Mitteleuropa and German Politics*: 1848 *to the Present*, London, 1996.

② Peter J. Katzenstein, “Returning to Europe: Central Europe between Internationalization and Institutionalization”, with Wlodek Aniol, Danes Brzica, Timothy A. Byrnes, Peter Gedeon, Hynek Jerabek, Zuzana Polackova, Ivo Samson, and Frantisek Zichin, in Peter J. Katzenstein, eds., *Tamed Power*: *Germany in Europe*, Ithaca: Cornell University Press, 1997, pp. 195 – 250.

③ Joseph Franz Maria Partsch, Clementina Black, Halford John Mackinder, *Central Europe*, New York, 1903.

④ 龙静：《变动的地缘政治与中东欧地区》，《俄罗斯中亚东欧研究》，2008年第2期。

核心”将有机会建立一个强大而统一的中欧。[①] 卡尔·豪斯浩弗可谓是德国地缘政治学最具代表性的人物，他的地理空间思想完全接受了麦金德关于陆权和海权的世界冲突的理论。卡尔·豪斯浩弗对由《凡尔赛和约》加以合法化的新的世界秩序持完全反对的态度，即认为一战后在中东欧地区产生的一系列小国弱邦无非是同盟国为了束缚德国向东扩张的手脚而建立的防御线。根据他所提出的泛地区思想，德国应该致力于在“泛欧洲”地区建立起拥有统治地位的新秩序，而这个泛欧洲的东部边界则一直延伸到俄罗斯的西部边境上。[②]

两次世界大战期间

根据伊曼纽尔·德－马托尼（Emmanuel de Martonne）的观点[③]，1927年的“中欧”国家包括：德国、瑞士、奥地利、波兰、捷克斯洛伐克、匈牙利和罗马尼亚。意大利和南斯拉夫未被看作是中欧国家，因为在地理位置上，它们位于中欧范围以外。两次世界大战期间（1918～1939）新的地缘政治和经济问题的显现，给“中欧”的概念带来了不同的特征。“中欧”地区的吸引力及人们对这一地区的关注和兴趣逐渐转移到东部的部分，即一些重新出现在欧洲地图上的国家——波兰、匈牙利和捷克斯洛伐克。在这些国家看来，“中欧”不再是德国人所希望的用来引领或占据主导地位的地区，而是一个面对来自德国和苏联重重压力，意在通过一体化运动来解决政治、经济和国家问题的地区。然而，由于中欧地区国家间利益的冲突过大，以至于上述一体化的设想实际并未取得成功。

值得注意的是两次世界大战期间，“中欧”这一概念的关注重点发生了转移。在一战前，“中欧”主要指的是包含德国各州（德国、奥地利）以及非德国领土有意接受德国渗透和控制的地区——德国在此的领导地位缘于其经济主导的自然结果。[④] 一次大战后，“中欧”这一概念的核心发生了变化，逐步转向中欧东部的一些国家。匈牙利学者亚当·玛格达在她的研究著作《凡尔赛体系和中欧》中写道：“今天我们知道，中欧的祸根源于小协约国：捷克、塞尔维亚、克罗地亚、斯洛文尼亚（后来的南斯拉夫）和罗马尼亚的军事同盟，于1921年创建的凡尔赛体系并非中欧地区合作的结果，也没有

---

① 龙静：《变动的地缘政治与中东欧地区》，《俄罗斯中亚东欧研究》，2008年第2期。

② 龙静：《变动的地缘政治与中东欧地区》，《俄罗斯中亚东欧研究》，2008年第2期。

③ *Géographie universelle*，1927，https://en.wikipedia.org/wiki/Central_Europe#cite_note－29.

④ 〔英〕哈尔福德·约翰·麦金德：《民主的理想与现实》，武原译，商务印书馆，1965。

阻止德国扩张。”①

第二次世界大战结束后

二战结束后，一些历史学者在对哈布斯堡帝国的研究中提及了“中欧”这一概念，在中欧研究中发挥了作用。同时，在二战后移民到西欧和美国的中欧地区移民的影响下，“中欧”这一概念开始在西欧和美国流行。二次大战后的冷战局面下，欧洲大部分地区的国家在文化和历史的因素上成为西方集团或者东方集团的一部分。捷克作家米兰·昆德拉在1984年前后，在《纽约时报》评论中发表了《中欧的悲剧》一文，文中谈及，“中欧”不断被用来描述最西端的华约成员——波兰、匈牙利、捷克斯洛伐克和民主德国，特指这些共产主义国家在文化上依赖于西欧。② 上述用法一直延续到冷战结束、华约解体、中东欧国家剧变后开始走向转型之路。二战结束后，对属于东方阵营的中欧国家的研究受到了阻碍，因为诸多研究结果表明，对中欧的研究和对斯大林主义的研究差异很大。

另外，“中欧”这一话题的研究，开始在西欧和美国流行起来，这主要是来自于“中欧”移民的关注。当社会主义意识形态在中欧国家结束之后，中欧的政论家和历史学家，特别是反对共产主义的学者重新开始了对中欧的研究。根据卡尔·A. 辛胡博（Karl A. Sinnhuber）③ 的观点，他认为“中欧”就是Mitteleuropa，而欧洲的中部（Europe Centrale）则是一个地理名词。除了奥地利、芬兰和南斯拉夫确实在一定程度上维护了自己的政治主权，成功脱离欧洲的军事联盟之外，大多数的中欧国家无法维护自身的政治独立性，只能成为苏联的欧洲盟国（Soviet Satellite Europe）。根据迈耶·莱克西肯（Meyers Enzyklopädisches Lexikon）④ 的观点，中欧包括欧洲的荷兰、比利时、卢森堡、德国、波兰、瑞士、奥地利、捷克斯洛伐克、匈牙利和罗马尼亚的一部分、意大利北部边缘地区和南斯拉夫地区以及法国东北部。

西方世界对“中欧”的关注点，此时聚焦于中欧在美苏，即东西两大阵

---

① I. Deak, “The Versailles System and Central Europe”, *The English Historical Review* CXXI (490): 338, 2006, doi: 10.1093/ehr/cej100.

② Milan Kundera, “The Tragedy of Central Europe, translated from the French by Edmund White, *New York Review of Books*, Volume 31, Number 7, April 26, 1984.

③ Karl A. Sinnhuber, “Central Europe: Mitteleuropa: Europe Centrale: An Analysis of a Geographical Term”, *Transactions and Papers* (Institute of British Geographers) (20): 15 - 39, 1954, www.jstor.org/stable/621131.

④ Band 16, Bibliographisches Institut Mannheim/Wien/Zürich, Lexikon Verlag, 1980.

营之间的地缘政治中的作用，而并非针对“中欧”地区本身。铁幕落下之后，中欧国家（主要指中东欧国家）出现“脱欧”倾向，走向社会主义的苏联。此时匈牙利、捷克等国的学者认为，中欧国家应该同包括苏联在内的邻国和睦相处。总的来说，二战结束至冷战时期，“中欧”这一概念的影响力明显减弱。

冷战结束后

冷战结束前夕，戈尔巴乔夫提出的“新思维”在社会主义国家中具有较大影响。对外部世界的关心，在苏联社会主义阵营里形成一种浪潮，原社会主义阵营国家开始重新讨论“中欧”这一概念。随后，苏联解体，两德统一，中东欧国家纷纷独立。一些中东欧学者也发表了关于“中欧”的文章和个人见解，吸引了西方公众的注意力，如耶诺·许奇（Jenő Szűcs）的《欧洲的三个历史地区》、米兰·昆德拉发表的《中欧的悲剧》，以及切斯瓦夫·米沃什（Czesław Miłosz）试图在文化层面界定中欧的概念。[①] 其中，米兰·昆德拉认为，“欧洲”一词不是地理表征，而是“西方”一词的精神概念。波兰、匈牙利、捷克斯洛伐克是西欧的东部边界，而非东欧的西部边界。[②]

冷战的结束使得原来以意识形态为对抗点的两极格局瓦解，苏联军事力量在该地区的撤出，标志着“中欧”国家作为苏联卫星国的时代结束，也使得中欧地区再次成为地缘政治的真空地带。在中东欧各国开始走向转型道路时，“中欧”成为它们重新获取欧洲身份、“回归欧洲”的重要思想基础。

总的来说，如今的“中欧”，不是一个实体，对比周围的地区，它是一个共同的历史概念。如何命名和定义中欧地区，至今仍然广受争议。很多时候，这一定义的争议，主要取决于争议者的国籍、产生争议的相关学者及其观看历史的不同角度。例如：有学者认为，“中欧”在很长一段时期内，是一个连接西方文明的区域。包括像波兰立陶宛联邦，神圣罗马帝国，后来德意志帝国和哈布斯堡王朝，匈牙利王国和波西米亚等。在这方面，“中欧”面对着俄罗斯和东南欧这样的边界，但该地区的确切疆界仍然难以确定。“中欧”可以作为哈布斯堡帝国（后来的奥匈帝国）的文化遗产区域的一个

---

① Zlatko Šabič, Petr Drulák, Introduction to ‘Central Europe’, in Zlatko Šabič, Petr Drulák eds., *Regional and International Relations of Central Europe*, United Kingdom: Palgrave Macmillan Press, 2012.

② Milan Kundera, “The Tragedy of Central Europe” Translated from the French by Edmund White, *New York Review of Books*, Volume 31, Number 7, April 26, 1984.

概念，这一概念主要是在多瑙河沿岸地区流行。俄罗斯史学界强调，“中欧”是连接乌克兰、白俄罗斯与俄罗斯，和整个斯拉夫东正教人口以及俄罗斯帝国的地区。东南欧国家学界则认为，“中欧”是某种强调与西欧联系的概念，特别是自19世纪以及民族解放和民族国家形成以来。东南欧国家则更喜欢扩大欧洲“东部中心”的表述，来表达其与西方文明的联系。德国的百科全书《迈耶斯麦克全书》（*Meyers Grosses Taschenlexikon*）在1999年将“中欧”定义为位于欧洲大陆东部和西部的中心部分，但这部分是没有确切边界的。[①]通常被认为是“中欧”的国家有德国、瑞士、奥地利、波兰、捷克、斯洛伐克、斯洛文尼亚、克罗地亚和匈牙利；在更广泛的意义上也包括罗马尼亚、塞尔维亚北部，偶尔也有荷兰、比利时和卢森堡。《哥伦比亚百科全书》[②]的中欧定义为：德国、瑞士、列支敦士登、奥地利、波兰、捷克、斯洛伐克和匈牙利。微软电子百科全书（Encarta）对“中欧”概念虽未给出明确界定的区域，但将同样的国家放入了“中欧”这一概念中，同时在“南中欧”中加入了斯洛文尼亚。[③] 联合国则并不承认“中欧”的区域划分，只承认欧洲（北、南、东、西）四个地理区域。[④]

三　回归欧洲进程中“中欧”概念成为新话题

（一）中东欧国家“回归欧洲”的推动因素

冷战结束后，“中欧”这一概念重新回到了历史舞台，这主要源于中东欧国家“回归欧洲”的口号。东欧剧变之后，两极格局被彻底打破。世界格局也随之发生了重大变化，和平和发展成为世界主题，国家间的经济竞争取代了政治和军事对抗，成为发展国家关系的主要内容，世界格局开始由两极格局向多极格局演变。

两极格局崩溃之后，中东欧国家，尤其是中欧地区的地缘格局也发生了重大的变化，不再是两极格局下西欧与苏联的缓冲地区。曾经处于美苏争霸前线，作为美国等西方国家渗透对象的中东欧国家此时的地缘位置似乎不再

---

① https://en.wikipedia.org/wiki/Central_Europe.

② “Europe”, *Columbia Encyclopedia*, Columbia University Press, 2009.

③ “Slovenia”, Encarta. Archived from the original on 31 October 2009, Retrieved 1 May 2009.

④ https://en.wikipedia.org/wiki/Central_Europe.

那么重要。一方面，俄罗斯急于融入西方，无暇顾及该地区；另一方面，西欧也未对中东欧国家做出任何承诺。俄罗斯的撒手和西方的犹疑使中东欧国家陷入安全“真空”状态，中东欧国家危险地漂浮在东西方之间。在这样的情况下，中东欧国家的领导人意识到，要想在俄罗斯和西欧的夹缝中谋求生存和发展，就一定要将自己和西方“捆绑在一起”，因此，“回归欧洲”就成为中东欧国家的共同选择。加入欧盟和北约这两个重要地区性组织也成了这些国家的基本国策。此后，中东欧国家按照欧盟和北约的要求进行政治和经济改革，同时在社会意识形态上不断向西方靠近。

“中欧”这一概念的重新回归与“回归欧洲”密不可分。从地理和历史角度看，中欧国家原本位于欧洲大陆的中部，一直属于欧洲；从宗教文化的角度看，该地区与西欧同属于天主教文化，因此，这一概念的回归为中东欧国家的“回归欧洲”提供了情感和文化上的支持。“回归欧洲”意味着中欧国家不仅在内部体制上，同样也在外部关系上逐渐回归，与西欧融为一体，从回归欧洲内部体制的融合和对外关系上实现欧洲一体化，在推行“欧洲化”道路上不断前进。事实上，“回归欧洲”也是欧盟推行欧洲一体化的重要组成部分。

欧盟，无论从国际影响力还是国际地位来讲，都可称为整个欧洲地区乃至世界最重要的区域性组织。加入欧盟，成为欧盟正式成员，对于这些国家来说至关重要。回归欧洲，重新获取“欧洲身份”是一种对于身份和文化的认同。欧洲身份或者说欧盟身份的获得，从现实意义上来讲，有助于中欧国家在摆脱苏联控制后获取欧洲资本，实现劳动力的流通以及生活水平的提高，加入北约则能获得安全上的保障。欧盟的特殊性在于欧盟的法律和规则。欧盟作为一个超国家行为体，本身的权力及合法性来自于成员的权力让渡，而其自身又体现着法制。获得欧盟成员身份意味着不管国家大小和发展程度，在欧盟事务中获得的权利是平等的，这也是吸引曾受苏联集权控制的中欧国家的原因之一。此外，欧盟框架的重要性，统一市场带来的机遇和机会平等（例如：欧盟轮值主席国身份），都对中欧国家有着巨大吸引力。因为小国与大国进行竞争，力量是十分有限的，欧盟统一的自由市场和公平的环境可以使中欧国家利用自身的优势与大国开展竞争，在政治领域和其他利益攸关事务中获得平等的身份与大国进行协商。这些好处在加入欧盟之前是不可想象的。因此，相对于被动地被苏联纳入控制范围，回归欧洲和加入欧盟对于中东欧国家来说是一个主动且迫切的行为。

在获取身份认同上，“中欧”这一概念的重新提出功不可没。这一概念唤起了中欧各国对于“回归欧洲”的渴望：渴望赶紧加入欧盟；渴望迅速吸收西方式的法律、制度和市场体系（许多人认为这样能迅速实现西方式的生活标准）；渴望更自由的交通和移民；渴望主流文化、经济和地缘政治的重新定位；渴望被国际社会视为“正常”国家。[①] 欧盟成员身份给欧洲其他成员提供了最好的机会（相信也是唯一的机会），去克服百年来折磨着它们并将它们和数以千万计的人民拖入两次世界大战的罪魁——冲突、绝望、少数民族问题、经济问题和脆弱的地缘政治。[②]

（二）中东欧国家“回归欧洲”的尝试：加入北约和欧盟

“中欧”这一概念通常被看作是中东欧国家向西方国家示好，回归欧洲，加入欧盟的工具。而从另一角度，回归欧洲实际上也是一种融合地理和历史文化认同的概念。从地理位置来讲，中欧国家从来不曾脱离欧洲大陆独立存在，原本就属于欧洲，从地理概念而言谈不上向欧洲回归。所谓的回归，事实上是一种对地理和文化的自我认同。但从现实的角度来讲，中东欧国家的回归欧洲并非一蹴而就，而是经过一个不断发展和磨合的过程。

首先，就是重新获得身份认同。两德统一之后，原来的民主德国与其他中东欧国家不同，早已是欧盟和北约的正式成员，所以不存在“回归欧洲”目标。其他中东欧国家，在地理位置上自始至终都属于欧洲，从未离开，只是在冷战这一特殊时期曾被迫加入苏联阵营。此时的“欧洲回归”强调的是欧洲身份的“回归”。正如波兰前总理马佐维耶茨基曾在 1990 年 7 月发表施政演讲时带有感情色彩地说道：“不是由于我们的过错，波兰被强加了共产主义……现在时隔 45 年，是我们重返欧洲的时候了。”[③] 匈牙利已故前总理安托尔也在 1990 年 5 月所做的施政纲领报告中说道：“我们的近期目标是成为欧共体的成员……我们要发扬欧洲民主、多元化和开放的传统，继承欧洲固有的精神遗产。”[④]

---

① 孔寒冰：《东欧史》，上海人民出版社，2010，第 932 页。

② 孔寒冰：《东欧史》，上海人民出版社，2010，第 932 页。

③ Zlatko Šabič, Petr Drulák eds., *Regional International Relations of Central Europe*, United Kingdom: Palgrave Macmillan Press, 2012.

④ Zlatko Šabič, Petr Drulák eds., *Regional International Relations of Central Europe*, United Kingdom: Palgrave Macmillan Press, 2012.

其次，地理空间上强调自身的地缘位置。强调“中欧”位于西方的东部而非东方的西部。冷战结束后，美国积极推动北约东扩，欧洲一体化浪潮也快速推动欧盟东扩的进程，不断挤压俄罗斯的战略空间。俄罗斯不希望放任美国这一行为，势必会做出反应。从地缘政治角度看，麦金德提出的著名地缘政治三段论——谁控制东欧，谁就可能控制世界的心脏；谁控制了世界的心脏地带，谁就能控制世界岛——这一地缘政治设想在冷战后似乎失去了其昔日的光辉，但目前从中欧国家的行动来看似乎又有重返光辉的趋势。中欧国家似乎面临与二次大战前相似的境地，但是如何利用地区的地缘特征将其转化为优势，积极参与地区和国际组织，从而在大国之间不断斡旋，争取该地区的发展空间，是中欧国家必须要面对的挑战。

再次，强调历史文化认同。从某种层面而言，宗教是文明的载体。正如基督教文明是欧洲文明的载体，一些历史学家认为中世纪的欧洲以乌拉尔山脉为界分为两种不同的基督教文明，即：西部和中部以信奉罗马天主教和使用拉丁语为特征的天主教文明和东部以俄国为代表的受拜占庭文明影响的东正教文明，波兰、匈牙利、捷克和斯洛伐克在历史上本就属于西欧文明。8世纪至10世纪，地处欧洲中部的捷克、波兰、匈牙利、克罗地亚和斯洛文尼亚等民族，按拉丁仪式接受基督教并使用拉丁文字，成为西欧文明的一部分。正如波兰人所称，自10世纪他们选择基督教以后，他们就一直是西方文明的一部分。与此同时，塞尔维亚、保加利亚、黑山、马其顿、罗马尼亚等民族接受了东正教，成为拜占庭文明的一部分。西欧学者认为，西欧的首要任务就是，重新把中欧各国人民吸收到欧洲的文化和经济共同体中来，他们原本就属于这个共同体。在伦敦、巴黎、罗马、慕尼黑和莱比锡、布拉格和布达佩斯之间重新编织起纽带。①

二次大战后，铁幕的落下，使得东西欧洲的划分变得十分明确，波罗的海到亚得里亚海以西为西方，这一地域以东的苏联和东欧国家被称为东方。长期以来，西方国家对于中东欧国家的认识有一个很大的误区，即：强调中东欧国家的相似性，认为这些国家间的差异不大，可以忽略其特殊性。由于冷战时期，中东欧国家处于苏联的控制下，受到了苏联斯大林社会主义模式的影响，因此这些国家间的差异似乎被掩盖了。其实，中东欧国家或者说中欧国家的最大特征是“多元化”和“西方倾向”并存。从政治上看，政治

① 朱晓中：《为什么要回归欧洲？》，《世界知识》2003年第2期。

体制多元化：德国、波兰、捷克、匈牙利、斯洛伐克采用相异的政治体制，德国与上述维谢格拉德四国存在不同。冷战之后，波兰、捷克和匈牙利建立了民主机制，开始走民主转型的道路。从文化上看，语言和文化多元化：德国属于日耳曼语系，使用日耳曼语；波兰、捷克和斯洛伐克属于斯拉夫语系，使用西斯拉夫语；而匈牙利属于乌拉尔－波罗的语。其中的共性是：使用西斯拉夫语的波兰、捷克、斯洛伐克往往倾向于西方，将自己看作说斯拉夫语的西方人，德语则是匈牙利第二通用的官方语言。[①] 因此，从语言和宗教角度看，维谢格拉德集团成员被看作具有“西方倾向”。这些具有同样“西方倾向”的国家为了降低因竞争加入欧盟产生的内耗，而决定联手以“中欧”国家的身份开展合作。这也是维谢格拉德集团建立的初始原因之一。

波兰在18世纪末曾经三次遭到俄国、普鲁士和奥地利的瓜分而灭亡（1772年、1793年、1795年）。波兰人民在19世纪曾举行多次民族起义以谋求国家独立，其中最大的有1830～1831年起义和1863～1864年起义，但都遭到俄国军队的残酷镇压。1918年波兰复国后，又爆发了争夺乌克兰和白俄罗斯的波俄战争（1919～1920年）。[②] 根据1939年8月23日的《苏德互不侵犯条约》及其秘密议定书，波兰又一次被瓜分。

匈牙利是一个深深西化了的东方民族，在近现代史上曾两次受到俄国军队的入侵和镇压，第一次是1849年，第二次是1956年。所以，匈牙利也迫切要求加入北约。捷克有两次被侵占的屈辱历史，即1937年的慕尼黑协定和1968年“布拉格之春”被苏军镇压，这都令捷克人永远难忘。从地缘政治看，这些国家处在欧洲中心，地理位置非常重要，历来都是东西方争夺的要地。在这些争夺中，这几个中小国家由于被大国掣肘而深受其害。它们深深感到，要维护本国的安全，就必须投靠大国，寻求可靠的安全保护。中欧四国（维谢格拉德集团成员）各自的军事实力不能满足其安全的需要，它们出于军事安全的考量，申请加入另外一个重要的区域性军事政治组织——北大西洋公约组织。

---

① 霍华德·威亚尔达：《全球化时代的欧洲政治》，陈玉刚等译，北京大学出版社，2010，第384页。

② 刘祖熙：《中东欧国家“回归欧洲”的历史思考》，《西伯利亚研究》1999年第1期，第43～46页。

（三）中东欧国家建立和加入区域合作组织

中欧国家不仅重视重要的地区性组织欧盟和北约，而且在正式加入欧盟和北约之前进行了一系列“预演”，建立和加入了区域合作组织。目的是减少由于共同目标而产生竞争进而造成的内耗，增强自身实力，从而更快地“回归欧洲”。其中，有代表性的就是中欧倡议国组织和维谢格拉德集团。

中欧倡议国组织

“中欧倡议国”组织的前身是由意大利、奥地利、南斯拉夫、匈牙利组成的多边合作组织。该组织建立的构想来源于1988年意大利外长提出的关于意大利、匈牙利、奥地利以及南斯拉夫四国能否首先在经济领域建立起有效合作的倡议。1989年11月，相互毗邻并有着传统关系的意大利、奥地利、南斯拉夫和匈牙利4国，根据意、匈的倡议，先后举行外长级和副总理级会议，商定在交通运输、环境保护、通信、教育和科研等领域分工合作。这种形式当时被称为“亚得里亚海—多瑙河”地区的4国合作。随后，该组织便于1988年在布达佩斯正式成立。该组织的成立很快得到了中欧国家的关注。可以说，“中欧倡议国”组织（Central European Initiative，CEI）是始于1989年的中、南欧国家地区性合作组织。捷克斯洛伐克于1990年作为该组织的观察员参加活动，其后正式加入该组织。1990年7月，在杜布罗夫尼克举行的政府首脑最高会晤中吸收波兰作为该组织的正式成员。此后，随着南斯拉夫退出，克罗地亚和斯洛文尼亚加入，该组织最终于1992年正式更名为“中欧倡议国组织”。

1991年7月“中南欧五国合作”组织接纳波兰为其成员，变5国集团为6国集团，被称为“六角会议”。同月，6国政府首脑在南斯拉夫举行会议，发表了旨在加强相互合作的《政治宣言》和《经济宣言》，并发表声明，强调必须在尊重南斯拉夫人民决定自己命运的主权基础上，通过政治途径解决南斯拉夫危机。该组织的宗旨是促进中欧地区国家的区域性合作，推动中欧国家接近欧盟，为欧洲一体化铺平道路。该组织将区域合作局限于中欧地区，将其性质确定为论坛性。即除了在基础设施、文化交流方面有具体的项目和计划外，在政治合作和地区冲突问题上只是发表意向性声明，而不会做出联合行动和决定。

“中欧倡议国”组织不是相对于欧共体的另一种选择，而是作为地区稳定因素，促进欧洲一体化进程的论坛。随着合作领域的不断扩大，成员数量不断增加，目前共有18个成员，逐渐成为中东欧地区重要的地区合作论坛。

中欧倡议国组织的宗旨是促进中欧地区国家之间的区域性合作，以“特殊”和“具体”的方式使中欧国家接近欧洲联盟，为欧洲一体化铺平道路；致力于经济、科技、文化及政治领域的合作，已同欧盟、世界银行、国际货币基金组织等欧洲地区性组织和国际金融机构建立了联系。每年举行一次最高级会晤。

维谢格拉德集团

虽然学界一般将1990年的布拉迪斯拉法首脑会晤作为波兰、匈牙利、捷克斯洛伐克（后分别为捷克和斯洛伐克）合作的前奏。但波、匈、捷三国真正的合作应该从华约解体开始。1991年匈牙利单方面退出华约，随后得到了波兰和捷克斯洛伐克的响应，两国也随之退出。共同退出华约是波、匈、捷三国开展合作的良好开端。随后的1991年2月15日，波兰、匈牙利、捷克斯洛伐克三国元首和政府首脑在匈牙利布达佩斯举行最高会晤，然后共同前往匈牙利的维谢格拉德，缅怀1335年波兰、波西米亚和匈牙利国王在此进行的历史结盟。至此，维谢格拉德集团宣告成立。

维谢格拉德集团的合作领域包括安全政策，与欧洲机构的关系，民间、政府机构和宗教及社会团体之间的联系，资金、劳动力的自由流动，运输，能源，电信，环境保护，文化，信息，人权和少数民族权利。[①] 1991年三国首脑在波兰的克拉科夫举行会晤，开始共同开展加入欧共体和北约的行动，但是收效不大。之后，1992年5月6日，三国政府首脑和外长在布拉格举行最高会晤，并发表了政治声明。声明强调三国合作已成为中欧关系的新范畴，并将这一合作看作地区稳定的因素。并声明将共同提出加入欧共体成为正式成员的申请，以及建立国家间的经济联系，建立中欧自由贸易区。虽然在之后的1993年，维谢格拉德集团内部出现了一系列的矛盾和不愉快，但是合作仍旧存在，尤其是在关键问题上，成员能够保持一致，用同一个声音说话。

从中欧四国视角来看，中欧这一概念的提出是为实现“回归欧洲”这一目标而服务的。首先是作为摆脱来自东部的苏联斯大林体制的影响，向西部回归欧洲和加入欧盟的工具；其次是中欧四国携手加入欧盟和北约的共同思想基础；最后也是中欧这几个独立的中小国家出于地缘政治考量而进行的合作。

---

① 〔美〕鲁道夫·特凯什：《从维谢格拉德到克拉科夫：中欧的合作，竞争与共存》，载〔美〕《共产主义问题》1991年11－12号。

四 “中欧”概念的德国视角：在中欧国家入盟中的作用

（一）“中欧”概念的德国视角

德国在中欧地区的重要地位不可忽视，地理学家约瑟夫·帕什在《中欧》一书中称，所有中欧国家都自觉或不自觉地属于德国文明的范畴。[①] 弗里德里希·瑙曼也认为，中欧是通过普鲁士的胜利带来的。他曾断言，中欧将以德语为核心，使用德语是自然的。但他又强调，必须对这一地区的其他语言持放任和灵活的立场，只有这样，才能使和谐占据主导。[②] 奥·布莱希特·豪斯霍夫在2013年发表的一篇文章中也称，“中欧是德国人创立的，没有德国人就没有中欧”。[③]

早在德国统一之前，关于“中欧”这一概念，东西欧就有着不同的看法。德国与波兰、匈牙利及捷克的观点都不同。值得注意的是，由于瑙曼的观点曾经为纳粹所利用来发动战争，所以德国的知识分子几乎不采用瑙曼的中欧观点。与此同时，对于西德来说，对于这一地区的新东方政策，也是一个现实问题。然而，很显而易见，西德争论的观点在这些东欧的观点中占据很小的位置。可以肯定的是东欧知识分子已经在重新看待德国问题上做出了尝试并得出了结果，即：很难在克服《雅尔塔协定》划分的欧洲边界时不考虑德国的分裂。东欧知识分子对于中欧概念的争辩，最终没有融合成一个对于重建中欧的统一概念。事实上，中欧这一概念早在“昆德拉震动”成为知识分子讨论的中心话题之前，已经被非常谨慎地在德国的政治演说中重新提出。从某种程度上说，中欧（mitteleuropa）这一概念也是通过这一演说再次回到公众视野中的。然而，对与中欧概念相关的一系列重要问题的关注和讨论（诸如：从未停止的关于德国身份以及德国问题、柏林的未来、两德关系、东方政策、安全政策、联邦德国与美国关系等的讨论）却迅速超越了人们对于“中欧”自身的关注。

德国对于“中欧”这一概念并非不关注。这一概念不仅在德国政治演说中被重新提及，而且，甚至可以在20世纪50年代德国社会民主党的文件中

---

① 朱晓中：《回归欧洲与中欧概念的嬗变》，《欧洲研究》2004年第2期。

② Friedrich Naumann, *Mitteleuropa*, Berlin: Reimer, 1915.

③ 朱晓中：《回归欧洲与中欧概念的嬗变》，《欧洲研究》2004年第2期。

找到。在20世纪80年代西德知识分子的探讨中，中欧这一概念可以被理解为是一种文化历史的重新探索。这方面的最佳代表是柏林历史学家卡尔·施洛格（Kare Schologel）出版于1986年的《向东靠的中部：德国，失落的东部，中欧》①。这个有刺激性的散漫的文章对于邀请西德知识分子和公民重新发掘他们失落的文化以及它们与东德的社会联系方面是十分必要的。卡尔·施洛格是一个狂热的学者，但并非一个政治家。在随后的社会民主党弗里德里奇·艾伯特基金组织的一次演讲中，他明确地否认了这一概念的政治工具性，"宣告中欧是一个目标"。在他看来，中欧这一概念的重新发现，将会带来思想、文化以及非政治领域的改变，用马克思主义的概念来说就是意识。这种意识的改变将会适时地影响政治存在的可能性，甚至影响政治，但是这种文化－历史的重新发现本身是一件好事。也有人从历史－地缘政治视角看待这一概念，并非从中欧整体看待这一概念，而是认为从历史上看，德国的历史决定了其国家的地缘政治位置处于欧洲中心。可以确定的是，在西德知识界，对于中欧这一概念的讨论尽管十分重要却不是最重要的。而如今，德国的政策已经没有空间提供给"中欧"（mitteleuropa）这一特殊概念，或是在双边关系和与欧盟关系中扩大这一特殊概念。

20世纪80年代末中东欧剧变中，奥匈边界开放，许多民主德国的公民经过边界逃至联邦德国，民主德国局势出现动荡。1989年11月，柏林墙被推倒，大批民主德国公民涌向联邦德国。最终，在1990年10月3日，民主德国正式并入联邦德国，两德最终实现了统一。由于统一后的德国也常常被看作西欧国家，所以不存在借用"中欧"这一概念重返欧洲的理由。而且在德国人看来，中欧这一概念的影响远远小于主要的地区性合作组织，例如欧盟和北约。在德国看来，欧盟是德国与中欧国家合作的核心。因此，德国除了重视与其邻国发展睦邻友好关系以外，同样希望将中欧国家纳入欧洲一体化进程中来。因此，德国在中欧四国加入欧盟和北约的进程中发挥了积极作用。

（二）德国在中欧四国回归欧洲实践中发挥的作用

冷战结束后，一些中欧概念的倡导者希望德国能取代俄罗斯重建中欧，

---

① Zlatko Šabič, Petr Drulák eds., *Regional International Relations of Central Europe*, United Kingdom: Palgrave Macmillan Press, 2012.

并推动中欧国家重新回到欧洲的主流中去。而德国出于国家利益的考量，也积极支持推动中欧国家回归欧洲的实践进程。德国在欧盟的地位，也使得中欧国家借助德国的力量来实现自己的愿望这一期待得以实现。中欧国家在地理位置上靠近西欧，1989 年巨变之后的“回归欧洲”，不仅是价值观的宣示，而且还有更重要的经济和政治意义。亦即，不仅要在意识形态和社会制度上回归欧洲，更要实现经济和政治上的全面“欧洲化”以回归欧洲的主流。中欧的发展不可能脱离欧洲一体化的进程，中欧国家加入欧盟和北约也是欧洲一体化进程的重要组成部分。德国作为欧洲一体化的重要推动力量，在中欧国家加入欧盟的实践过程中起到了支持作用。

1. 勃兰特“新东方政策”对中欧地区的稳定和安全有积极意义

德国前总理勃兰特在 20 世纪 70 年代初提出的“新东方政策”，目的在于改善德国与苏联和东欧国家的外交关系。这一政策在当时对于中欧地区的稳定和安全有着积极意义，以德国 - 波兰关系为例。

“新东方政策”对于改善与波兰关系有着重要意义。作为中欧地区的两个大国，德波关系的改善对于中欧地区局势有着很大影响。自 1970 年 2 月联邦德国国务秘书访问华沙至同年 12 月两国签订《关于两国关系基础的协定》，该协定宣布对对方没有任何领土要求，确认了双方的边界，并表示无条件尊重彼此领土完整。至此，德国和波兰确定了双方的边界，实现了国家间关系正常化。此后，德国又于 1972 年同波兰、匈牙利和捷克斯洛伐克等国建立了外交关系。德国将对波兰关系发展为“特殊关系”，将它的东邻看作“我们在东部的法国”。① 德国与波兰峰会在 1997 年被提升至政府咨询层面。

总之，勃兰特政府的“新东方政策”开辟了德国战后外交的新格局，即打破了冷战初期欧洲东西部隔离的状态，同时又通过努力赢得西方盟友对该政策的支持，使得德国最终获得了在东西方自由行动的空间。同时该政策修正了哈尔斯坦主义，使得德国的外交摆脱了孤立的状态，提高了德国在国际社会中的地位，也在客观上推动了欧洲一体化进程。

2. 科尔总理积极促成中欧各国加入欧盟

1991 年 12 月欧共体与波兰、匈牙利、捷克斯洛伐克分别签订了双边“欧洲协定”，1992 年 12 月 31 日，捷克和斯洛伐克宣布正式分离，成为两个独立的国家。欧共体与捷克、斯洛伐克两国分别签署了“欧洲协定”，并于

① Pfluger, Freiedbert in an interview for the Polish daily Rzeczpospoolita, 5 June 1997.

1995 年正式生效。然而，与此时中欧国家积极地参与加入欧共体的热情相反，欧共体对于吸收这些前共产主义国家回归欧洲表现得并不积极，正如欧洲复兴开发银行创始人雅各·阿塔利所说，与这些国家签订“欧洲协定”目的是为了“限制它们接触西方核心市场，而非包容它们”①。欧共体对于这些国家的进出口贸易采取了限制和预防性措施。

在意识到“欧洲协定”的结果延缓了它们加入欧盟的进程之后，中欧国家开始努力申请欧盟成员正式身份。匈牙利于 1994 年 3 月，波兰于 1994 年 4 月，斯洛伐克于 1995 年 6 月，捷克于 1996 年 1 月先后提交了加入欧盟的申请。欧盟虽然接受了中欧国家的申请，但并未给予高度的关注。而中欧这几个国家的政治精英对此特别重视。与其他欧共体成员比较暧昧的态度不同，此时的德国，尤其是执政的科尔政府在中欧国家加入欧盟的进程中发挥了推动作用。1996 年 12 月捷克和德国签署和解协议，解决了两国长期以来存在争议的有关捷境内苏台德地区德意志族居民权利问题。为此，德国表示支持捷克加入欧盟。

德国的出手协助主要是出于自身安全稳定的考量，因为第一次世界大战后奥匈帝国解体，中欧地区出现了一段时间的“权力真空”，欧洲西部的德国和欧洲东部的俄罗斯此时乘虚而入，占领了中欧地区。1989 年东欧剧变、苏联解体之后，中欧地区再次出现了“权力真空”，德国意识到地缘因素的影响，出于自身利益的考量，此时的德国处于相对稳定发达的西欧和不稳定且发展不足的东欧之间，中欧国家的稳定和发展会直接影响到德国。“避免重新回到战前不稳定的体制，避免德国再次陷入东西方包夹的境地，唯一的出路是使德国中部和东部的欧洲邻居融入欧洲的战后体系，并在该体系与俄国之间建立起广泛的合作。”② 因此，德国总理科尔在任期间极力推动欧盟东扩的进程，帮助德国的东部邻国加入欧盟。“并非经济上的原因，而是政治上的考量，正如科尔极力推进德意志统一一样，德国不希望自己的东边邻居被遗弃在欧洲和俄国之间，更不希望自己的东部边界暴露在一片不安定之中。”③

---

① Zlatko Šabič, Petr Drulák eds., *Regional International Relations of Central Europe*, United Kingdom: Palgrave Macmillan Press, 2012, p. 19.

② Zlatko Šabič, Petr Drulák eds., *Regional International Relations of Central Europe*, United Kingdom: Palgrave Macmillan Press, 2012.

③ “Testing Europe's economic motor: the German economy”, *The Economist*, 15 September 1995.

3. 德国担任轮值主席国期间给中欧国家树立效仿的典范

在捷克斯洛伐克存在时，维谢格拉德集团被看作一种区域合作的合理方式。起初，德国非常积极地希望欧盟能将维谢格拉德集团当作一个整体来看待，德国期望区域合作和一致性将会加强整个地区成功的变革和稳定。但是，事实并不如德国所愿，在加入欧盟和北约的过程中，这些新成员之间似乎成了竞争对手。直到 1994 年，维谢格拉德集团才被看作一个中欧四国互相交流的松散的合作组织。但与此同时，德国也从未对维谢格拉德集团在军事防务和安全方面抱有任何幻想。德国十分支持和理解这些国家为加入欧盟和北约所做出的努力，并积极促成维谢格拉德集团的成员加入北约。

同时，在成功加入欧盟之后，德国也为中欧国家提供了帮助。德国在 1999 年和 2007 年轮值主席国任期内的积极表现，为中欧国家树立了效仿的典范。在欧盟事务上，德国关注的是新的成员是否能够处理好手中的立法权（packages），对此，德国曾在斯洛文尼亚担任欧盟轮值主席国期间对其行动进行观察。欧盟成员中，斯洛文尼亚在很多方面都表现出了一个德国小伙伴的角色。例如总统帕霍尔全力支持德国保障欧元区稳定的行动。虽然他要求将这一行动更加深化，直至欧元区财政政策一体化。但总的来说，不同于之后在担任欧盟轮值主席国期间被描绘成为“麻烦制造者”的捷克，斯洛文尼亚是一个“角色典范”。捷克担任欧盟轮值主席国期间，捷克政府和德国政府都在财政危机时各自保卫着自由市场经济规则，但在欧盟问题上德国给予了捷克支持，德国是欧盟“三个大国中唯一在捷克担任欧盟轮值主席国期间没有将捷克置于困境的国家”。重要的是，德国总理默克尔也是唯一的一个以欧盟大国领导者的身份参加 2009 年的东欧伙伴关系峰会以及 2011 年的华沙峰会的政府首脑。由此可见，德国作为欧盟轮值主席国做出的外交行为和努力不仅为中欧国家树立了可以效仿的典范，也在中欧国家担任欧盟轮值主席国期间提供了支持与帮助。

（三）冷战后德国与中欧的关系：差异性和动态性的结合

有学者认为，冷战后时期德国与中欧国家的关系，呈现出一种同时具有差异性和动态性的发展状态，而不仅仅只是中欧“mitteleuropa”这一概念。①

随着冷战的结束和两德的统一，1915 年瑙曼提出的德国领导的中欧（mitteleuropa）概念某种程度上开始复苏。一些学者认为，德国领导下的中欧将会出现在欧洲体系的转型过程中。其他学者则质疑，德国是否能够成为“没有明确定义边界的中心国家”。还有一些学者的观点则是，统一后的德国将会至少在文化和经济上控制中东欧。这些观点对于中欧国家来说是十分敏感的，因为这些中欧国家过去曾是德国统治欧洲的首要目标。然而，随着时间的流逝，类似于建立瑙曼提出的“中欧（mitteleuropa）”的计划并未在德国付诸实施。

事实上，在 1990 年之后，只有为数不多的区域在德国的外交政策中被描述为战略性地区，德国针对中东欧的外交政策正属于这样一个战略性地区。在 1990 年后，德国对中东欧外交政策的核心就是与中欧国家关系正常化，以及在加入北约和欧盟的进程中推动中东欧国家实现稳定性和现代化。然而，在达到了上述目标之后，关于德国与中东欧的未来关系问题再次出现。

影响德国与中欧国家未来关系走向的因素，主要有以下几个方面。

第一，一些不对等和差异性影响了德国与中欧关系。德国和中欧国家在国家总体实力和国内的政治方面都具有不对等和差异性。受巨大的差异性政治影响，中欧国家加入北约和欧盟之后，国家潜力中的不对等性减少。原来德国优越的地理位置、发达的经济使其在与中欧国家的交往中潜力巨大。经济上，双边联系紧密，德国是中欧国家第一或第二大贸易伙伴以及直接外贸投资来源地。然而，中欧国家在德国贸易中的角色也日益重要。所有中欧国家与德国的贸易额加在一起近乎等于甚至超出德国与其两大贸易伙伴，即法国（出口）和中国（进口）的贸易额。②与此同时，其他形式的不对称性也在增加，尤其是在特别重要的外交政策方面，国家间建立共识的不对称性在增加。在语言方面，德语已经失

① Vladimir Handl, “Germany and Central Europe 2011: A Differentiated Dynamic Instead of Mitteleuropa”, in Zlatko Šabič, Petr Drulák eds., *Regional International Relations of Central Europe*, United Kingdom: Palgrave Macmillan Press, 2012.

② Vladimir Handl, “Germany and Central Europe 2011: A Differentiated Dynamic Instead of Mitteleuropa”, in Zlatko Šabič, Petr Drulák eds., *Regional International Relations of Central Europe*, United Kingdom: Palgrave Macmillan Press, 2012.

去了其在该地区与其他文化的功能性联系，欧洲的德国中心化在文化方面的影响不断降低。另外，中欧国家对德关系常常因为选举而产生波动性，这些波动性取决于中欧国家议会主要政党达成的共识，这种共识在德国政治中十分少见。这些不对等和差异性，都有可能影响未来德国和中欧国家关系的走向。

第二，德国与中欧国家关系新的合作制度基础将会被重新讨论。随着波兰逐渐成为德国的特别伙伴以及区域领导，新的双边贸易和其他制度性安排将不断形成，但德国在考虑多边关系的时候依然会保持警惕性。①

第三，在谈及历史引发的多样性理解时，德国与中欧国家有共同的理解：过去不能成为未来关系进一步发展的阻碍。历史性的事件逐渐成为客观的学术和社会活动。但事实上，波兰与匈牙利被德国承认是独立国家，而捷克却常常被看作德国的"家庭成员"。② 而且纳粹德国对波兰的迫害是毋庸置疑的，波兰因此也被看作纳粹的受害者。除此之外，战后德国人被驱逐以及转移也为当时的德国、波兰和捷克增加了负担。但是最重要的是，对于捷克人和波兰人来说，与德国的关系总是十分重要的，他们倾向于观察德国及其对于历史的态度，因此这就成为这些国家政治"基因密码"的一部分。③在德国与其他中欧国家从来不被当作问题的各种历史问题，已经被人们接受为基本道德问题而非政治问题。然而，在一些国家中国家导向性的政治参与者可能也的确是为了其政治目的将历史工具化。

第四，德国与中欧合作关系的核心区域是欧盟。在 20 世纪 90 年代初，整个中欧地区实现转型和稳定的最好方法是加入欧盟。与德国单独地通过双边合作输出规则相比，德国与欧盟共同塑造邻国的过程显得更为成功。德国在中欧国家加入北约和欧盟过程中扮演着尤为显著的角色。最有代表性的

---

① Vladimir Handl, " Germany and Central Europe 2011: A Differentiated Dynamic Instead of Mitteleuropa", in Zlatko Šabič, Petr Drulák eds., *Regional International Relations of Central Europe*, United Kingdom: Palgrave Macmillan Press, 2012.

② Vladimir Handl, " Germany and Central Europe 2011: A Differentiated Dynamic Instead of Mitteleuropa", in Zlatko Šabič, Petr Drulák eds., *Regional International Relations of Central Europe*, United Kingdom: Palgrave Macmillan Press, 2012.

③ Zlatko Šabič, "Introduction to ' central europe' ", in Zlatko Šabič, Petr Drulák eds., *Regional International Relations of Central Europe*, United Kingdom: Palgrave Macmillan Press, 2012.

是 1999 年和 2004 年。这种过程事实上代表了德国与中欧国家相关的核心利益。北约的存在保护了美国在此区域的安全利益，欧盟提供的多边框架保证了中欧国家在欧盟发展进程中的发言权。德国的政策试图寻求扮演一个中欧国家的宣传者，同时又将欧盟东扩看作“繁荣与稳定区域”的扩大。然而，在入盟谈判时，德国又为其自身的社会和经济利益做捍卫，例如劳动力市场保护、农业直接支付、生态社会标准确立等。这导致了中欧国家开始眼红德国。与此同时，欧洲人权公约也显示了中欧国家已经加入了欧盟成员中的中小国家集团，来反对欧盟成员中大国力量的增长，大国之中当然也包括德国。中欧国家的入盟，代表了德国与其东方伙伴的核心利益，这也是解决不对称性以及基于历史原因带来的双方焦虑问题的最佳方案。然而，德国与各个中欧国家的关系却取决于单个的中欧国家内部哪些政治主流掌握了政权。因此，冲突问题（例如德国霸权在欧元区的不断崛起）使得中欧国家对德国的态度出现两极化的可能性增加。

第五，军事安全领域是德国与中欧关系中最不显著的。由于政治体制和结构的不同，加上中欧国家保守主义的影响，德国与中欧国家在军事安全领域的合作并不显著。在 1994 ~ 1999 年间，中欧国家发展现代化武器和加入北约的过程中，德国的帮助是至关重要的。其中，最重要的成果是德国 - 波兰 - 丹麦在欧洲东北部建立了三边多国部队。但是除了东北部驻军之外，德国与中欧国家的军事合作十分低调。例如，捷克军事并未在德国的直接领导下有所行动，直到 2006 ~ 2007 年的阿富汗军事行动才开始参与第一次任务。在中欧国家有影响力的保守派圈子只关心大西洋主义并警惕德国的政策，中欧国家不认同德国的“克制文化”，它们认为多边主义的态度是更加有益的。

值得注意的是，在对俄罗斯和中欧国家的看法上，德国与捷克和波兰并不相同。捷克和波兰似乎对俄罗斯比较畏惧，而德国则更为担心自己被这些中小国家孤立。① 随着德国现在不断寻求与欧盟的更坚实的合作，以及波兰图斯克政府的积极行动，德国与中欧国家新的合作机遇正在逐渐开启。同时，此区域内不同的多元主义见解对德国和中欧双边关系的影响力也正逐渐上升。

---

① The White Book of the German Ministry of Defence perceives Russia as a Partner（Bundersminsterium der Verteidigung 2006：23）

表1　两次世界大战期间和约、条约及会议对于中欧四国国家边界的影响

	和约、条约及会议名称	时间	德国	波兰	匈牙利	捷克斯洛伐克
一战	凡尔赛和约	1919年	德国损失了13.5%的领土、12.5%的人口、所有的海外殖民地（包括德属东非、德属西南非、喀麦隆、多哥以及德属新几内亚）；割让阿尔萨斯和洛林给法国，恢复法国在普法战争前的疆界	独立，原属波兰的领土被归还，包括西普鲁士、波森省、部分东普鲁士及部分上西里西亚		获得东上西里西亚
	圣日耳曼条约	1919年	奥匈帝国解体		独立，但失去大部分的布尔根兰	独立
	特里亚农条约	1919年			丧失了72%的国土面积，人口由2080万大幅减至650万，超过1000万名匈牙利人一夜之间便身处他乡（1914年的匈牙利王国拥有33万多平方千米领土），原本归于南斯拉夫的匈牙利城市佩奇、莫哈奇、包姚及锡盖特堡重新拨归匈牙利	得到匈牙利割让的斯洛伐克和外喀尔巴阡乌克兰
二战	慕尼黑协定	1938年			获得喀尔巴阡山脉罗塞尼亚北部、斯洛伐克东部及特兰西瓦尼亚北部	将苏台德地区割让给德国；自此，捷克斯洛伐克丧失了1.1万平方英里的领土、360万居民和1/2以上的经济资源，丧失了作为边境地区安全屏障的防御要塞

续表

和约、条约及会议名称	时间	德国	波兰	匈牙利	捷克斯洛伐克
苏德互不侵犯条约	1939年	占领波兰	被苏德瓜分		
雅尔塔协定	1945年	美、英、法、苏四国分区占领德国	波兰东部边界大体上以寇松线为准，在若干区域做出对波兰有利的5~8公里的逸出，同意波兰在北部和西部应获得新的领土，其最后定界留待和会解决		
波茨坦会议	1945年	关于波兰西部疆界问题，规定德国原来的东部领土，以及不归苏联管辖的一部分东普鲁士和原但泽自由区，均由波兰政府管辖。将哥尼斯堡（今加里宁格勒）及附近地区割让给苏联。复原1937年之后德国在欧洲占领的领土	承认波兰临时民族统一政府；认为波兰西部边界的最后划定应待和平会议解决，但三国政府首脑同意，在波兰西部边界最后划定之前，原德国的东部领土由波兰政府管辖，不得将其视为苏联在德占领区的一部分		
巴黎和会	1947年			匈牙利与奥地利·南斯拉夫边界仍为1938年1月1日原有边界，并承认1945年6月“苏捷协定”（1945年6月匈牙利收回的外喀尔巴阡山乌克兰割让给苏联），匈牙利捷克边界在匈牙利，捷克和奥地利三国交界处做少许有利于捷克的变动	匈牙利与捷克的边界设在匈牙利，匈牙利、捷克和奥地利三国交界处做少许有利于捷克的变动

资料来源：表格为自制，资料来源为维基百科上查到的信息，Wikipedia：http://en.wikipedia.org/wiki/main page。

中欧：视角、模式、愿景

〔捷克〕约翰 P. 阿纳森（Johann P. Arnason）*

据我所知，对于中欧地区的争论，既模糊又涉域甚广，其间也经历了很长的历史阶段。虽然这段历史已经有所记载，但是并没有形成对该地区基本方向的一致界定。中欧地域广阔，对中欧争论的结果不应致力于某种平衡的全面覆盖，其路径是多样的，应具有一定的选择性。我强调讨论主题的多样化，而不是任何潜在的统一。这表明，通过对中欧的释义，该认识区域的四种路径已经被引入或者说开始出现征兆。第一种路径，传统上的中欧（主要是德国，不包括 1918 年德国战败之后短期内不可确定的对抗计划），一般是映射出的某种政治战略区域。第二种路径，即将欧洲视为现有历史条件的一种选择，这样，“逆世”的概念似乎有了一定的合理性。第三种路径，不断努力去定义和细化“中欧”这一概念，并将其看成历史学家所谓的一种“工作假说”，这一理论出自米洛斯拉夫·罗奇。第四种路径，也是更加具有前瞻性的一种路径，即对中欧地区进行重点凸显，该看法引发了对该地区的界定及其潜在假定的思索。我没有试图在本文中涉及上述所有路径，我主要的关注点放在第二种及第三种。第一种理所当然地成为背景知识，而且也将进化为第二种路径的背景参数。至于第四种路径，即总结性的概括，也只能体现出文明分析这种特殊的视角。

一 逆世而行的中欧

为了解释文中“逆世”的概念，以近期事件为例会大有裨益。德国学者

---

* 约翰 P. 阿纳森，澳大利亚墨尔本拉筹伯大学社会学教授，2007～2015 年曾在捷克查理大学历史学院从事历史社会学教学，研究兴趣集中于历史社会学，尤其关注文明比较研究。

们编写了一套“古代逆世”的文集（《赫尔舍》2000年）。而扬·阿斯曼在本书中做出了一个最宏大的定义，他在具有介绍性的参考文献中对客观的自然世界和人类生活的世界进行了区别释义之后，进一步提出我们应该思考“人类，至少是古人”作为一种存在，“应该生活在三个世界中：客观的自然界，象征性的媒介世界以及非主流性的世界”。扬·阿斯曼对本书的其他贡献在于，诠释了希腊人和罗曼人所虚构的世界以及与他们所创造的非主流世界的相关性——从上帝和英雄的神秘区域开始，一直延伸到扩张过程中这些被发现的古老文明，以及野蛮人类重塑的文化普遍性。

这本书并没有涉及非主流世界中的人类学专著，也没有讨论经典的叙述。但是这个术语似乎具有足够的映射性和灵活性，从而可以运用到现代化的背景中。为了证明这一点，20世纪80年代对于争论的简单反应一直处于有序进行的状态，而这种状态的表现就是中欧地区近来的主要利益浪潮，同时最具有代表性的文章是米兰·昆德拉的《一个被绑架的西方或中欧的悲剧》。对于昆德拉，诸多反应带有批判性，而且经常出于基本的误解而进行评论，但是依然存在共同的基础，这就是所谓的进一步的审查。将基本立场描述成乌托邦似乎具有误导性：术语本身通常体现了一种期望或者至少是一种改变的希望。事实上，中欧地区的利益复兴发生在特定的情况下，正是基于这种视角，显然，它处于没有任何效用的话语社区中。关于中欧主题主要的提出者和不同种类的受众，都是来自苏联集团对西方文化差异性的预言（外界评论的背景主要是德国和奥地利，具有极少的相关性），这也是在反映一种情形，即共产主义的改革已经丧失了吸引力，但是也看不见其他的选择。赞同文化抵制的后改革主义者认为，共产主义规则的终结并不是似是而非的终结，而且对文化根基的研究——包括中欧的思想，在于努力证明和提高无权的少数群体的反抗意识，而不是给政治策略奠定基础。在最不具有幻想性的版本里，其目标仅仅是拯救某种文化记忆。昆德拉的文章写于其流亡时期，就属于这种类型。但是，一味地抹去20世纪80年代以感性怀旧为特征的中欧情结（更准确地说是哈布斯堡的怀旧情结）有些不合时宜。因为批评家此后便做出了这种批评。争论的主角对于现代历史有着足够的了解，意识到了分裂、矛盾以及病态的心理导致了哈布斯堡皇室专制主义的崩塌。但是，他们也知道，皇室突然被摧毁这一事件在战后安定的框架内，留下了地区内无法解决的问题，而且受到了压制，并没有因为后期政治改变而得到解决。旷日持久的困境感进一步加深，这也是出于共产主义秩序下的悲观主义。而这既是由体制内的改革者提出，就其他原因来说，更是与市民社会的概念相联系，而这是一种假设性的视角。同时，努力守护文化记忆延伸到了中欧一体化的战争愿景。然而，边缘化作为来自主流政治不同观点的表达，现在则作为相互关联的传统而出现了。

上述所有方面都表明，将整个大的背景当作非主流的世界来思考会显得很有意义。如果真实存在的社会主义建立起来的秩序是一种对世界的感知，那么历史学家近期就是运用这个术语来应对这个时期的问题。“中欧”复兴的思想也是尽力抗衡的思想之一，目的是用来在相对的活动上增添其意义和重要性。该主题总是（而事实上并不总是受到应有的关注）与“mitteleuropa”——另一个“中欧”的概念——进行对比，而这正是政治、经济和军事战略家所界定的内容。后期的参考文献中，首要便是德国的传统以及弗里德里希·瑙曼的《中欧》（1916），这是一本经常被挑选出来具有特殊代表性的著作。《中欧》一直都与德国帝国主义主题保持长期的联系，这一主题关注地区的意义，并且因为泛日耳曼主义而受到指责。毋庸置疑，瑙曼的这本书体现了政治目的和帝国的视角。但是，进一步的阅读会展开一幅更加细致的图景。瑙曼对“中欧”研究的框架和导向与主流的德国霸权主义和战争目标并不一致，而且也没有给自身的泛日耳曼主义提供合理性。他对“中欧”的特殊观点恰恰是作品成功之所在。《中欧》一书虽畅销，但是也受到了来自政治派系不同分支的攻击。从更为广阔的公共领域来说，很明显，这种抗衡提升了战争的目的意识。但是，一旦涉及更加具体的问题，并没有相关的政治行为体赞同瑙曼的观点。

瑙曼对“中欧”的思考方式在他著作的篇首以最好的方式表达出来，书的引言达到了实质与形式的统一。这样一来，瑙曼将他的经济和地缘政治问题与形而上学的视角相融合，同时这种视角受到德国智囊的普遍认同。将卢卡奇的《实质与形式》置于瑙曼的《中欧》一书基础上，可能会更好地突出它的本质。“中欧”的出现可以追溯到两个层面，而这两方面都与战争紧密联系：瑙曼认为1914年爆发的战争已经创造了“一种正在形成的中欧本质”，而这是在中欧清晰的形式出现之前的朦胧表示。这种时代的摸索体现了历史的视角，这种视角将创造力和破坏力置于紧密的联系中。同时，一些对瑙曼持有批评观点的人也做出回应：他们认为瑙曼具有的是一种没有政治分量的审美幻觉。然而，必须强调的是，瑙曼对形式的理解不断加深，并且拥有强大的政治推力。主要的观点在于，“民族国家不断与经济和军事国家相分离”，国家的实质转型处于期待之中。对于瑙曼来说，这一点将影响“中欧结构问题最本质的内核”。他提出：“大企业和超国家组织的精神在于牢牢攥紧政治”，但是，关于“中欧”的信息也是不可逆转的，这应该得到充分的理解并且被限制在合理的范围之内。“如果中欧变成了历史的力量体，一个全新的历史意识必然会萌发”，而这种意识将陷入一种自我限制的逻辑。就更具体的方面而言，瑙曼认为，“中欧”超国家组织不应该处理自我结构问题。而这种反复提及的两大问题，应该限于国家权限范围之内。瑙曼基本观念的简单总结应强调一点，他并没有在书中讨论并充分承认。他所思考的并且所希望看到的是一种政治的转变，而这是由“中欧”所倡导的，这并不是通过创造联合力量而产生的一种地缘政治平衡的转变。然而，自从该著作意图影响决策并且干预事件的进程，它就将政治抉择转变为受到倡导的政策和策略。瑙曼提出针对两个相关问题的解决方案，这两个问题分别是德国和哈布斯堡专制王朝的复杂的关系以及哈布斯堡王朝的国内问题。他考虑到两个方面，探索出路径并且跟上泛日耳曼主义的潮流，此后便在奥地利和德国占有一席之地。在这里，我们并不需要讨论他的想法的细节，这些想法体现了一些严肃和敏感国家的区域国家多元化利益，以及对最突出问题的犹疑，例如奥匈帝国条约的未来。但是，“中欧”方案没有成为实际的议题。另外，瑙曼坚持“中欧将保持德国的核心地位”。他也了解德语的区域作用并非与德国的经济和军事优势没有联系，但是他认为国家主义的手段是以忽略其他文化为代价的。这种信念经不起历史的检验，不过，这种失意并不是否认瑙曼和泛日耳曼主义的不同。在战争进行的中期，瑙曼曾对反日耳曼主义怀着高度的期望。

战争的中期，瑙曼对“中欧”理念的开创性浪潮怀有崇高的期望，而这不仅仅是因为奥地利和德国在东部前线取得的巨大成功。不过，从更加一般的意义上来说，他对未来的期望并不乐观。他希望人们警醒，不要相信永久和平的幻影，并且看到了未来可能发生战争的前兆。权力集团的竞争没有终点，从这点上来说，“中欧”并不能被称为乌托邦地带，甚至也不适合被描述成政治的神秘地带。诚然，瑙曼对神圣罗马帝国的刻画带有神秘的气息，他认为神圣罗马帝国在中欧扮演了一位先驱的角色。正如瑙曼所理解的，随着世界的转换，帝国是地缘政治空间的历史创造者。（饱受争议的区域一般是位于南北之交以及东西之间，但是随着时代重心的转移，东西的边界之争更加明显）这既不是一种模式，也不是由于战争而产生的合法先例。如果我们想将瑙曼关于“中欧”的观点归类并且将其与其他事例进行比较，一种不同的路径似乎显得更有前景。

1914 年爆发的战争是一场文明的灾难，并且其结果也影响了 20 世纪的整个历史，使我们与之相脱离。历史学家一直在关注“中欧”问题争论这个大背景，以及其短期反应和长期毁灭性的结果。在这里，令我们感兴趣的独特性便是另一种回应，它将此描述成一种尝试，试图将灾难美化成其他事物。从早期到战争结束，我们都可以找到相关的例子。马萨里克将结果描述成造就民主胜利的新纪元，是超越了旧的秩序，毫无疑问这是一个典型。从另一个角度看，列宁将战争解释成全球危机，它将开拓革新之路。在一定的意义上，这条路的确被开拓出来，但是列宁此后并没有充分理解这种改革，所以并没有公开。瑙曼“新中欧”的观点，是一种与众不同的理想化的思考。但是，相比较而言，其他来自德国的知识分子则提出了支持战争的观点。托马斯·曼的《一个不关心政治者的观察》就是一个明显的例子。这本书以更加精细的视角努力研究这场灾难，从而将其发展成为逆世而行的某种征兆。

这些标签看起来尤其适用于瑙曼的那本书。尽管整个论点是建立在反对承受强权政治的背景下的，但本想用来影响集体认同感和政治生活框架的这个主旋律的基因突变了，而这将改变整个欧洲世界。

与瑙曼所描绘的蓝图截然不同的另一种视角指明，作为政治组织的“中欧”一直走在动乱的路上。在这个论调之后的发展分支当中，与瑙曼的观点最不相同的当属卡雷尔·科斯克于 1969 年布拉格之春失败后不久完成的论文。显然，他本打算以演说的方式将这篇文章展现给大家，但这篇文章最终直到 1993 年才得以发表。该文反映了卡雷尔当时的意图，以及对所受的巨大挫折和模糊前景的一种妥协，当时正处于早期辩论阶段。要理解卡雷尔·科斯克的思路不是很容易，题外话太多，分散了其主要的论点，并且针对当地因素和历史背景，对不是老读者的听众进行解释也没有那么容易。不过，理解他观点脉络的关键点只在于下面这句话：“中欧是一个颇具争议的空间，也是一个充满争议的空间。这个争议就是，这块地方到底是什么?”这个语境有三种解释，让我们来讨论一下，每种解释都是一个呼吁和声明，也是对采取行动的邀请和指导方针。这三种解释激起了一些各不相同而又充满对抗的干预、行动和活动。“中欧”就是这样一个任由不同说法在冲突与抗争中不断交锋和碰撞的历史空间（科斯克，1993）。尽管提到了历史空间，但是科斯克对其的进一步讨论明确了不同的说法具有不同的历史分量。实际上，这个理应是三方辩论的情景，更像是两极辩论。根据科斯克的说法，一方面，皇权对权力的渴求衍生出两个版本，分别是德国和俄国。“中欧”概念提出伊始就是对德国扩张主义贴的总标签，其中包括从经济和文化上的影响，一直到军事侵略。科斯克的观点不全在于德国区域野心本身，他更想表达的是，德国对中欧产生的影响应该被看作一个连续性的历史，并且与中欧相关的事物应作为不断变化的途径之间首要的可用的联系。至于俄国对中欧的态度，科斯克将其概括成一个中转站的形象。它是一扇通往欧洲的大门，这个说法适用于19世纪的贵族和革命流亡犯，也适用于沙俄和苏联。

因此，科斯克用一些传统含义来描述这些各不相同的帝国，同时带着强烈的等级暗示。而我们接下来要看到的，则是他之后的一些激进主张的序幕。但在此之前，科斯克绕到了一个家庭式的从而令人惊讶的主题中去。奥地利不能算进原来的解释里，它扮演了一个奇怪而又模棱两可的角色，既不是像德国和俄国之流的帝国，又不算一支强有力的阻力军。如果一定要表达的话，应该是一个充满争议而又身份不明的历史现象，虽然对各种解释学说的态度很开放，但又未一视同仁。对于帕拉茨基的《奥地利的理念》，科斯克认为“实际上是中欧的理念”，这本书的预想是有关全人类和整个世界的具体概念，这本书铺陈了将哈布斯堡家族统治下的多民族君主制转变为一个公正平等的联邦制国家的计划。这时，突然发生了一些变化（19世纪60年代中期），这是“中欧”第三个强有力的反帝国主义的例子。但从1849年格里尔·帕泽与帕拉茨基的交流中我们可以清楚地推测出，这个回应只不过是为了建立一个对王朝忠心的契约而做出的努力。这种呼吁对皇权最基本的核心及实现其目标而言并没有多大作用，但它的确促成了一个现实的关键性后果，即统治者及其下属间狼狈为奸的腐败现象。在科斯克将奥地利模式与普鲁士王国和沙俄进行对比时，他指出，之所以奥地利的例子与其余两个不同，最显著的原因是哈布斯堡统治后期来自各方各界的不同意见，那些或强或弱的反对声音。

不过这个倒退的共生概念，也可以理解为20世纪所实现的极权主义制度趋势。让我们回到科斯克1993年那本书的后记：“权力少数派的绝对诉求”与“被领导及控制者无条件妥协”的极权主义联合，是“积极运作系统”中唯一的可视区域。而在这块区域中，所有的一切都将为之而奉献，“自然、地球、景观、语言，以及最重要的——灵魂”（《奥地利的理念》第

97 页）。海德格尔描述的这幅蓝图已经十分明确。但科斯克独特的观点来自从“中欧”历史中提炼出来的经验。1968 年对他而言就是 1938 年的一道轮回，“慕尼黑症结”中一系列侵略、投降与牺牲的再现，简直是现代人类状况的典型。而终极侵略者恰恰是挪用一切、把任何事物当成工具、调动所有资本的这个体制。从这个角度来看，科斯克关于“中欧”第三个反帝制的论点就合乎情理了。他关于现状的描述与定义反映出了捷克持不同政见的团体开始进行论战，并想走得更远。与那些逃避他们所看到的民族主义故事，仍对天主教传统及皇权制度抱有乐观态度的人们不同，科斯克坚持认同捷克民族复兴的历史合法性及其潜在的民主因子。但他毫不妥协的哲学角度，给互相扶持、共享语言和社区的事实施加了巨大压力。关于语言方面他如是说道：“只有当每个人可以不是为了一些实用的、功利的日常事务而说自己的语言时，还可以准确地表达出所有细微的形而上学的各个部分，那么这些分散的一点点人口才可以在形态、构成和团结一致方面集中成一个国家。”（《赫尔舍》第 66 页）如果在社区最基本的事务处于关键时刻的时候丧失了全面指挥权，“那么语言的衰退就是对即将到来的灾难的一个警告”（《赫尔舍》第 66 页）。科斯克对社区的描述是“obec”这个单词的内涵很重要。他赞扬捷克民族复兴将市区及社区发扬光大，并将其作为统一现代世界权力的答案，且将这个角色融入教堂、朝代与国家的选择（《赫尔舍》第 74 页）。值得注意的是，尽管“obec”在这里被翻译成了“社区”，但它不仅仅是这个含义这么简单。举个例子，圣·奥古斯丁的《天主之城》捷克版中用到了这个词，而在西欧语言中这个词意味着城邦或国家。

语言与国家地位之间的联系，很显然，无法消除民族国家不同于公民国家并且处在比公民国家更劣势地位的刻板印象。语言上的主权社会，正如科斯克说的那样，完全就是一个历史产物。此外，它也是帕拉茨基关于奥地利国家改革指导方针的历史预期。但这种极端的历史性观点迎来了反对的声音。科斯克所说的小国“中欧”，实际是对捷克民族复兴的笼统影射，更确切地说是他对这种运动的一种个人观点，而对历史环境则没有具体描述。这个层面上的进一步讨论将把重点放到“中欧”各个区域国家问题的不同结构中去，特别是哈布斯堡家族统治下的区域。尤其需要注意的是，所有问题的制造者，由帕拉茨基认定的匈牙利人和匈牙利王国，却完完全全脱离了科斯克的分析。不过，其实也不难想象他的分析路径。他写这篇文章的目的本就不是重建历史轨迹，而在哈布斯堡统治后期，他对民族问题的多样性也不如对民族进步的不同道路感兴趣。他的目的是清楚地说明，重构“中欧”这个曾经很可信但从未成功过、现今更难以想象的问题逻辑。为了达到这个目的，他从最炙手可热的案例入手来推断，并直接面对着来自皇权的对质。诚如他在1993年的后记中写的那样，最终的结果已经凌驾于民族与帝国之上。这个争议，现今随着后共产主义危机与富有争议传统区域的矛盾的叠加，已经变成一个全球性的甚至是中欧地区最为尖锐的问题。在疯狂运转与不断更新的机器下盛产财富，隐藏于其背后的是灾难性的后果，而这个争议存在于那些没有身陷其中的“傻子”身上，目前，也存在于那些不愿意顺势而行的人们所犯的蠢事里。（《赫尔舍》第98页）。另外，科斯克精心挑选出“三个伟大的傻瓜”，分别是弗兰茨·卡夫卡、雅罗斯拉夫·哈耶克和杨·帕图恰。从某种意义上说，我们兜了个圈子，回到了关于文学作品和形而上学反思的重要作用上。不过这次，我们刨去了民族共振，现在看来这个共振只不过是个短暂的过客。

科斯克最后的转折，包括文化抵抗、艺术以及覆盖社会政治的哲学，对于简洁回顾的昆德拉的“中欧论”来说，就是一个恰当的论点。这个对《一个被绑架的西方或中欧的悲剧》的描述，受到了至少是质疑其历史准确性的人的尖锐批评。昆德拉就是受到批评的一员，他被指控忽视了德国在中欧历史上的决定性作用，而仅仅将地区性的破坏归因于战后的苏维埃政权，却不是归因于德国纳粹的暴行。同时，他也被指控提出后哈布斯堡的理想化图案而忽略了更为重要的历史背景。严格来说，这些反对都是有根据的，但是在一个更深入的相关见解里，它们都变得无关紧要。“中欧”，正如他所描述的，是一个失落的世界，从前是西方文化里独特且富有创造力的一部分。指引他理论的逻辑是美学而非历史学，这似乎很合理，它将这篇文章描述成了一种艺术品的架构。他的出现有着双重的角色：一个失落的中心的记忆守护者和一个幸存但是被疏忽的饱受西方争议的训诫者。

昆德拉的“中欧”是由有着强大的文化一致性和有记录的高质量的历史及文化创造性的小国家组成的一个不同的世界。大约一千年以前，它是西方文化的一部分，并对边境传统做出了独特贡献。在20世纪晚期，“中欧”在几种意义上濒临消失。“中欧”国家被苏联侵占，逐渐失去了自我界定中最核心的文化记忆，并从世界地图的西边消失。在上述三个方面，昆德拉都保持着悲观的看法。但是在最后，他的悲观情绪混入了世界末日说及其方式。他认为历史是脱离文化的，描述这个时代的无细微差别的结论是保守的。尽管如此，仍然值得去更仔细地看一下“中欧”带有抵抗意义的象征。首先，中欧的小国家是被定义为存在疑问的那些国家，这似乎很难与乌克兰这个“最伟大的欧洲国家之一”正在消失的主张相符合（昆德拉，1986：145）。从另一方面来说，对小国的强调保证了将德国划分在“中欧”之外并让奥地利至少有一半在里面。但是后者是个特例，它们必须要面对的问题是做出选择，是选择四分五裂的中欧，还是选择获得更多对德意志的认同。它们回避了这个选择，也并未通过测试。在另一个范围，犹太民族对于昆德拉而言，就是一个典型的小国。犹太民族在最极端的环境里脆弱地生存了下来，但是他们也通过犹太复国主义运动中所有可能的暗示来达成足以支撑他们获得民族认同的特殊决定。

于是，昆德拉将小国理论运用到了他想描绘的“中欧”世界的需求中。他对于区域文化历史的评价也是如此。他不留余地地指出，近几十年学者才开始讨论的维也纳帝制晚期，就所有的重要性而言，都是创造力的中心之一。他将后斯大林运动及发生在捷克斯洛伐克、匈牙利和波兰的动乱描述为“文化与生活的美妙结合”，这一说法实在没什么说服力。不可否认的是，来自知识分子的社会共振与文化挑战对政党和国家的秩序带来影响，不过昆德拉所赞美的和谐却是一个谜。整个运动的虚无转折，在昆德拉承认的“中欧”的边界是“虚构的，必须按照新的历史情境进行修改”后才变得明朗起来。很难说中欧边界不是米兰·昆德拉界定的，他在界定“中欧”边界时赞扬了过去的一些文化精英，同时也将他的担忧投射到了这些人物的身上。

本来还应讨论一些对昆德拉所描绘蓝图的修正说法，不过在这个语境下显得有些多余。现在来讨论一个明显建立在冷战基础上的观点，甚至没什么意义。不过，这篇被翻译成多种文字的文章可能算是有关“中欧”的最好最全面的一篇文章了，可以算是了解敌对世界结构的绝佳案例。正因如此，这是昆德拉留下的关于文化的一个代表性文献。这个逻辑同样适用于其他方面，尽管有些结果不甚清晰。比如乔治·康拉德的《反政治》，虽然有时候读起来像是活跃的持不同政见者所发表的更偏向现实主义的报告，但也同样以一种较为低调的方式铸造了一个敌对世界的模型。康拉德最基本的问题是：“在几乎没办法再做任何努力的时候，我们还能做什么？”（康拉德，1984：122）答案是想象一下“在东西方之间建立某种精神秩序”，一种可以给微弱的反对文化提供一片自有领域的抽象政治学范畴，这片领域在历史的长河中或许有一天能够激发改革的勇气，虽然现在还很难被预见到。就像他在其他地方说的那样，“严格意义上说，中欧还不如一场梦。真正有内涵的是那些改革者”（康拉德，1986：91）。

二 “中欧”的历史回溯

总之，人们研究中欧，往往会从宗教而不是历史角度出发，采用各种各样的意识形态光谱进行研究，当然也借鉴了哈布斯堡王朝统治时期的一些经验和教训。但是，版本不一。最根本的是，瑙曼版本的《中欧》对德国和哈布斯堡王室的帝国联盟的棘手性进行了一个说明，只有精神和制度上发生了巨变才有可能克服重重阻碍进行联盟。在1918年之后，尤其是在1945年、1956年和1968年之后，哈布斯堡家族从亨利·詹姆斯提出的所谓的“采取浮动的津贴来削减权力”（詹姆斯，1993：447）中受益匪浅。但是，这些原因显然不能把近百年的中欧历史描述出来。

这里，我们用另一种方法来讨论这个问题。历史学家提出的关于“中欧”思想的一个待验证假设，经过一段时间的研究，有了一些眉目。但是，那些关于“中欧”主题的讨论并没有注意到这些差别。这个问题关系到20世纪80年代的争论，也许是最有益的，其记录下了乔治和南希（1989）的讨论内容。为了澄清这件事，这里必须补充说明一下。我们正在研究一个假设的正确性。假设一个解释模型与边界（至少近似在时间和空间上的），它显然不是适合测试的最佳模型，它是否和历史也有些关联，还有没有直接的验证或伪造的方法来解决这个问题，只有在不断的研究和讨论之后才有可能得出一些结论。当然，其适用性也是有一定范围限制的。函数只有应用到各种解释模型里时才有用，历史同样如此。接下来，我们必须研究多种映射下的“中欧”，许多的重点还没有进行明确的探讨。

“中欧”历史的假设——它可以追溯到20世纪30年代，从那时开始，也就是历史学家们所称的1933年华沙代表大会。雅罗斯拉夫·彼得罗，欧斯卡·哈雷基和马塞利·汉德斯曼是这次大会的主要讨论者。他们从东欧开始讨论，但至少都同意是从德国的边境开始的，这是最新讨论的最大贡献。马西莫·利巴迪和费尔南多·奥兰迪（2010）指出，海因里希-冯做了历史上第一个以“中欧”为主题的讲座。塞尔比克的讲座中，把“中欧”作为一个历史悠久的地方，也指出了目前面临的问题。大约在公元1000年，“中欧”大陆有三股力量互相牵制：神圣罗马帝国——代表了深入人心的基督教；德国——这一地区的文化领导；以及其他多个国家独有的传统和身份。这是历史的遗留，适用于这片土地上的任何国家。对于如何实现共存，不同国家有不同的见解。毫无疑问，塞尔比克也有自己的偏好：他将德国权力的复苏以及德国即将与奥地利的联合看作有利的一步。不能回避的一个问题是：扩大领土是不是德国自己的选择？这里适当地强调下，德国并不想成为纳粹，它也不是种族主义者，不希望去同化一个非德国的国家。然而，塞尔比克的上述观点又不禁让人想起了德国过去的种种不堪。他重新讨论并定义了“中欧”在战后起到的作用。而我们应该注意到，他确实提出了一个有待证明的观点。从某个角度看，神圣罗马帝国是德国成为一个国家的超国界先驱。

其他研究“中欧”的先驱或前辈们提出的假设中，至少有一个特别值得我们去细细观察。即弗朗惕谢科·德沃涅克写的关于中欧和东欧的起源，在1948 年首次发表于英国（这里用的是捷克的版本，1999），来源于1926 年在巴黎发表的论文《斯拉夫人，拜占庭和欧洲》。应当注意的是，他研究了两个方面的限制。引用的是“中部和东部地区允许不确定性和可移动边界的东部”，一是当时俄罗斯和欧洲之间的变化关系；二是德沃涅克看到了德国是正在分裂中的欧洲国家的新起之秀，有望成为俄罗斯的继任者。更重要的是，这里强调的是开放的边界而不是限于某个国家的疆域。第二点显然更重要。在最后一章“中欧的命运”中，德沃涅克提出了一个次要的问题：包括了对特定国家历史的反思，在欧洲制造的后期阶段，他的主要论点是从公元9 世纪到 11 世纪初是一个关键时期，它见证了两个国家的兴衰，帝国从法兰克人手中转移到撒克逊人手里，形成了一个新的权力中心。撒克逊人进行了巩固和扩张。但是，奥托三世的中欧统一愿景无法实现。帝国的东部地区出现了新的斯拉夫国家，但无法在德国和俄罗斯之间形成另一个主要权力国家。在这一点上，语言也是一个不得不提的问题，它一直困扰着德沃涅克：与德国接壤的斯拉夫国家过去一直在应对 11 世纪的遗产问题。他没有真正地解决摆在匈牙利王国面前的棘手问题。

这些端倪，仅仅是历史转折的模糊信号。在 20 世纪下半叶，一个更为持久的争论开始了。在这样的背景下，欧斯卡·哈雷基书中的局限，以及关于欧洲的分裂史，比其他任何作品都更有价值。但我们也要允许该领域有不同的论点。论述的主要方向一直在追踪最近的出版物（特别是特洛伊斯特，2010；阿纳森，2005），在这里没有必要复述。取而代之的行为是我将加入媒体，这是个有趣但又默默无闻的工作，有助于更好地研究一些悬而未决的问题。科瑞耶齐·普雷道耶的论文发表在相同的杂志上，这是捷克版的昆德拉的文章，毫无疑问的是，科瑞耶齐知道昆德拉文本来自于早期的出版物，显然，他有自己的论点加以反驳。但在昆德拉之后的人从未提到过这一点。科瑞耶齐开始注意到“中欧”，就像当时讨论的那样，是一种想象的领域而不是一个历史调查的主题。然后，他就根据地图进行了地形研究。据此，昆德拉新提出了经过想象的较极端的版本，科瑞耶齐的历史定义似乎完全不同。所以，这可能是一个与现在提出的历史假设完全相反的典型案例。

科瑞耶齐的文章包含了许多有趣的细节，这里也不再赘述。但应该注意的是，争论有四个焦点。首先，对于科瑞耶齐开始时提出的一个假设，昆德拉认为这是显然的：中欧和其他地区被称为“东方”——在书中包括波兰、捷克斯洛伐克和匈牙利。显然，该地区已经有模糊的边界，但边缘国家或许不在科瑞耶齐论文的讨论范围之内。更重要的是，书中提到德国不是中欧的一部分。不是因为科瑞耶齐对德国不感兴趣，而是德国对周边地区的影响：他指的是德国是“一个欧洲历史上最复杂的现象”。第二点从科瑞耶齐的理论视角出发，他提出了从文明的角度来剖析“中欧”。对他来说，文明是“共同世界观”与“制度化”的社会形态以及象征性的衍生工具（科瑞耶齐，1986：96）。从这个角度看，“中欧”是一个地域，它是统治西方基督教世界长达一个千年之久的长官，并将保存和延续欧洲文明到公元 20 世纪，但总结科瑞耶齐的第三点又会发现，其不仅仅局限在共享地域上。据波兰、波希米亚和匈牙利君主国不断融入日益壮大的西方基督教的经验，虽然彼此的过程不同，但在中世纪后期，14 世纪的波西米亚成为神圣罗马帝国的中心。15 世纪主要的区域争端是围绕宗教改革而展开，它更多地涉及西方基督教事务，而不是争端之中的其他两个国家。从长远来看，社会和国家的历史问题牵扯到国家、贵族、平民等的多边关系。位于等级链末端的是永恒的失败者，但是历史会出现转折，这个转折就是以贵族没落为标志，强大的统治者征服了邻国以及地缘政治中的敌人，例如：1620 年的波西米亚，1792 年、1772 年和 1795 年的波兰，1849 年和 1918 年的匈牙利。最后，对于昆德拉而言，科瑞耶齐最具挑战性的一点是，战后的苏联统治意想不到的第一次影响了这个共享文明状态的地区。科瑞耶齐认为，苏联模式不是昆德拉所说的反文明模式；这是一个新的文明，究其渊源，它是一定的西方传统与沙俄历史所共生的某种文明。由于苏联的统治，一个强制性的世界观和一套相应的机构被强加在以前属于欧洲大西洋文明的现代西方社会。由于态度和思维方式的不同，作为世界三分之一的俄罗斯文明模式无法改变。对于科瑞耶齐来说，这一状况是一种改革的历史（在一定程度上，是国家和社会之间的妥协）。标志是苏联统治了欧洲，然后，强迫其他国家民族接受其文明模式，这也导致了其与土著文化之间的紧张关系。

以下叙述不是对科瑞耶齐模式的辩护。我想讨论的是中世纪和早期近代中欧历史的构成。但是，如果我们考虑的是前提而不是科瑞耶齐的结论，那么连接两种基本的假设似乎是可行的。首先，整个问题被放置于西方语境下的文明角度来看更为精确，有关西方基督教的扩张和争议。其次，作者所讨论的以上关于欧洲的定义过于狭隘。科瑞耶齐的定义突破了以往包括作者给出的一个单一的描述：他没有把它作为东中欧的标签，其他人总是把国家包括在内。科瑞耶齐则以波兰、捷克斯洛伐克和匈牙利的地域空间为一个核心更大的配置，来改变内部和外部边界。然而，这引起了匈牙利人的注意，引用马汏尔斯基而不是匈牙利伍赫尔斯基的空间理论，这反映了科瑞耶齐对后期区域模式的看法和见解。第一次世界大战摧毁了横跨东中欧的匈牙利王国，更为重要的是新历史形式。民族国家建立在匈牙利的废墟上，最近发生的事件似乎在这一点上得到证实，不过没有充分的证据。

我们先从第二个角度进行讨论，然后再折回去讨论第一个角度。简要反思区域单位和部门，它们把文明背景看成关注焦点。首先，它必须承认，中东欧的转变——更确切地说是科瑞耶齐的案例——确实已经发生。虽然这和一向认为的历史与比较研究领域不一致，也确实表明了其困难性。在这里，我不会试图把中东欧历史作为这一地区的历史。不管怎么说，在第二次世界大战后政治有了极大的发展。然而，“中欧”并不是这样的，它的主流思想从来没有转变。上述讨论，重点一直是从历史角度来分析和释义，不能真正地缩小范围和验证。但笔者最经常引用的是先驱奥斯卡的理论。他对欧洲历史和空间设置的复杂解释，似乎是在二战后形成的（战时他流亡于美国）。除此之外，这是一个尝试，至少在过去，俄罗斯是被排除于欧洲之外的，大陆中心论已被证明是不可抗拒的，但这不是一个把握整体结构的充分理由。在许多有价值的见解和建议的基础上，我们必须得把“中欧”划分等级，关注其内部分歧，强调东中欧历史在欧洲历史中的特定地位。然而，关于哈勒兹基提出的“东中欧”的观念——不局限于自己工作的环境，也有一些重要的观点被其他学者注意到。欧洲历史的局限及其分裂（哈勒兹基，1950），有关中欧二元论的意图和目的在于减少民族对立，西方是德国人，东方以斯拉夫国家为主。如标题所示，《西方文明的边境》（哈勒兹基，1952）的前言写了与另一个文化世界的碰触，这是一种愿景。根据后者的观点，这有助于多样性（边疆可以从不同角度研究），这显然是呼吁历史学家更专注自己的研究领域，而民族二元论的“中欧”的概念似乎过时了，并倾向于诋毁西方和区分东部的部分地区。在德国，哈勒兹基融合了各方观点，代表了主要的趋势。

为了解释从“中欧”转移到“东中欧”，我们也必须注意另一个开创性的工作，不能受限于哈勒兹基的研究。把分裂作为一个相对大的欧洲历史理论，但是根据其他传统和使用不同的概念方案，苏奇的《论“三个部分”》（苏奇，1992）首次出版。在 1983 年，匈牙利是当时中欧的一个核心地区，代表了主流文化。他解释的地区通常被视为辩论的一部分，在本文的第一部分做了分析。毫无疑问，苏奇的工作有利于还原历史现实，至少在匈牙利如此。但是，他还有其他想法，他想改变欧洲传统的马克思主义，并希望这种改变是彻底地超越新马克思主义。比尔博针对中东欧国家困境，探讨了这些地区民主的失败。在这里我们不需要关心苏奇的政治影响，而应该关注欧洲的轮廓和其分裂历史。苏奇马克思主义的修正模型利用了佩里·安德森的比较分析法。他分析了东西部的封建社会制度和专制国家，但要深入得多。他把欧洲一分为二并把分裂的轨迹追溯到了基督教和拜占庭身上。这里的重点在于将不同的社会结构与封建主义进行对比，从而得到理论化的界定。

苏奇运用对比来描述一种潜在的社会类型，这种方式实质来源于马克思主义的追溯法，但是他对西方封建主义的具体分析吸收的是非马克思主义著作思想，并且，其中“人的尊严”这一部分逐渐成会社会关系的重要组成，它也远远超出了马克思主义的范畴。

苏奇认为西方封建主义不仅造就了结构的前提，也为之后的民主突破打下了夯实的基础，然而这并未发生在拜占庭帝国，因为幸存的帝国主导了一切并且阻碍了公民社会的发展。在帝国边界拜占庭文化影响的区域内，仍以开辟罗马的方式野蛮地开发西方。尤其是后期，拉丁人征服了君士坦丁堡，蒙古人征服了俄罗斯，这是非常强大的冲击，从而打开了欧洲的东南部。这样的不同于以往的侵略逐渐转向了俄罗斯，并且不断远离西方的基督教世界，当然这里的具体案例都凸显了地缘政治的作用。

因此，苏奇首先要区分两个欧洲历史的背景，由此产生了不同的结构特点，并导致了不平等的地位和前景。正是因为其对“中欧”思想的影响，后来的一些版本已经为西方国家的反对派（尤其是针对东西方的社会生活和社会发展的不同模式）提供了基调。但苏奇采用了独特的路径：他把东部、西部、中部地区作为一个衍生空间，地理位置、历史等差异导致了不一样的结果。以加洛林及后加洛林地区的土地为罗马帝国的昔日边界，在这个阶段，宗教和文明框架代表的教会，连接着新王国东部边境，神圣罗马帝国的西方。而它们的基本结构似乎更类似于远东模式（特别是基辅远东俄罗斯），其中它们也有更密切的商业往来。中世纪盛期的显著标志是，受到西方的影响以及深层次的结构同化，以致中世纪后期（14～15 世纪）西方基督教世界的东部世界问题此消彼长。但从近代早期，这个现象发生了根本性的变化。内部结构－文化回归（“二农奴制”与新的国际网络商业）以及地缘政治的改变（接触到奥斯曼帝国在东南的边界和排除海外扩张的西欧）重新改变了这一地区的状况。相反，与中世纪后期西化推行的情况不同的是，现在，它俨然成为东欧的西部。这种情况决定了社会中现代化进程的问题，它代表了概念转变的历史基础，从中欧到中东欧。很显然，苏奇主要研究的是有关波兰、捷克和匈牙利王国的继承国。但当涉及特定的区域边界时，有些不确定因素产生是显而易见的。例如，苏奇对波兰和普鲁士进行比较，试图在一定的区域内，重塑封建主义。

苏奇关于三个欧洲的文章，是最有启发意义的文章之一，注重历史学家的利益而不是更广泛的公众利益，东部的中央而不是欧洲中部，但这并不是随后争论的范围，历史学家们活跃在这一领域，30 年来做了大量的工作，其成果不仅是一份简短的报告可以体现出来的。然而，毫无疑问，中东欧是建立研究的一个很好的领域，所以德国历史学家莱夫菲尔把它看作“历史的发源地”（米德尔，2007：145；特勒布斯特，2013：407）。在区域综合历史中，例如，万迪茨（万迪茨，2013）和专业杂志证实了这一普遍接受的地位。从界定了分裂的趋势和特点上看，埃伯哈德把中东欧作为历史－结构区（埃伯哈德，2002），遗憾的是，只有一次会议上发表的报告以及有限的交流，因此没有被广泛地接受。埃伯哈德总结出历史经验形成了中东欧。大约 1000 年前，这些故事从融入西方基督教开始发生。在第一阶段，这意味着是一个文明与古代社会政治制度相叠加的模式。基于城市化，移民和民族多元化有了更密集的发展。其次在中世纪时，庞大的领土贵族出现，议会制成为近代早期的中坚力量。同一时期也出现了贵族的自主权、宗教多元化与宽容。但是，现代早期也见证了区域化的转变，这是俄罗斯向西方殖民势力的壮大以及社会关系激进式改变的结果。周边国家通过掺入复合性的状态，在外部势力统治下得到加强，如在波西米亚和匈牙利，其没有被征服，或在波兰案例中经过了彻底的兼并。这并没有排除上层的改革，但其现代化的影响是有限的，在下述阶段（从 19 世纪初到 20 世纪中叶），有限的并且不平衡的工业化引发了国家与民族间的矛盾。后一过程导致了帝国和民族的内部统治。最后，半个世纪的苏维埃政权造成畸形的现代化，民族独立与民族的消失。在引用的文本中，关于 1990 年后的区域重建并没有讨论。

三 夺回中心

简而言之，“东中欧”作为一个历史地区，依赖于长期而广泛的连续性研究。但是，历史学家经常借助这种区域模型来研究周期性问题。最明显的是，边界框架问题似乎变得更加不确定，很容易接受一个地区包括核心地区与其他地区以及外围重叠。在目前的情况下，外围区域包括立陶宛、乌克兰、罗马尼亚和克罗地亚。在德国，这个问题更加突出。如上所述，参照苏奇，似乎不可能把整个德国放在东中欧历史和其他任何东西外面，但是将其他部分包括进去的时候，也容易将部分德国包括进去。如何界定区域的中心力量？这种力量主导了现代欧洲，是哈布斯堡王朝吗？奥地利人对 20 世纪 80 年代的讨论表明，如果不是德国，那么至少奥地利应该是欧洲中心。一旦这个观点被认可，那么就很难保持关于独立的“东中欧”这个相对的概念。据我们所知，哈布斯堡皇室的经验是一个重要的但不是专门占主导地位的欧洲中部的想法，这比选择那些相对更狭小的和更易于管理的区域模型困扰更少。

这些问题还没有被广泛讨论。但是，该领域的著名出版物表明了两个主要的观点。他们两人的观点涉及欧洲中部，但有非常不同的地方。其中一个以杨·科林为代表，这是过去 200 年的时间里中东欧不朽的历史（科林，2005）。这本书的开头建议处理六个命运相连的邻国：德国、奥地利、波兰、捷克、斯洛伐克、匈牙利。通过长期国家形成的过程（它们中的一些完成较晚，特别是奥地利）分析它们近代以来的分歧与共同点是理所当然的。但在初步阐述的关于中欧的观点上，杨·科林选择极简主义。除了是欧洲东部与西部的一个中间位置，中欧在某种意义上只被描述成这样一个地区，它的边界是不确定的，边界线的划分不仅从一个时期到另一个时期不同，而且取决于不同的主题方向。杨·科林叙述的主要焦点在于，拿破仑战争和第一次世界大战之间的哈布斯堡王朝，然后是在继承人问题上的状态，直到苏联解体（然而，南斯拉夫排除在外，而且形成的哈布斯堡皇室领地大部分都不属于早期的历史）。这种选择很明显的结果是，六个国家中最大的国家，也就是德国，并没有如此理解，只有在哈布斯堡皇室领域内德国才有与之融合的倾向。在实践中，杨·科林关于中欧的观点，是从以国家为中心转向一个帝国和后帝国时代视角。尽管如此，这本书表明，面对区域认同，以一种不确定的立场来写一个深刻的和受质疑的平衡的历史问题，是没有障碍的。但当谈到历史比较的理论问题时，我们需要从区域层次上进行持续的反思。

最后，我将总结一些对于另一种中欧视角的评价，那就是边界和分歧。这出现在费迪南·塞伯特后来的著作之中。他的一些弟子也加入其中，但更有影响力的观点没有被系统地发展出来，但是它仍然满足了持怀疑态度的一些历史学家。但是我认为，经过一些添加和修改，它仍然可以解决一系列问题，比如寻找中部地区以及试图削减它的规模问题的新方法。

在这里我不能完整地将费迪南·塞伯特关于中欧的观点阐释出来。这显然与他把握波西米亚东部和西部之间的位置的努力相关。他在 20 世纪 80 年代初发表的一篇文章（塞伯特，1983）将这一主题与西欧和东中欧的二分法的观点联系起来，但并没有进一步沿着这条思路前行。然而，我们应该注意整体框架的论点。中欧在近千年来被认为是一个有着独特发展的文化区域。重新挖掘，或更准确地理解它的历史条件，这就不仅仅是纠正被广泛接受的兰克以及后续学者创造的“罗马日耳曼世界”概念了。费迪南·塞伯特反对这样的概念。因为他认为这种界定会成为“无知和自大”的动力。欧洲中心的视角将斯拉夫人以中欧为视角，往往也会延伸到波罗的海三国。但费迪南·塞伯特将其细化，地缘文化这一说法是基于地缘政治而不是种族因素。他的主要观点是中欧的出现来源于区域组合的变化和空间轴（南北和东西）的转化来维持平衡，同时也与中心和外围的互动相关。大陆的南部和北部地区之间的发展差异不仅是古代的基本特点，它还一直持续到中世纪。这种决定性的转变主要是由西向东转移的模式，这在中世纪的中期是一个大问题。塞伯特承认，加洛林王朝预示了这种趋势，但其不仅不断弱化自身的作用，而且强调了多种中心同时塑造区域的本质。如统一的盎格鲁 - 撒克逊王国和摩拉维亚，后者在西方的基督教和拜占庭边境之间出现断裂。中心的多元化变得更加明显，尤其在后凯洛林王朝阶段，帝国向东部法兰克王国的转变，使其成为众多中心的一个，即使有一些区别：另一个空间双重性继续在它的轨道内运行。费迪南·塞伯特更加感兴趣的是，从查理四世当选起，开始向东转移，紧随其后的是波西米亚胡斯的革命，作为最先进的也是最具有爆发性的分支，影响了整个西方教会的改革运动。

尽管这些思考并不算是中欧的一个家谱，他们的建议却提供了一种独特的方法。但对“中西欧”的第一个明确界定，作为对“中东欧”逻辑的简易补充，在介绍讨论《波西米亚》（塞伯特，1989）的其中一页中能够找到。这个有异议的地区是神圣罗马帝国的西部边疆，也被称为勃艮第的走廊，这源于9世纪加洛林王国第一个划分的历史地理身份。更具体地说，塞伯特指出罗讷河、索恩河、马斯河以及莱茵河中间的区域作为一个决定性的通道，见证东西方之间世俗的历史发展和背景。他强调15世纪晚期，哈布斯堡皇室收购勃艮第的意义。这一战略的成功之处在就在于起点的选择，这为进一步扩大帝国奠定了基础，这种扩张甚至一度超越了神圣罗马帝国的土地。当然，我们也不能忽略紧随其后的荷兰。其反抗哈布斯堡统治，发展了依靠文化经济强国的独特的政治模式。勃艮第的形成似乎依赖于历史的塑造（尽管这种联系的精确特点依然在讨论之中），但是，作为一个单独的和独立的实体，其成为全球西欧热潮中的主要行为体。

这种框架表明，“中西欧”是更难以捉摸的一个区域：它是其他区域进行互动与发展的重要平台，但最终也只是处于更加广阔的邻居的阴影之下。但要进一步阐明更广泛的中欧问题，我们应该添加几句塞伯特后期作品中的话。他的最系统的关于中欧、中西欧与中东欧的差别的描述，我们能够在讨论不动产和领土统治（塞伯特，1995）中看到。其原始的背景是关于中欧权力结构形式的议会，但塞伯特对“中西欧”的评价是出于比较的目的。它们似乎并没有引起一场关于区域划分的争辩。塞伯特开始通过观察——至少在德国背景下——专注于“中东欧”是一个合乎逻辑的结果，努力调整未分化的东部的视角，但是目前，随着富有成效的历史调研的应用，关于重叠区域的兼容问题更加政治化了，而中欧的划分理念逐渐淡化。为了化解这个问题，塞伯特提出了一个很简单的定义，就中世纪历史的目的而言，中欧可以与北部阿尔卑斯山脉的帝国区域及其影响区相联合。在现代早期，主要领域哈布斯堡皇室进入一个事实上的个人领域联盟以及帝国，并且幸存下来。最后，当代的中欧范围在更大意义上等同于德语区，强调现代早期似乎是错位的——它几乎难以推测。塞伯特认为，哈布斯堡王朝与法国大革命和一战没有任何关联，我们可以接受这是一个临时的中欧的映射并继续考虑更详细的关于东西部延伸的界定。塞伯特认为，中东欧地区是由历史发展而成的一个地区。由于迁移，它成为一个非常明显的多语种地区。国家形成的过程是由它的邻国影响的，例如卡洛林和神圣罗马时代。但是它们的规模要小得多，即使有语言接触（捷克和波兰之间），也似乎支持更大的结构。在中世纪，该地区的文化转移主要由西向东，越来越多地取代了传统的由南向北的扩散。这一切的结果就是波兰、波西米亚和匈牙利王国形成一个核心复杂的、被不太明确的外围包围的多中心的地区。另外，塞伯特明确描述，历史上捷克的土地可能是由欧洲中东部波西米亚、摩拉维亚和西里西亚之间的跨境区组成。

这种制定区域型简洁谱系的作用在于揭示背景，但也或多或少强调西方的核心。中西欧再次被定义为是以勃艮第为核心的，但这一历史和地理位置被认为有一个非常广泛的意义：从荷兰到萨沃伊、普罗旺斯和瑞士，这些是这个地区的一个简要的分支空间。中世纪时期，从 9 世纪卡洛林王朝的分裂开始到 15 世纪晚期，勃艮第没有从法国和神圣罗马帝国手中获得国家资格。当查理曼大帝的孙子把王朝分裂的时候，中间部分出现了一个超纯粹空间意义上的皇室。但接下来的几个世纪，这个尽管有波动但仍维持优势的帝国中心同时转向东方，中间区域则经历了一个非凡的分裂过程："在西部，中东欧的统治者拥有宣告的能力，他可以宣称东部是一个贫瘠的区域"。但统一和分裂是地缘政治的相互作用，这并不是塑造欧洲轨迹的唯一的西方因素。在其他方面，塞伯特指出该地区的重要性，作为一个特权地区，它比中东部更持久地与南部和北部保持联系。最后，众所周知，中西欧的运动与 10 ~ 12 世纪的宗教复兴有更多值得关注的地方。

塞伯特有更多关于中西欧的历史资料，但是上面的总结应该足以描述他的方法。塞伯特的方法代表重要的一步，一个更复杂的区域划分和平衡的概念，进一步的扭曲可能就是一种暗示，塞伯特的论点使我们将更普遍的欧洲历史统一性和多样性的问题联系起来。这代表了重大的一步，这一步更加复杂却能保持平衡的区域划分。这暗示了一个久远的转变，而且会将塞伯特的观点和欧洲历史联合与分裂的许多广泛的问题联系起来。我们可以从塞伯特没有将中欧、东欧和西欧完全作为单独的地区这个现象作为起点。将捷克领土归属于两个区域暗示了前一种观点。后者空间影响的暗示性是与帝国相联系的，这似乎更合理也更符合最近的历史研究。神圣罗马帝国已经回到了当下的欧洲（最近的历史代表性例子）。如果一个德国著名历史学家可以开始他的宏大叙事声明，“一开始是帝国”，我们至少应该简要地思考中欧的影响。温克勒在2000年出版了一本书（温克勒，2000），该书的标题是《西方的长期之旅》，这就表明了抗衡的主题。

如果帝国主义起源的警醒是来自实事求是的观察，那它必须与历史背景有关，这需要我们考虑中世纪的背景。8～11世纪，西方基督教的新兴文明经历了复杂地缘政治和地缘文化的变化。卡洛林王朝的核心国家，通过帝国领土征服以及通过所谓继承罗马的遗产，上升为军事和文明扩张的主要角色。南部的军事推进以伦巴德王国的胜利而告终。文明领导力只能通过与教皇结盟实现。新中心的东部和北部可以有扩张的网点，从长远来看，文明的动态比军队有更广泛的影响。但军队仍然是欧洲一个重要的力量（巴特利特，1993），从14世纪开始，王朝扩张，依靠的是组合军事、外交和文化资源，在它们的历史上，军事力量是东中欧国家在关键时刻取胜的法宝。但是，对更复杂的区域配置进行分析发现，最有决定性的发展是一个变化的帝国和文明因素之间的关系。这始于19世纪的王朝领域，并非有意作为帝国的划分，但这容易导致冲突，从而使它更难以维护统一。“中央王国”，即后来的中西欧，很快受到分裂进程的影响，从而使各国的王位继承变得扑朔迷离。但从长远来看，经过不确定的阶段，东西方之间的竞争使得在法兰克帝国的宣誓失效，其中最重大的变化是帝国中心转移到东部法兰克人的世界。

神圣罗马帝国成立于962年，它将帝国因素带回欧洲地缘政治中。尽管权力转移的基地在德国，其挑战也来源于同一领域的其他权力中心，但是这种态势依然持续了相当长的时间。此外，它的位置更接近西方基督教世界复杂的文明中心（特别是从法国北部到意大利的区域扩展），它永远不可能——除了短暂的情节外——再现与教皇与卡洛林王朝的紧密联盟。但在现在的环境下，我们主要关心的是恢复后的重新安置的地区对帝国的影响。简而言之，国家形成的过程（包括中心地区的呈现以及主导区域内对小群体的吸收情况），拥有特定光环的帝国统治者的地位和它的文化和意识形态的框架，影响了邻近地区的发展，但是在东部和西部呈现了不同的形式。东部的军事扩张是在有限的程度之上（尽管其后期影响是产生一个非常特殊的国家，由德国骑士统治并且其是一段时间内一个重要的区域集团）。这里的主要趋势体现在基督教王国的形成之中，而这种趋势或多或少与其和帝国之间公开宣称的特殊关系有关，但也是根据接近教皇的程度来作为文明中心优越性大小的评判。从

11 世纪到 14 世纪早期，它控制勃艮第的重要土地（阿雷利王国），但整体情况符合塞伯特碎片化理论的叙述，与东邻相比，这里的土地会呈现不断缩小的趋势。

塞伯特在上文提出分析和谱系的增加，其实暗示的是中世纪而不是现代中欧的起源。其中关键性的因素是神圣罗马帝国的形成和地缘政治的影响。如果这种观点被接受，那么还有待阐明——或以什么资质——是否可以将中欧看成与现代历史相关的更持久的一种存在。据我所知，唯一的参照就是针对塞伯特三方模式提出问题的彼得·克鲁格（1992），他重述了基本论点，这将预示着会有进一步的措施。克鲁格区分了几种趋势，塑造了事态的发展，而这并不在中世纪晚期的范围之中。其中一个明显的转向是区域整合模式，这就是政权统治者之间共享权力和财产。塞伯特早就表明，这样的安排发展以及帝国和中东欧君主国类似西欧趋势的迹象只出现了一个小得多的规模，没有与勃艮第公爵构成固定的关系，而这也只是神职人员有限地参与。这种碎片化小群体的趋势是中世纪到现代早期国家转型的显著特征，但是此后，国家之间呈现出统一的轨迹。导致进一步分离的因素是 16 世纪的宗教大分裂，现在通常被视为两种改革的冲突。它在中欧产生了最严重的影响（但该地区早期最重要的尝试在于调节对立双方的共存）。同时，外部的两种影响也变得更加重要。一方面，奥斯曼帝国和俄罗斯扩张直接影响中东欧的命运，但很少出现直接通过哈布斯堡皇室来影响中心的情形。新兴帝国三足鼎立为包括一战在内的历史进程开辟了路径。另一方面，克鲁格认为，更重要的是，在西欧这种模式和进程的起源叠加在中部地区，或者由于当地的背景而或多或少被修改。海外扩张的沿海国家改变了欧洲的权力平衡，也因此改变了区域之间的关系。这种转变与专制君主制的崛起密切相关，这可能被视为西方模式一种革新，这种革新最突出的地区便是中欧。这是区域背景下开明的专制主义。新一波的叠加始于 18 世纪末的革命，但需要注意的重点是，维也纳国会保留了欧洲中部的地缘政治结构。一个世纪以来，两股历史性力量——民族国家和工业资本主义的胜利从一开始就在西欧具有决定性的影响，也在很大程度上有利于产生规模效应。前者成为中欧国家是否能够形成的一个至关重要的因素，至于工业资本主义，它转变却不均匀地动态创造了新的中心、外围以及区域内的分界。

长期以来中欧进程的凸显，有利于形成对历史区域的“一致”概念，同时也能终结无休止的僵化争论。如上所言，中欧的未来是复杂的，也是建立在历史的叙述之上的。它以神圣罗马帝国为中心，包括其庞大的东部边境和西部较小的地区。这种观点让我们回到中世纪欧洲的起源，出于同样的原因，它将注意力转移到文明和地缘政治区域形成的基础上。上述论点以整个欧洲为背景，所以在这里我就点到为止，不再把问题复杂化。这让我们仅仅注意到中欧似乎与泛大陆相关。历史区域有其特定的历史性特征，其扎根于多元与统一的动态进程，同时也受到内外环境的不同程度的影响。在中欧，双方的结合是非常重要的，神圣罗马帝国的野心和沧桑历史对内外部有重大影响。但是显然，从 16 世纪过渡到现代，增长趋势和外力也具有重要性。在克鲁格看来，影响西方崛起的因素就是强调扰乱地区的传统模式。特别是，工业资本主义的扩张产生了新单位和部门。这并不是说，中欧传承的地理结构失去了其所有的意义。试图巩固老地缘政治框架，或者去适应它们，同时保留一些基本的连续性，这也展现了现代轨迹的一部分。我们没有理由拒绝这样一种想法，历史地区在或长或短的时间里倾向于结构、思想和战略压力的选择。但还应该指出，从长远来看，中欧显示了更为激进的变化，这就是建立区域边界的可能性。我试着说明塞伯特关于西欧的概念，这是一个非常稳定的中世纪的概念，但这种说法很难适用于现代。国家间竞争的动力强化了帝国野心，导致区域边界的分解。具有转折性的观点就是勃艮第国家的消亡。但必须补充说明，这并不是故事的全部。一个地区或者说在这种情况下的次区域可以留下一种特殊的遗产来维持其历史身份。在西欧，幸存下来很重要的同时也具有多样化特征的国家如荷兰和瑞士，作为两个典型却形式迥异的国家，出现在勃艮第的不同地区。从勃艮第兴起到 16 世纪哈布斯堡皇室权力的全面覆盖，就应该设定在这种背景下。

以上建议需要从欧洲的其他部分开始，通过对历史区域更广泛地讨论做出更加详细的阐明，但中欧的具体特性也需要进一步去分析。我所表述的复杂定义包括了中部、东部和西部的扩展，以及中世纪中心地区的不断演变与发展。一般而言，中欧世界在 1945 年有着灾难性的结局，对于这种观点有说不完的内容。但是在共产主义的背景下，东中欧的特定轨迹和德国的再联合，以及苏联帝国的瓦解改变了这种局面，而这种改变的方式应该作为一种警示，警示这种把中欧视为一个历史区域的想法。

吴慧玲（译）

杨烨（校）

捷克对欧洲及欧洲大陆变迁的认同

〔捷〕彼得·哈瓦塞克（Petr Hlavacek）*

人类在历史的每一个时期对于未来都有着不同的视角和观点，这些观点有时具有乐观性，有时具有悲观性，有时又同时融合了这两种特性。在很大程度上，这都是有据可依的，在“漫长”的19世纪，历史的终结就是第一次世界大战的屠戮。就这方面而言，这种敏感度塑造了诸多欧洲的文学巨匠，他们横跨了1900年，并孕育了希望和忧虑焦躁，同时还伴随着预言性、讽刺性，甚至带有恶意性质的以男性视角来呈现的对欧洲和欧洲人未来的看法。当然，这些观点大部分都是关于男性的。如果上述关于未来的视角、观点及计划并不仅仅存在于欧洲男性的特权主义中，那么，作为补充性的女性视角，则有待考古来发现。

对欧洲的看法，有一个典型的例子，那就是维克多·雨果，他设想了欧洲联盟的兴起，并且在1867年巴黎举行的世博会上写道：“20世纪，一个非凡的伟大国家将要崛起，这个国家就叫欧洲。这是一个如此宏伟的观点！一个神秘的国度便慢慢揭开了面纱，欧洲联合开始萌芽。这个新的所谓的国家，已经形成了今天的欧洲，就像孕育在蚕茧中的飞蛾。在即将到来的新世纪，这只蚕茧中的飞蛾将振翅飞翔，它不仅是自由之翼的代表，而且也传达着某种意志。在这个大洲，友善便是我们的未来。”

然而，还不到20年，法国的天文学家和小说家卡密勒·弗莱马林（Camille Flammarion）在他1883年的著作《世界的终结》中认为，欧洲的未来并不乐观。卡密勒·弗莱马林的未来主义的小说讲述的是25世纪，那时，

---

* 彼得·哈瓦塞克，捷克查理大学大学院、捷克科学院教授，研究兴趣为欧洲思想史。

欧洲合众国已经存在。同时，19 世纪和 20 世纪被看成野蛮的时期，这个时期权力压制了权利，军事主义操控了人类，厌恶战争的情绪持续碾压着巨大的人类的愚蠢。然而，“欧洲和世界由于彗星的撞击而被摧毁”。

德国作家伯恩哈德·凯勒蒙（Bernhard Kellermann）写的隐喻小说《隧道》在 1913 年也就是 100 年前出版，他用挖苦的语调预测了欧洲和人类的未来。伯恩哈德·凯勒蒙对抬高当代欧美技术文明的观点进行了猛烈的抨击。这本书描述了欧洲和美洲之间大西洋底部庞大的海底隧道的建造。这项工程在很多年之后完成，但是这个隧道从未被使用过，那是因为同时期更快捷更舒适的空中交通工具已经投入使用。看来，我们很乐意去承认西方技术即使在今天也发展得非常迅速。

同时，奥斯瓦尔德·斯宾格勒（Oswald Spengler）完成了其巨著《西方的没落》的提纲写作，尽管这本书表面上是对过去的分析，实际上则是一部尽力预言未来的作品。1918 年 9 月，直到第一次世界大战结束之前，这部书的第一卷始问世。对于这本书，读者们可以从第一句就读出要领：这是第一本敢于去尝试预测历史进程的书。这本书是对今后文化宿命问题的探索，也就是说，它是如今这个星球上唯一能够充分理解西欧和美国文化的平台。由于建立了这个平台，这本书到现在还没有被淘汰。在这部书里，斯宾格勒以他特有的幽默和夸张告诉我们，他很关心未来，即使是从文章的标题也能够隐约看出他这种特有的风格。然而，甚至是在今天，如此真实的今天，很多缺乏耐心的人最后也会带着强烈的欲望询问：“西方的没落”最终会在什么时候发生？

这种对于未来的思考也出现在中欧地区，包括捷克。年轻的亚罗斯拉夫·戈尔（Jaroslav Goll）是一位重要的捷克历史学家，他思考了关于他的欧洲故乡，并在 1874 年的诗作《欧洲》中表达道：“啊，何时，欧洲会像艾夫罗迪特（Afroditis）一样，出生于大海，然后奔向自由！”同样，斯伐托普卢克·切克（Svatopluk Cech）在他 1886 年的诗作中也采用了《欧洲》这个相同的名字，还描绘出了各种不同的种类。在一艘叫作“欧洲”的船上，诗人问道：那是灵魂之舰么？毫无疑问，这艘船正驶向新世界的港湾。这是一幅多样化的欧洲国家的拼图，夹带着各不相同的心理、利益和邪恶之念。“欧洲”帆船的故事也是以毁灭而终结，这是一种欧洲将要毁灭的征兆：“那时，欧洲从这个地方驶向了风暴中的混乱，爆炸，这时便是一阵糟糕的爆炸……这就是欧洲的终结。”诗人亚罗斯拉夫·伏尔切里契（Jaroslav Vrchlicky）表达了他对欧洲自由遭到腐蚀的彻底藐视。他在自己的诗集《坦塔罗斯的遗产》里这样写道：

水手很少压制他的反感，
当他在清晨的微光中看到欧洲的海岸，
他调转他的舰艇，说道：坚持精神的囚笼！

欧洲未来的前景是如此难以确定，以至于许多作家有时有意无意地发出“逃离欧洲”的呐喊。但是，由于欧洲现存的历史、文化和政治范式，它们已经成了一种负担。阿尔佛雷德·库宾（Alfred Kubin）出生于利托美瑞斯（Litomerice），他在自己1909年的著作《梦想者的土地》中清晰地描绘出了他的同辈人的心理状态，这本书的德语名是《另一边》（Dieandere Seite）。他说道：“我站在这艘船的后甲板上，举目望向那消失的大陆……欧洲……转瞬间，眼前的海港如同薄薄的长带，最终消失在天际。”因此，另一条智慧之路也与欧洲分离，而这个大洲正在分解中剥离。

显然，历史的脉搏加速了整个欧洲的灾难，而这场灾难也无须放置于弗莱马林提出的特定的25世纪。第一次世界大战是欧洲历史上黑暗的深渊，这是从虚幻的乌托邦的深处逐渐做出的一种野蛮行径，和伏尔切里契自19世纪晚期开始的精神囚笼相比，它就是虚幻的牧歌生活。古斯塔夫·梅耶尔林克（Gustav Meyerink）出生于维也纳，有时他定居于布拉格，他在1916年的战争中出版了小说《绿脸人》。在这本小说的最后一章，他描述了在宗教的疯狂行径下发生的巨大的自然灾害。主人公带有预言性地提出：“欧洲还屹立着多少城市？……腐朽的文化就像垃圾一样随风而逝。”在梅耶尔林克的另一部小说，1917年的《沃尔帕吉斯之夜》（*Walpurgis Night*）中，一位布拉格怪人（也是东方传说中的布道者）有着一个具有象征性意义的名字——反光镜（Mirror），表达了他对世界地缘政治和精神面貌的想法。他宣称，欧洲来自于中古时期中国的高地平原。然而，这个中古时期的欧洲却是出现在布拉格城堡哈拉德坎尼（Hradcany）的东部。我们都认为，古斯塔夫·梅耶尔林克并不具备预测的能力。

当古斯塔夫·梅耶尔林克暗示，只有一种新的精神可以拯救欧洲，大批的思考者、政治家和艺术家期待着新大洲的完全诞生，甚至是一个新的世界的出现。这种最初的想象是“新大洲”，然而，其很快在欧洲东部成为现实；

欧亚大陆包含从俄罗斯到整个欧洲，以及亚洲的西部一隅。欧亚地区或者苏联都是杰出的政治实体，但是被其独裁制度毁灭。欧洲的文化含有某种奢靡性，这对于人类的未来是种危险的信号。

面对欧洲传统秩序的碎裂以及战后混乱带来的野蛮的改革趋势，捷克的艺术家约瑟夫·恰佩克（Josef Capek）将自己投入创作具有号召意义的戏剧《欧洲大陆的认同变迁》中，并于1923年完成了该戏剧。在他的戏剧中，表达了欧洲知识分子向往一个新欧洲——在大地震后大西洋冒出了一块为自由和正义避难所的新大陆。约瑟夫·恰佩克建议给这个新大陆起个名字，这个大陆包含了所有当代的精华，包括欧洲的忧虑和希望。人们可以从以下诸多名称中加以判断：土地的希望、土地孕育幸福、土地上的穷人、一颗金色的星星、一片幸福的土地、一片被蹂躏的土地、新的天堂、新的土地、新的乌托邦、平等的土地、正义的沃土、拯救的沃土、百年的帝国、耶稣心脏之地、新锡安的心脏、马克思的心、大地的心，等等。新亚特兰蒂斯、西方之星、东方的遗产、新欧洲、新美国、新非洲、拉丁之星、凯尔特之星、各国之冠、伊比利亚的晨星、新英格兰、新法国、新德国和各大洲的土地等许多名字，许多渴望，许多关于未来的预言。

然而，这只是一种积极的看法，很难解释法西斯主义和国家社会主义是怎么产生的。在约瑟夫·恰佩克的眼里，意味着这一切结束于一场伟大的战争；“许多土地名称变了，它在最后的一声呐喊中再次坠入黑暗的海洋”。这样一个乌托邦并没有发生；欧洲的男人和女人们，只有他们经常被诅咒的那个旧欧洲，在这之后可能都不会有如此糟糕之处。他们宣扬政治的终结；国际主义的社会主义者、共产主义者——曾多次表达了他们对欧洲的极大蔑视。共产党人作家S. K. 诺伊曼（S. K. Neumann）冷笑道：“哦，欧洲，你五彩斑斓的土地……就是要传达消息给欧洲大陆：我们从苏联山麓取泉水喝，而你的那些溪流里只有痛苦。”捷克优秀诗人涅兹瓦尔也持这样的观点，然后幻想在布拉格咖啡馆里的“新欧洲”的共产党员。他是卓越的魔术师，在1924年时曾表示他的信念，很简洁：在这里我不得不考虑欧洲的未来。那个殖民地在我的国家中间，与石榴相似，像一个熔炉状的塔楼缓缓升起，无法想象它觉醒的自然干燥的禁欲主义，我依然沮丧。涅兹瓦尔进一步引发了另一种号召：“对于咖啡屋的共产党员，有些东西超越我，有些东西令我怀念，我非常喜欢共产党宣言。”正是因为这些东西，我们已经并且必须对未来充满愿景。可以确定的是，几乎所有来自19世纪与20世纪之交的欧洲政治、社会和文化的视角都被证明是错误的。几乎可以确定，我们对欧洲和捷克的想法是来自21世纪开端的特殊时期。甚至准确来说，我非常喜欢回忆康拉德（Konrad）的名言，它曾被丁斯特比尔（Dienstbier）在他著名的书籍《梦见欧洲》中引用（现在这部书不幸被遗忘）："乌托邦在决定一项策略时是十分有必要的。"

关于欧洲和欧洲主义的推断，可以视情况而定，对欧洲认同捷克愿景的具体作用，已经可以在中世纪和现代早期确定。我们可以举一个国家主义的捷克版例子，当捷克精英认为自己作为新以色列的代表，作为一个特殊的民族，注定要成为欧洲基督教世界的领袖；或因帝国格局的变化而挣扎，比如神圣罗马帝国首次转变成波希米亚和捷克的领地。同样，人们不应该忘记的格言是，"波西米亚——欧洲的心脏"，这不是一个民族觉醒的产物，但它似乎早在16世纪上半叶就已经显现出来。一个类似的深远的趋势，正如卡明斯基的专有表述："我们欧洲人"，常常也被其他欧洲知识分子用来唤起一个共同的欧洲身份。欧洲共同的"我们"不是一个未来的项目，而是一个活生生的政治、宗教、文化，甚至经济现实的产物。这些掌握欧洲话语权的捷克精英们尽管在17世纪大规模地被毁灭，甚至继续在18世纪和19世纪被削减，但依旧带有反欧洲的情绪。弗朗齐歇克·帕拉茨基（Františ́ek Palacky）是第一位思考建立捷克独立民族国家的政治家，他在奥地利帝国时期首先用捷克民族立场来反思现代意义的欧洲主义。

1848年，一个新的捷克国家出现在欧洲革命时期，具有地缘政治的重大意义。许多当代的文献宣称，神圣的"捷克民族独立国家"正回归到欧洲的政治国家之间。卡雷尔·哈弗利切克·博罗夫斯基（Karel Havlí č ek Borovsky）宣布，捷克是亲近基督教的一个国家，具有独立的民族国家形象，亦是其他国家参仿的模型。1848年4月，布拉格市民对波西米亚居民的宣言中包含这样一种挑战："洗去自己的尘埃和二百年的霉气，并证明你是值得被称为自由公民的"。同样，从1848年6月12日起，布拉格的斯拉夫国会对欧洲国家声明，捷克领导下的斯拉夫人年轻但不软弱，正在步入欧洲的政治舞台，并大胆提议召开普遍性的欧洲斯拉夫民族大会。布拉格的五旬节暴乱——同年六月中旬——作为捷克现代革命的首次尝试，由伊玛纽尔·阿尔诺德（Emanuel Arnold）和J. V. 夫瑞克（J. V. Frič）解释，安托宁·斯宾格（Antonín Spinger）将其作为欧洲民族独立革命的开始；未来捷克将成为整个欧洲的动力。事实上，在布拉格，就像在维也纳或柏林，可以听到街上的口号，“整个欧洲看着我们”。这证明捷克政治精英们认为自己是所有欧洲事件的自主性演员。一种捷克革命的政治誓约，在一封来自于年轻人 F. L. 丽格(F. L. Rieger) 1849 年 5 月 17 日于巴黎写给帕拉茨基（Palacky）的信中表述出来。在我看来，我们会变得更糟，甚至不能独立行事。一个人如不代表任何东西，就会被人认为什么也不是。“这是一个句子，而不幸的是在某种程度上听起来像是隐形的评论词，是一场当代欧洲的捷克政治精英和知识精英的辩论”。也许，1848 年的革命形式演变成后来捷克所有政治表演的某种起源，或许，这不是任何东西的代表。

卡雷尔·萨宾娜（Karel Sabina）以前是一位革命活动家，其思想穿插在她的小说《复活的坟墓》中。她提到一个学生的政治道路，这个学生主张，在布拉格的牲畜市场建造一所知识圣殿（现在的圣查尔斯广场）。这个广场和捷克的首都一样，将成为欧洲和世界的一个新雅典。因此，这既不是革命性的变化，也不是古典政治，而是将要建立一个身处欧洲国家中的捷克，使其成为学术与文化的首要国家。上述观点，亦即捷克的政治野心，在 1867 年建立的奥匈二元帝国中受到限制。当 1868 年 5 月布拉格国家剧院的奠基之石变成一种独立政治表现形式时，卡雷尔·斯拉科维奇（Karel Sladkovsky）关于“金色布拉格”的演说，以及丽格（Rieger）敢于直言“我们的民族是贵族的民族”，表明我们的身份是光荣历史的身份。就好比中世纪的捷克弥赛亚主义完全复活，因此它对于支持建立一个新的捷克的政治自信是必不可少的。捷克政治抗议时常会采用具有当地色彩的历史助力，有时还带有反欧主义。例如，彼得·哈拉伐切克（Petr Hlaváček）的历史爱国主义。然而，其下一篇文章却又体现了一种奇怪的略微明显的反欧化倾向。对于弗尔契利切（Vrchlicky）来说，1888 年的欧洲处于一种囚禁的精神状态。同时，对于 1910 年的爱国者来讲，是谁将追溯 1420 年发生在布拉格山丘的战役来纪念维特克夫（Vítkov）的牌匾？此时，捷克人对欧洲的认同是冲突的，分为欧洲与“我们”（指捷克），对欧洲的认同相较于对“我们”（捷克）的认同显得微不足道。

捷克的现代史、学术专著、流行期刊、新闻报纸长期以来只承认三种革命：1848 年争取自由的革命；1918 年争取民族独立的民主革命；1945 年的共产主义革命。马萨里克将 1919 年 2 月视为民族独立革命，捷克斯洛伐克共和国出现的所谓“我们进行了一场革命，史无前例的革命，无流血的革命”。其重现了捷克民族作为欧洲的心脏与中心地理位置的新兴民族国家形象。维克多·鲍尔（Victor Bauer）和菲利克斯·魏尔什（Felix Weltsch）认为，捷克斯洛伐克民族共和国的独立为其他将要独立的欧洲民族国家建立了实验基地。佩尔罗特卡（Peroutka）在评论中指出，捷克民主革命为其他欧洲新兴国家奠定了基石。尽管如此，此时的欧洲仍被民族主义的社会主义者与共产国际的共产党人所鄙视。如前所述的 S. K. 诺伊曼（S. K. Neumann）那样。

1938 年捷克自主化民主国家的倒塌，使捷克进入等待“救世主来临”的时期。慕尼黑的悉尼莫雷尔在《我看到十字架》一书中写道：“这也是为何捷克温顺地接受来自慕尼黑的发号施令”。总统贝纳斯（Benes）在布拉格城堡宣布“伟大决定”之后，独眼将军（General Syrvoj）可谓又一位杰士卡（Zizka），即上帝的战士，对抗议人群实施了欺骗。

1945 年民族大革命时，成立了捷克斯洛伐克民族阵线联合政府，捷克斯洛伐克进入了第三共和时代。会有人这么认为，捷克弥赛亚的那些政治口号彰显了捷克和捷克斯洛伐克共和国作为东方阵营与西方阵营之间桥梁的作用。1946 年马萨里克总结他关于捷克命运的地缘政治的看法：它不是东西方的阻碍，也不是东西方的桥梁，而是民主链上的天然端口从而将整个世界紧密地连接在一起。

1948 年的“胜利二月”共产主义革命使具有“伟大革命传统”的捷克迎来了共产主义革命的胜利。捷克官方声称，捷克共产主义革命被视为苏联革命的一部分。瓦兹拉夫·库培奇（Vaclav Kopecky）作为捷克共产党在捷克斯洛伐克共产党中央委员会议中有影响力的政治家，将捷克视为苏联“小型十月革命的一半”，从而定义了捷克斯洛伐克与苏联的关系和地位。在国际共产主义中，捷克的“传统革命精神”被抑制，否认其发挥了任何作用。还有生存的捷克国家主义的变型，这是最近被内杰尔迪（Nejedly）创新的想法。根据共产党的说法，“捷克的伟大传统的继承人”（1946）和克莱门特·哥特瓦尔德（Klement Gottwald）呼喊：“人民革命的塔博尔（Tábor）”。这是国家的传统，这是我们的口号。

1968 年 8 月，华约集团占领布拉格，造成“布拉格之春”以及接下来的所谓“正常化”，捷克救世主的自我性引发了昆德拉（Kundera）与哈维尔（Havel）有关“捷克命运”的辩论。首先，米兰·昆德拉在 1968 年 12 月 19 日的 *Listy* 上引此标题发表评论。根据昆德拉的说法，捷克是一个与文化绑定在一起的民族，“在欧洲没有任何一个国家如捷克这般注重文化根源”。所以，在欧洲的这个地区，它们是“最有思想并且受文化教育程度最深的”国家。他认为，捷克只是一个小国家，并没有浪漫的英雄主义精神，但捷克拥有自己的文化历史精髓。尽管昆德拉表明，“对救世主的信念与小国的精神是相悖的”，甚至他还看到了在世界史上带着人类面具的社会主义的“捷克斯洛伐克”的挑战。准确来说，这是昆德拉反对瓦茨拉夫·哈维尔（Vaclav Havel）在《时间方差》中的阐述，因为瓦茨拉夫·哈维尔称它为错误的信仰，浮夸的言辞，甚至是“狭隘的信仰”。在他的文章《捷克的命运?》中，哈维尔对所谓的捷克斯洛伐克社会主义的世界史特征以及受到救世主庇护的捷克人的自我满足的姿态提出疑问，而这些特征和姿态则不仅仅随着昆德拉而出现。哈维尔反对昆德拉的政治诗意化并且再次（绝不是最后一次）呼吁真正的政治。然而，昆德拉在他的回复中重复了他的基本前提，也就是评价了 1969 年的事件，并说道：“我们已经进入世界历史的中心。”偶然间，一个拟人化的概念“救世主”成为整个国家苦痛的替代品，它的出现也和杨·帕拉奇（Jan Palach）的自我牺牲相联系。

在 20 世纪末期，捷克人选择了另一种“改革”模式，1989 年和平分离的天鹅绒革命，点亮了处在欧洲和世界泛光灯光圈下的新捷克政治精英。捷克斯洛伐克曾经是后共产主义欧洲民主转型的范本，亦是欧洲乃至世界民主复兴的模板。捷克人认为，民主转型让捷克“得到整个欧洲的尊重”。并追溯到 1990 年 2 月哈维尔在美国国会的演讲，他声称：“这主要的大多数……经过数个世纪，欧洲的火焰开始喷发，并且也终结在今天斯洛伐克的领地上。”因此，“我们国家的政治稳定性对于整个欧洲来说一直都是很重要的”。

当捷克和斯洛伐克的政治精英提出反对时，所谓的“和平分裂”正在上演，整个进程被冠以“脱离欧洲，或靠近巴尔干”的名称。之后其刊载在 1992 年 6 月的 *Respekt* 新闻版面上。在国家意义上重生的捷克本土政治精英，以时任捷克总理瓦茨拉夫·克劳斯（Vaclav Klaus）为代表，对欧洲后共产主义之后的所谓维谢格拉德合作项目持怀疑态度。他认为，捷克在实力方面比斯洛伐克、波兰、匈牙利人以及罗马尼亚人更有优势进入欧盟，比其他国家更有政治、经济以及文化的原始性。1993 年，捷克政府官员卡雷尔·杜拜（Karel Dyba）大胆地指出，捷克是“中欧的猛虎奇迹”。

重新回顾 1918 年和 1948 年之间的政治历史会发现，1918 年是捷克民族独立的一年，1919 年便为了伪装成苏联身份的俄罗斯帝国的利益而丧失了国家主权。这风风雨雨的几十年代表了一个阶段，其间捷克在思考着什么是欧洲、欧洲主义与欧洲认同。这一高度的客观性和文化性，影响到当代的捷克政治和知识精英。当然，这个论述的基本参数是共和的、民主的、自由的捷克斯洛伐克。这是当代欧洲辩论了几十年的自由主义概念。从捷克斯洛伐克角度来思考欧洲未来的学者有：斯洛伐克的米兰·洪德拉（Milan Hodža）、摩拉维亚日耳曼人维克多·鲍尔（Victor Bauer）、西里西亚犹太人日耳曼人艾尔弗雷德·克莱博（Alfred Kleinberg）以及犹太人菲利克斯·魏尔什（Felix Weltsch），所有这些人都相信中欧和捷克斯洛伐克的地理政治概念。

马萨里克（Masaryk）的“新欧洲”提供了开放性，随之而来的便是爱德华·贝纳斯所做的国际政治叙述。例如，他在1924年纲领性的著作中提到关于新欧洲的问题。斐迪南·博佳（Ferdinand Peroutka）、艾尔弗雷德·福贺（Alfred Fuchs）、雅罗梅尔·内恰斯（Jaromír Nečas）、瓦茨拉夫·舒斯特（Vάclav Schuster）、鲁道夫·霍特韦茨（Rudolf Hotowetz）、富朗蒂斯·科伊奇（Františ́ek V. Krejčí）、卡尔·恰贝克（Karel Čapek）、杨·波特奇（Jan Patoč ka）和休伯特·利普卡（Hubert Ripka）以及杨·马萨里克（Jan Masaryk），也对“新欧洲”这一主题进行了论述。这种公开性构成了一个自由民主多元的观点，这些观点来自于基督教、社会民主主义、纳粹或法西斯主义，共产主义不在其列。

我们回顾20世纪二三十年代会发现，面对国家社会主义、法西斯主义和共产主义威胁时，有几个人物提出了欧洲一体化的观点。第一个要数哲学家伊曼纽尔（Emanuel），1922年他周游世界后出版了《西方和东方》，他寻求一个共同的欧洲基因，并解释了欧洲的差异性以及亚洲和美国之间的关系。伊曼纽尔作为拉德尔（Rάdl）并没有假装纯粹的客观性，毕竟，他是以一个捷克人、一个捷克斯洛伐克人、一个欧洲人和西方人的身份认为自己的文明是最好的。当然，他也可以是具有批判精神的：“我震惊……到底有多少人，不仅东方人，而且美国人也看不起我们欧洲人。我不相信关于野蛮和唯物主义欧洲的浪漫主义理论……然而，在世界上，欧洲并不享有良好的声誉，而我也很害怕这样的情况。欧洲的卑微变得非常明显，并不仅仅是一个人远离家乡去旅行，以及当他听到自身被作为一个明显的问题谈论时，以及他如何面对欧洲解体这个问题时耸耸肩膀。我需要思考作为一个欧洲人意味着什么，欧洲主义的义务是什么。”

哲学家约瑟·费舍尔（Jose L. Fischer）1928年在布尔诺的演讲中提到“欧洲文化的未来”。他指出欧洲未来面对的困境，虽然欧洲具有文化再造性，却缺失了原创性。如果缺乏这样的原创性力量，那么，未来依旧会遵循它过去的方式。简而言之，要么克服精神的枷锁，要么继续留在囚禁之中。

欧洲未来的问题可以简化成为一个基本的困境：欧洲仍然有足够的创造力产生文化形式，但与过去相比，缺少一种原始的或者说自然的属性，或是它缺乏这样的力量，那么它的未来仅仅是它的过去……的延长，或者换句话说：除非它克服了精神的沉重，否则它会留在越来越惆怅的囚禁之中。马萨里克大学法律哲学教授齐默尔曼（Zimmermann）在他的研究中提出了对欧洲一体化可行性的见解。他广泛分析泛欧或联盟中的欧洲，文字见于著名的捷克杂志《外交政策》（*Zahraničnı politika*）。他的文章是对当代备忘录的评论，呼吁欧洲的政治统一。但齐默尔曼并不认为库登豪夫·卡莱尔基（Coudenhove - Kalergi）的“泛欧洲回归”是可取的。作为国际法专家，他也对现有的建议持否定及可疑性的评估。他认为，统一的欧洲具有潜在的弱点，一个欧洲政治国家根本不存在。欧洲一体化可以实现，但仅仅是在对个别国家的主权权利尊重的基础上，它绝不会使一个单一的欧洲国家产生。“关于欧洲的捷克”的讨论，类似的贡献见于 1931 年弗朗蒂斯·韦尔（František Weyr）所著的关于欧盟的想法的文章，作为一位重要的法律哲学家和政治学家，他说，“如果我们将欧盟的问题从神秘和不切实际中分离……通常情况下，它进入了这个阶段，可以缩减至以下问题：集权还是分权、自治还是他治?”当然，显而易见的是，无论是激进的中心主义还是激进的分权都只有一种选择，这是两个极端组织之间存在着的一个完整的规模。

作家兼记者卡尔·恰贝克在 1926 年写道：“如何看待泛欧？我的意思并不是泛欧的回归，而是指捷克和斯洛伐克。我们构成了泛欧。我们的土地面积虽然很小，但我们的地理位置是东方与西方，北方与南方的交融点。这只是一些片段，它们来自于欧洲哲学家、法律专家、文人对捷克在战争中地理位置的认知。”1938 年以后，捷克政治的话语权甚至其民主性都失去了，第一共和国时期所建立的民主体制不复存在，取而代之的是纳粹强压下的口号与愿景。休伯特·里普卡（Hubert Ripka）在英国流亡期间思考“捷克斯洛伐克在欧洲的作用”，如何摆脱苏联“老大哥”的身影。福音派的神学家约瑟夫·赫罗玛卡（Josef L. Hromádka），一个带有马克思主义的基督教倡导者认为，数年的地理隔离，会让欧洲变得更原始、更残酷、更冷漠。

马萨里克是一位悲剧型的民主党人，他的沉默与无视，使苏联获得了扩张到欧洲的机会。他说，在第二次世界大战后，捷克斯洛伐克的命运如下：它不是东西方的阻碍，也不是东西方的桥梁，而是民主链上的天然端口，将整个世界紧密地连接在一起。到底什么是结局？让我们再次回忆。“二月革命是捷克的小型的十月革命，布拉格城堡是克里姆林宫的小捷克斯洛伐克分支”。一年之后，瓦茨拉夫·科佩奇（Václav Kopecky）这位捷克共产党的主要思想家，恰当地解释了捷克斯洛伐克夹在欧洲大国间的地缘政治地位。

今天，捷克是欧洲的一部分，也是欧盟成员之一。对于捷克政治精英来说，当代危机仅仅是经济危机，重塑一个自信的政治国家带来了捷克对欧洲未来的判断与规划。与哈维尔相一致，他在对米兰·昆德拉的“捷克的命运”的争辩中说，我们不能永远为我们国家在欧洲不利的地缘政治地位找到借口。

欧洲再一次寻求它的政治文化身份，寻求它在世界上可能发挥的政治作用。欧洲知识分子和其他来自各个国家和地区的“参与观察人士”不断讨论，欧洲如今面临的问题与危机是什么？例如，2012 年春天提出了“我们同属于欧洲”的宣言。

欧洲，一个在理性和伦理而不仅仅是地理意义上的共同体，这种变化还可追溯至中世纪甚至远古时代。几个世纪以来，知识分子们都在讨论作为一个独特的地理和文化意义上的欧洲理念与愿景。欧洲将欧洲其余之地欧洲化，将其纳入欧洲整体，以防止 20 世纪的灾难再次发生。欧洲一体化即欧盟，欧盟正经受认同的考验。最近的宣言“自我自信的捷克在强大的欧洲中”（2012）验证了捷克同样面对欧洲的认同问题。

2012 年夏季，捷克迎来了一场有关捷克视角下欧盟未来的辩论，观注未来欧盟的想法、建议和课题。捷克加入欧盟十年后，出版了《捷克愿景下的欧洲 2014》，提供了一个关于捷克在促进欧洲一体化中扮演角色讨论的指南。

二十年前，作为物理学家、艺术家和思想家的弗朗蒂斯·福达科（František Vodák）出版了《西方或者沉迷的传说》，论述了捷克与欧洲认同的互补性。目前，我尚未发现一个更好的定义，能将西方文明中的诗歌与政治联系起来。以下是福达科的一段话：

> 我曾经问过物理学家：什么是结构？他们说，结构是一种稳定的关系。世界上存在两种结构，一种是平行，一种是消亡。第一种结构是平行，平行是稳定的，因为它不会改变。举个例子，晶体与外部环境隔

绝，因为它有天然的屏障，从而杜绝了任何的变化。如果为了让晶体成为生活中的物品，那么就可以利用热来使之熔解，这个时候，结构就崩塌了，平行不复存在。

第二种结构是消亡，尽管这是一个稳定的状态，但它只存在于一种循环的系统中。一种化学反应、一种细胞演变，由于环境的交互反应而产生的周期变化等，就像潮涨潮落，这个过程就是一种稳定，因为最终还是会走向消亡。

这两种结构都具有稳定性。第一种禁锢在固化的世界中，第二种是不断运行的状态。第一种稳定是确定的，就像石头、洞穴、东方等固定的概念。第二种是动态的，它每天都会发生在我们左右，而这就是所谓的西方世界。

吴慧玲（译）
胡丽燕（校）

中欧及其多样化选择

〔捷〕简·科林（Jan Křen）*

我很高兴本书采用“中欧”作为标题而非“中东欧”这个残缺的不对称概念，因为它缺失了另一半边的概念“中西欧”。“中西欧”是由奥斯卡·哈莱斯基（Oskar Halecki）在他1950年出版的著作《欧洲的界限与分裂》一书中第一次也是最后一次提出的概念。中东欧的概念，在过去其实就是后共产主义的代名词。当然现在已经不是这个意思了，将来更不会。中东欧这个概念，成为倡导抵消共产主义空洞口号的代名词。这是根据当代非奥地利化（de-Austranization）者的回忆。二十年后，再来看这个词的用法，可能早已时过境迁。所谓的反共产主义无论如何只是对现实状况的一种讽刺，同时可以抵消共产主义的过去。与德国纳粹主义形成鲜明对照的是，在德国战败后短短二十年共产主义意识形态就得以建立，甚至一直保持到1989年之前。这加速了该问题的历史化进程，讨论的焦点也从一开始持不同政见者对社会主义国家安全性的争论，转移至关于政党与社会之间产生的矛盾上。

现在让我们从概念谈到内容：中欧是一个老问题了，当今大部分关于该主题的表现形式可以说是关于中欧问题的一种讨论。这种讨论从20世纪80年代开始，当时米兰·昆德拉（Milan Kundera）写了一篇文章，即《对欧洲的绑架》（Kidnapping of Europe）。到了2010年，昆德拉本人提议将题目改成一个令人更加印象深刻的主题——《被绑架了的欧洲》（Kidnapped Europe）。他特别指出，中欧人从历史角度和文明角度上看都是这块陆地上与

---

* 简·科林，捷克布尔诺门德尔大学学者。

众不同的一部分，虽不完全属于西方国家，但是也绝不能算在东方国家里——它隶属于苏联或俄罗斯的部分，是历史某种畸形的产物。

尽管捷克精神时常由于它的国家限制而受到批判，这也不是无中生有，但是凌驾于它之上的中欧主旋律，既不与捷克意识不相兼容，也并非对其一无所知。相当一部分作者，从帕拉茨基（Palacky）、马萨里克（Masaryk）到凯兹里（Kaizl），早就拥有了他们的继承者，而不仅仅是贝内斯（Benes）。一些机密的苏联文件在战后最初几年显示出这样的信息指向，即关于人民民主的思想是由贝内斯（Benes）明确表达出的，这绝非偶然。一些历史学学者不经意间也对中欧主旋律提出了一些主张：比如德沃姆克（Dvormk）关于中东欧起源的著作；与他持不同观点的马库瑞克（Macurek）的中欧编年史；哈罗茨（Hroch）和皮特朗（Petran）有关早期现代中欧南北部的思考；类似的还有特莱斯特克（Trestik）关于早期中世界的推断，以及帕夫拉·豪斯卡（Pavla Horska）对中欧地区第二次工业革命的杰出研究。

事实上，1980 年有关中欧问题的讨论，与当时关于德国对其特殊道路的讨论同时出现。德国的特殊道路是德国发展过程中的一条曲折的反西方路线，一直持续到纳粹时期，与正常道路截然不同的所谓非正常道路是布莱克鲍姆（Blackbown）用来描述英国发展道路的一个专有名词。我用自己在 20 世纪 80 年代在德国出版的一些研究成果参与了这场争论，在这些研究中我建议对中欧用“特殊道路”这个概念。这次争论的高潮随着一个特殊悖论出现于 1989 年，国家的转型和政治独裁对经济的影响又反过来由国家承担。我的这个观点在 1991 年形成，随后，论文在柏林科技大学发表，并获得了居安·林茨（Juan Linz）的极力认可。

在当时，或者在更早一些时候，关于中欧或中东欧的著作中有两个概念脱颖而出。首先，一个比较广义的概念，来自于马萨里克（Masaryk）的观点，她阐述的中欧是从波罗的海地区到亚德里亚海地区。关于这个地理维度，历史学家约瑟夫·罗茨齐尔德（Joseph Rotschild）采纳过，也在地理上被鲍尔·R. 马戈斯西（Paul R. Magocsi）用在了他的大地图集里。另一个比较狭义的概念由皮欧特·万迪（Piotr Wandy）提出，他提出了波兰-匈牙利-捷克斯洛伐克三位一体的概念。作者赋予这样一个概念一个更具特殊意义的实质，他用了一个极富描述性的标题“自由的代价”。历史证明，中欧为了自由的斗争从未停止，尽管要为此付出极大的代价。

我个人比较赞同万迪茨兹（Wandycz）的观点，不过，我对其中一处进行了修改，即奥地利是这个整体不可分割的一部分。第二次世界大战后，20世纪40年代和50年代欧洲的分裂与波兰150年的分割，与匈牙利在土耳其人统治下两个世纪的分裂完全无法比拟。事实上，关于中欧的讨论一直都包含了奥地利人的积极参与，尤其是厄汉尔德·布塞克（Erhanrd Busek）。可以这样说，没有奥地利的宝贵参与，就没有其邻居维谢格拉德的完整。

我认为，无论是从历史角度还是从当今的蓝图来看，将中欧与德国和俄罗斯这两支强劲力量联系在一起都是相当有必要的，尽管这两者的历史角色和当今分量都不一样。中欧与德国的联系往往更加深刻和紧密。而这个联系也更加重要，因为无论在过去还是现在，俄罗斯这只鹰的老巢离中欧都很远。只不过石油和天然气隐藏了这个强国折翼的现实。

然而，提出中欧的概念，并引发对其讨论的目的并不积极。惕姆西·卡顿（Timothy Garton Ash）对此有准确的描述：那段时期，中欧在欧洲的定位很模糊——先是被西方所忽视，然后又被戈尔巴乔夫发扬光大。但是，共产主义毁了它。德国认为它不过是一个天真的乌托邦，并且威胁到了来之不易的东西德的友好关系。

但这并不是一个受欢迎的论调，甚至在中欧地区也不受欢迎。“回归欧洲”或者应该叫“转向欧洲”的口号，几乎意味着一场劫难。尽管这个目标在最初创建了一些新的纽带，且仅仅是被追求首位的捷克愚蠢地毁了。因此，中欧观念毕竟没有完全从视野中消失。有很长一段时间，它只是作为一些新兴力量的某种补偿。比如德国，尤其在波兰和分裂的捷克斯洛伐克。波兰－捷克－斯洛伐克的三位一体，面对德国、奥地利和匈牙利遗留的历史账单，内部其实并非完全团结一致。然而，自从总统魏茨泽克（Weizascker）接受了哈维尔（Hawel）的道歉姿态（或者说以此为借口），自从总理科尔（Kohl）忽略了双重国籍的问题，在一段时间后，惯例赔偿的问题逐渐沦为一些道义上的满足，有时候这个问题甚至是一种很不错的压力工具。在这些强国确认了波茨坦公告之后，整个发展加速推动了公告的生成及中欧国家进入欧盟的结果。

经过数次在六角联营和其他昙花一现的组织中的尝试，中欧观念最终找到了它在维谢格拉德集团中的政治制度形式。尽管欧盟中大大小小的联盟数不胜数，并不完全建立在毗邻的基础上，但维谢格拉德集团多多少少有一些存在的意义，最起码这个组织是无害的。撇开其内部差异来看，中欧其实并非一个建构出来的概念，而是历史深层的固定产物。并且，目前来看，也不是苏联规则下共同命运体的结果。在其历史发展的大约 1000 年的时间里，这块区域的轮廓已经改变了无数次。雅奎·勒·莱德尔（Jacque Le Rider）称其为一个多变的组合。因此，很难判断随着时间的推移，这个区域的轮廓范围是否会变得完全一致。这种对历史变迁的过度精确的追求，实际上会变成一种不精确的后果。

不管怎么说，中欧近些年来都发生了变化，甚至现在也正处在变化之中。彼得·哈纳克（Peter Hanak）关于中欧缺乏共同认识与共同利益的猛烈抨击，早已成为过去时。旧时的争端，比如波兰和捷克间的捷欣（Teschen）地区问题，现在都已然翻篇，另外，我们也很难在图斯克（Tusk）和欧尔班（Orban）之间找到曾经公认的波匈关系的痕迹。捷克斯洛伐克的分裂十分顺其自然，并将冲突减少到最低。如果说捷克斯洛伐克和匈牙利之间还有什么紧张局势的话，那一定是政治家之间的问题，而非国家间所导致的。

在大国政治中，中欧观念在 1989 年后就不再发挥作用了。现在最基本的问题是欧洲、进入欧盟的方式以及最重要的进入北约的方式——过去关于同时解散北约和华约的提议被舍弃了。

那时，欧洲之路被拉尔夫·达隆道夫（Ralph Dahrndorf）很形象地称为“山谷的眼泪”，有志要走这条路的国家需要极佳的运气。可惜，幸运女神并未露面。除了债务豁免国波兰和匈牙利，没有任何针对新格局的帮助。如马歇尔计划只能借助华盛顿共识在合法框架之外进行分配，而这所谓的高贵的新自由主义建议最终也变成了毒药。先不谈西方的手足无措，非暴力革命最主要的积极影响是，欧洲历史上民族国家起源进程中的巨大浪潮，竟奇迹般地走向了和平化道路——而之前的例子都起源于战争及其衍生物。与战乱纷飞永无宁日的高加索地区和巴尔干半岛相比，西方并未受到来自中欧地区新民族国家骚动的威胁。因此，西方似乎没有理由参与其中。

经过漫长的等待，再加上捷克受到巴伐利亚及奥地利的威胁，加入欧盟的热情也减少了几分。甚至对一些国家而言，加入欧盟已经成为一个任务。尽管在欧盟里很难找到一份针对民族国家的辅助性文件——事实上，就算在欧元区也没有这样的一份有效文件。但我不认为民族国家就这样玩完了，也不认为它的使命收缩成了区区民族文化自治的概念，这个概念源自奥地利社会主义。民族国家依旧可以在实体经济中发挥作用——让固定资本消失成为免税区可不像在短时间内投资金融资本一样容易。近期就连中央情报局都预测民族国家还能存在十几二十年，这不足为奇。它们在危机时期表现良好，也能帮着对投机失败的金融寡头粉饰太平。当然这一切是以穷人甚至中产阶级为代价的，只要他们和内科医生一样不反抗。新自由主义学说提倡减少国家债务，这些债务现在由于金融干预在不断增加，而公众则只能充当这出悲喜剧的观众——根据定义，矛盾成为争论的一部分。

当然，这没有改变任何事情。事实上，如果将金融寡头的力量在全球范围内面对面比较的话，每个民族国家的力量都是微弱的。这些国家的总理对他们自封的评级机构所推出的结论同样不敢直视。我们的总理希望给这个评级加一个加号级，他唯一庆幸的是总统先生对这些标志不感兴趣。尽管在危机之始，评级机构与 1989 年的苏俄政体研究者一样不幸地失败了，但它们依然很享受这种无过失的特质，程度甚至要高于 1871 年的罗马教皇。

在全球化世界里，欧盟仍是一个强有力的伙伴，即使它的管理者只会在走投无路的危难之际放弃与金融寡头的统一战线，然后通过银行贷款强制增收利息，从而获得一笔新的收益。值得质疑的是，欧盟是否成功征募了私人资本来参与到拯救希腊的行动中，但欧盟管理层迟来的醒悟并不一定能激发大家的热情。尽管公认的需求已被认定没那么罪恶，然而欧盟仍然是一个足以被集中批判的大共同体。

与此同时，中欧也无路可走，无论它们是否使用欧元。在被推进到欧洲边缘第二阶梯区域的情况下，我们不应指望通过过去失败的自由贸易区来拯救自己；更不能指望欧尔班（Orbán）和卡钦茨基（Kaczyński）所谓的分散中欧联盟的剩余部分，对此要远离还来不及呢。实际上，这与险恶的政治观点息息相关——极端民粹主义和独裁主义右派的出现。政治分析家很明智地对这个威胁提出了警告，并获得了来自中欧历史的强大历史观点的确切支持。20 世纪 30 年代的危机造就了德国纳粹，并且除了捷克斯洛伐克以外，中欧的其他所有国家都走上了独裁体制的道路。的确，当时法国的人民阵线已经开始成型了，但之后才得以掌权。也许正是这种延迟，才导致人民阵线的失败。

同样的宿命再一次出现在当代历史进程中。穷困潦倒的公民社会衍生出的神圣民主不仅滋生了极右分子，也引发了群情激奋的公民示威，当然在这些人里你见不到新纳粹的身影，就好像一个新的欧洲公民城市已经初具雏形，正如 V + W（原文 Voskovec and Werich，一个乐队的名称）在拉德民谣（原文“A Ballad from Rads”）里唱的那样：

总而言之，土豪先生

你看着我们
承载着罪恶的先生
穷困使我们化身狼群
饥饿驱使我们逃离森林
你或许将我们视如敝履
面对我们丝毫没有恐惧
但总有一天你也会陷入恐怖
那时我们将在你的窗下嚎呼
嘿，你这只贪图享乐的鼹鼠
是时候与你算个清楚

我又想到了20世纪60年代的类似事情——不是指什么嬉皮士或高举毛泽东语录的那群孩子发动的那类革命，而是类似于共产主义大地上的那些人民的抵抗运动，从布拉格之春到“波兰人”团结工会，一直持续到1989年。这些运动都有它们的先驱者，比如莫罕达斯·甘地和马丁·路德·金。公民社会与社团、基金会和非政府组织都不同，也是现在那些私有化的听话媒体；公民社会转而由温和进行的“占领华尔街”运动或是在欧洲发生的类似事件所代表。或许这些行动代表了一种徒劳无功的希望。即使它可能在世界信息网络里拥有数一数二的激励工具，但它目前只在国家层面的架构中发挥作用，并且在没有牢固的组织结构的情况下，公民社会很可能最终告吹或私有化甚至商业化。然而，目前只有巴拉克·奥巴马将占领运动看作平衡茶党的砝码。事实上，这个运动一度被欧洲最高权威霍夫拉特·巴罗佐（Hofrat Barosso）以一种柏拉图式的谨慎赞扬过。这是否可以视作他早期激进主义学生时期情绪短暂的一时兴起呢？

常规选举仍然保持了民主的核心，即便一直以来由金钱和广告公司操纵的现象在不断增加。反过来说，民主从未在脱离公民社会的环境中有效发挥其作用。对于当今的国家事务而言，公民社会中的活动和暴力因素都是一些合理的存在。按照皮尔特·万迪茨兹（Piotr Wandycz）的说法，这也是中欧的合理选择，如果它的历史目标是为了自由进行永恒斗争的话。

冀羿辰（译）
杨烨（校）

文化、历史、地缘视域下的德国与中东欧

戴启秀[*]

德意志民族国家发端于962年神圣罗马帝国的建立，历经1000多年波诡云谲，直到发展至今日成为德意志联邦共和国。然而即使历时弥久，历代德意志民族政治、文化精神其实在某种程度上是始终一脉相承、无法割离的。研究德国的同时离不开对欧洲的研究，探讨德国政治制度发展的同时自然也离不开探讨其与欧洲政治制度发展及文化渊源的联系。从横向维度分析，德国与英国、法国两国政治历史发展的区别也与它们历史发展和民族文化的不同有关。

一 欧洲文化概念及欧洲界定

（一）从欧洲文化看欧洲概念

在哲学上文化相对于“自然”存在。从广义上说，文化是人类在长期社会生活中创造和积累的物质财富和精神财富的总和，它包括以下几个层面：精神心理层面——涉及精神信仰、思想意识、价值观念、审美情趣、民族特性及伦理观念；行为层面——涉及生活方式、家庭模式、礼仪、交际形式和人际关系等；制度层面——涉及政治体制、经济模式、社会组织和法律典章等；物质层面——如服装、饮食、居住、交通、工业技术等物化现象。在这

* 戴启秀，上海外国语大学国际关系与公共事务学院教授，欧盟研究中心执行副主任。

四个层面中，对国际政治、国际关系有影响的是文化精神心理和制度层面。对国家而言，其力量的凝聚不仅需要资源、体制和权力，而且也需要精神的凝聚，即需要作为文化载体的价值观念、政治理念、哲学思想、法律制度、伦理规范、宗教信仰、民族传统和民族性格。[①]

对于“文化”和“文明”概念，欧洲各国有着不同的定义。法语不区别“文化”和“文明”概念，英语中的“文明”和“文化”概念也互不对立，唯独德语有“文化”和“文明”之分。德国将“文明”定性为科技成就和科技水平；“文化”则指价值、道德和再现精神生活的宗教、哲学和艺术等。按此定义，“文明”是指物质文化和表层文化（有形文化），而“文化”则指深层文化（无形文化），包括观念、价值和审美等。在二者关系上，表层文化也表达深层文化，但深层文化对整个文化体系的变化则起着决定性的作用。鉴于价值这一特性，价值认同和文化认同具有建设性的文化作用，并成为国际关系中的一个重要制约因素。

从文化视角来看，对欧洲概念的理解直接与欧洲认同相联系。欧洲概念虽有地域和民族之分，但欧洲各民族的政治、文化和历史发展相同性是确定欧洲概念更为重要的因素。[②] 欧洲文化和共同的文化价值也成为欧洲文化认同的基础。欧洲文化虽由不同的民族文化组成，并具有文化多样性，但古希腊文化（古希腊哲学）、古罗马文化（罗马法）和基督教文化则构成了欧洲共同的文化遗产；而文艺复兴、人文主义、宗教改革、启蒙运动、自然科学和法国革命为欧洲奠定了共同的文化价值和政治文化价值[③]：发生在 13～16 世纪的文艺复兴是欧洲范围内的文化复兴，它反对教会神权、解放思想，重振古希腊、古罗马文化，并由此继承希腊罗马的文化价值和精神财富。形成于文艺复兴之后的人文主义主张以人为中心，由中世纪的“上帝中心”转向

---

① 王志强：《欧洲对文化概念的界定及文化理论发展》，《德国研究》2005 年第 1 期，第 52 页。

② Juergen Mittelstrass: Europa erfinden. Ueber die europaeische Idee, die europaeische Kultur und die Geisteswissenschaften. In: Merkur Heft 1, 59 Jahrgang, Jan. 2005, S. 28 – 37; Imanuel Geiss: Europas Identitaet. In: Unverisitas 59 Jahrgang v. 9. 2004 Nr. 696, S. 927 – 935.

③ Hans Michael Baumgarten: Ein philosophisches Konzept fuer Europa. In: Die politische Bildung, 6. 1996 Jg. 42 S. 85 – 93; Wolfgang W. Mickel: Kulturelle Aspekte und Probleme der europaeischen Integration. In: Aus Politik und Zeitgeschichte B. 10/97, S. 25 – 37; Walter Reese – Schaefer: Supranationale oder transnationale Identitaet – Zwei Modelle kultueller Integration in Europa. In: Politische Vierteljahresschrift 38 Jg. 1997, H. 2 S. 312 – 329.; Eckhard Nordhofen: Die Farbe Bunt. Europa wuenschen wir uns vielfaeltig und tolerant. Seine christliche Tradition macht es moeglich. In: Die Zeit v. 11. 7. 1997, S. 40.

“人为中心”新的世界观念，强调古希腊思想家提出的民主意识，崇尚理性和科学。16 世纪的宗教改革追求思想自由和信仰自由，主张个人直接对上帝负责，试图摆脱罗马天主教教会对人的精神统治，由此建立了新教。欧洲自然科学的兴起和发展同 18 世纪以思想解放、崇尚理性为中心的启蒙运动有着内在联系。启蒙运动提出的理性自由是以个人主义为基础的思想自由，它要求摆脱世俗和宗教权威对人的精神统治，奠定了现代国家的概念，要求建立公民社会，在这方面人们反对权力贵族化，主张权力公民化，而现代国家的意义在于：国家通过国家条约/国家宪法形式确定公民的权力。另外，在哲学层面，理性自由成为现代科学的重要前提。由此奠定的理性自由构成当今西方价值的基础，如公民参政意识、个人自由、言论自由、宗教信仰自由和法律面前人人平等等。这个时期提出的执法、立法和司法三权分立至今仍被看作西方国家制度的基本原则。这方面法国革命对现代欧洲的发展有着重要影响。

从欧洲文化、宗教和人文主义的遗产中吸取的精神营养及这些文化价值依然体现在当今的传统中。长达 2000 多年的基督教文化至今仍是欧洲人的精神纽带。“基督教文化为欧洲文化融合提供了保证，并继续成为欧洲百姓精神生活一部分”①，成为欧洲一体化不可缺少的文化推动力。从文化底蕴看，除东正教的希腊外，欧盟成员基本都属于拉丁语基督教世界，欧盟成员公民的宗教信仰也反映了这一欧盟文化归属。如：德国宗教信徒比例趋于平衡，天主教信徒和新教信徒各占一半。② 欧洲民族国家的建立同民族认同和民族文化认同有着紧密的联系，即民族国家是通过建构观念上的民族认同和国家认同这一双认同开始的：民族认同即文化认同，它基于共同的语言、种族和宗教信仰；国家认同是指政治认同，即国家共有的政治文化价值如自由、正义、民主和民主制度。如此形成的欧洲文化价值、欧洲文化认同和其成员民族文化国家认同构成欧共体/欧盟的文化基础。文化欧洲和“欧洲文化认同成为欧洲一体化的第二特征”。③ 在欧洲一体化建设进程中，欧盟文化建设的核心是多样性中的统一性。多样性体现“文化民主”，统一性体现在欧

---

① Europa als Wertegemeinschaft. In: Das Parlament, v. 8. Januar 1999, S. 9.

② Trutz Rendtorff: Wie christlich wird Europa sein. In: Venanz Schubert (Hg.): Deutschland in Europa. St. Ottilien 1996, S. 187 – 203, hier S. 188.

③ Walter Reese – Schaefer: Supranationale und transnationale Identitaet. In: Politische Vierteljahresschrift 38 Jg. 1997 H2, S. 319 – 329.

洲“文化认同”。在促进文化多样性，尊重各国历史文化的不同发展轨迹和欧盟各成员的文化特点的基础上，欧盟层面的文化建设又是欧盟一体化政策的重要组成部分，文化成为深化欧盟建设，推进经济、政治一体化的重要辅助手段。

纵观欧洲一体化发展历程，欧洲文化价值和文化因素成为欧盟重要的精神纽带。文化因素是欧盟内外政策的重要变量，文化欧洲构成欧洲经济、政治联盟的第二特征，正如欧共体奠基人——欧共体之父让·莫内（Jean Monnet）指出的那样：“倘若我今天开始建设欧洲，那我首先将从文化方面着手。”[①] “从文化着手”依然构成建立文化欧洲的出发点。基于这一文化认知，欧共体/欧盟一方面通过制定对内文化政策和措施保护欧洲文化多样性，维护各民族国家的文化特征；另一方面，又要促进欧盟政治文化认同的建构，增强欧盟公民的凝聚力，推进欧盟政治一体化进程。欧盟不仅是一个经济、政治联盟，同时也是一个价值联盟。[②]

（二）从欧洲概念看欧洲界定

对地理学家来说，十分困难的问题是边界问题。欧洲从哪儿开始，在哪儿结束？欧洲与亚洲没有一条自然分界线，而仅仅通过政治区域的相加也是不够的。[③] 从古至今欧洲一直处于不断变化之中，即形态与内涵的变化，这意味着欧洲在其历史发展进程各阶段中都不是一成不变的。因此给予欧洲精确的定义是不可能的。欧洲没有给予自己客观准确的定义。想到欧洲，人们在脑海中会浮现出不同的画面，如思维定势及冲突等。因此，欧洲不仅仅是一个地理概念和特定的人口概念，它也涉及历史文化意识。历史学家哈根·舒尔策（Hagen Schulze）提出了一个自身不断变化的存在与理念的集体构想。想象中的共同欧洲，这将涉及包括思想、观念、习性和文化诸层面的欧洲整体性。

欧洲界定伴随着欧洲形成和发展。从欧洲历史形成到如今的欧洲一体化

---

① Zitiert nach, Kiran Klaus Patel, Europas Symbole: Integrationsgeschichte und Identitaetssuche seit 1945. In: Internationale Politik 4/2004, S. 11 – 18, hier S. 11.

② 参见 Vertrag ueber eine Verfassung fuer Europa. CIG 87 / 2 / 04 REV 2 Europarecht. Baden – Baden, 2000, Monar / Neuwahl / Noack (Hg.): Sachwoerterbuch zur Europaeischen Union. Stuttgart, 1993。

③ Hagen Schulze, *Die Wiederkehr Europas*, Berlin , 1990, S. 24 – 55, hier S. 24 – 25; siehe auch Georg Kreis, Europa und seine Grenzen, Bern , 2004.

进程，欧洲界定始终成为确定欧洲各国关系的一个重要制约因素。这里欧洲界定取决于对欧洲概念的理解。从政治、经济、历史文化和社会制度层面看，欧洲概念内容涉及：欧洲人形象、欧洲人、国家、社会和宗教的相同性及社会发展和历史形成的共同点；相同或相似的法律、宪法、文明和文化成就。欧洲概念虽有地域和民族之分，但欧洲各民族的政治、文化和历史发展相同性是确定欧洲概念更为重要的因素。

综观欧洲历史发展，欧洲概念在欧洲历史发展的不同时期具有相对应的含义，如早期中世纪“欧洲”一般指西欧和东欧一部分地区。那时“欧洲”这一概念不同于东方（Orient）和西方（Okzident）这些概念，这里的“西方”（Okzident）是指欧洲西部地区，而“欧洲”概念则指与拜占庭、东斯拉夫东正教世界相对立的欧洲基督教世界。与这一“欧洲”概念相对应的也就是指拜占庭、东斯拉夫东正教的文化意义上的东方（Orient）。

在欧洲很长的历史阶段中，由罗马帝国崩溃、11世纪东西罗马教派（罗马天主教和东正教）分裂所致的欧洲历史文化线左右着欧洲界定，西欧和东欧的基督教地区被看作一个统一的宗教文化实体，并以此区别于拜占庭、东斯拉夫东正教和伊斯兰世界。历史上的欧洲界定虽然在很大程度上同天主教在欧洲国家的传播是分不开的，但是，除宗教文化因素外，欧洲界定更多是受到欧洲文化和由此形成的欧洲认同的左右。古希腊文化、古罗马文化和基督教文化被视为欧洲共同的文化遗产，文艺复兴、人文主义、宗教改革、启蒙运动和法国革命则为欧洲奠定了共同的文化价值和政治文化价值基础，而长达2000多年的基督教文化“为欧洲文化融合提供了保证，并继续成为欧洲百姓精神生活的一部分”。① 二战后欧洲联合虽然只强调政治、经济和地域战略，但这并不意味着人们忽视了文化这一因素，欧共体/欧盟从成立到扩大的发展过程也受到了欧洲共同的文化认同和文化归属的影响。

二　德国与中东欧的文化历史渊源

（一）中东欧作为文化欧洲一部分

从认知条件之一的空间来看，欧洲地缘可以分为三个空间层次：区域、

① Europa als Wertegemeinschaft. In：Das Parlament v. 8. Jan. 1999. S. 9. 欧洲作为价值联盟，载《议会周刊》1999年1月8日第9版面。

次区域、主权国家的地理概念界定。作为次区域的中东欧，欧洲观念不单以地缘地理因素为界定标准，以宗教为主体的基督教文化对欧洲社会生活的全面渗透还催生了以宗教和宗教文化为核心的欧洲观念。历史上，带有宗教烙印的欧洲观念覆盖了几乎整个欧洲并向外延伸。近代以来，宗教元素虽逐步退居次要之地，基督教失去了在欧洲观念中的主体地位，但作为欧洲观念的重要组成部分，它对欧洲的影响仍在继续。从历史、文化和文化自我认同意识角度看，中东欧国家历来把自己看作欧洲的一部分，视欧盟为共担命运的欧洲大家庭，在这里，由古希腊文化、古罗马文化和基督教文化奠定的欧洲共同文化遗产与由文艺复兴、启蒙运动和法国革命等欧洲思想文化运动确立的欧洲文化价值观和欧洲文化认同，使西欧、中欧和中东欧在文化上成为一个统一体，基督教信仰又构成欧盟成员和中东欧转型国家百姓的共同宗教信仰。

一般而言，从中东欧国家来看，对“中东欧”① 的地理界定应具有下列特征：第一，地缘上介于俄罗斯与德国之间；第二，文化和行政结构上是曾经的奥匈帝国的国家；第三，是苏联阵营的国家，并被苏联绑架的曾经的“西欧国家”。苏联解体后，这些“中东欧”国家要回归西欧。1990 年，它们组成了维谢格拉德集团，简称“V4”。“V4”即指由中欧的匈牙利、波兰、捷克和斯洛伐克四国为加强彼此间合作组成的一个跨国组织。“V4”国家的一个共同点是，政治社会文化都倾向西欧，但都不曾完全西欧化。从中东欧国家视角来看，文化上这些国家从 19 世纪开始就靠近西欧，与罗马尼亚、保加利亚有本质的区别——“V4”国家在宗教文化上有天主教和新教，而罗马尼亚、保加利亚的文化主体属于东正教，同时也受到土耳其的影响。

以中东欧国家的视角和德国自身的视角来看，德国政治、文化上属于西欧；地理上则位于中欧，并直接与中东欧国家接壤。从外部来看，中东欧国家的对外关系还受到外界即俄国和德国的影响和制约。就地理上的中欧而言，波兰、捷克与德国有边界问题；波兰在历史上还多次遭受俄国侵略，这些都是地缘因素所致的矛盾。冷战后，对欧洲而言，德国的统一改变了欧洲半个世纪的政治版图，结束了冷战对峙状态。“统一欧洲”是欧

---

① 中东欧国家更偏爱用“中欧”国家的表述。1990 年后，它们组成维谢格拉德集团，简称 V4，即指由中欧的匈牙利、波兰、捷克和斯洛伐克四国为加强彼此间合作而组成的一个跨国组织。德国政治、文化上将自己界定为西欧，地理上则定位于中欧。

洲几百年来的梦想，不仅欧盟现有国家希望统一，中东欧国家也渴望“回归欧洲”。对中东欧国家来说，加入欧盟意味着“回归欧洲”。中东欧国家的历史文化传统与欧盟原成员都有共同点，加入欧盟可谓历史、文化、文明的回归。

德国统一带来了欧洲的统一，欧洲的统一又使中东欧国家回归欧洲获得了新的机遇。面对历史、宗教、文化相近的中东欧国家，欧盟采取了东扩战略。以此为动因的东扩和一体化过程旨在在中欧和东欧建立一个新的安全结构，通过吸纳它们加入欧盟，弱化民族国家，加快欧盟东扩进程。如果说，在20世纪90年代初，人们重视欧洲一体化进程是作为对德国统一的回应，那么，21世纪初人们加快考虑中欧和东欧国家的入盟要求，以此达到这些国家的政治稳定，是为解决冷战后中东欧国家面临的安全问题，此时，东扩成为一种战略选择。中东欧国家先加入北约，随后即加入了欧盟。面对苏联留下的负面影响和历史记忆，中东欧国家将加入北约作为“安全阀”。随着北约和欧盟双东扩的完成，在中欧和东欧的安全体系也就建立起来了。北约负责对外的安全政策问题；在欧洲一体化的框架内欧盟负责政治、经济和社会的发展，通过欧盟政治、法律、经济制度的东移，欧盟开始在更大的区域内维持欧洲和平与稳定，建立一个安全和平共同体。扩大后的欧盟面临新的邻国和边界，西临大西洋，东与俄罗斯、乌克兰接壤，北到波罗的海，南邻地中海，成为世界上最大的区域实体。欧盟东扩维护和加强了“连接欧洲国家间的文化纽带，通过文化凝聚力和欧洲不同文化的共处，使欧洲避免政治不同性”,① 东西欧政治上的统一，也为东西欧不同文化共处提供了政治上的保障。

在统一欧洲、实现东扩的过程中，表现最积极的国家是德国。由于地缘政治的关系，这些中东欧国家都是德国的邻国，它们夹在德国和苏联之间，成为两国缓冲地带，具有重要的地缘战略意义。东扩使目前的欧盟向统一的大欧洲迈出了一大步。随着欧盟东扩，除瑞士外，德国的邻国相继成为欧盟成员，欧盟这一区域机制使原来的敌对国家成为欧盟大家庭的一员，在这一机制下，德国与波兰、德国与捷克的关系成为睦邻友好关系，为德国和邻国带来国家安全和地区安全。

---

① Daniel Vernet：Was hält Europa zusammen. In：Zeitschrift fuer Kulturaustausch 1996/1. S. 28.

（二）欧俄关系中的文化因素

欧盟将俄罗斯排斥在欧盟东扩范围外，除地域战略需求因素外，还有着其独特的文化因素。俄罗斯虽然是欧洲的一部分，但它位于欧洲边缘，由欧亚间一大块缓冲地带构成。由于这一原因，俄罗斯的历史不同于其他欧洲国家。[①] 在蒙古人统治俄罗斯的两个世纪中，西欧经历了文艺复兴、宗教改革、海外扩张和商业革命。俄罗斯基本上不受这些意义深远的经济运动和文化运动的影响。当俄罗斯人于15世纪摆脱蒙古人时，显露出来的俄罗斯文明不同于西欧文明，东正教也成为俄罗斯人的精神支柱。俄罗斯没有或很少经历过那些界定西方文明的历史现象，如：罗马天主教、封建主义、文艺复兴、宗教改革、海外扩张和殖民化、启蒙运动以及民族国家的出现。西方文明八个特征之中的七个——宗教、语言、政教分离、法治、社会多元化、代议制机构、个人主义——几乎完全与俄罗斯的经历无缘。然而，唯一可能的例外是希腊和罗马古典遗产是经过拜占庭传到俄罗斯的，这与从罗马直接传到西方有着很大的不同。俄罗斯文明是基辅和莫斯科的本土根源，拜占庭对俄罗斯的强大影响和蒙古的长期统治塑造了俄罗斯的社会和文化，这与在极为不同力量影响下形成的西欧社会和文化存在差异。冷战结束之前，虽然苏联与欧盟关系在很大程度上受到政治、思想意识形态的左右，但文化不同性诸因素也在一定程度上影响人们的政治行为方式和思维方式。20世纪90年代初苏联解体后，借“双东扩”之势，欧盟和北约不断接近独联体国家，俄罗斯感到来自北约的威胁和欧盟扩大的压力。对此，俄罗斯试图阻止但未奏效。对欧盟来说“即便欧盟东扩后，俄罗斯也不属于欧盟”，欧盟对俄这种排斥态度在一定程度上只是欧洲（文化）界定的反映。“欧盟东扩的最终目的是维护和加强连接欧洲国家间的文化纽带，通过文化凝聚力和欧洲不同文化的共处方式，使欧洲避免政治不同性。”[②] 鉴于同欧洲大陆拥有的共同文化纽带，爱沙尼亚和立陶宛等独联体国家也先后加入欧盟，俄罗斯因其东正教文化归属而被欧盟拒之门外。“倘若将连接欧亚大陆的俄罗斯纳入欧盟，那么欧盟这项东扩计划会因俄罗斯的广阔地域而失败。此外，欧盟也将缺少一种

---

① 斯塔夫里阿诺斯：《全球通史：1500年以后的世界》，吴象婴、梁赤民译，上海社会科学院出版社，1999，第374页。

② Orient oder Okzident. In：Die Zeit v. 7. 5. 1998，S. 54. 《东方或西方》，《时代周刊》1998年5月7日，第54版。

平衡力量”。[①]

（三）德国与中东欧

德国政治上将自己列为西欧，地理上界定为中欧。对中东欧国家而言，“中欧”国家介于俄罗斯与德国之间。而在政治、文化上属于西欧的德国，在地理上位于中欧，并直接与中东欧国家接壤。

从德国特有的地理环境和历史视角来看，“德国”概念的界定都涉及德国的地理边界问题。与之相关联的“德国问题”也是一个历史概念，因为德国的历史多数是由一系列德国问题产生、演变和解决的过程构成的；各个时期的德国问题都有着不同的内容和不同的结果。欧洲的历史也表明德国人的问题一直都是欧洲人的问题，也是欧洲安全问题。从允许德国加入北约和在欧洲建立欧共体，目的都在于解决“德国问题”。导致这一现象的，除其他一些因素外，最主要的原因则是德国的地理位置常使欧洲的历史改变方向。德国的地理位置以及德国对地理位置的认识构成了德国历史的重要组成部分。德国问题的产生和解决都与其特定的地理空间有着密切的关系。

地理空间上的认知使德国人更加关注其周边国家和与邻国的关系，并影响其外交政策的制定。冷战时期，德国外交上的对欧政策是面对西欧的历史和解，重点是法国；面对中东欧的历史和解主要涉及苏联、波兰等前华沙公约组织国家。在冷战时期东西方冲突与对峙中，德国因其特有的地理位置，在美苏两极之间拥有关键的地位。冷战结束，随着柏林墙的倒塌，德国的国家统一和主权统一得以实现。在欧洲实现稳定的和平体系建立后，欧洲数百年的“德国问题”亦得以解决。德国的统一有两个层面的意义：对德国而言，统一实现了民族和解和内部和解，重新获得国家主权的统一；对欧洲而言，德国的统一改变了欧洲半个世纪的政治版图，结束了冷战对峙状态，实现欧洲几百年来“统一欧洲”的梦想。

三　案例解析：德国应对乌克兰危机的积极作用及原因分析

在德国统一进程中，由于美国的口头承诺没有兑现，西方边界不断向东

---

① Daniel Vernet：Wie haelt Europa zusammen. In：Zeitschrift fuer Kulturaustausch 1996/1，S. 18. 达尼·韦纳特：《什么是欧洲的凝聚力?》，《文化交流杂志》1996 年第 1 期，第 88 页。

部移动，俄罗斯感到被西方背叛，要求美国兑现承诺。美国主导下的北约东扩不断压缩俄罗斯的地缘战略空间。俄罗斯的衰落使其战略利益与可用于维护利益的资源之间也出现了严重的不可克服的脱节，从而导致欧洲安全体系的失衡。乌克兰危机使美、俄、欧的战略利益矛盾进一步激化。

（一）乌克兰危机使欧洲和平秩序的价值面临挑战

乌克兰危机对德国的欧洲政策及其俄罗斯政策产生了重要影响。对欧洲而言，“乌克兰冲突使欧洲和平秩序面临十分严重的危机”①。欧洲东部的乌克兰危机正在影响欧洲的和平秩序，影响欧洲地区安全，特别是影响德国与俄罗斯的政治、经济关系。德俄关系、欧俄关系再度疏远，欧洲面临自冷战结束之后最复杂和最紧张的地区安全困境。

冷战后启动的北约东扩和欧盟东扩的“双东扩”进程也使欧洲多条边界出现不稳定性和不确定性。从战略层面看，欧盟不断推进乌克兰向其靠拢，旨在通过欧盟东扩实现空间东移。冷战后开始的欧盟扩大进程由西欧面向中东欧转型国家，并试图通过东扩将西欧的社会、经济、法律制度推至中东欧地区，使西欧、中欧和东欧在经济法律制度方面达到统一，实现“自从罗马帝国灭亡以来，我们首次有机会统一欧洲”的梦想。② 但针对推动乌克兰加入欧盟的经济联系国协定，普京认为，“欧盟向乌克兰提供联系国协定的经济待遇，被视为是乌克兰加入北约的第一步。从莫斯科角度看，乌克兰是普京企图摆脱美国围堵俄罗斯欧亚联盟计划的欧洲支点国。”③

面对德国统一的艰辛历程和历史上苏联支持德国统一的事实，德国政治家认为，在欧洲和平面对威胁的时候，“德国应该承担更大的责任。因为，如果没有俄罗斯人民谅解的态度，如果没有戈尔巴乔夫的远见，如果没有西方盟国的支持，没有当时联邦政府的小心翼翼，欧洲的分裂是不可能解决的”④。正如德国前总理施密特所言，1990 年，“如果没有老布什政府谨慎的

---

① Ukraine – Krise Diplomatische Lösung vorantreiben, www. bundesregierung. de/Conent/DE/Artikel/2014/11/2014 – 11 – 7. ukraine – nach – g – 20. html.

② Christian Schmidt – Häuser: In der Warteschlange. Die Osterweiterung der EU ist ein gigantisches Unterfangen (...). In: *Die Zeit*. Nr. 42. 1999.

③ Peter Scholl – Latour: Der Fluch der bösen Tat. Das Scheitern des Westens im Orient. Propyläen – Verlag, 2. Aufl. 2014, S. 1 – 345, hier S. 29.

④ Ukraine – Krise “Wieder Krieg in Europa? Nicht in unserem Namen!”, 5. 12. 2014, http://www. zeit. de/politik/2014 – 12/aufruf – russland – dialog，访问日期：2014 年 12 月 15 日。

外交政策，法、英两国反对两个德意志国家统一的阻力是难以克服的”①。为此，德国有义务承担起欧洲和平的责任。

从俄罗斯社会演变的历史轨迹和文化渊源角度看，东正教是俄罗斯文化的核心并左右俄罗斯民族内在的基本价值标准和准则。如果说，北约东扩触及俄罗斯的安全利益，那么，欧盟东扩则触及俄罗斯民族国家属性和文明归属问题。乌克兰民族第一个国家基辅罗斯是俄罗斯文明、文化起源和宗教的发源地。它奠定了今天俄罗斯和乌克兰共同的文化基础。斯拉夫民族分为东斯拉夫、西斯拉夫和南斯拉夫三支。东斯拉夫包括俄罗斯、乌克兰、白俄罗斯。为此，德国外长施泰因迈尔要求认真看待乌克兰历史，基辅是东正教的发源地，这一点要认真对待。

鉴于历史经验，德国深知，德国特有的地理位置使德俄关系的好坏直接关系到德国周边环境是否安稳。德国和欧盟与俄罗斯的政治关系在很大程度上影响欧洲的安全、和平与稳定。对德国而言，“欧洲安全只有同俄罗斯一起才能得到保障，而不是通过反对俄罗斯的方式得到保障”②。在兼顾彼此利益的前提下，加强德国同俄罗斯的合作，共同解决欧洲东部邻国冲突问题，保障欧洲安全和稳定，实现欧洲持久和平。这是德国政府的东部安全原则框架，也是德国统一后旨在实现建立欧洲整体安全秩序的外交目标。基于俄罗斯的安全需求和安全感知，德国政府处理乌克兰危机的政策试图兼顾欧洲、乌克兰和俄罗斯多方的不同安全需求，形成了德国特有的对乌克兰和俄罗斯的政策和原则。

（二）德国从战略高度提出解决乌克兰危机的基本原则和政策

基于上文所述的历史文化、德国与中东欧和俄罗斯特有的国际关系，在应对乌克兰危机时，德国站在欧洲大统一和欧洲地区安全战略高度，提出其基本原则和解决乌克兰危机的基本政策，综合而言主要有以下几点：第一，欧洲一如既往坚持欧洲和平秩序的价值，即坚持欧洲的统一，反对欧洲分裂。由于北约东扩未同时深化与俄罗斯关系，这使俄罗斯感到威胁，欧洲东部安全也面临威胁。由于欧洲人目前又担心战争，德国有义务承担起欧洲和

---

① 施密特：《未来强国》，梅兆荣等译，海南出版社，2014，第190页。

② Koalitionsvertrag zwischen CDU, CSU und SPD, “Deutschlands Zukunft gestalten”, 27.11.2013, pdf. 1 - 185, hier S. 170.

平的责任。[①] 第二，德国将继续寻求同俄罗斯的对话并维持与俄罗斯的友好关系。虽然德俄关系面临乌克兰危机的挑战，但德国政府依然坚持包括俄罗斯在内的欧洲整体安全解决方案。政府声明提出，希望俄罗斯接受以欧洲和平价值为基础的对话。为了欧洲的和平和避免战争，德国政府应制定和实施一种新缓和政策和对俄新政策，以缓解乌克兰危机所导致的德俄关系紧张和恶化。第三，支持乌克兰的独立和领土完整。冷战结束使欧洲和德国分裂问题得以解决。在乌克兰问题上，德国反对欧洲再次滑入势力范围传统思维。支持乌克兰的独立和领土完整，反对欧洲的再次分裂。"对乌克兰而言，分裂意味着严重的倒退。对欧洲和欧洲安全而言，也是严重的倒退"。[②] 第四，反对用军事手段解决乌克兰危机。尽管德国坚持以和平手段解决乌克兰危机，维护乌克兰的独立和统一，但美国和俄罗斯的战略博弈会影响事态的变化和走向。第五，德国重视与俄罗斯的安全合作，也是基于德俄在很多层面不可分割的经济关系和经济利益。乌克兰是俄罗斯向欧盟运输能源过程中的重要中转国，欧盟消耗的天然气中有近20%是经由乌克兰输入的。乌克兰危机对德国与俄罗斯经济合作和能源合作产生严重的影响。德国重视与俄罗斯的安全合作也是基于德俄互相交融的多层面经济关系。除德俄经济关系密切外，俄罗斯与欧洲的经济合作也十分紧密。在能源特别是天然气供应方面，欧洲依赖俄罗斯。鉴于德国、欧洲与俄罗斯如此互相渗透、互相依存的经济关系，俄罗斯和欧洲、德国之间的冲突都将会影响双方的经济利益和政治利益。

---

① Ukraine - Krise "Wieder Krieg in Europa? Nicht in unserem Namen!", 5. 12. 2014 http://www. zeit. de/politik/2014 - 12/aufruf - russland - dialog. 访问日期：2014 年 12 月 15 日。

② Regierungserklärung von Bundeskanzlerin Merkel zum Europäischen Rat am 18. /19. Dezember in Brüssel. vom 18. Dezember 2014 in Berlin vor dem Deutschen Bundestag, http://www. bundesregierung. de/Content/DE/Regierungserklaerung/2014/2014 - 12 - 18 - bt - merkel. html.

第二编

冷战后德国与中东欧国家的关系

德国与维谢格拉德集团关系的演化轨迹及其逻辑

刘　骞*

一　维谢格拉德集团的建立及其与德国的关系

在冷战结束与苏东剧变的大背景下，以波兰、匈牙利和捷克斯洛伐克为代表的中欧地区也提出了推进国家经济转型和"回归欧洲"的国家战略，为此，1991 年 2 月 15 日，波兰、匈牙利和捷克斯洛伐克三国的最高领导人在匈牙利境内的维谢格拉德城堡签署了关于三国在融入欧洲一体化进程中团结协作的宣言。[①] 从此，作为中欧地区最大的区域合作组织，维谢格拉德集团开始了其有代表性的发展历程。

就维谢格拉德集团的国家战略方向而言，作为欧洲大陆的老牌强国、维谢格拉德集团最大的邻国，德国强大的经济实力和地区影响力都被维谢格拉德国家视为与中东欧地区稳定、发展休戚相关的重要因素，尤其是在冷战刚刚结束，中东欧地区面临政治与经济格局剧变的过渡时期。有研究甚至坦言：对于中东欧国家来说，德国是上天赐予的天然选择，因为它和经济转轨中的国家有着紧密的历史联系，并且已经快速建立了它对于大多数中东欧国家决定性贸易伙伴的地位，而这正是由它对于中东欧国家最为优越的地理位

* 刘骞，博士，同济大学政治与国际关系学院副教授。

① 姜琍：《维谢格拉德集团合作的演变与发展前景》，《俄罗斯中亚东欧研究》2011 年第 4 期。

置和其所具有的巨大经济规模决定的。[①] 与此相应，就德国的国家战略方向而言，维谢格拉德集团的成员大都属于中欧地区，甚至是中东欧地区的核心国家。这些国家在历史上一直就是德国重要的地缘战略缓冲带和国家势力范围，对德国来说具有重要的战略价值和经济利益诉求。而更重要的是，刚刚统一的德国急切地需要一个稳定而健康发展的中欧地区来为其发展提供安全屏障和地区市场。[②] 所以，维谢格拉德集团成立伊始，德国就对急盼加速融入欧洲大西洋结构的中欧地区国家给予了最大的支持。

（一）维谢格拉德集团成立的背景

冷战时期，由于中东欧国家属于苏联的势力范围而被与苏联一起合称为“苏东地区”，但随着苏联的解体，“中东欧”开始成为一个既区别于“传统欧洲地区”，又不同于“原苏联地区”的独立区域和地缘概念。一般而言，学术界将这个区域按照国别分类，被分为中欧国家（波兰、匈牙利、捷克、斯洛伐克、斯洛文尼亚）、波罗的海三国（爱沙尼亚、拉脱维亚、立陶宛）和东南欧八国（保加利亚、罗马尼亚、塞尔维亚、黑山、克罗地亚、马其顿、波斯尼亚和黑塞哥维那、阿尔巴尼亚）。[③] 按照这个分类，维谢格拉德集团成员就是中欧地区的主要国家。这意味着，在冷战结束后，中欧地区国家选择了与中东欧地区的其他区域国家有所不同的发展方式，即通过区域合作的方式推进国家的转型和发展。而这些国家之所以重新走上合作道路，首先是受到了其所处的现实背景的影响。

首先，区域合作已成为世界的一股潮流。当今国际社会，区域集团化或一体化不断发展，越来越多的区域性国际组织成立，并在地区事务中发挥着重要作用。由于在地理位置、文化传统、经济结构和发展水平方面的相似性，区域内成员之间往往更易于达成共识和采取行动，而全球性的国际组织在共识的达成和行动的采取上常常产生分歧、限制更大，因此，区域性国际组织越来越受到国家的青睐。在两大阵营严重对峙的冷战时期，中小国家由于国力弱小，纷纷寻求大国保护，国际政治格局被分裂为对立的两大集团。

---

① Stanley W. Black, *Europe's Economy Looks East: Implications for Germany and Europe Union*, Cambridge University Press, 1997, p. 67.

② Paul J. J Welfens eds., *Economic Aspects of German Unification: National and International Perspectives*, Springer - Verlag, Berlin: Heidelberg, 1992, p. 38.

③ 刘作奎：《中国与中东欧合作：问题与对策》，《国际问题研究》2013 年第 5 期，第 76 页。

冷战结束后，两极格局消失，在世界新秩序尚未最终形成的情况下，加强区域合作对这些中小国家来说不失为一种明智的选择。另外，在区域合作组织内，中小国家更能找到自己的合适位置，发挥作用，参与世界事务。

其次，东欧剧变后的欧洲格局发生巨大变化。东欧剧变虽然使中欧国家重新获得了独立和自由，但华约和经互会的解散使得这些国家没有了安全依靠，也失去了经济支援。相反，作为华约对立阵营的欧共体和北约，非但没有解散，反而不断加强合作，这使处于地缘最前沿的中欧国家意识到了自身政治上的孤立、经济上的困境，以及发展模式选择的茫然。[①] 急剧变化的国际环境和尴尬的地缘“优势”使中欧国家不得不尝试通过“抱团”来谋求互助，并以融入欧洲一体化来寻求发展援助和安全保障，于是，它们积极向西方靠拢，将加入欧盟和北约作为各自国家外交政策的核心。

最后，“回归欧洲”战略的不确定性。苏联的解体改变了欧洲的权力结构，作为与西欧国家有着天然地理优势的中欧国家纷纷提出“回归欧洲”的西向战略，“一边倒”向西欧国家，并把发展同北约和欧共体的关系作为保障本国安全和发展自身经济的基本国策。然而，西欧国家由于自身利益考量不同，在接纳中欧国家融入“欧洲”过程中有着不一样的战略考虑。大多数西欧国家依旧保留着冷战思维，将中欧地区单纯地看作防范与抵御俄罗斯的“战略缓冲地带”，同时也害怕过于积极的接纳中欧加入欧共体会引起俄罗斯的强烈不满；同时，中欧国家停滞不前的国内经济、紧张的地区关系和复杂的民族冲突，也使西欧国家不得不慎重考虑。[②] 这些因素使得中欧国家一度在加入欧共体的努力过程中接连受挫。因此，中欧地区的三个国家不得不尝试通过合作相互扶持。

（二）维谢格拉德集团成立的原因与早期目标

中欧地区国家相似的政治背景和地缘特点使得波、匈、捷三国之间可以更容易地建立起政治互信，而之前在苏联计划经济体制内形成的互补型经济结构则可以促进这些国家间形成更为有效的地区性贸易合作。正是基于这样的认识，波兰、匈牙利、捷克斯洛伐克三国最高领导人在维谢格拉德城堡发表了《关于匈牙利共和国、捷克斯洛伐克共和国和波兰共和国在通往欧洲一

---

① 金淑清：《中欧区域组织维谢格拉德集团的形成及发展》，《东欧》1996 年第 3 期。

② 马细谱、李少捷：《中东欧转轨 25 年：观察与思考》，中央编译出版社，2014。

体化道路上合作的宣言》的政策性文件，这标志着维谢格拉德集团的正式成立，并由此奠定了中欧地区性合作框架的雏形。

从国际层次上看，东欧剧变后的欧洲国际政治格局的变化是维谢格拉德集团成立的直接动力。一方面，苏联解体与华约和经互会的解散，使得中欧国家无论是在安全上还是在经济上都失去了重要的依靠，而这与欧共体和北约的强大力量无疑形成了巨大的反差；另一方面，西欧国家集团从自身的利益出发，对与中欧地区国家建立关系持审慎态度，认为中欧地区国家无论在体制还是在发展模式上仍存在着很多问题，这对于“欧洲”而言是一个“麻烦”，所以，它们应先在自身区域内解决好国家发展遇到的困难，再与之接触。美国前国家安全顾问兹比格涅夫·布热津斯基则表述得更为直接，建议波兰与捷克斯洛伐克建立联盟，甚至可以考虑扩大到匈牙利。[①] 为此，重新获得了自由和独立的中欧国家又陷入不被所谓“欧洲”国家接纳的困局，而曾经被视为欧洲文明重要发源地的中欧国家现在却面临着被欧洲社会孤立的现实。这样的国际格局促使这三个主要的中欧地区国家只能通过自己的联合与互助来摆脱困境。对于这样的选择，西欧国家集团尽管存在不同的声音，但在德国的大力支持下，欧共体还是对中欧地区国家给予了许多帮助。

从国内层次上看，中欧地区三个主要国家决定建立维谢格拉德集团还有几个原因：其一，三国在经互会中属于经济比较发达的国家，在经济转轨的过程中都面临着促进本国资本自由化的挑战，因此具备相似的经济基础，面临共同的经济困境；其二，三国在“回归欧洲”的努力中，与欧共体签署了联系国协议，但是欧共体并没有履行协议承诺，反而对三国出口的商品设置贸易壁垒，它们意识到只有在与欧共体建立完全伙伴关系的道路上相互协作，避免内耗，才能真正地为本国利益服务，实现再一次挤进发达国家的愿望；其三，中欧三国领导的主观意愿与维谢格拉德集团的发展是分不开的，每当集团发展遇到挑战，领导人之间良好的个人关系以及为了将合作坚持下去的意念都使得维谢格拉德集团一步步走出困境。波兰对外关系部部长安德莱·阿伦达尔斯基评论说“中欧三国命中注定要拴在一起”，在向市场经济转轨的过程中，其中任何一个国家受挫都将殃及其他国家。

在此基础上，为了更好地实现自身的转型发展，创造良好的地区与周边环境，三国确立了加入欧共体和北约作为基本国策的共识，为此，维谢格拉

---

① 金淑清：《中欧区域组织维谢格拉德集团的形成及发展》，《东欧》1996 年第 3 期。

德集团成员设定的最初目标就是寻求在通往欧洲一体化的道路上相互扶持，努力编织新的安全网。对此，波兰领导人就曾表示，波兰安全政策的基础和防务战略的核心是尽快加入北约；而捷克总统哈维尔也曾以“我们实际上是北约大家庭的一部分”为题在美国《国际先驱论坛报》上发表文章说：中、东欧国家要求加入北约不仅是要获得保护，也是要表明捷克人民对自由和民主事业承担一份责任。① 这样的战略出发点也造就了维谢格拉德集团在成立初期的两年时间里，取得了巨大的成就。具体表现为：第一，政治上采取共同行动。成员之间在摆脱苏联的影响上协商一致，加快华约和经互会的解散，并要求苏联从自己的领土上撤军。时任匈牙利外交部部长的格扎·耶森斯基指出：“中欧国家分开来力量很弱，可一旦团结起来就具有很强的影响力，戈尔巴乔夫第一个意识到这点。”② 同时，对国际热点问题提前协商，采取统一立场（如南斯拉夫危机、海湾战争等）。第二，外交上用一个声音说话。集团成立后，在对外政策上，成员在努力沟通、协调彼此立场的基础上制定维谢格拉德集团的外交政策方针。它们在与欧共体签署“联系国协定”的过程中彼此互通信息，大大缩短了谈判的进程。第三，经济上加强合作。维谢格拉德集团酝酿建立中欧自由贸易区，域内资本流动性增大，彼此之间在关税上给予很大优惠，在实现国有资本的私有化与向市场经济转轨方面相互借鉴经验。

（三）德国与早期阶段的维谢格拉德集团的关系

成立初期的维谢格拉德集团主要的战略目标是加速回归欧洲，并通过联合自强实现经济转型发展，然而动荡的政治局势、孱弱的经济基础使得维谢格拉德成员之间的合作仍然处于初步阶段而难有大的作为，此外，维谢格拉德集团本身的组织定位具有非正式的、论坛性质的特点，该集团在欧洲的政治和经济影响十分有限。但是，出于历史和地缘方面的特殊关系，德国对中欧国家有着特殊的利益需求和国家感情。

首先是两德的统一增强了其经济与政治地位，这促使德国加强与中东欧国家的关系。二战导致的两德分裂随着 1989 年柏林墙被推倒而不复存在，

---

① 〔美〕《国际先驱论坛报》1993 年 10 月 20 日。

② Rick Fawn, “Visegrad: The study and the celebration”, *Europe - Asia Studies*, Vol. 60, No. 4, June 2008, p. 678.

而苏联的解体使“东德”彻底摆脱了束缚，西德则随着经济实力的不断增强，美国霸权地位的相对衰落，开始加速推进“新东方政策”，强化与东德和中欧国家之间的关系，这一方面是西德试图改变与美国之间完全依附关系的尝试，也是其开始在欧洲大陆谋求主导权、重塑大国地位的努力。而统一后的德国不仅大幅增强了经济力量，也大大提升了其在欧洲的政治地位。在与中欧地区关系问题上，德国认为，从政治上看，中东欧国家被西方拒之门外，是纳粹德国发动的侵略战争导致的，而冷战结束后，德国开始有能力也有责任将中东欧国家带入繁荣发达的西方世界的怀抱；从地理上看，统一后的德国与波兰、捷克等中欧地区国家不仅接壤，而且同属于“中欧”；而从民族感情上看，德国一直是中东欧国家眼中的“榜样”，且同属一个次级族群。所以，发展与中欧国家之间的关系对于德国而言是责无旁贷的。① 正如德国前外交部部长根舍表示，德国对这个地区（中欧地区）的发展负有“特殊责任”，因为我们的思想对整个大陆的命运都有着特殊的重要性，为中欧和东欧国家的变化过程创造牢固的政治、经济、社会和生态基本条件是德国发展欧洲稳定政策的重大任务。②

为此，在维谢格拉德集团的早期发展阶段，德国采取了“大力扶持，积极推进”的策略，极力倡导欧共体成员与维谢格拉德集团成员之间的合作，德国也成为中东欧重建过程中提供援助与投资最多的国家。1992 年德国与捷克斯洛伐克在布拉格签订《捷德友好邻邦与友好合作关系条约》，规定了德捷两国将在整个地区层面上处理经济发展与改进合作的问题，同时也对德国支持捷克斯洛伐克加入欧洲联盟进行了公开表述；1995 年德国总理科尔也曾公开表示：德国支持波兰加入欧盟，并愿意为波兰的入盟提供帮助，而且，德国政府也相信，其他的欧盟成员对于波兰的加入也会持积极的态度。③

德国对维谢格拉德集团的态度与其国家战略是紧密相关的。首先，维谢格拉德集团成立的目标是尽快融入欧洲一体化，维护中东欧的稳定与发展，此目标完全符合德国的国家利益。刚刚统一的德国迫切需要一个稳定的周边环境以实现自身对两德统一所带来的弊病的“消化”，而稳定的中东欧则给德国带来一个稳定的东部边界，也为还未完全融入西德的东德提供适应的时

---

① 陈乐民：《东欧巨变与欧洲重建》，世界知识出版社，1991，第 165 页。

② Renata Fritsch - Bournazel, *Europe and German Unification*, Berg Publishers, Inc. , 1992, p. 208.

③ Stephen D. Collins, *Germany Policy - Making and Eastern Enlargement of the EU during the Kohl Era: Managing the Agenda?*, Manchester University Press, 2002, p. 132.

间与空间。其次，德国作为老牌强国，一直希望尽快走出二战的阴影，重新获得在欧盟内部的核心大国地位，发展同中欧地区国家关系将带给德国发挥大国力量的空间和舞台，使其欧洲的中心位置更加突出。对此，有研究指出，在这幅新欧洲的地图上，最突出的特征是德国分量的加重，它重压在欧洲东西之间、南北之间交汇的中心，将使欧洲出现朝向德国的不同坡度的倾斜。[①] 再次，德国大力援助中欧国家，支持与维谢格拉德集团建立互助合作的关系，还有一个重要的原因便是德国仍然在地缘上将中欧地区国家看作其东部边界的防御地带。而维谢格拉德集团的地区平台则有助于建立一个稳定且亲德国的国家集团。最后，维谢格拉德集团作为中东欧地区最大的国际组织，具有非常大的市场潜力，这也给德国的经济发展提供了广阔的舞台；同时，维谢格拉德集团一直在努力建设中欧自由贸易区，这无疑为欧洲头号经济强国、致力于在经济上引领欧盟的德国提供扩展其经济影响力的机会与平台。

正是由于德国对早期维谢格拉德集团的大力支持，才使得维谢格拉德集团在欧洲政治格局中产生一定的影响力，而其成员也是因为借助该平台的力量才得以被迅速接纳为欧盟的完全伙伴关系国，并在加入北约谈判过程中减少了很多困难。而且，施罗德政府也意识到，欧洲只有加强经济一体化，并同时向有行动能力的政治联盟方向发展，甚至是建立欧洲共同外交与安全政策才能在国际互动中具有竞争力，这些都需要欧盟向中东欧地区扩大。[②] 这至少表明，在德国的立场上，中东欧国家不仅对德国经济发展至关重要，而且可以提高德国在欧盟，乃至全欧洲的政治影响力。同时，有研究也指出，作为欧盟东扩最早的支持者，德国一直尝试通过欧盟向中东欧地区的扩大而将欧洲认同与德国式的民主治理模式向其近邻进行传播。因为，这不仅使德国在欧盟的地位得到强化，也客观上保证了德国东部边界的长期稳定。[③] 在这个意义上，德国与早期维谢格拉德集团的关系是一种“投靠－依附”关系，其实质是德国“东向”战略与中欧地区国家“西向”战略相互结合的产物。

---

① 陈乐民：《东欧巨变与欧洲重建》，世界知识出版社，1991，第 186 页。

② 转引自孙恪勤《施罗德政府的欧盟政策》，《现代国际关系》2001 年第 12 期，第 13 页注释①。

③ Paul Belkin, "German Foreign and Security Policy: Trends and Transatlantic Implications," *Congressional Research Service Report for Congress*, May 20, 2009, p. 7.

二 维谢格拉德集团的发展进程及其与德国的关系

凭借维谢格拉德集团的不断发展，其成员不仅在经济合作方面有所突破，还相继加入了北约和欧盟，达成了融入欧洲一体化的最初目标，并在政治上得以“有所作为”。但是，这也造成了维谢格拉德集团失去了“回归欧洲”的核心目标，该组织的内聚力与行动力也呈现出减弱的趋势，直接影响了维谢格拉德集团的组织目标、组织性质和组织利益。此外，作为德国战略的重点区域，与维谢格拉德集团的关系就像是德国外交政策的“晴雨表”。这是因为在传统地缘结构上，德国本身就是一个中欧地区的国家，所以，德国关于与中欧关系的认知和判断，很大程度上就是对其国家利益的认知和判断。基于这样的认识，维谢格拉德集团组织目标、性质和利益的调整也必将影响到德国与该集团的关系。所以，在维谢格拉德集团国家相继加入欧盟以后，德国与维谢格拉德集团的关系也进入了一个新的阶段。

（一）维谢格拉德集团的发展及其内涵的演变

一般认为，国际组织存在其自身的发展轨迹和内在的演变逻辑。本文认为，从时间线索上看，维谢格拉德集团随着其成员加入欧盟而进入一个全新的发展阶段。因为该集团的所有成员都加入欧盟之后，维谢格拉德集团的组织角色开始由欧盟的“局外人”转向欧盟的“建设者”；其组织目标也由“政府间政治协商论坛”向“欧盟内部利益共同体”转变；其组织利益则出现了从“国家单一利益”向“地区多元利益”需求的变化；其成员的合作方式也由“空洞的口号性合作”转变为“实质的结构性合作”。

在加入欧盟之前，维谢格拉德集团的成员之间为了“回归欧洲”、为了中东欧地区一体化而共同努力，用一个声音说话。这一时期的维谢格拉德集团由于刚刚建立，其目标是形成政治宣言和战略目标，主要是发挥凝聚力量、共促发展的协商性论坛作用。从 1991 年该组织成立到前三次的会晤都是在确立基本的组织宗旨，并未谈及任何实质性问题。具体而言，第一次会晤只是表示了三国愿意合作的意向；第二次会晤和第三次会晤也只是表明集团要如何发展与西欧的经济联系，但并未进一步深入讨论任何问题。直到 1992 年 2 月，维谢格拉德集团成员之间才开始具体谈及地区合作问题，并制定了共同目标，提出了在中欧地区建立自由贸易区的设想，同时指出要将各成员纳入西欧的政治、经济、安全和法律秩序中去。[①] 同年 5 月在布拉格举行的三国政府首脑和外长会谈发表了政治声明，强调三国合作已成为中欧关系的新范畴和地区稳定的因素，并表示将共同申请加入欧共体，对其他国家或集团采取一致立场。[②] 在经历了一段时间的平稳发展后，1998 年 10 月，捷、匈、波三国总理发表宣言，提出要为维谢格拉德集团的地区合作注入新的活力，强调要努力帮助斯洛伐克重返欧洲一体化进程；在 1999 年的布拉迪斯拉发会晤中，成员在完善合作机制上达成了共识，确立了参照欧盟轮值主席国的制度打造维谢格拉德组织架构的原则；2000 年维谢格拉德基金成立，该国际组织的活动开始形成了特定的组织架构、组织原则和组织资金的支持。这意味着维谢格拉德集团开始从模糊和抽象的协商论坛向实体的组织行为体转变。[③]

2003 年雅典欧盟首脑会议正式批准斯洛伐克加入欧盟，这标志着维谢格拉德集团成员全部加入欧盟，同时，这也意味着该集团所设定的目标已经实现了，所以，维谢格拉德集团如果需要继续发展就需要设定新的组织目标来为其组织存在和发展提供合法性的基础。对此，2004 年 5 月四国总理签署《新维谢格拉德宣言》确定了合作的新内容，即加强欧盟框架内地区合作，密切国家之间的联系，增强成员对维谢格拉德基金会的捐献，开展与其他地区集团的合作；2005 年 6 月签订《维谢格拉德合作方针》，确定了加强中欧地区认同、在欧盟框架内形成和捍卫地区利益（即支持欧盟东扩、获取更多的欧盟基金、实现劳动力自由流动等）的新目标。而在后欧债危机时代，各成员也开始致力于国家经济的复苏，其合作范围不断扩大，并且向实质性合作转变。维谢格拉德集团四国公开发表了宣言，明确界定了优先的合作领域：能源安全、地缘政治安全（支持西巴尔干国家融入欧洲一体化进程，加强与“东方伙伴关系”参与国的合作），以及促进罗姆人的社会融合。[④] 与此相应，维谢格拉德集团合作发生了显著变化：合作态度更加积极，合作内容从以地区事务为主向以欧盟事务为重点转变；合作方式由发表空洞的政治宣言向认真制定和实施具体、明确的政治合作项目转变。目前，维谢格拉德集团已经建立了总统、总理、议会以及部长等多个级别的合作对话机制，成

① 金淑清：《中欧区域组织维谢格拉德集团的形成及发展》，《东欧》1996 年第 3 期。

② 肖超：《维谢格拉德集团》，《欧洲》1994 年第 4 期。

③ 姜琍：《维谢格拉德集团合作的演变与发展前景》，《俄罗斯中亚东欧研究》2011 年第 4 期。

④ 姜琍：《维谢格拉德集团合作的演变与发展前景》，《俄罗斯中亚东欧研究》2011 年第 4 期。

为中欧地区国家协调立场、密切区域合作的重要渠道。在欧盟的重要会议之前，四国领导人一般都会举行会晤，就政策立场进行磋商，以维护中欧国家的地区共同利益。近年来，维谢格拉德集团开始将合作范围扩大到中东欧地区的其他国家，更多地邀请周边邻国尤其是德国参加集团各个级别的会议。因此，维谢格拉德集团正朝着一个基于议题而组成的欧盟内部利益共同体的组织性质发展。①

（二）入盟后维谢格拉德集团与德国的关系

作为国际政治中的中小国家和东西两强夹缝地带的弱国，中东欧地区国家在政治文化上既要接受来自东方泛斯拉夫主义的文化压力，又不得不接纳西方泛日耳曼主义的文化冲击，进而在现实的国际互动中总是奉行以“东西兼顾”为首要特征的平衡主义外交政策。② 随着冷战后俄罗斯在欧洲大陆的战略性收缩，中东欧地区的国家战略也开始完全“转向”西方，维谢格拉德集团的建立在很大程度上就是中欧地区国家推进“西向”战略的重要产物。所以，当维谢格拉德集团的成员加入欧盟与北约之后，这些中欧国家很快就形成了“安全上靠北约，经济上靠欧盟”的外交方针。③ 尽管从外部看，这样的战略“双支柱”之间似乎是相互重叠的，甚至是彼此支撑的关系，但是从内部看，“双支柱”的内在逻辑实质上是“北约”的主导国家（美国）与“欧盟”的核心国家（德国）之间的关系。这也同时意味着，美欧在某些问题上出现争端时，中欧地区国家将不得不在美国和德国之间做出战略的倾向性选择。正如有研究指出，这些中欧国家在一系列重大国际问题面前无法做出自主性选择，而只能选择倒向美国或者德国，但是，出于安全利益重于经济利益的考虑，大多情况下，这些国家还是选择了支持美国而“得罪”欧盟，特别是那些身处所谓“地缘前沿”的中欧国家如波兰、捷克、罗马尼亚、斯洛伐克等国均表现出了较强的亲美倾向，甚至被称为美国在欧洲的“特洛伊木马”。④ 而另一方面，维谢格拉德集团的成员也意识到在美欧关系

---

① 参见《维谢格拉德集团庆祝成立 20 周年》，2011 年 2 月 16 日，凤凰网：http://news.ifeng.com/gundong/detail_2011_02/16/4698200_0.shtml。

② Oskar Krejci, *Geopolitics of the Central European Region: The View from Prague and Bratislava*, United Irishman, 2007, p. 200.

③ 马细谱、李少捷：《中东欧转轨 25 年：观察与思考》，中央编译出版社，2014。

④ 金玲：《欧盟东扩对共同外交与安全政策内部决策环境的影响》，《欧洲研究》2007 年第 2 期。

中，中欧地区由于在政治、地缘和经济方面的重要性和敏感性而具有特殊的意义，这种“优势”既使自己经常处于“左右为难”的尴尬境地，也存在“左右逢源”的活动空间。所以，维谢格拉德集团成员开始形成新的战略目标，即借助该平台提升其在欧盟内部的政治影响力，并利用和操纵维谢格拉德集团的组织优势推进其在中东欧地区的主导性地位，同时，还试图借助与美国建立特殊关系以形成对德国影响力的制衡，进而为自身的国家利益服务。

从美德国家间关系而言，作为遏制苏联的产物，北约集团存在的合法性也随着苏东剧变和华约解体而消失，直接导致北约内部出现稳定性的问题。但是，在国内新保守主义的影响下，美国始终坚持单边主义的全球战略，这与倡导世界多极化的欧洲国家形成了“分歧”，伊拉克战争的爆发使美国与其欧洲盟友之间的裂痕彻底“暴露”。而美国则抛出“新老欧洲”说，离间欧盟内部关系。2007 年 1 月，美国利用北约共同防御的承诺和中东欧国家对俄罗斯的忧虑，提出在波兰和捷克部署反导防御系统的计划，得到维谢格拉德集团国家的大力支持，尤其是波兰与捷克。此举不仅使美俄关系迅速冷却，也使美欧关系不和。以德国为代表的老欧盟国家，其国家发展的重心放在经济与社会领域，希望塑造一个有利于国家发展的国际环境。美国在中欧地区部署战略性军事设施，是关乎欧盟安全的重大外交和军事行动，美国直接“越过”欧盟与“成员”谈判，被德国视为继中情局的欧洲“黑狱”事件后，对欧盟权威和能力的又一次蔑视。德国外长公开提出批评，认为美国的行动将导致美俄在欧洲进行新的军备竞赛，使欧洲成为美俄冲突的“前沿”，欧洲安全非但得不到保障反而会受到威胁。[①] 但是，与以德国为代表的“老欧洲”国家反对美国及其北约对欧洲安全主导权的认识不同，以维谢格拉德集团为平台的“新欧洲”国家更希望美国和北约在欧洲安全方面能“有所作为”，这是因为对于维谢格拉德集团这样的“欧盟弱势群体”而言，在欧洲地区存在可以依靠的域外势力更符合其国家利益。在这方面，维谢格拉德集团主要国家一方面表现出借助美国强势地位，追随北约并积极成为首批受到反导盾牌保护的国家；另一方面又试图利用美欧矛盾，为自己谋取最大的战略利益和经济利益。波兰的政论分析家雅格鲁斯·鲁尼克就曾强调，历史给我们的教训是，在第一次世界大战之后，美国离开了欧洲，结果导致

---

① 杨烨：《欧盟东扩中的“波兰现象”评析》，《俄罗斯中亚东欧研究》2004 年第 4 期。

中欧的状况非常糟糕；二战后，美国留在了欧洲，为 1989 年后中欧国家恢复主权和民主创造了条件。因此，美国是保护欧洲免遭其自身“恶魔”（德国）伤害的一种途径。[①] 所以，从美德关系的角度上看，美德关系越差，美国与维谢格拉德集团的关系就越紧密，德国与维谢格拉德集团的关系就越疏远。

就新老欧洲间关系而言，新入盟的中东欧地区国家在入盟谈判时就与以德国为代表的老欧盟成员之间存在一定分歧。在吸纳中欧地区国家加入欧盟的过程中，发挥着主导性作用的德国是以主人的身份主导入盟的标准和谈判的进程，而维谢格拉德集团国家则更多是被规范和受到制约的一方。从 1993 年 6 月欧盟哥本哈根会议制定的中东欧国家“入盟基本条件”（即民主国家、市场经济、赞同并能够执行欧盟的各种决定和法律条文），到随后提出的“稳定条约”和《2000 年议程》都是按照欧盟的意志和利益制定的，这引起了中东欧国家的不满，特别是在欧盟的“共同农业政策”方面，如果将其原封不动地扩大到中东欧国家，这些国家将受到巨大的经济损失。有研究就曾以波兰为例指出，波兰是农业大国，有 60% 的国土面积用于农业生产，近 26.7% 的劳动力从事农业，但只创造了 6% 的国内生产总值，其农业平均收入仅相当于欧盟水平的 1/7。如果按照欧盟的标准，波兰只能保留20% ~ 25% 的农民，这将引起国内大量劳动力失业进而危及整个国民经济的发展，并给维持社会稳定带来巨大压力。[②] 所以，在入盟谈判中，波兰在农业政策上始终坚持强硬姿态，使欧盟不得不向波兰让步，不但同意向波兰增加约 10 亿欧元的预算补偿，而且还满足了波兰在入盟后前三年将农业补贴增加到 60% 的要求。[③] 这也引发了以法德为首的“老欧洲”国家对以波兰为首的“新欧洲”国家的强烈不满。而新欧洲国家也以实际行动进行了反击，在 2003 年对《欧盟宪法草案》表决时，由于中欧地区国家担心法德联合主导欧盟，故依托维谢格拉德集团平台联合“中欧倡议国”组织的成员阻挠了旨在提高欧盟效率的宪法草案。在这个意义上，加入欧盟的维谢格拉德集团成

---

① Monika Ewa Kamińska, eds., *New Geopolitics of Central and Eastern Europe between European Union and United States*, Warsaw: Stefan Batory Foundation, 2005, http://www.batory.org.pl/upload/geopolityka.pdf.

② 姚勤华、戴轶尘、朱雯霞：《从“魏玛三角”到“波兰现象”——欧盟东扩与整合中的利益博弈》，《现代国际关系》2004 年第 5 期。

③ 《波兰反对延期讨论欧盟农业补贴政策》，2002 年 6 月 18 日，新浪网：http://finance.sina.com.cn。

员为了防止沦为欧盟的“二等公民”，实现自身政治和经济利益的最大化，依托维谢格拉德集团的组织优势，无论在欧盟内部事务中，还是在重大的国际问题上都积极地与以德国为代表的“老欧洲”国家进行谈判。但是，就整体而言，处于转型发展阶段的“新欧洲”国家仍然在核心经济事务上与德国保持着相互依赖的关系。

综上所述，在维谢格拉德集团成员加入欧盟以后，这些中欧地区的国家无论是在政治影响力、经济能力还是地区身份上都有了重大的改变，维谢格拉德集团及其成员已不是简单地向德国与西欧国家寻求“庇护”和“帮助”，而德国也无法再以“主人”的身份来对这些国家加以“约束”和“限制”了。所以，在这一时期，维谢格拉德集团与德国的关系一方面是在安全上基于“美德国家间关系”的博弈于美国主导的北约和德国带领的欧盟间徘徊；而另一方面则在“新老欧洲间关系”的维度上，维谢格拉德集团成员与德国更多的是又依靠又竞争的经济合作关系。所以，从新老欧洲关系的角度看，德国与维谢格拉德集团的关系由之前的“投靠－依附”关系变成了“半依靠－半竞争”关系。

三　后欧债危机时期维谢格拉德集团的转型及其与德国的关系

经过十余年的发展，在经历了地缘彷徨、回归欧洲、联合自强和艰苦转型的发展阶段之后，中欧国家已经成为欧洲大陆上一支重要的政治和经济力量，甚至有研究将其称为“新欧洲”，用以比肩和区别西欧国家所代表的“旧欧洲”，进而认为中欧国家在欧洲地区，乃至世界舞台上已然是一支成型且重要的力量。在这样的发展进程中，德国与维谢格拉德集团的关系也逐渐由冷战伊始的“依附关系”转向为一种相互博弈的竞争合作关系。但是，随着 2008 年国际金融风暴在全球范围的爆发，欧洲各国也都陆续受到经济危机的严重冲击，并演变为一场地域性的国家债务危机和政坛震荡，更重要的是，这不仅使相对发达和稳定的西欧国家出现经济衰退和政局动荡，也直接对还在进行转型发展的中东欧地区国家形成了致命的打击。

在此背景下，为救助深陷危机的欧元区国家，欧盟和欧洲央行一方面通过在成员中分担份额的方式向危机国家提供资金援助；另一方面则努力向国际货币基金组织和新兴经济体寻求帮助；同时还要求危机国家采取财政紧缩政策，进行经济改革。而在“救助计划”中，作为欧洲经济的领头羊，德国成为欧债危机救助计划中最大份额的承担者，成为支撑欧元区经济发展的核心。在这样的背景下，中欧地区国家一方面谋求在经济上依靠维谢格拉德集团的内聚力通过在欧盟的博弈获得德国的经济支持；而另一方面又推进“东向伙伴计划”，并积极向欧洲域外的新兴国家争取投资与合作。为此，以“投靠西方”为主要战略手段的维谢格拉德集团也开始调整“安全上靠北约，经济上靠欧盟”的组织目标，转向“通过联合自强，推进区域全面合作，打造正常国家间关系”的战略目标。德国与维谢格拉德集团的关系再次进入了一个新的阶段。

（一）欧债危机及其对德国与维谢格拉德集团关系的影响

一般认为，欧洲债务危机是指：2009 年以来，发端于希腊并迅速在欧洲，尤其是在欧元区蔓延的一场国家主权债务危机。尽管已有很多研究成果对此次国家债务危机的成因与影响进行了深入的分析，但其直接原因主要是，各国央行为了应对经济不景气而试图通过降息来刺激经济的发展，甚至通过政府出资的方式来为本国的银行和金融机构“买单”，以避免本国金融业的垮台；而与此同时，各国政府和区域经济体还采取了宽松的货币政策和积极的财政政策，甚至不惜通过大举借债，拉动投资并刺激消费的方式促进经济的复苏，直接造成了公共债务的不断攀升。这场危机致使众多的欧洲国家，甚至作为欧洲大国的法国和德国在内都纷纷爆出巨额主权债务问题，陷入债务危机的恶性循环：债务到期——债务违约——资金资助——财政紧缩——经济瘫痪——无力还债。①

在此背景下，作为欧洲经济火车头的德国一直致力于为含希腊在内的所谓的“欧猪五国”（葡萄牙、意大利、爱尔兰、希腊、西班牙）债务危机在欧盟内部寻求解决办法，但是，一方面从自身国家利益的角度出发，有不少欧元区成员认为，无条件救助希腊可能助长欧元区内部“挥霍无度”并引发本国纳税人不满；而另一方面则是由于欧元区内部协调机制的问题，“救助希腊的计划”也迟迟不能出台，进而导致了债务危机的持续恶化。② 更重要的是，欧债危机给整个欧元区的经济发展蒙上一层阴影，更为重要的是它也让原本比较稳定的欧洲政坛出现了震荡。

---

① 张志前、喇绍华：《欧债危机》，社会科学文献出版社，2012，第 1 页。

② 王悦威：《金融危机五周年：倒下的不只是一对“兄弟”》，《新华财经》2013 年 9 月 15 日。

就德国的立场而言，进入默克尔执政时期，其欧洲政策一个明显的变化趋势是日益受到内政的驱动，“欧洲使命”日渐衰弱与地缘经济强权色彩不断增强。在默克尔政府“施政声明”的对外关系部分就指出：德国的外交与欧洲政策建立在价值的基础之上，是利益政策。是一项符合德国利益的政策，这系于同我们伙伴的联盟与合作。而这两句话也被视为默克尔政府对外关系的“基本法”，开启了一个完全“正常化”的国家开始奉行以国家利益为导向的完全“正常化”的外交政策的序幕。①

从维谢格拉德集团的立场上看，作为处于转型发展的中欧地区国家，维谢格拉德集团的成员在欧债危机中受到不小的冲击，而对于一直在经济上奉行依靠德国政策的维谢格拉德集团主要国家，也都期待着德国可以在解决欧债危机中担负起“领导者”的角色。但是，作为欧洲经济的领头羊，德国所关注的并非只有中欧地区的国家，而且就国家债务危机的程度而言，含希腊在内的“欧猪五国”面临着更为严重的经济危机。而另一方面，德国自身也面临着亟待解决的经济问题，因此，在为欧债危机国提供经济援助方面，德国国内很多政治派别，甚至是一些主流的政治势力也都持保留态度，主张欧元区的成员实行财政紧缩措施，坚持债务国实行德国式的财政紧缩措施。②这一政策主张被中东欧地区国家视为德国不想被牵涉进债务危机的“泥潭”而不愿意为中东欧地区国家提供经济支持的“自保”措施。而这种“德国式的自保”对于基础本来就相对薄弱的中东欧国家经济无疑“雪上加霜”，更重要的是，这直接引发了维谢格拉德集团成员以及大多数中东欧地区国家的强烈不满，使德国与维谢格拉德集团的关系变得充满不确定性，而维谢格拉德集团在欧洲大西洋共同体中“小伙伴”的角色定位也开始改变，一种更为“平等”地与德国及其他西欧国家进行互动的关系也正在维谢格拉德集团成员之间被积极地塑造起来。③ 正如有研究指出，“金融危机和经济危机导致部分成员对欧盟进一步扩大的焦虑加深……中东欧成员进入了从加入欧盟到塑造欧盟的转型进程，迎来了在欧洲发挥更大作用的前所未有的机遇”。

---

① 连玉如：《德国默克尔政府的外交与欧洲政策辨析》，《德国研究》2006 年第 1 期，第 15 ~ 21 页。

② 转引自严恒元《欧盟经济：低迷不振又一年》，《经济日报》2013 年 12 月 18 日。

③ 朱晓中：《欧盟东扩 10 周年与中东欧国家在欧洲的利益》，《国外理论动态》2014 年第 7 期，第 92 ~ 93 页。

（二）欧债危机背景下维谢格拉德集团的新定位与新目标

尽管从整体上看，欧洲债务危机的爆发对欧洲的经济造成了巨大的冲击，但是从成员的角度上看，由于经济发展水平和发展模式各异，不同的国家受到的冲击也各不相同，更重要的是，这种差异还影响着欧洲成员之间的关系。在此背景下，维谢格拉德集团成员的经济发展也受到了较大的影响，但是，在加入欧盟的十年时间里，这些由中欧地区国家组成的所谓“新欧洲”国家通过对德国的“半依靠半竞争”关系获得了德国和西欧国家的经济支持，不仅在经济上实现了较大的发展，还依托维谢格拉德集团的平台在一定程度上积累了政治资本，其在欧洲政治和经济生活中的影响力非但没有因欧债危机的影响而下降，反而相对有所提升。为此，维谢格拉德集团及其成员都试图改变其在欧洲大西洋共同体中“小伙伴”的角色，致力于与欧洲传统国家之间建立起正常平等的竞争关系。具体而言，在政治领域，欧盟内部一直有关于“双速欧洲”的讨论：一是指欧盟或欧元区内不同国家的经济结构、宏观经济形势、国际竞争力、债务负担以及财政赤字有着显著的差别，从而导致不同地区国家的经济增长速度存在差别；二是指不同国家对欧洲一体化的态度、立场、兴趣和热情不同，因此参与一体化的程度也有所不同。[①] 债务危机的出现使得欧洲国家的这种所谓“双速”差距更为显著，特别是德国将危机归咎于那些失去竞争力、欠下更多债务的国家，因此将调整的负担都放到了债务国身上。[②] 对此，一贯对“双速欧洲”持反对态度的维谢格拉德集团成员均表示，经济稳定对新老成员都同样重要，不应出现通过政治排他性的手段来限制其他国家发挥特有的影响力。[③] 与此同时，维谢格拉德集团成员更为重视通过欧盟理事会轮值主席国的机会在欧盟层面建立声望，强化政治影响力，而且，还适时推进有利于中东欧地区国家政治利益和经济发展的区域性战略以及地区性协议。例如，2009 年捷克担任欧盟轮值主席国期间就推动欧盟通过了“东方伙伴关系计划”；2011 年，匈牙利和波兰分别担任欧盟轮值主席国期间则大力推动了欧盟的多瑙河战略的实施，并呼

---

① 江时学：《英国与“双速欧洲”》，王展鹏、刘绯主编《解析英国及其国际地位的演变》，世界知识出版社，2013。

② 乔治·索罗斯：《如何避免“双速欧洲”?》，《金融时报》2011 年 03 月 25 日。

③ Honor Mahony, “Non – Euro Countries Fight for a Place at the Decision Making Table”, in *EUobserver*, September 12, 2011.

吁关注能源安全问题。

在经济领域，作为欧洲一体化动力的核心，欧盟正是通过经济的一体化成功带动了各成员之间在政治、社会、司法、外交，甚至是军事与安全领域的全面一体化，并成功推动了欧盟的东扩。更重要的是，在此进程中，欧盟还形成了欧洲凝聚与区域政策（EU Cohesion and Regional Policy），以通过所谓的凝聚发展政策和基金来消解不同成员，甚至是不同地区之间的经济和社会差距，促进新老欧洲成员之间的相互交流，并在欧盟层面上实现资源优化分配和经贸互补合作，将各种资源从富饶地区传输给贫瘠地区，以使落后的区域实现现代化，使落后区域可以追赶上欧盟其他区域的发展水平。[①] 对此，中欧地区国家坚持借助欧洲凝聚与区域政策及其发展基金积极推动中东欧地区的区域经济合作，以及加强与西欧国家的经济联系，寻求经济上的支持和帮助。

在安全领域，“管理俄罗斯，维持欧盟的东部伙伴关系，保持欧洲大西洋关系的可靠性”一直被维谢格拉德集团成员视为中东欧国家在欧洲的利益。[②] 所以，维谢格拉德集团积极支持欧盟设立负责外交和安全政策事务的高级代表，并积极倡议建立区域性军事力量，提升在北约的地位。2014 年 3 月 6 日，维谢格拉德集团四国国防部长在波兰首都华沙签署成立作战部队意向书。3 月 14 日，四国国防部长在匈牙利小镇维谢格拉德举行会晤，并签署 3 项防务合作协议。这 3 项协议分别是维谢格拉德集团防务合作长远战略协议、防务规划合作协议以及在欧盟框架内组建战斗部队协议。组建的战斗部队从长远来看将构成共同的区域性军事力量基础，可参加北约、欧盟或其他军事行动。捷克国防部长斯特罗普尼茨基表示，四国在防务问题上形成的共同立场可以对北约处理重要议题产生影响。[③]

在能源领域，很多重要的基础性能源一直是制约欧盟经济发展的“软肋”，特别是中东欧国家，超过一半的能源消耗都完全依靠进口，并且由于进口渠道上过于依赖俄罗斯，结果中东欧地区国家在很多情况下不得不与俄

① European Commission, *The European Union Explained: Regional Policy*, Luxembourg: Publications Office of the European Union, 2014, pp. 5 – 6.

② 朱晓中：《欧盟东扩 10 周年与中东欧国家在欧洲的利益》，《国外理论动态》2014 年第 7 期，第 93 ~ 94 页。

③ 《维谢格拉德集团签署防务合作协议》，2014 年 3 月 14 日，新华网：http://news.xinhuanet.com/world/2014 – 03/15/c_126270025.htm。

罗斯进行利益交换或者妥协，以防止被俄罗斯“断气”。为此，维谢格拉德集团一直呼吁欧盟加大对中东欧地区能源基础设施的投资，而为了增强能源安全，以维谢格拉德集团为主的中东欧国家近年来加大了区域合作的力度，希望尽快建立起连通整个中东欧地区的能源网络。目前，维谢格拉德集团与保加利亚、罗马尼亚已经就“南北能源走廊”计划达成一致。按照该计划，中东欧地区将建立起一个南起黑海、北至波罗的海的能源网络，以确保天然气、石油等能源在中东欧地区的自由流动，其中天然气供应“三角”网是计划的主要部分。①

（三）后欧债危机时期的维谢格拉德集团与德国关系分析

在经历了冷战后十余年的徘徊和彷徨、入盟后十多年的学习和融合，以及欧债危机的冲击与挑战之后，维谢格拉德集团及其成员再也不是欧洲大西洋共同体中的“小伙伴”了，而是可以被称为“新欧洲”的核心力量；欧盟也不再是中东欧国家的“救命稻草”，而是其发挥重要政治影响力和推进国家战略的舞台。在这个意义上，德国与维谢格拉德集团的关系也由“投靠－依附”的关系、“半依靠－半竞争”的关系，逐渐变为“合作－竞争”的关系。这意味着双方都将会根据各自的利益需求和战略目标来制定符合自身需要的政策，同时意味着德国与维谢格拉德集团之间也将不得不面对分歧。

首先，德国与维谢格拉德集团的关系将取决于维谢格拉德集团内部国家间关系。

从冷战后“一起回归欧洲”，到入盟后“一起融入欧盟”，再到欧债危机中“一起渡过难关”，维谢格拉德集团通过加强集团内部合作的共识以及建立协调共同立场的机制，提升了中欧地区国家在欧盟的影响力。在欧盟内部，四国的投票权与法国和德国的投票权之和相当，因此，该集团共同立场的达成无疑对欧盟的议程有着很大的影响。而在近几次欧盟峰会召开前，维谢格拉德集团四个成员也都形成了讨论并协调立场的会晤惯例，这俨然一种塑造地区共同话语权的尝试。对此，法国总统萨科齐曾直接表达了反对，强

---

① 参见《维谢格拉德集团庆祝成立 20 周年》，2011 年 2 月 16 日，凤凰网：http://news.ifeng.com/gundong/detail_2011_02/16/4698200_0.shtml；另可参见《V4 集团加强多领域合作》，《经济日报》2014 年 7 月 15 日。

调在欧盟峰会前协调立场不应成为一种常态。① 而这种批评的声音也从一定意义上显示出维谢格拉德集团通过塑造地区共识，进而协调立场后对欧盟权力架构的影响。然而，随着政治和经济转型发展进入一个相对稳定的阶段，四个成员在历史与国家利益方面的差异开始逐渐显现，所以，即便维谢格拉德集团在谋求“共同立场”上一直进行着不断的努力和尝试，但是要形成一个成熟且高效的地区合作机制仍面临诸多挑战和不确定因素。从经济发展的角度看，维谢格拉德集团成员整体的经济形势大都具有增长速度快、对外资依赖大、金融市场外来资本比例高等特点，但是当经济危机来临，这些国家由于在经济结构和政府应对理念方面的不同而制定了具有很大差异的措施。例如，以强劲出口为导向的捷克提出紧缩的财政政策；以依赖外贸和外资为主要特征的匈牙利一方面积极向国际社会求助，另一方面则尝试国家干预甚至是国有化的方式给予应对；具有相对完备财政结构和银行系统的波兰更多通过稳健的财政和货币政策利用国内需求和消费刺激经济；而正在进行大规模结构性改革来推进经济和政治转型发展的斯洛伐克则更多坚持财政扩张政策。当经济危机到来的时候，由于在国家宏观经济发展方面，在内部政治竞争结构、执行权力的集中程度、公民社会的成熟度方面的差异，各国不得不提出各自不同的应对措施，这也直接将平时看似具有高度发展相似性的中欧地区背后的差异性暴露了出来。② 此外，由于成员在地缘政治、经济结构和综合国力方面的差异，维谢格拉德集团成员在欧盟的能源安全、睦邻政策、扩大政策和罗姆人的社会融合等欧盟内部事务和地区事务方面存在不少分歧。但是，总的来说，作为欧盟内部的区域合作典范之一，维谢格拉德集团已然成为中欧地区四国争夺话语权的重要平台和有效机制。对处于强国“地缘夹缝”里的中欧四国来说，能在一些重大问题上协调立场，用“同一个声音”说话，不仅可以提升自身有限的国家影响力，还可以在欧盟内部甚至是在国际舞台上大大增强四国的整体影响力，更有效地维护各国利益。

其次，德国与维谢格拉德集团的关系将与未来德国在欧盟的角色定位密切相关。

从历史上看，无论德国处于怎样的状态，是分裂割据还是实现统一，是

---

① 《维谢格拉德集团首脑聚首斯洛伐克》，2011 年 6 月 17 日，央视网：http://news.cntv.cn/20110617/110273.shtml。

② 朱晓中：《中欧国家经济差异性及其可能产生的后果》，《国外理论动态》2013 年第 10 期，第 82 ~ 88 页。

主观上大打出手的“权力强暴”还是客观上受制于人的“权力忘却”，德国一直对整个欧洲具有巨大的冲击力，而这种将国家同整个地区问题紧密联结的情形无论是在欧洲还是在当今世界都是并不多见的。[①] 在这个意义上，从客观的角度看，德国在欧洲的角色定位不仅与德国自身的战略目标有关，同时也似乎关系着欧洲的发展趋向。而从主观的角度看，无论德国在现实上对欧洲有着何种意义，欧洲各国确实对“欧洲的德国”还是“德国的欧洲”持有各自不同的认识与判断，而且这种认识与判断会影响这些国家对德国，甚至是对整个欧洲发展的理解。在欧洲一体化的初始阶段，德国领导人就提出要把“欧洲的德国”当作处理德国与欧洲国家关系的准则，并把“欧洲使命”作为德国努力的方向指针。[②] 但是，自两德统一以来，德国政府开始了推行外交“正常化”的努力，从科尔政府追逐国家的重新统一和主权完全独立开始，到施罗德政府倡议的红绿联合突破所谓“克制文化”、追求平等目标，并提出德国重返世界大国的外交目标，再到默克尔大联合政府的全方位平衡外交，德国逐渐实现了以国家利益为导向的“正常化”之路。[③] 欧债危机的爆发进一步加大了德国经济能力在欧盟事务中的权重，德国在经济政策的制定、欧洲央行的运营、处理欧债危机的能力上已然表现出欧盟领导者的角色。[④] 后欧债危机时代，从德国与维谢格拉德集团的关系上看，一个“欧洲的德国”的存在，以“欧洲大一统”为目标，可以使双方在进一步推动欧洲一体化进程方面有更多的共同语言，经济的互补与政治上的互需同样会给双边关系带来更好的合作基础；但如果德国未来围绕“德国的欧洲”制定其对欧政策的话，则将唤起维谢格拉德集团国家甚至整个欧洲沉痛的历史记忆，双边关系将会充满不确定性。实现维谢格拉德集团各成员经济的可持续发展和在欧盟事务中政治影响力的提升是集团成员未来的战略目标，这显然与德国正在推进的“正常化”路线是存在一定差距的。而且，从长远上看，欧洲仍然是维谢格拉德集团的战略重点，德国仍然对维

---

① 连玉如：《再论“德国的欧洲”与“欧洲的德国”》，《国际政治研究》2014 年第 6 期，第 9 ~ 10 页。

② Timothy Garton Ash, “Germany, the Eurozone's Reluctant Driver,” *Los Angeles Times*, February 9, 2012.

③ Hans Kundnani, “The Concept of ‘Normality’ in German Foreign Policy since Unification,” *German Politics and Society*, Vol. 30, No. 2, Summer 2012, pp. 38 – 58.

④ 李乐曾、郑春荣编著《德国蓝皮书：德国发展报告（2012）》，社会科学文献出版社，2012，第 132 ~ 138 页。

谢格拉德集团的经济和社会发展具有无可替代的重要意义。而且，作为经济上的领头羊和政治上的崛起大国，德国仍然会试图维持其在欧盟事务上的主导地位，所以，德国与维谢格拉德集团之间平等的竞争性合作关系将会持续。

再次，德国与维谢格拉德集团的关系将会受到新老欧洲成员之间关系的制约。

作为中欧地区最具代表性的地区性国际组织，维谢格拉德集团的“声音”不仅在中欧地区事务中日益发挥着主导性的作用，而且在整个欧洲事务中也具有重要的影响力。这意味着，伴随欧洲政治格局变化而诞生、发展的维谢格拉德集团已经开始影响欧洲的政治格局变化了。目前，欧洲政治格局主体是欧盟作为超国家行为体起主导作用，并代表欧洲在国际政治格局中表达利益诉求，也正是欧盟的存在，才使欧洲能够在国际社会中占有一席之地。因此，维谢格拉德集团的发展离不开欧洲，欧盟一方面是维谢格拉德集团发挥影响力的重要政治舞台，另一方面也通过其既有的政策、规范和制度约束着维谢格拉德集团。在这个意义上，那些建立欧盟的创始国和引领欧盟发展的“发动机”，即以德国为代表的“老牌”欧盟国家的态度对于维谢格拉德集团未来的发展十分重要。但是，作为欧盟的“后来者”，由于历史、内政和外交等方面的差异，维谢格拉德集团成员更倾向于把欧盟理解为一个争取其自身国家利益的平台，往往偏好于欧盟事务中与自身利益有关的内容，却忽略了欧盟所倡导的“欧洲命运共同体”的宗旨。这些表现和行为被“老欧洲”国家视为一种消极、不明确和不积极参与欧盟事务的做法，进而影响了“新欧洲”国家与“老欧洲”国家之间的信任，也在一定程度上损害了维谢格拉德集团在欧盟的信誉。但是随着欧洲一体化的持续深入，维谢格拉德集团已经开始较为明显地倾向于为欧洲未来命运承担责任，以便获得其他欧盟成员的信任，从而为其在欧盟层面贯彻共同利益获得更大的空间。在努力参与欧洲事务的同时，维谢格拉德成员还更加努力地向欧盟传达自己的优先目标，以期得到其他成员的理解与支持，获得在设置欧洲议程方面的一席之地。[①] 就德国与维谢格拉德集团关系而言，在后欧债危机时代，“新老欧洲”国家之间仍然难免会出

① 转引自姜琍《维谢格拉德集团合作的演变与发展前景》，《俄罗斯中亚东欧研究》2011 年第 4 期。

现在“欧盟救助方案”以及“难民配额分配”方面的争执，但是随着“新老欧洲”国家之间关系的不断发展，特别是对欧盟利益及其“欧洲命运共同体”宗旨认同程度的不断加深，德国与维谢格拉德集团关系将会向更为合作与相互融合的方向发展。

最后，德国与维谢格拉德集团的关系将会受到域外大国欧洲政策的影响。

一直以来，“统一大欧洲”是欧盟及其各成员所追逐的梦想，但是，由于各个成员在历史问题与现实情境中存在的差异，“双速欧洲”的问题一直存在。从欧盟发展的道路上看，德国与维谢格拉德集团互动分析背后的逻辑包含着“新旧”欧洲成员之间围绕彼此差异而进行博弈的内容。从现实上看，欧盟内部存在事实上的两极分化，中东欧国家的经济发展普遍落后于西欧国家，各国社会发展的成熟程度具有较大的差距，在民主实践和人权观念的标准方面也不均衡。所以，正如上文所示，与西欧国家的“欧洲梦”相比，中东欧国家对“欧洲梦”的憧憬和期许更多体现在经济与社会发展的诉求方面。这不仅意味着欧盟内部成员在一些核心议题理解方面存在的差异性仍将不断持续，而且揭示出在现阶段，中东欧国家更倾向于通过“现实主义”的视角去看待欧盟的发展和与西欧国家的关系。这在一定程度上就为域外大国对欧洲事务的介入提供了可能，所以，德国与维谢格拉德集团的关系在后欧债危机时代将会持续受到域外大国及其欧洲政策的影响，而其中最主要的域外国家将是美国和中国。目前欧盟内部防务问题主要依赖美国主导的北约，实现真正意义上的共同安全与防务一体化仍面临诸多阻碍。从美国立场上来看，通过利益共同体，推进美国主导下的地区间权力制衡一直是美国实践其全球战略的主要做法。在欧洲问题上，美国抛出所谓“新旧欧洲”论的背后就是为了通过自身在安全议题上的主导地位，实现“新旧欧洲”的制衡，通过积极与中东欧国家的接触以抵消法德在欧盟事务中的控制力。而这种区分在欧债危机的应对中也确实已经开始在一些欧盟的新老成员中逐渐赢得共鸣。[①] 更重要的是，维谢格拉德集团成员也有通过与美国建立“特殊关系”的方式谋求在欧盟内部更大的话语权。但是，从德国的立场上看，美国通过维系北约安全框架以谋

---

① 袁超编译《多米尼克·莫伊西：“新老欧洲”面对欧盟心态迥异》，《社会科学报》2012年11月15日，第007版。

求对欧盟事务的"领导"，以及试图通过分化"新旧欧洲"实现其在欧洲事务上的持续影响是不符合德国国家利益的。① 就中国而言，作为当今世界第二大经济体，中国正在致力于实现中华民族的伟大复兴，并努力推进"一带一路"的国家战略而积极发展与欧洲国家的全面战略伙伴关系。② 与美国同欧盟全方位的互动关系不同，同样作为欧洲的域外大国，中国与欧洲国家的关系仍主要集中于经贸领域，所以，从中方立场上来看，中国发展与中东欧国家的关系旨在加深与中东欧国家的经济合作，寻找经济上的合作伙伴，并坚持以市场为导向的双赢合作模式，政治和战略合作则排在其次。③ 在后欧债危机时期，维谢格拉德集团成员都加强了与中国的经贸关系，而从本质上看，这种接近并不是中东欧国家的重大战略调整，而只是在所谓"核心欧洲"出现问题的情况下向中国提供了一个"机遇"，维谢格拉德集团对欧盟的结构性依赖并没有改变。④ 但是，中国与中东欧国家的关系在德国看来则是对欧盟的"分化"，对此，德国驻华大使柯慕贤表示，欧洲的制度设计客观上意味着欧盟是可以被分化的，现在欧盟就特别恐惧这种部分欧盟成员通过"16 + 1"平台强化与中国合作的态势，而且，经济的不景气以及欧盟援助的"口惠而实不至"，使得在欧盟内部持"疑欧"立场的国家开始强化与中国的关系，匈牙利、罗马尼亚、捷克和斯洛伐克四国已经出现了这种倾向。⑤ 在这个意义上，从美国与中国作为域外国家的因素出发，德国与维谢格拉德集团的关系总体上不会由于域外力量的介入而出现实质性的变化，但确实会在后欧债危机的"应时性的窗口期"里出现安全上被美国因素分化、经济上受中国因素影响的情形。其中，美国因素更多是一种权力政治式的政治性主动介入，而中国因素则是一种利益分配式的竞争性被动介入。

---

① The German Marshall Fund of United States and the Compagnia di San Paolo, *Transatlantic Trends Key Findings 2014*, p. 4, http://trends. gmfus. org/files/2012/09/Trends_2014_complete. pdf.

② 习近平：《习近平谈治国理政》，外文出版社，2014，第 282 页。

③ 刘作奎：《中国与中东欧合作：问题与对策》，《国际问题研究》2013 年第 5 期，第 74 页。

④ Sarmiza Pencea, "Windows of Opportunity in China – CEE Economic Relations", paper in the international forum "China and Central and Eastern European Countries: Economic Cooperation and Outlook", Beijing, 23 May 2013, organized by the Institute for World Economics and Politics (IWEP) and the Chinese Academy for Social Sciences (CASS), pp. 4 – 13, http://www. globeco. ro/wp – content/uploads/vol/split/vol_1_no_2/geo_2013_vol1_no2_art_001. pdf.

⑤ 转引自辛徽、刘迪《拓展与中东欧关系：功课仍需做足》，《南方周末》2014 年 12 月 19 日。

四 结论：维谢格拉德集团转向欧盟的“建设者”

作为中欧地区最大的区域合作组织，维谢格拉德集团成立于冷战结束初期，就其成立的初始目标而言，维谢格拉德集团的成立是中欧地区的主要国家在基于相同或相似的历史和地缘关系，以及受到苏东剧变影响而带来的相同或相似的经济和社会问题的背景下，面临着既无法继续向东寻求保护，又不被西欧国家所接受的两难境况，而进行“联合自强”的战略选择。与苏联的解体截然相反，德国的统一使西欧的经济实力和地区影响力都得到了增强，这种反差也成为维谢格拉德集团国家在成立之初确立“向西”寻求出路、采取“投靠”德国策略的主要原因。另一方面，出于历史感情和国家利益的考虑，德国对发展与维谢格拉德集团国家的关系秉承了积极的态度，并为这些国家的转型发展提供了重大支持。所以，德国与维谢格拉德集团的早期关系表现为一种“投靠－依附”关系，是德国“东向”战略与中欧地区国家“西向”战略相互结合的产物。

中欧地区国家入盟后，维谢格拉德集团的组织角色开始由欧盟的“局外人”转向欧盟的“建设者”；其组织目标也由“政府间政治协商论坛”向“欧盟内部利益共同体”转变；其组织利益则出现了从“国家单一利益”向“地区多元利益”需求的变化；其成员的合作方式也由“空洞的口号性合作”转变为“实质的结构性合作”。相应的，维谢格拉德集团及其成员已不是简单地向德国与西欧国家寻求“庇护”和“帮助”，而德国也无法再以“主人”的身份来对这些国家加以“约束”和“限制”了，两者之间的关系也开始由维谢格拉德集团的单向“投靠－依附”逐渐转向基于双方利益互动的“依靠－竞争”关系：包括欧洲域内与域外的国际政治的博弈，以及欧洲内部新欧洲与老欧洲关系的博弈。

欧债危机爆发后，欧洲相对稳定的政治与经济格局受到了冲击，这不仅引发了西欧国家的经济衰退和政局动荡，更对正处于转型发展的中东欧地区国家产生了严重的打击。在此背景下，面对自顾不暇的德国，维谢格拉德集团开始实施更为务实的全方位发展战略：在政治上反对“双速欧洲”，依靠维谢格拉德集团在欧盟制度框架内强化政治影响；在经济上依托欧洲区域凝聚与发展政策的同时，推动中东欧国家区域合作；在安全上寻求在中东欧地区形成东西方大国的权力均势；在能源上则通过引入外资与区域合作相结合的方式建设自身能源网络，维系能源安全。在此背景下，维谢格拉德集团在欧洲大西洋共同体中“小伙伴”的角色已经改变了，取而代之的是一个新欧洲的“代言人”。在这个意义上，德国与维谢格拉德集团的关系也由“投靠-依附”的关系、“依靠-竞争”的关系，逐渐变为“合作-竞争”的关系。

基于这样的判断，本文认为，在经历了冷战的结束、成员的入盟和欧债危机的应对，维谢格拉德集团也由最初的雏形，不断发展，走向成熟，成为在中东地区、欧洲地区，甚至是世界政治格局中的重要力量。德国与维谢格拉德集团的互动进程不仅是冷战后欧洲政治与经济发展的一张“晴雨表”，更为未来欧洲政治与经济格局的发展方向提供了一个“风向标”。因为，这组关系不仅是新欧洲国家间关系的统一协调的结果，也是以德国为代表的老欧洲国家在欧洲地区政策上的定位，更是新老欧盟成员之间关系博弈的产物，而且，这还在一定程度上折射了欧洲域外主要大国的欧洲战略目标和方向。所以，本文认为，作为中欧地区四国争夺话语权的重要平台和有效机制，维谢格拉德集团成员将会继续以维谢格拉德集团为平台协调立场，提升国家影响力和实现国家利益，而欧洲仍然是其战略重点。而且，作为欧盟的主导力量，德国在通过欧盟平台实现其大国政治梦想的进程中需要一个稳定的中欧，以及维谢格拉德集团及其成员的政治支持，所以，德国与维谢格拉德集团之间“合作大于竞争”的关系将会继续。在这个意义上，尽管以权力政治均势为主要方式的美国政治性主动介入和以经济利益博弈为主要方式的中国竞争性被动介入仍然会对欧洲政治与经济格局产生影响，但是，随着新旧欧洲之间对欧洲利益及其“欧洲命运共同体”认同的不断强化，合作与融合将是欧洲未来整体的发展趋势。更重要的是，域外国家也必须明确，欧洲的发展确实会在后欧债危机的“应时性窗口期”里因为域外力量的介入而出现一些问题，但是总体上并不会由于域外力量的介入而出现实质性的变化。作为欧洲的域外国家，中国正在为实现民族复兴的大国梦而努力，在国际舞台上也正在由被动的“旁观者”和“追随者”逐渐转变为积极主动的“参与者”和“建设者”。更重要的是，从全球政治经济格局的角度上看，与欧洲国家建立更紧密的互助合作关系不仅将成为中国摆脱现阶段发展瓶颈的关键，更会是中国走向世界的重要一步。但是在此进程中，中国不仅要维护自己的国家利益、追逐自己的权利，更要树立一个负责任的大国形象，这还需要更主动地履行不断增强的国际义务，在国际互动中兼顾“他者”的利益关切和价值需求。而这正是本文撰写的初衷。

德国与波兰的双边关系：历史恩怨、地缘政治与欧洲化

顾　强*

在欧盟内部，德国发挥着举足轻重的作用，长期与法国一起居于核心地位。波兰在欧盟内部的作用也极其关键。在新入盟成员中，波兰无论是在人口、经济、国土还是在其他方面的影响力都首屈一指。故而，梳理欧盟内部的两个大国——德国与波兰——的双边关系具有特殊的意义。本文拟从历史恩怨、地缘政治以及欧洲化三个角度梳理德波两国关系，以探寻德波两国的过去、现在和将来。

一　德国与波兰：历史恩怨

德国与波兰山水相依，这就注定了两国会结下不解之缘。在历史上，相当长的时段里都呈现出德强波弱的态势。这样的一种权力态势，加之诸多其他因素的影响，使德波两国形成了深深的仇怨。不可否认，德波两国的历史仇怨现在已经基本消弭，但这种历史仇怨毕竟在相当长的时间里给两国关系造成了巨大的冲击，同时也给两国民众带来了无穷的伤害。

（一）1772～1795年：普鲁士参与的大国对波兰的三次瓜分

1.1772年：俄国、普鲁士和奥地利对波兰进行第一次瓜分

俄、普、奥三国瓜分波兰的行为，虽然发生在18世纪后半叶，但其根

* 顾强，博士，广西大学中国－东盟研究院副教授。

源早已埋下。在奥古斯特二世（1697～1733）和他的儿子奥古斯特三世（1733～1763）统治时，波兰国力迅速衰退。在波兰国内，豪门权贵尔虞我诈，斗争不断，致使国家经济萧条，中下层民众日益赤贫化。加上内战和外战交错不断，使波兰普通民众生活更加艰辛。波兰积贫积弱，成为俄、普、奥三国欺辱和瓜分的对象。

1763 年 10 月，波兰国王奥古斯都三世去世。此时七年战争（1756～1763）刚刚结束，沙俄女皇叶卡捷琳娜二世趁法国和奥地利新败之际，出兵华沙，把昔日的情人斯坦尼斯瓦夫·奥古斯特·波尼亚托夫斯基扶上了华沙的王座（1764～1795）。叶卡捷琳娜二世本意是要进一步控制波兰。但事与愿违的是，叶卡捷琳娜二世扶植上台的波兰国王不仅没有对沙俄“感恩戴德”，而且进行多项改革，显示出摆脱对沙俄依赖的倾向。叶卡捷琳娜二世无法容忍这样的行为。于是，在 1768 年 3 月，她出兵波兰，强迫波兰通过了异教徒权利平等法案，破坏了波兰最初的革新运动。

1768 年 10 月 6 日，俄土（耳其）战争（1768～1774）爆发。俄罗斯的胜利，引起了奥地利和普鲁士的担忧。普王腓特烈二世更急欲兼并将东普鲁士及其本土隔开的波兰领土，在此情形下，普奥两国迫使沙俄放弃占领巴尔干转而一起瓜分波兰。在普奥两国强大的外交和军事压力下，沙俄不得不接受普奥两国的提议，1772 年 8 月 5 日，三国在彼得堡签订了瓜分波兰的条约。①

在此次瓜分中，“俄国获得西杜维纳河及聂伯河以东之地；奥国获得‘小波兰’（克拉科城不在其内）及洛夫等地，维也纳政府称其为‘加里西亚’；普鲁士获得‘西普鲁士’及‘大波兰’北部（惟但泽及索恩两城因俄国坚决不同意未被瓜分）。至此，普鲁士乃将分悬东西的两处领土联为一体，由柏林直达普鲁士。在第一次瓜分中，波兰共丧失土地三分之一，人口二分之一，资源二分之一以上。”②

2. 1793 年：俄普两国对波兰进行第二次瓜分

在西欧启蒙思想的影响下，一批波兰爱国者组成革新派，为使祖国摆脱亡国的命运而进行新一轮改革。革新派与保守派进行了艰苦卓绝的斗争，在“四年议会”（1788～1792）期间把革新运动推向新的高潮，使波兰重现新的希望。在“四年会议”前，国际形势对波兰较为有利。首先是因争夺巴伐

---

① 刘祖熙：《波兰通史》，商务印书馆，第 146 页。

② 李迈先，洪茂雄增订《东欧诸国史》，三民书局，2002，第 62～63 页。

利亚王位，普鲁士和奥地利交战（1778～1779），普奥关系交恶。接着，1786年普王腓特烈二世去世，其侄腓特烈·威廉二世继位。新普王与其前任对俄政策有所不同，转为采取反俄政策。1786年普鲁士与英国和荷兰结成同盟。1788年普俄同盟到期，普鲁士未与沙俄再续约。其次，形势对俄国更为不利。第二次俄土战争（1787～1792）爆发，在俄国无暇东顾之时，1788年瑞典在英国支持下发动了对俄国的战争。这使俄国陷于南北两线作战的窘境。在普、俄、奥三国关系相互交恶的情形下，波兰革新派认为可趁此机会联普抗俄奥以收复失地。在这一背景下，波兰议会于1788年召开。

在“四年议会”期间，波兰革新派掀起了一轮又一轮的改革行动。首先，加强中央集权。1790年4月，议会通过把军队扩大到10万，达到此前军队人数的五倍。同时增加税收，对贵族和教会分别课以10%和20%的所得税，也增加了城市的所得税。其次，增加市民的权利。1791年4月18日，议会通过议案，赋予市民诸多权利。再次，通过《五·三宪法》[①]。《五·三宪法》对欧洲乃至对全世界都有极其重要的意义，此宪法是波兰的第一部宪法，欧洲的第一部宪法，也是世界第二部宪法（世界第一部宪法是美国宪法）。《五·三宪法》是波兰革新派在“四年议会”期间取得的最大成就，它赋予了农民及市民诸多权利和自由，实行三权分立，限制王权。该宪法的出台，标志着波兰进一步确立了立宪君主制[②]。虽然波兰革新派为挽救国家走向灭亡而进行了各种各样的努力，并且取得了很大成就，但此时的波兰已经病入膏肓，再好的改革也为时已晚。

波兰的改革不但引起了国内保守派的强烈反对，也引起了叶卡捷琳娜二世的仇视。在第二次俄土战争结束不久，俄国旋即与波兰国内的卖国者呼应，出兵10万入侵波兰。此时的普鲁士非但没有援助波兰，反而掉转枪头，与俄军合击波兰，使波军连遭失败。俄、普两国取得军事上的胜利之后，对波兰实施了第二次瓜分。此次瓜分，“普鲁士攫取了垂涎已久的格但斯克和托伦两个城市和大波兰的几个省（波兹南省、格涅兹诺省、卡利什省、塞拉兹省、伊诺弗罗兹瓦夫省、库雅维－布列斯特省、普洛次克省、多布任地区、拉维奇省的一部分）和玛佐夫舍地区的一部分，共计面积58000平方公里，人口110万；俄国占领了德鲁亚－平斯克－兹布鲁齐

① 《五·三宪法》在1791年5月3日获得通过，以通过的日期而得名。

② 波兰革新运动的具体内容，参见刘祖熙《波兰通史》，商务印书馆，2006，第155～160页。

一线以东的乌克兰和白俄罗斯地区以及立陶宛的一部分，即明斯克省、维尔诺省、基辅省、勃拉茨拉夫省、波多利亚省、沃伦省的东部和立托夫斯克－布列斯特省的一部分，共计面积25万平方公里，人口300万。”① 在普、俄两国瓜分波兰之时，奥地利正陷入法国革命的纠纷中，为争取普鲁士与之联合抗法，没有参与此次瓜分，也没有反对普、俄两国的瓜分行为。经过此次瓜分，波兰仅剩1/4的领土和1/3的人口。波兰在“四年议会”期间进行的改革几乎被全部废止，主权受到践踏，政府成为俄国的傀儡，波兰已名存实亡。

3. 1795年：俄、普、奥二国对波兰进行第二次瓜分

国家被两次瓜分的耻辱，激起了波兰人的爱国热情，抵抗运动风起云涌。在诸多抵抗运动中，科希秋什科起义的影响最为突出。在波兰遭受第二次瓜分之后，大批波兰爱国者流亡到萨克森。为挽救国家走向灭亡，这批爱国者推举具有非凡军事才能的塔代乌什·科希秋什科（1746～1817）将军为领袖，领导武装起义，为波兰的存亡做最后一搏。1794年3月24日，科希秋什科起义爆发，起义获得重大胜利。但起义队伍中掺杂着诸多矛盾，特别是贵族与市民、农民之间矛盾重重。加之俄、普、奥三国联合大举出兵镇压，终因力量悬殊，起义失败。

起义失败后，俄、普、奥三国对波兰进行第三次瓜分。在此次瓜分中，“俄国吞并了立陶宛、库尔兰、西白俄罗斯和沃伦西部，把边界推进到涅曼河－布格河一线，共12万平方公里，人口120万；奥地利占领了包括克拉科夫、卢布林在内的全部小波兰和一部分玛佐夫舍地区、华沙、其余部分的玛佐夫舍地区，共48000平方公里，人口100万。”② 至此，已存在八百多年的波兰被瓜分殆尽。“波兰在1772年第一次面临瓜分的前夕，领土约为二十八万平方公里，人口一千二百万。总计三次瓜分，俄国所得的土地约占五分之三，人口约占二分之一；普、奥两国所得的土地，约各占五分之一，普得人口约二百四十万，奥得人口约三百七十万。”③

---

① 斯·凯涅维奇、维·库拉主编《波兰通史》第2卷第1分册，第309页。转引自刘祖熙《波兰通史》，商务印书馆，2006，第162页。

② 塔代乌士·韦普科夫斯基：《波兰历史小辞典》，1959年华沙版，第174页。转引自刘祖熙《波兰通史》，商务印书馆，2006，第169页。

③ 李迈先著，洪茂雄增订《东欧诸国史》，三民书局，2002，第65～66页。

（二）1795～1918 年：大国对波兰的野蛮统治

在 1795 年至 1918 年的 123 年中，无数波兰人为了民族的解放和祖国的复兴进行不屈不挠的斗争。1807 年建立了附庸于拿破仑的华沙公国，拿破仑失败后，1815 年 5 月 3 日俄、普、奥三国在维也纳会议上签订了瓜分华沙公国的条约[①]。1830 年 11 月在华沙爆发抗俄的民族起义；1846 年在克拉科夫爆发起义，同年在加里西亚掀起大规模的农民暴动；1848 年在波兹南武装起义；1863 年 1 月 22 日爆发“红党”起义。此后，波兰人民改变反抗方式，以工人为核心的反抗力量主要通过罢工的形式与压迫者展开斗争。1883 年 4 月爆发日伊腊尔杜夫 8000 工人大罢工；1892 年爆发罗兹五一罢工；1904 年爆发五一游行示威；1905 年 1 月爆发华沙和罗兹工人游行示威。虽然波兰人民的反抗运动多以失败而告终，但这些斗争动摇了压迫者的殖民统治，震动了欧洲，表现出了波兰人不屈不挠、持之以恒的反抗精神。也正是波兰人长期的反抗，才使得在亡国 123 年后，“波兰”二字得以重现在欧洲地图之上。

波兰被俄、普、奥三国瓜分之后，普鲁士及俄奥两国开始一起消化胜利果实，昔日的波兰首都华沙变成了此时普鲁士的边境城市。普鲁士对瓜分后的波兰所采取的政策可归结为“日耳曼化”，具体体现了五个方面的政策：第一，对于所获得的领土进行重新划分并冠以普鲁士的称号。格但斯克、波莫瑞被划归于西普鲁士省，大波兰、玛佐夫舍被划归于南普鲁士省，大波兰东部、维斯瓦河右岸地区被划归于新东普鲁士省。第二，控制波兰政府机构。普鲁士开除了原先在波兰政府中就职的波兰贵族，任命普鲁士官员担任要职。第三，强行推行德语，进行文化殖民。普鲁士在自己统治的地区想方设法压制波兰语，通过把德语规定为官方语言、开设德语中学等举措强行推行德语。第四，大规模移民，以期在该地区改变人口结构。据估计，在腓德烈二世（1740～1786）时期，从德国内地来到西里西亚、什切青波莫瑞、东普鲁士和西普鲁士（即格但斯克波莫瑞）等地的移民达 30 万。[②] 第五，经济掠夺。普鲁士把自己所占领的地区当成了原料产地、劳动力市场和商品倾销地，通过各种举措使德国产品进入该地区从而冲击了当地的经济，使许多波兰工厂倒闭破产，造成大量波兰工人失业。

---

① 此次瓜分，在历史上被称为“第四次瓜分波兰”。

② 刘祖熙：《波兰通史》，商务印书馆，2006，第 175 页。

拿破仑战争虽然给波兰人带来了复国的希望，依据 1807 年 7 月法国和普奥两国签订的《提尔希特和约》成立了“华沙公国”，但此时的华沙公国也只是当时法国的一个附属国而已，并成为法国侵略其他国家的马前卒。随着拿破仑在军事上的覆灭，华沙公国的命运也走到了尽头。在 1814 年 10 月 1 日至 1815 年 6 月 9 日召开的维也纳会议上，普鲁士和沙俄、奥、法等国一起对华沙公国进行瓜分，被称为“第四次瓜分波兰”。依据此次瓜分，普鲁士获得了萨克森近一半的领土、华沙公国的波兹南省、比得哥煦省、格但斯克市和托伦市，并在此基础上组建了波兹南公国。

1830 年在俄占区爆发了波兰人民谋求独立的十一月起义，起义发生后普鲁士国王腓特烈·威廉三世即增派军队协助沙俄镇压起义，包括封锁普鲁士与波兰王国的边界、禁止志愿人员进入波兰王国、普鲁士领土对俄军开放等。一年后，十一月起义以失败告终。“在起义失败后，许多起义的参加者成群结队地离开波兰经过德国向法国及其他国家逃亡。他们在欧洲各国受到当地人民的热烈欢迎。波兰政治流亡者的人数达 9000 人，其中以军人为最多。从社会成分看，有 3/4 是贵族，1/4 是城市平民和农民。他们之中有2/3集中在法国，其他 1/3 分散在英国、瑞士、比利时、美国和其他国家。”① 此后，普鲁士对起义的参加者予以重刑处罚。普鲁士还进一步在普鲁士统治区推行德语教育，规定德语成为小学必修课。此后，普鲁士持续对波兰人民进行长期的野蛮统治。

（三）1918～1945 年：复国、瓜分与奴役

从 1918 年至 1945 年，波兰经历了复国、重建、遭受入侵与奴役等历史过程。波兰夹在德国和苏联两强之间，试图通过奉行不偏不倚的“均势政策”，即尽可能既不得罪德国，也不得罪苏联以求得国家的生存，结果事与愿违，反而招致两个强邻的共同入侵。在纳粹德国闪电式入侵波兰之后，苏联也入侵了波兰东部，波兰再次被德苏瓜分。

1. 战争爆发前的波兰外交：均势政策

复国后的波兰，其疆域面积约为 1772 年被瓜分前的一半。《凡尔赛条约》已对波兰西、南和北面边界大致划定（还存在一些细节问题），但东面与苏联的边界尚未决定。波兰复国之初，困难重重，建国事业甚为艰巨。首

① 刘祖熙：《波兰通史》，商务印书馆，2006，第 225 页。

先，国内乱像丛生。复国后的波兰，为实现国家的真正统一，必须整合三个不同的瓜分区、六种不同的货币、四种不同的军用口令、三种不同的法典等。其次，国内各党派和领导人之间的争权夺利，国家的政治生活很不稳定。再次，波兰与苏德两国在边界问题上矛盾重重。上述种种影响了波兰国力的顺利恢复。虽然如此，复国之初的波兰，仍表现出了生机与活力。经济状况开始好转，1921 年 3 月 17 日，议会通过资产阶级共和国宪法，国家生活开始步入正轨。

1926 年 5 月 12 日，毕苏茨基发动军事政变，夺取国家政权，开始了他历时 10 年（1926～1935）的独裁统治。复国之初的波兰，与苏德两国的关系都很不稳定，双边关系时常处于紧张状态。波兰试图在苏德两国之间奉行不偏不倚的“均势政策”，希望在夹缝中求得生存。1932 年 7 月 25 日，波苏签订互不侵犯条约，1934 年 1 月 26 日，波德签订互不侵犯条约。波兰希望通过这两个条约求得和平，但事实证明，这两个条约并没有给波兰带来和平。战争爆发前夕的波兰，采取种种措施防止外敌入侵。波兰与德国一起瓜分捷克斯洛伐克，占领了切欣的两个县以及斯皮什和奥拉瓦的一部分（220 平方公里）；波兰还与英法两国分别签订了安全保证条约，使英法两国承担起了对波兰领土完整的保证。但这些措施既没有吓止住希特勒的扩张野心，也无法阻挡强敌的入侵。

2. 战争爆发前期的波兰：德苏接踵入侵

面对希特勒咄咄逼人的态势，英法与苏联一度走到谈判桌前。1939 年夏秋之际，英法苏三国就缔结互助条约以共同抗德一事进行谈判，但终因分歧巨大及互相猜忌而失败。获知英法与苏联谈判破裂，希特勒喜出望外。1939 年 8 月 23 日，希特勒派外长里宾特洛甫携带全权授权书赴莫斯科与苏联签订了《苏德互不侵犯条约》。同时，条约还附有涉及波兰的秘密议定书，秘密议定书“把东欧划分为苏联和德国的势力范围。议定书规定：在波罗的海国家发生领土和政治变化的情况下，立陶宛北部边界将成为苏德利益范围的边界；在波兰发生领土和政治变化的情况下，那累夫河、维斯瓦河和桑河一线将成为苏德利益范围的边界；在东南欧，苏联强调它在比萨拉比亚的利益，德国宣布它对这一地区完全没有兴趣。9 月 28 日，苏德两国对秘密议定书中划定的势力范围进行了调整：立陶宛被划入苏联势力范围，华沙以东的波兰中部地区被划入德国势力范围。”① 《苏德互不侵犯条约》使苏德两国可

① 刘祖熙：《波兰通史》，商务印书馆，2006，第 422 页。

以放手地瓜分波兰，而免除两面作战的风险。秘密议定书则对瓜分后的波兰边界做了具体划分。当做好政治准备后，苏德两国的战车踏碎了波兰山河。

1939 年 9 月 1 日凌晨，希特勒以甚为荒唐可笑的借口——为了报复波兰的挑衅——发动了入侵波兰的战争，也拉开了第二次世界大战的序幕。德国法西斯出动包括装甲部队四十四个师、一千五百架飞机在内的一百八十五万大军，兵分西南北三路，以闪电战的方式直逼波兰首都华沙。在德军强大的进攻面前，波兰军民表现出了宁死不屈的大无畏精神。八十万波兰军人在波兰人民的支持下英勇作战，甚至以原始的骑兵对抗高度机械化的坦克，战斗甚为惨烈。但面对德军的突然袭击，波军几乎毫无准备，猝不及防，加之波军装备落后，军队人数也远在德军之下，因而节节败退。9 月 1 日至 9 日，德军突破了波军的主要防线，占领了“走廊”地带、波兹南和西里西亚，攻入波兰腹地。到 9 月 17 日，波军大部分被击溃，波兰政府已难以组织较为有效的抵抗。9 月 28 日，抵抗了 12 天的华沙沦陷。9 月 30 日，莫德林沦陷。10 月 2 日，黑耳半岛沦陷。10 月 5 日，科茨克沦陷后，波兰共和国就此灭亡。

在波兰遭受德军侵略之时，作为波兰两个最重要盟国的英国和法国虽然于 9 月 3 日对德宣战，却按兵不动，也没有向波兰提供实质性的军事援助。就在波兰面对凶猛的德军入侵又孤立无援之时，遭遇第二波重大打击——苏联按照与德国的约定，出重兵占领波兰东部。9 月 17 日，苏联以保护西白俄罗斯和西乌克兰的居民为由，出兵 60 万占领这两个地区，后来更把这两个地区并入苏联版图。波军遭到苏军的突然袭击，溃不成军，20 万人被俘。复国仅 21 年的波兰，再次遭到瓜分。

3. 战争对波兰造成的结果：遭受两个强敌的蹂躏

成为亡国奴的波兰人民，受到了德苏两国非人的虐待。德军占领波兰后，对波兰人民实行种族灭绝政策，特别是大规模地逮捕和屠杀犹太人。“到 1940 年春，在并入德国的西部土地上，共建立了 600 多处杀人刑场，每处有数千人被杀害。德寇在波兰建立了数千个集中营和死亡营，其中有震惊世界的奥斯威辛集中营。从 1940 年到 1945 年，在这里被杀害的有来自 30 多个国家的 400 万人。他们还在各个城镇把犹太人集中在一起，建立犹太区，对犹太人进行集体枪杀，据估计，被杀害的犹太人达 500 万。在 6 年占领期间，波兰人在集中营和死亡营被杀害的有 410 万，在大搜捕中被屠杀或在监狱中被折磨而死的有 170 万。此外，还有 250 万波兰人被驱赶到德国从事强制劳动。”①

斯大林对待波兰人的态度也并不比希特勒仁慈。“东区的波兰人，或被杀害，或被驱入奴工营，发配到远至西伯利亚东部的克里玛河（Kolyma R.）流域、黑龙江下游的伯力（哈巴罗夫斯克）和太平洋岸的马加丹（Magadan）等地。运输途中，均乘载运牲畜的密封火车，不见天日。奴工营设备极差，在摄氏零下六十五度的气温下伐木淘金，生活状况一如索尔仁尼琴（A. Zolzhenitsyn）在其名著《古拉格群岛》（Kulag）中的描述。②”苏联对波兰人的虐待，以卡廷惨案最为突出。1940 年 3 月，联共（布）政治局当日通过决定，授权内务人民委员会枪杀 25700 名波兰“战俘”。1940 年 4 月初，正式开始处决波兰“战俘”。数百名波兰人被秘密运至卡廷森林。苏联行刑人员站在波兰人身后，用手枪对着他们的后脑开枪。经过掩埋之后，苏联人再在上面铺上厚厚的泥土。不久，第二批波兰人被运到该地区以同样方式遭到杀害。苏联在卡廷森林处共处决 4421 名波兰人，还在其他战俘营和集中营枪决了数千名波兰人。被杀的波兰人共计有 21857 人。当卡廷森林的波军士兵尸体在 1943 年 4 月 13 日被德军发现之后，斯大林却抵死抵赖，反而诬称是德军所为。真相直到 1990 年才得以昭示天下。③“到 1945 年，当战争最终结束的时候，波兰失去的人口比例是最高的”④。纳粹对波兰犹太人更是实施种族灭绝政策。“1939 年，波兰有 350 万犹太人，解放后除 20 万居住在苏联的波兰犹太人外，波兰国内只剩下 10 万犹太人，仅波兰就有 300 万犹太人在法西斯的屠刀下丧生”⑤。在 1944 年 8 月 1 日至 10 月 2 日，爆发了华沙起义。在华沙起义的 63 天时间里，“有 20 万军民阵亡，其中有 18000 名战士。……起义失败后，希特勒命令彻底毁灭华沙城，把一座雄壮美丽的城市夷为一片废墟。”⑥

---

① 瓦·尤尔盖维奇、维·别甘斯基等编《历史上的军事技术策略和战略》，第 635 页。转引自刘祖熙《波兰通史》，商务印书馆，2006，第 436 页。

② 李迈先著，洪茂雄增订《东欧诸国史》，三民书局，2002，第 308 页。

③ 2010 年 4 月 10 日，波兰总统莱赫·卡钦斯基赴俄罗斯参加“卡廷事件”70 周年纪念活动，在斯摩棱斯克“北方”军用机场附近，飞机失事坠毁，共有 96 人在事故中遇难，其中包括总统夫人以及很多波兰高官。这再次唤醒了波兰人对“卡廷惨案”的记忆，使“卡廷惨案”在近期难以完全地走进历史。

④ Zoran Pavlovi'c eds., *Poland*, New York: Chelsea House, 2008, p. 45.

⑤ 吴友法：《德国现代当代史》，武汉大学出版社，2007，第 245 页。

⑥ 刘祖熙：《波兰通史》，商务印书馆，2006，第 458 页。

（四）1945～1989年：冷战背景下的德波关系

二战结束后，德国分裂成东西两德。随着冷战的爆发，世界分裂成了两大阵营，东德从属于以苏联为首的社会主义阵营，西德从属于以美国为首的资本主义阵营。波兰与东德一道归于苏联的麾下，1948年10月18日，波兰同东德建立了外交关系。此后，在冷战这一大背景下，分属不同阵营的西德与波兰分庭抗礼，虽然在此过程中双方的关系有所缓和，但对抗仍居于主流。

二战结束不久之后即爆发冷战，在冷战中西德的外交政策是同美国结盟，特别是在安全上依靠美国的核保护伞，同时推动西欧国家的联合。由于德国分裂成了东西两德，而西德面临着国际上的代表性问题，所以在1955年7月22日，阿登纳政府发表声明，宣布西德“在国际事务中代表全体德国人民”。当年12月在波恩召开的西德驻外使节会上更是抛出了“哈尔斯坦主义”（Hallstein－Doktrin），依据这一主义的原则，西德在外交上不跟与东德建交的任何国家（除苏联外）建立或保持外交关系，故而西德没有与波兰建交或保持外交关系。除此之外，西德也拒绝承认东德与波兰之间的奥德－尼斯河边界线。而此时的波兰，其国内外政策都受制于苏联，外交政策的主基调是同苏联和其他社会主义国家结成友好同盟关系。随着美苏关系走向全面对抗，波兰加强了同东德的关系，同时与西德走向了对抗。

20世纪60年代初，西德与波兰的关系走向缓和。1963年，施罗德任西德外长后，西德与波兰建立了商务代办机构。1966年3月，西德发出“和平照会”，建议与苏联以及包括波兰在内的东欧国家达成有关不使用武力解决国际争端的协议。此后，西德在外交上开始实施“新东方政策”，即“全面改善联邦德国与苏联、东欧国家的关系，承认战后欧洲领土与边界现状，承认德意志民主共和国，大力发展联邦德国与东方的经济合作和贸易往来，并努力促使‘西柏林问题’的解决。”① 依据这一政策，1970年12月7日西德与波兰两国政府签订了《联邦德国和波兰相互关系正常化基础条约》，这一条约和当年西德与苏联签订的《莫斯科条约》统称为《东方条约》。条约“毫无保留地尊重欧洲各国现有边界内的领土完整”，确认包括波兰、东德之

---

① 陈安：《试论“新东方政策”产生的背景与根源》，《西欧研究》1984年第4期。

间的奥德－尼斯河边界线在内的欧洲各国边界是不可侵犯的。[①] 虽然在冷战期间，西德与波兰的关系时有缓和，但是相互对抗的本质并没有因此而改变。正如1969年至1974年的西德总理勃兰特所言："我们的东方政策是建立在我们的西方政策之上的……向东方争取谅解和合作，目的是想促进欧洲和平和合作。"[②] 这种对抗性的关系，直到1989年波兰走上资本主义道路以及冷战结束才得以彻底改变。

二　德国与波兰：地缘政治

1904年，英国地理学家哈尔福德·约翰·麦金德发表了《历史的地理枢纽》一文，从而创立了与海权相对应的陆权理论。他把他的思想归纳为三句名言："谁统治了东欧，谁就统治了大陆腹地；谁统治了大陆腹地，谁就统治了世界岛；谁统治了世界岛，谁就统治世界"[③]。陆权理论揭示了地缘在国家政治特别是外交方面的巨大影响和作用。德国与波兰是邻国，两国关系不可避免地受到地缘政治的影响。

（一）德国和波兰的地理特征

德国（包括其前身普鲁士）位于欧洲中部，东邻波兰、捷克，南接奥地利、瑞士，西接荷兰、比利时、卢森堡、法国，北接丹麦，濒临北海和波罗的海，是欧洲邻国最多的国家。邻国众多，加之直至1871年才实现德意志民族的统一，使得这一民族在很长的历史时期中具有强烈的不安全感。"地势北低南高，可分为四个地形区：北德平原，平均海拔不到100米；中德山地，由东西走向的高地块构成；西南部莱茵断裂谷地区，两旁是山地，谷壁陡峭；南部的巴伐利亚高原和阿尔卑斯山区，其间拜恩阿尔卑斯山脉的主峰祖格峰海拔2963米，为全国最高峰。主要河流有莱茵河（流经境内865公里）、易北河、威悉河、奥德河、多瑙河。较大湖泊有博登湖、基姆湖、阿莫尔湖、里次湖。西北部海洋性气候较明显，往东、南部逐渐向大陆性气候过渡。平均气温7月14～19℃，1月－5～1℃。年降水量500～1000毫米，

① 吴友法：《德国现当代史》，武汉大学出版社，2007，第354页。
② 维利·勃兰特：《会见与思考》，张连根等译，商务印书馆，1979，第442～443页。
③ 〔英〕麦金德：《民主的理想与现实》，武原译，商务印书馆，1965。

山地则更多。[①] 可见，德国除了是一个邻国众多的国家之外，也是一个山地、湖泊、河流较多的国家，与一些国家相比甚至显得有点贫瘠。

最近三百年以来波兰的版图一再更改，与德国不同，现在的波兰“大部分为低地和平原，位于中欧东北部，西与德国为邻，南与捷克、斯洛伐克接壤，东邻俄罗斯、立陶宛、白俄罗斯、乌克兰，北濒波罗的海。海岸线长528公里。地势北低南高，中部下凹。海拔200米以下的平原约占全国面积的72%。境内主要山脉有喀尔巴阡山脉和苏台德山脉。主要河流有维斯瓦河（长1047公里）和奥德河（波兰境内长742公里）。最大的湖泊是希尼亚尔德维湖，面积109.7平方公里。全境属于由海洋性向大陆性气候过渡的温带阔叶林气候”[②]。除此之外，波兰气候怡人，每年的五月至九月是波兰较美丽的季节，天气温暖而阳光明媚，九月更是被誉为“波兰金色秋天”的开始。可见，波兰在地理上有两大特征：一是大国环绕，二是拥有富饶的土地资源。

（二）地理因素对德波两国的影响

在人类的发展进程中，地理因素无可避免地会对一个国家和民族产生影响。对于德波两国而言，地理因素影响了德意志民族和波兰民族两大民族的民族特性，进而也影响到了两国关系。

如前文所述，德国除了是一个邻国众多的国家之外，还是一个山地、湖泊、河流众多，资源相对贫瘠的国家。加之德意志民族长期没有统一，在一定程度上迫使德意志民族唯有自强以生存、唯有自强以统一，进而使得德意志民族形成了许多民族特性，如讲究秩序、忠于职守、兢兢业业、追求效率、对时间精确把握、踏实勤奋、重实惠而不尚虚文，同时还富有纪律性、服从性和团体精神。这样的民族特性，在和平时期有利于为国家创造大量的物质财富和精神瑰宝；但一旦体现在战争方面，则往往会展现出极强的战斗力。如德意志民族的服从性、纪律性、团体精神、忠于职守、时间观念等特性，是一支强大军队所应有的素养。而贫瘠的土地、众多的山川和河流，又容易使得这个民族趋于封闭保守，进而形成尚武好斗的民族特性。加之德意

① 新华资料：《德国概况》，http://news.xinhuanet.com/ziliao/2002-03/27/content_333436.htm（访问时间：2015年3月28日）。

② 新华资料：《波兰概况》，http://news.xinhuanet.com/ziliao/2002-06/18/content_446140.htm（访问时间：2015年3月28日）。

志长期没有实现统一，周边邻国众多，特别是大国环绕，一旦掌权者处置不当，就很容易把德意志民族的侵略性展现出来。当德国的侵略性被激发，加上拥有较高素养的军队，其战斗力就不容小觑。在强大的德国面前，其他柔弱的民族很难不受侵扰。

与德国所处的地理环境不同，波兰的地理环境则优越许多，国土大部分是平原，气候温和、阳光明媚。这在一定程度上也影响到了波兰民族特性的形成。波兰人幽默、斯文、注重礼节、自大，同时“愉悦、冲动、轻佻和不认真兼而有之”①。这样的民族特性，是不容易形成强大的军事战斗力的。加之波兰有近八成的国土是平原，鲜有崇山峻岭的天险可守，一旦受到外敌的大规模入侵，很容易被攻陷。这也正是二战时期纳粹德国得以用坦克对波兰发动“闪电战”的原因。

对于波兰而言，其国家和民族悲剧在很大程度上受到所处地理环境的影响。“一个国家的自然环境赋予了其人民机遇和挑战。波兰的自然状况也并不例外”②。波兰的土地孕育了波兰人民，同时也给波兰人民带来了巨大的伤痛。当人们打开世界地图的时候，会发现波兰的西面是德国、东面是俄国，波兰就如同三明治一样被夹在这两大国之间，波兰所处的特殊地理位置也预示着这个国家的历史终究无法平静。“在波兰人看来，他们的悲剧是由地理位置决定的——波兰介于俄罗斯和德国这两大巨头之间。在俄、德两大势力的威迫下，波兰不得不在它们之中做出一个选择。当无法做出这艰难的决定时——从波兰的历史中我们可以看到，确实是这样——波兰不得不与这两大对头斗争，而斗争的结果就是波兰丧失了独立的自由。”③ “夹缝”中的波兰，有过辉煌的历史。建国于1025年，早在966年便接受基督教，在16世纪达到了国力鼎盛时期，不但打败了强邻俄国，而且领土面积在1634年达到了99万平方公里，成为面积仅次于俄国和土耳其的欧洲第三大国。但鼎盛过后的波兰，却经历了被瓜分——复国——再被瓜分——再复国的惨痛历史。波兰近三百年来跌宕起伏的历史，是与其所处的地理位置密切相关的，从其所经历的四次重大历史事件中可窥一斑。

---

① 〔美〕耶鲁·瑞奇蒙德：《解读东欧人》，徐冰、于晓言译，中国水利水电出版社，2004，第48页。

② Zoran Pavlovi'c eds., *Poland*, New York: Chelsea House, 2008, p. 16.

③ 〔美〕耶鲁·瑞奇蒙德：《解读东欧人》，徐冰、于晓言译，中国水利水电出版社，2004，第47页。

（三）地缘政治与德波恩怨

应该看到，德波恩怨与两国之间的地缘政治因素分不开。一战之前，波兰相对弱小，而德国及此前的普鲁士又明显强大于波兰，且长期与欧洲大陆的其他大国争雄。这就注定了波兰会受到德国的蹂躏。两次世界大战之间，波兰处于德国和苏联两个大国的夹缝当中，且刚刚复国的波兰实力非常弱，几乎无法依靠自身力量抵抗强敌入侵。正是波兰特殊的地理位置及当时的国力，使其成为希特勒的首要入侵目标，并且为亡国后波兰所受到的践踏埋下了伏笔，波兰人民在华沙起义中的遭遇就是其中一例。从属于1939年9月18日晚撤往伦敦的波兰流亡政府的波兰地下抵抗武装“救国军”，在1944年8月1日发动了华沙起义，波兰起义军之所以选择在那时发起武装暴动，其中一个目的是想用本国武装来解放波兰，不想让苏联红军染指，以避免波兰被苏联赤化。很显然这与苏联的计划背道而驰，因为对于苏联而言，需要在紧挨苏联的波兰扶持一个亲苏政权。所以，虽然苏联红军早在1944年7月29日就已经达到维斯瓦河的东岸，但他们没有向波兰地下军提供任何帮助。在没有获得盟军援助的情况下，波兰起义军几乎无法在强大的纳粹面前取得胜利，这也注定了华沙起义的失败。“华沙起义中，有20多万波兰人死亡，其中只有1.6万为起义军。而接受投降的起义军达到1.7万人，里面的922人为救国军军官。华沙起义失败后，华沙所有的平民都被赶出了城，有8.7万华沙人被送往德国强制服苦役”①。波兰所处的地理位置，成为苏联必争之地。当苏联发现很有可能会出现一个反苏政权时，对华沙起义采取了袖手旁观的态度，任由纳粹蹂躏波兰。

二战结束后，波兰加入社会主义阵营，成为华沙条约的缔约国，也成为美苏两大超级大国对抗的前哨阵地。而此时的联邦德国加入资本主义阵营，成为北大西洋公约的缔约国，同样成为美国争霸的工具。正因德国和波兰所处的地理位置，加之此时两国分属两大对抗性阵营，致使两国在冷战时期长期处于对抗状态。纵观德波几百年的历史恩怨，地缘政治这一因素都在如影随形地影响着两国关系。墨西哥有一句辛酸的谚语：“墨西哥的不幸，在于离上帝太远，离美国太近。”此话可以用于形容美国与墨西哥的历史仇怨，

---

① 中华网：《惨烈的华沙大起义：波兰人死战不降20多万人死亡》，http://military.china.com/history4/62/20131204/18194293_3.html。

但此话所揭示的道理与逻辑同样适用于德国与波兰的历史恩怨。如把此话改写用于形容德国与波兰，可以是："波兰的不幸，在于离上帝太远，离德国太近。"

三 德国与波兰：欧洲化

（一）北约框架下的德波军事合作

1989 年中东欧剧变后，波兰处于政治经济体制转型中，政府对其国防政策进行重大调整，目标是实现军队国家化，军事体制和军事战略与欧美相一致，并加入北约。1990 年，波兰政府开始改革国家的军事体制，"波兰人民军"更名为"波兰军队"；波兰全国武装力量统帅由国防委员会主席改为总统，总统通过国防部和总参谋部对全国武装力量进行领导和指挥；军队国家化，军人特别是军官不能介入政治斗争，也不能参加任何政党或政治组织。1992 年 10 月 22 日，国防部改为文职机构，并与总参谋部分开。国防部负责制定政策，总参谋部负责贯彻执行。1991 年 3 月 31 日，华约组织宣布解散。1991 年 12 月 25 日，苏联解体。波兰对国家的兵力部署做出重大调整，将防御重心由波德边界转向波苏边界（苏联解体后，变为波兰与乌克兰、白俄罗斯的边界）。

华约解体后，波兰积极发展与西方国家的军事关系，把加入北约特别是密切与美国的军事关系作为其对外军事关系的重中之重。1991 年 9 月，别莱茨基总理访问美国时，宣布了波兰加入北约的决心。同年 10 月 5 ~6 日，波兰领导人在与捷克斯洛伐克、匈牙利两国领导人会晤时，就三国加入北约组织事宜交换意见。1992 年 10 月 7 日，苏霍茨卡总理访问布鲁塞尔北约总部，她宣布"成为北大西洋联盟的正式会员是我们的战略目标"。1994 年 4 月 25 日，波兰同北约签署"和平伙伴关系框架"文件。为早日加入北约组织，波兰开始按北约组织的标准改革本国武装力量。1997 年 7 月，北约马德里首脑会议上，波兰被确定为首批加入北约的国家之一。同年 12 月，波兰与北约签订加入北约的议定书。1999 年 3 月 12 日，波兰正式成为北约成员。加入北约后，波兰与北约及其成员的军事关系更为密切，波兰也在北约中积极发挥自身的影响力。2008 年后，受全球性金融危机的影响，美国在全球事务中的能力有所下降，加之美国的战略重心向亚太地区转移，波兰的对美政策更趋理性、务实。2013 年 9 月，波兰总统科莫罗夫斯基访美。2014 年 3 月、6 月，美国副总统拜登、总统奥巴马先后访波。“波兰视北约为波兰国家安全重要支柱，支持深化跨大西洋合作和北约东扩，坚持共同防御原则，积极参与制定北约新战略和阿富汗重建，向驻阿国际安全援助部队（ISAF）派兵 1700 余人”[①]。除加入北约外，波兰也把密切与欧盟的军事关系作为其对外军事关系的一大任务，波兰于 2002 年 9 月 12 日正式加入欧洲集团军。

从北约成立之日始，德国（从统一之前的联邦德国到统一之后的德国）都一直是最主要的成员之一。波兰加入北约之后，在北约这一框架之下同德波在军事上展开了密切的合作，这从多个例子中能反映出来。如北约驻阿国际安全援助部队，波兰派遣了约一千七百名士兵参与，德国则派遣了约三千名士兵参与，德波两国在北约这一框架下共同参与了对阿富汗的维和行动。再如在近两年乌克兰危机爆发后，德波两国在北约这一框架下共同对俄罗斯进行包括军事在内的多方面制裁。这些措施包括暂停联合军事行动和人际交流等“制裁”俄罗斯的措施；暂停举行北约－俄罗斯联合行动计划；取消与俄方的低级别民事或军事会议；重新评估北约－俄罗斯全方位的合作。[②] 这都反映出德波两国在北约框架下于军事上进行了卓有成效的合作。

（二）欧盟框架下的波德政治经济合作

自波兰加入欧盟之后，德波两国作为欧盟成员，基本是在欧盟这一大框架下进行政治经济合作。

1. 欧盟框架下的德波经贸关系

经济方面，德国与波兰的对外贸易对象主要是欧盟成员，两国在经贸方面的合作则在欧盟这一大框架下进行。波兰非常重视波德关系，视波德关系为波兰最重要的双边关系。两国高层交往日益频繁，各领域务实合作不断加深。最近十年，德国都是波兰最大的贸易伙伴，也是波兰最大出口国及欧盟预算最大净出资国。波兰外资总额的五分之一来自德国。2012 年高克就任德国总统后首站出访波兰。

波兰与德国在经贸方面的紧密合作，从很多经济数据中都能反映出来。

---

① 中华人民共和国外交部：《波兰国家概况》，http://www.fmprc.gov.cn/web/gjhdq_676201/gj_676203/oz_678770/1206_679012/1206x0_679014/。

② 周珺、闫磊：《北约采取系列措施“制裁”俄罗斯》，新华网，http://news.xinhua-net.com/world/2014－03/06/c_119627518.htm。

2013 年的数据表明，波兰的主要贸易伙伴为欧盟成员，波兰前十大出口市场中的九个是欧盟成员，前十大进口来源地中有六个是欧盟成员。德国仍为波最大贸易伙伴、最大出口市场和最大进口来源地。分国别（地区）看，2013 年波兰对德国、英国、捷克、法国和俄罗斯的出口额分别占波兰出口总额的 25.0%、6.5%、6.2%、5.6% 和 5.3%，为 505.2 亿美元、131.4 亿美元、124.8 亿美元、112.9 亿美元和 107.8 亿美元，比 2012 年分别增长 8.3%、4.6%、6.4%、3.8% 和 8.5%；自德国、俄罗斯、荷兰、中国和意大利的进口额分别占波兰进口总额的 26.2%、12.1%、5.7%、5.5% 和 5.1%，为 537.3 亿美元、248 亿美元、116.9 亿美元、112.6 亿美元和 103.9 亿美元。其中，自德国、荷兰、中国和意大利的进口额分别增长 3.1%、3.4%、9.9% 和 1.8%。[①]

2014 年，根据当地金融机构调研数据，波兰出口商目的市场主要为欧洲地区，其中 57% 的出口商参与德国市场，27% 参与俄罗斯市场，参与法国和英国市场的均为 16%，捷克为 14%，意大利 13%，立陶宛 12%。[②] 由于经济实力的明显差异，对德贸易对波兰至关重要，但是对德国而言，对波贸易却远没那么重要。近年来，德国对外贸易的主要对象是传统的经济大国和新兴市场国家，对波贸易则处于相对次要的地位。虽然如此，德国的对波贸易增长迅猛。2014 年，面对欧盟的非欧元国，德国货物展现出强劲的一面，对波兰的出口额增长了 10.2%。[③]

德波两国的经贸关系虽然不断趋于紧密，但并非一帆风顺，偶尔也会传来不和谐的声音。2015 年 3 月 23 日，波兰公路运输企业举行全国性抗议活动，反对德国新出台的最低工资法。该法规定，德国运输企业和过境德国的外国运输企业的员工最低小时工资为 8.5 欧元。波兰国际公路货运协会表示，该法阻碍商品和服务的自由流动，违反欧盟自由市场原则。[④]

---

① 中国国际贸易促进委员会：《波兰对外贸易概况》，http://www.ccpit.org/Contents/Channel_3362/2015/0317/451339/content_451339.htm。

② 中华人民共和国商务部：《波兰出口主要走向欧洲市场》，http://www.mofcom.gov.cn/article/i/jyjl/m/201409/20140900747942.shtml。

③ 新华网：《德国 2014 年进出口创历史纪录》，http://news.xinhuanet.com/world/2015-02/09/c_1114311254.htm。

④ 中华人民共和国驻波兰共和国大使馆经济商务参赞处：《波兰运输企业抗议德国最低工资法》，http://pl.mofcom.gov.cn/article/jmxw/201503/20150300923864.shtml。

2. 欧盟框架下的德波政治关系

1989 年东欧剧变后，波兰把外交重心由东方转向西方，特别是要加强与美欧的友好关系。波兰的基本外交政策是：密切与美国和西欧各国的关系，争取早日加入欧共体（后更名为欧洲联盟）和北约，与苏（俄）建立平等的关系。

从 1990 年起，波兰开始与苏联拉开距离。首先，波兰政府宣布波兰不再是苏联意识形态的同盟，也不是苏联的"卫星"国。接着，在 1991 年上半年，波兰正式退出华约组织和经互会。同年 10 月 26 日，波苏两国签署了关于苏联军队撤离波兰的协议。协议规定，1992 年 11 月 15 日前，苏军将全部撤离波兰。不久，苏联解体。此后，波兰与苏联的继承国——俄罗斯的关系时好时坏，历史与现实等因素的影响使两国关系偶有波折，随着波兰加入欧盟、北约，以及美国意图在波兰部署反导系统，波俄关系时有紧张。

1989 年波兰团结工会执政后，波美关系迅速而积极地向前发展。1991 年 3 月，波兰总统瓦文萨访问美国。访美期间，美国宣布减免波欠美 70% 的债务。次年 7 月 5 日，老布什总统回访波兰，表示美国支持波兰进行政治经济改革。1997 年 11 月 10 日，波兰总理布泽克在施政纲领中强调要把同美国的伙伴关系提到"最高水平"。在波兰加入北约后，波美关系持续升温。2003 年 3 月 17 日，在法德等国反对美国攻打伊拉克之际，波兰坚定地站在了美国一边，并向海湾地区派出了由 200 名士兵组成的"霹雷"突击队。对于波兰而言，波兰在处理对美关系上秉承的原则就是波兰与美国至少保持一种"特殊关系"，以使波兰获得更大的国际声望。[①] 而与美国这种"特殊关系"，最好地体现在反恐战争和伊拉克战争这两大问题上。[②] 对于波兰而言，在外交上特别是涉及安全的问题上，波美关系优先于任何一对双边关系。因为从历史经验与现实情况来看，唯有美国主导的北约才能够给波兰提供足够的国家安全。而在波美关系之后，则是波兰与其他欧盟成员的关系。所以，在 2003 年初当美国发动伊拉克战争之后，波兰不顾与德国等欧盟国家的关系，坚定地站在了美国一边。反之，当美国与欧盟其他国家的立场趋于一致时，波美关系与波德关系能够同时前进。

---

① Roman Kuźniar, *Poland's Foreign Policy after* 1989, Warsaw: Wydawnictwo Naukowe Scholar, 2009, p. 324.

② Roman Kuźniar, *Poland's Foreign Policy after* 1989, Warsaw: Wydawnictwo Naukowe Scholar, 2009, p. 329.

剧变后的波兰外交政策秉承“欧洲第一”的原则。[①] 1990 年瓦文萨当选总统后，波兰很快就提出了加入欧共体的要求。1991 年 12 月，在经过八轮艰苦谈判后，欧共体与波兰、捷克、匈牙利三国签署了《欧洲协定》，给予这三国欧共体联系国的地位（所以该协定也被称为《联系国协定》）。1992 年 9 月 11 日，波兰、捷克斯洛伐克和匈牙利提出加入欧洲经济共同体的申请。1993 年 10 月 30 日，欧洲经济共同体更名为欧洲联盟。随后，波兰正式向欧盟递交入盟申请。1998 年 3 月，波兰正式与欧盟开始入盟谈判。2002 年 12 月，欧盟与波兰的谈判完成。2004 年 5 月 1 日，波兰正式成为欧盟成员。至此，波兰走完了“回归欧洲”的最后一步。波兰在加入欧盟后，其也面临着新的外交困局。这主要体现在波兰加入欧盟后，需要平衡本国特殊利益与欧盟整体利益之间的关系，特别是在处理与俄罗斯的关系问题上。此外，波兰在欧盟中的自我定位也是其在外交上需面临的另一问题。在加入欧盟后，波兰难以找到在这一联盟中属于自己的位置，在欧盟内“既缺乏远见，也缺乏同盟”。[②]

在波兰正式成为欧盟成员之前，德国与波兰的关系发展已经非常迅猛。1990 年 11 月 14 日，德波两国签订边界条约。1991 年 4 月 21 日，波兰政府同巴黎俱乐部签订协定，把波兰债务减少一半。1991 年 6 月 17 日，德波两国在波恩签订了睦邻友好合作条约。1991 年 10 月 18 日，波兰别莱茨基政府从德国得到 5 亿马克的赠予，作为对战争时期波兰遭受损失的赔偿。总体上看，在波兰加入欧盟的过程中，德国起到了积极的协调作用。从 1997 年开始德波两国就建立了两国定期会晤机制。虽然两国在欧盟农业补贴政策等问题上的立场有所不同，但双方依然秉持积极友好协商的态度去解决这些问题，因而并没有影响到波兰的入盟进程。2002 年，当时的德国总理施罗德就表示支持波兰尽早加入欧盟。[③] 波兰加入欧盟之后，在欧盟这一大框架下，正是历任德国总理的活动使得《里斯本条约》的签署走上了正轨，同样也是曾任德国总理的格哈德·施罗德和现任德国总理安格拉·默克尔的大力支

---

① Roman Kuźniar, *Poland's Foreign Policy after 1989*, Warsaw: Wydawnictwo Naukowe Scholar, 2009, p. 358.

② Roman Kuźniar, *Poland's Foreign Policy after 1989*, Warsaw: Wydawnictwo Naukowe Scholar, 2009, p. 306.

③ 新华网：《德国总理施罗德表示支持波兰尽早加入欧盟》，http://news.xinhuanet.com/newscenter/2002－06/19/content_447430.htm。

持，促成了波兰在欧盟的各大委员中有了合适的代表。波兰入盟十年，在欧盟的人事任命方面可谓成果丰硕，这极大地提升了波兰在国际上的形象和影响力，也增强了波兰在国际事务中所发挥的作用。波兰曾出任 2011 年欧盟轮值主席国，波兰前总理布泽克曾任 2009 ~ 2012 年欧洲议会议长，2014 年 12 月 1 日波兰前总理图斯克正式就任欧洲理事会主席，成为欧洲理事会第一个来自前社会主义国家的主席。波兰所获得的这些外交当然主要由于其自身的努力，但同时也与德国等其他欧盟成员的支持分不开。诸多事例都反映出，德波两国已经成为关系紧密的盟国。德波联盟对于波兰而言，在外交上非常重要，波兰国内有部分舆论出于历史原因极其担忧德俄合作，密切的德波联盟有助于化解这种担忧。事实上，这一战略合作伙伴关系并非针对任何人，而更多是面向欧洲的整体利益。① 而在欧盟框架下，德波两国的政治合作也得到了深化。

（三）“魏玛三角”框架下的波法德三国合作

1991 年 8 月，在德国外长根舍的倡议下，德、法、波三国外长在德国中东部小城魏玛举行首次会晤，决定建立每年定期举行三国外长会唔的合作机制，“魏玛三角”由此得名。随着三国合作领域的不断拓展和加深，“魏玛三角”会晤机制范围不断扩大，会晤的级别也从部长级升格到首脑级。1994 年 3 月，三国国防部长的定期会晤机制启动。1996 年 2 月，三国国防部长在华沙会晤后决定，三国特种部队每年进行一次联合军事演习，三国还将开展军事人员间的交往，并就军事政策展开对话。

三边合作，对加速波兰西化，无疑起了重要作用，但“魏玛三角”也是在磕磕碰碰中前行。2003 年，在波兰即将加入欧盟、法德轴心明显加强的背景下，“魏玛三角”本应逐渐巩固，但由于在伊拉克问题上立场相左，“魏玛三角”内部接连传出不谐之音。在 2003 年 2 月 18 日“魏玛三角”国防部长华沙会晤期间，与会代表着重讨论了伊拉克问题，认为缺乏磋商是“魏玛三角”出现分歧的主要原因，强调今后应加强对话和磋商机制。波兰国防部长什马伊津斯基则“不偏不倚”地批评了拉姆斯菲尔德有关新老欧洲的论述和希拉克的讲话。波兰总统同日在会见与会代表时也强调，彼此信任是欧洲和跨大西洋合作的基础，希望“魏玛三角”能够促进这种合作。“魏玛三

① 肖洋：《德国政治经济与外交》，知识产权出版社，2014，第 218 页。

角”的内部矛盾虽暂时得以缓解，但它充分暴露出欧洲内部、欧洲与美国之间不同利益的激烈碰撞。[①] 此次分歧，是近二十多年来“魏玛三角”最大的分歧，此后三角合作获得了进一步加强。

最近几年，“魏玛三角”的合作进一步深化。2013 年 7 月 5 日“魏玛三角”成员在波兰历史名城克拉科夫举行议会主席团会议，欧盟的未来和经济以及货币改革背景下的安全问题成为主要议题，会议还就美国“棱镜门”事件发表看法。波兰众议院议长埃娃·科帕奇、法国国民议会议长克洛德·巴尔托洛内、德国联邦议院议长诺贝特·拉默特以及三国各党派的代表参加了会议。会议由科帕奇主持。科帕奇在发言时说，欧盟各国应该在邻国政策上统一思想，这对保证欧洲安全十分重要。“魏玛三角”各国首先是一个能够代表欧洲各国紧密合作愿望的团体，同时有能力为欧盟合理解决自身问题建言献策。波兰建议下一届“魏玛三角”议会主席团会议将社会问题和家庭政策作为主要议题。[②] 2014 年 2 月 7 日，为期两天的讨论欧盟工业政策的“魏玛三角”经济大会在波兰克拉科夫市落下帷幕。与会者当天就欧盟的能源、基础设施、交通和通信，以及魏玛三角国家在航空航天和国防工业领域的合作问题进行了讨论。波兰总统科莫罗夫斯基、德国副总理兼经济技术部长加布里尔、法国生产振兴部长阿尔诺·蒙特布尔出席了当天的会议并讨论了怎样重建欧洲工业，以提高欧盟经济在世界上的竞争力的问题。科莫罗夫斯基表示，波兰、德国和法国三国的 GDP 占欧盟 GDP 总量的 40%，因此，魏玛三角国家应该成为欧洲现代工业的中心。[③]

四　德波双边关系：变动与影响

在现阶段，德波双边关系的发展已经达到了历史上前所未有的高度。2015 年 9 月，波兰驻华使馆的新闻官姚伟涛先生在接受中国媒体采访时就说到：“我们现在跟德国的关系非常好，应该说德国是我们在欧洲联盟最好的

---

① 新华网：《在伊拉克问题上立场相左“魏玛三角”传出不谐音》，http://news. sohu. com/65/65/news206496565. shtml。

② 新华网：《“魏玛三角”成员国议会主席团会议在波兰举行》，http://news. xinhuanet. com/world/2013 - 07/06/c_124966292. htm。

③ 国际在线：《魏玛三角经济大会在波兰克拉科夫市闭幕》，http://gb. cri. cn/42071/2014/02/08/5931s4415331. htm。

朋友，最密切的盟友。"① 在冷战刚刚结束时，德波双边关系能够达到如此高度，估计是当时任何一位政治家都没有预想到的。在冷战时期，想让德波两国实现和解，完全放下仇恨，都无异于痴人说梦，更毋宁说成为密切的盟友。回顾冷战结束后至今的德波双边关系，几乎没有人会否认德波双边关系已经发生了巨大的变化，这种变化是积极的、健康的、友好的与和平的，而且在未来也依然会朝着这样的方向发展。

探寻冷战后德波双边关系巨变的原因，总体上看有三方面。首先，是国际大环境的变化。冷战结束后，国际特别是欧洲的地缘版图发生了翻天覆地的变化。作为两大超级国家之一的苏联不复存在，美国成为世界上的唯一超级大国，成为世界上任何国家都无可比拟的强权，欧洲原来激烈对峙的两派也同样不复存在。随着苏联的解体以及东欧的前社会主义国家发生政权更迭，波兰东边的安全环境发生巨大变化。苏联的继承国俄罗斯由原来的盟国变成安全威胁，而原来西边的德国等北约国家反而成为其国家安全可靠的伙伴。在经济全球化的浪潮中，各国更关注经济竞争而非军事竞争，安全问题得到基本有效解决的欧盟更是把其中心议题放在经济问题上。随着 20 世纪 80 年代末全球化浪潮的来临，全球经济不断趋于一体化，欧盟成员内部经济更是高度一体化。经济问题已经成为政治家要考虑的首要问题。在国际特别是欧洲发生剧变的大背景下，德波两国由原来的敌对关系走向和解，走向合作也就理所当然地成为一种趋势。其次，是德国的对波政策。二战之后的德国已经不再是昔日寻求对外扩张的德国，第二次世界大战让德国付出了沉重的代价，也让德国人真正放弃了对外扩张的思维。加之受到和平主义思潮的洗礼，二战之后的德国已经几乎不可能再发动侵略战争，反而积极地寻求与邻国达成和解，争取获得二战受害国的原谅。也正因如此，才有 1970 年 12 月 7 日西德总理威利·勃兰特在华沙犹太隔离区起义纪念碑前下跪一幕。冷战结束后，统一之后的德国也同样延续了原来基本的外交理念与准则，积极地与波兰实现和解，这为日后密切的德波同盟关系奠定了基础。最后，是波兰的对德政策。对于波兰而言，在冷战时期归属苏联阵营，处于东西方对峙的前线，无论在经济还是政治上，都没有获得想获得的利益。经济方面，波兰人民的生活不仅没有追赶上西欧国家，而且双方原来就存在的经济差距被

① 木春山：《波兰德国和好给中日什么启示?》，http://www.ibtimes.com.cn/articles/45968/20150902/461702.htm。

进一步拉大。政治方面，由于苏联的大国沙文主义以及苏联领导人一系列的政策失误，许多波兰人感觉到没有获得苏联足够的尊重，甚至仅是苏联的小跟班，乃至傀儡。故而，在波兰发生政权更迭后，其国内国外政策都发生了180度的转变。国内政策由原来的实行社会主义制度转而实行资本主义制度，外交政策由原来的全面依靠苏联转为一边倒地倒向原来的西方阵营，由此才会积极地谋求加入北约和欧盟。无论加入北约还是欧盟，都需要与德国达成和解，也需要获得德国的支持。德国作为北约的主要成员之一，其在北约的地位无疑是至关重要的。欧盟内部传统上就存在德法核心之说，德国的作用更是极其关键。波兰无论要加入北约还是欧盟，都不可能离开德国的支持，这为波兰对德政策的转变奠定了基础。随着波兰加入北约和欧盟，德波两国在更宽泛的领域进行合作，也就有了制度保障。正是上述三个原因的共同作用，铸就了今天密切的德波同盟。

同时，也应该看到，德波双边关系在发展过程中也是受到多种因素干扰的。总体而言，干扰和阻碍德波双边关系发展的因素可分为两大类，一类是内部因素，另一类是外部因素。内部因素主要是存在于德波两方之间的问题，其中首当其冲的就是历史问题。正如前文所述，德波两国在历史上存在着诸多的恩怨，漫长的历史恩怨是难以在短期内就完全消弭的。不可否认，历史问题在现阶段对德波关系产生的负面效应是很微弱的，但在冷战刚结束时对双方的关系影响无疑是必须直面的问题。外部因素主要是存在于德波两方之外的问题，特别是与美国、俄罗斯等国的关系，有时会干扰到德波两国的关系。如2003年初，波兰在美国攻打伊拉克问题上站到了德国的对立面，无疑对德波关系产生了冲击。

2014年9月15日，波兰总统科莫罗夫斯基正式任命众议院议长科帕奇为总理，接替此前辞职的波兰总理图斯克。从过去近一年的情况来看，德波两国关系延续了原来的发展势头，继续在国际事务中密切合作。如在乌克兰问题上，2015年4月，波兰总理埃娃·科帕奇和德国总理默克尔在华沙会谈时就提出，双方均认为看不出有任何理由放松对俄罗斯实施的制裁。科帕奇说，乌克兰应该受到西方的“特别保护”。此后，2015年11月，20国集团（G20）高峰会在土耳其举行，包括德国在内的与会西方国家领袖同意把因乌克兰问题对俄罗斯实施的制裁措施再延长6个月，至2016年7月为止。可见，德波两国会在重大的国际事务问题上保持密切的沟通与合作，继续推动德波两国关系的前进。

结　语

今日的德波关系受到多重因素的影响，看似不再影响两国关系的历史纠纷也在偶尔干扰着两国关系。如 2006 年 8 月开始在柏林举办的“被驱逐者展览”就使两国关系趋于冷淡。[①] 同时，2014 年 9 月 1 日第二次世界大战爆发 75 周年纪念日这一天，波兰格但斯克等地举行了一系列纪念活动，悼念反法西斯战争的英雄们。波兰总统科莫罗夫斯基、德国总统高克、波兰总理图斯克等出席纪念仪式，并参加了二战受害者的纪念活动。德国与波兰之间持续了几百年的仇怨应该就此结束，两国之间也几乎不可能再发生战争，德波两国关系更是发展到了历史上前所未有的高度，两国成为关系极为紧密的同盟。但人类历史的发展并不都是一帆风顺的，也并非都会如人们所愿，未来德波两国关系何去何从，是往前走，还是后退，依然在考验着两国的政治家和生活在这片土地上的两国人民。

参考文献

李迈先著，洪茂雄增订《东欧诸国史》，三民书局，2002。

刘祖熙：《波兰通史》，商务印书馆，2006。

高德平编著《波兰》，社会科学文献出版社，2005。

孔寒冰：《东欧史》，上海人民出版社，2010。

Zoran Pavlovi'c ed. , *Poland*, New York: Chelsea House, 2008.

Sharon L. Wolchik, Jane L. Curry eds. , *Central and East European Politics From Communism to Democracy*, New York: Rowman & Littlefield Publishers, 2011.

---

① 王怀成：《历史纠纷困扰德波关系》，《光明日报》2006 年 9 月 14 日，第 12 版。

德国与捷克：从地缘历史争议到紧密的双边贸易关系

胡丽燕*

捷克无论是从地理位置还是地缘经济位置都处于欧洲的中部。作为西斯拉夫的一脉，捷克西邻德国，南接奥地利，地理位置优越，位于东西欧交界处，也是日耳曼人与斯拉夫人共生共存的交界地。冷战后，德国积极推动政治真空地带的中东欧国家加入欧盟，2004 年捷克跟随其他中东欧国家一同加入欧盟后，其在政治经济方面表现甚佳。从政治方面来看，捷克是中欧国家中最稳定的国家之一，从经济方面来看一直名列中欧国家的前茅。由于欧盟东扩后与德国经济的联系紧密，德国的经济波动影响着捷克的经济波动，但捷克至今仍是经济表现最好的中欧国家之一，2006 年被世界银行列为发达国家，2015 年人均收入已经达到 17231 美元①，但仍远远落后于 2015 年德国的 41219 美元与奥地利的 43439 美元。捷克同德国一样拥有欧盟成员、北约成员、申根国家的多重身份，与德国不同的是，捷克尚未加入欧元区。捷克之所以在政治与经济双重领域表现良好，离不开与日耳曼民族的历史渊源，其特殊的地理位置与地缘经济地位，也离不开冷战后德国对中欧的重视，重视对其展开以稳定和发展为目标的布局，东扩将捷克纳入欧盟制度与框架内，推动其以欧盟发展水平为目标的现代化。

本文分别从地缘历史与地缘经济角度来考察德国与捷克的关系，双方通过各自的经济利益与政治利益需求，在政治上既对抗冲突又携手配合，在经

---

* 胡丽燕，博士后，同济大学马克思主义学院，中东欧研究所兼职研究员。

① 世界银行，www. world bank. org.

济上既互相依赖又品尝担忧的喜悦。首先，从历史脉络中梳理日耳曼民族与斯拉夫民族的历史渊源；其次，分析冷战后德捷地缘历史冲突与发展关系；最后，从欧盟东扩后德捷在经济投资领域的合作与交往入手，分三部分阐述德捷关系的过去、现在与未来。

日耳曼民族与西斯拉夫民族的历史渊源

在中东欧历史中，斯拉夫民族的主要竞争对手是日耳曼人，这两支民族争夺的战场，北起波罗的海，南至多瑙河谷，西起易北河，东至维斯杜拉河谷和东普鲁士，有学者认为，一部中东欧历史，便是日耳曼人与斯拉夫人的斗争史。①

捷克处于中欧内陆，西邻德国，北接波兰，东靠斯洛伐克，南牵奥地利，是德国向欧洲东部延伸的内陆腹地。捷克人属于西斯拉夫民族，大约在公元 6 世纪左右来到今日的波西米亚地区，随即与周边的日耳曼人部落展开了竞争又合作的关系。捷克的前身为摩拉维亚帝国和波西米亚王国，其地理位置与德国接壤，决定了日耳曼民族与捷克人的历史纠葛。公元 9 世纪，为了抵御西方日耳曼人的威胁，摩拉维亚帝国建立，当时的领域北至波兰及德国的东南部，南至匈牙利西部，西起波西米亚，东至斯洛伐琪亚。以今天斯洛伐克境内的尼特拉（Nitra）为首都直到 9 世纪末。波西米亚王国在捷克的西部包括波西米亚和摩拉维亚，波西米亚是捷克人所建立的国家，称为“捷克之地”（CzechLand），远比摩拉维亚帝国的历史长久。斯拉夫民族进入封建形式的社会，并在 10 世纪接受基督教文明，捷克波西米亚王国的近邻是当时疆土最大的地缘帝国萨克森王国和巴伐利亚王国。11 世纪、12 世纪左右，波西米亚王国出现了许多强悍的国王，造就了当时波西米亚的繁荣，波西米亚王国利用大量的日耳曼人协助其建立城邦小镇，这些城镇包括矿城、工艺城等，同时这些城镇都居住了大量的日耳曼人。从 9 世纪建国起至 1526 年为止，波西米亚王国经历了三个主要的王朝：其中 14 世纪建造的卢森堡王朝是由神圣罗马帝国皇帝亨利七世（Henry Ⅶ）的儿子日耳曼人约翰（John）入主波西米亚为王，其子查理四世（Charles Ⅵ）统治时期，波西米亚进入黄金年代。1369 年胡斯派教徒所掀起的宗教改革运动，以及随之引起

① 李迈先著，洪茂熊增订《东欧诸国史》，台北：三民书局，2002，第 30 ~ 32 页。

的胡斯战争（Hussite War），从政治上讲是反抗神圣罗马帝国，具有斯拉夫民族反抗日耳曼民族的特点。[1] 1526 年捷克国会再度选择哈布斯堡的费迪南担任波西米亚国王，之后捷克的王冠皆由奥地利哈布斯堡王朝享有。1620 年三十年战争中，在布拉格发生了白山之役，奥地利军队打败捷克军队后，波西米亚王国更牢牢地掌握在奥地利的日耳曼人手中，后来波西米亚变成奥地利帝国的一个省，直至第一次世界大战。

19 世纪上半期受到启蒙运动和法国革命的影响，捷克人开始有了民族主义的意识，有了反抗日耳曼人统治的觉醒。同时奥地利皇帝约瑟夫二世（Joseph Ⅱ）的开明专制开启了捷克民族复兴的道路。19 世纪上半期捷克所辖领土只是奥地利的一个省，而此时捷克的官方语言为德语，大部分的工业投资者为奥地利的资本家，政治中心在维也纳，而布拉格的建筑、音乐、绘画等艺术以奥地利为中心，此时奥地利在布拉格建设了多样的巴洛克风格的建筑。随后，捷克人开始寻找自己的文化根基，包括语言、传说、历史，构建自己的艺术，包括音乐、美术、建筑等。1840 年神圣罗马帝国解体后，波西米亚改属奥地利帝国统治，维也纳会议以后，梅特涅的高压政策限制了捷克民族运动的发展。1867 年奥匈二元帝国成立，捷克没有获得和匈牙利一样的地位，而被归为奥地利的一部分，奥地利为了安抚捷克的情绪便在帝国会议中提升了其代表的比例。19 世纪末，受欧洲民主政治思潮和工业革命的影响，捷克人开始寻求组建自己的政党组织，重视工业发展，提升其在日耳曼奥地利的政治和经济地位。在此期间，以克拉玛什为领袖的国家民主党提出泛斯拉夫主义，提出中东欧的斯拉夫国家团结一致，使民族复兴意识更加明朗化，并于 1908 年在布拉格召开“泛斯拉夫会议”。直到 1918 年，奥匈帝国因为第一次世界大战战败而瓦解，捷克斯洛伐克共和国成立。

第一次世界大战期间的捷克历史是一部走向民族复兴脱离日耳曼统治的独立史。捷克共和国位于欧洲的心脏，是当代中欧诸国中的民主国家典范之一。它的疆域分为波西米亚、摩拉维亚、斯洛伐克、卢森尼亚，前两者原来属于奥地利帝国，后两者原来属于匈牙利王国。当时，就捷克各民族在全国人口（一千三百余万）所占比例而言，捷克斯洛伐克人占总人口的 65.51%，日耳曼人占总人口的 23.36%。[2] 日耳曼人成为捷克斯洛伐克的第

① Hugh Agnew, *The Czechs and the Lands of the Bohemian Crown*, 2004, pp. 55 – 68.

② 李迈先著，洪茂熊增订《东欧诸国史》，台北：三民书局，2002，第 264 ~ 266 页。

二大民族，有三百多万的日耳曼人居住在工业最发达的波西米亚西北部与德国为界的苏台德地区，这是一个拥有工业精华的地带。苏台德地区的日耳曼人是长期与捷克人混居在波西米亚之地的日耳曼人，在奥匈帝国统治期间，这里的日耳曼人地位高于省属地位的捷克人，在捷克斯洛伐克共和国成立之初，他们反对被纳入捷克斯洛伐克，从原来的主导民族变为少数民族，他们要求归属俾斯麦设计的德意志帝国。二战前夕，捷克斯洛伐克境内的日耳曼人由于受到纳粹德国的煽动，掀起自治运动成立苏台德德意志党，接受希特勒的指挥成为其第五纵队。1935 年捷克斯洛伐克国民议会选举中，该党获得了捷克日耳曼人 60% 的选票，政治影响力大大提升。

第二次世界大战期间捷克斯洛伐克遭到德国纳粹的侵略。1938 年希特勒吞并奥地利以后，捷克斯洛伐克随即陷入德国的包围之中，希特勒以苏台德问题为借口实施侵略捷克的计划。慕尼黑会议以后捷克进入第二共和时期，希特勒以苏台德地区的日耳曼人遭迫害为由吞并了捷克斯洛伐克，实际上捷克损失了三分之一的人口，三分之一的土地和三分之一的工业资源。在一战以后，捷克斯洛伐克政府对于苏台德地区的日耳曼民族并没有加以迫害，不仅保留了他们的教育文化制度，且在国民议会中赋予他们 70 多个席位，而第二次世界大战后，捷克境内日耳曼人服从希特勒的指挥背叛捷克，迫害捷克人。1945 年捷克总统贝奈斯颁布法令驱逐捷克境内的日耳曼人。之后捷克斯洛伐克归入苏联阵营，从此很长一段时间与西德没有外交关系，并视西德为冷战时期的主要对手之一，不过，其与东德保持着兄弟般的友谊。

捷克人是斯拉夫民族中与日耳曼人关系最密切，渊源最深的国家。斯洛伐克于公元 10 世纪亡于马扎尔人，直到 19 世纪才并入奥匈二元帝国。波兰于 18 世纪被俄普奥瓜分，而捷克早于 14 世纪的统治主体已经落入日耳曼人手中。19 世纪的民族复兴运动时期，为了对抗日耳曼德意志民族，讲同一种语言的同一民族主张大斯拉夫团结，并于 1848 年在布拉格召开泛斯拉夫民族会议，与此同时，俾斯麦在法兰克福召开德意志民族会议。1848 年是欧洲革命的年代，俾斯麦的德意志帝国排除了奥地利，而泛斯拉夫民族会议无疾而终，因为斯拉夫民族的复杂性远远高于日耳曼民族。[①] 第一次世界大战的导火线是斯拉夫民族暗杀奥匈帝国的日耳曼人费迪南大公，主因还是在民族

① Hugh Agnew, *The Czechs and the Lands of the Bohemian Crown*, 2004, pp. 140 - 146.

历史的长期对抗上面。捷克在二次大战中终获独立，但捷克人是受日耳曼统治最久的斯拉夫民族，是中东欧斯拉夫民族各国家中最先进和文明的国家，在民族认同上虽然已回归到斯拉夫民族，但是在大认同方面，捷克向往欧洲化，并希望寻回一次大战后中欧工业强国的形象。

冷战后德捷地缘历史冲突与关系发展

冷战后德国与捷克的关系进入了一个新的发展阶段。20 世纪 90 年代初期欧洲学者库斯指出，德捷在中欧的关系需要放在欧洲体系中观察。① 德国学者提出德捷两国应在边界明确后展开合作，意指解决了历史遗留的冲突问题后再展开与中欧的合作。② 另外，有学者指出，德捷合作重点在文化和经济交往方面，德国尤其要为捷克的经济发展提供帮助。③ 捷克学者 Vladimir Handl 指出德捷关系应该正常化与制度化，其战略利益的一致性对整个区域乃至区域间的关系都起到很大的作用。此时，德捷关系的正常化有利于整个欧洲的一体化进程。④ 1990 年捷克总统哈维尔当选三天后即访问两德，访问期间他就捷克战后驱逐苏台德日耳曼人道歉，从此开启了德捷新的双边关系。冷战后至今，德捷合作在政治上属于欧盟制度与框架下的合作，经济上，捷克的经济高度依赖德国经济的发展。

从现实角度讲，无论德国还是捷克都希望德捷关系尽快进入正常化。对于捷克，与德国关系的正常化是连接回归欧洲和发展经济的一条重要纽带。对于德国来说，冷战后的中欧国家，在经济、制度、安全及移民问题上都是东西方的缓冲区。此时德国的基本欧洲政治目标转向邻国政策，积极支持北约和欧盟东扩，同时在德国国内又不得不满足多重利益的需求，包括被捷克驱逐出境的苏台德日耳曼人的利益诉求，德国统一初期的政治选举与捷克国内的政治选举常被苏台德历史遗留问题笼罩着，成为政客为了选举需求而借题发挥的工具，阻碍德捷关系的正常化发展。

苏台德地区历史遗留问题不得不放入中东欧捷克与日耳曼人共生共存的

---

① J. Kurth，“Germany and the Reemergence of Mitteleuropa”，*Current History*，1995.

② T. Ash，*In Europe's Name*，*Germany and the Divided continent*，New York：Vintage Books，1993.

③ A. Markovits and R. Simon，“Should Europe fear Germans?”，*German Politics and Society*，1991.

④ Vladmir Handl，“German-Czech Relations：New ‘Normality’ and Lack of Empathy”，*German Foreign Policy in Dialogue*，2002，Vol，3，No. 8.

历史脉络中加以分析，而苏台德地区一直是德国与捷克地缘冲突的焦点。二次世界大战以后，中东欧发生了规模巨大的日耳曼人口迁徙运动，原来住在中东欧各地的日耳曼人，依照波茨坦会议的决定，必须于战后全部迁往德国本土。战后捷克总统贝奈斯针对苏台德地区颁布了法令，没收区域内捷克日耳曼人的财产并强迫其离开家乡，苏台德地区受害日耳曼人约 300 万，这些日耳曼人迁走以后，新的捷克人和斯洛伐克人随即迁入。尽管东德与捷克针对此地区在社会主义国家框架内达成和解，但是问题只是被暂压下来，并没有得到真正的解决。

冷战后初期的 1990 ~1992 年，捷克寻求德国的保证，确保德捷相互的边界和苏台德地区不构成安全问题。虽然捷克总统哈维尔上台后在给德国总统魏茨泽克的信中表示“我个人谴责战后对德意志人的驱逐”，引起了捷克社会的反感与紧张情绪，但捷克斯洛伐克政府在德国苏台德日耳曼人问题上坚持原有立场，捷克斯洛伐克人认为纳粹德国入侵是因，捷克的驱逐为果，拒绝做出任何让步。而此时德国为了自身的外部安全考量，以积极和乐观的态度来面对德捷关系新发展。1992 ~1997 年，捷克与斯洛伐克分离后，捷克寻求德国支持加入北约和欧盟，这期间捷克主要由克劳斯领导的公民民主党组阁政府，虽然他对欧盟的态度保持一贯的怀疑态度，但此时的捷克更关注国内的政治经济转型，同时捷克总统哈维尔积极推动捷克融入欧盟一体化进程。至此，捷克开始启动朝着欧盟标准的政治经济改革。1992 年德捷签署了《睦邻友好合作条约》，在此阶段德捷关系随着双边贸易的发展不断强化。1998 ~2002 年，德捷关系持续发展。1997 年双方签署了《德捷关于双方关系及其未来发展的宣言》，宣言中规定“各方继续对本国法律负责，并尊重对方法律观点有所不同这一事实。因此，双方宣布，不使用历史遗留的政治和法律问题影响彼此的关系”。同时，捷克国内支持加入欧盟一体化进程的左翼政党上台，积极寻求与德国合作推动北约及欧盟委员会的双边谈判，改善双边关系。

虽然冷战后，德捷关系不断升温，双方政府通过“未来发展宣言”化解苏台德历史遗留问题，但是苏台德问题在德捷关系中扮演着重要的角色，苏台德问题必要时仍被双方在政党竞选轮替时作为有争议的议题来利用。2002 年，出于两国选举需要，德国与捷克分别对苏台德地区问题发表了过激看法，致使德捷关系再次陷入紧张。德国的中右翼联合政府上台以及捷克的国会选举结果表明，两国都因内政选举需求对苏台德问题加以利用。德国政党为了得到被驱逐捷克日耳曼人的支持，在选举中重新提出赔偿问题与土地归还；而捷克总理泽曼则加以反击，他个人极端反对苏台德日耳曼人团体及巴伐利亚与奥地利的政策，同时克劳斯在国会选举时强调对德国"政治正确性"的看法。外交是内政的延续，当时双方冲突阻碍了德捷关系的发展，直到 2002 年底布拉格北约峰会和欧盟哥本哈根峰会后，德捷关系才走入新的发展阶段。2009 年，又是苏台德问题将捷克推上欧盟的风口浪尖，欧洲怀疑论者借苏台德问题对欧盟《里斯本条约》提出了挑战，对德法积极推动的欧洲一体化进程设置阻碍。同年，在捷克议会已经批准《里斯本条约》的情况下，时任捷克总统克劳斯在签署条约使其生效前提出，捷克需要得到《里斯本条约》中类似于英国和波兰的豁免权，并表示"在批准之前，捷克必须就类似的豁免条件进行提前协商"，捷克总统担心苏台德日耳曼后裔会利用条文来追溯对土地和财产的要求。虽然《里斯本条约》最终得以签署，但未来德捷两国在地缘政治上遗留的苏台德历史问题是否还会借由其他事件再度爆发，不得而知。

欧盟东扩后德捷在经济投资领域的合作与交往

在与欧盟的交往中，捷克与德国具有悠久的历史渊源。德国视捷克为其"后花园"，认为德国的经济发展能带动捷克的经济发展。中东欧近年来经济发展良好，波兰、斯洛伐克、罗马尼亚 2015 年的 GDP 平均增长了 3.5%，捷克 GDP 增长率达 4.5%。[①] 但是，有一个现实不能忽略，即在中东欧经济发展中，无论外贸还是直接投资的吸引，主要都来自德国等欧元区国家，部分国家对欧元区的依赖程度超过 80%。例如，捷克对欧元区的依赖程度就高于 80%，对外部的抗击能力较弱，受德国经济影响巨大。据不完全统计，2014 年，德国在中东欧国家的企业约有 6300 家，几乎涵盖了所有捷克的制造业。[②]

由于中东欧的特殊地缘经济关系，德国是捷克最大的出口对象国，也是第一大贸易伙伴国，主要在机械设备与交通工具领域，占捷克向欧盟出口总量的三分之一以上。出口导向型经济发展模式的捷克经济极易受到外部环境

① 经济合作与发展组织 OECD，https://data.oecd.org。

② 捷克统计局 Česk ýstatistick ýúřad，https://www.czso.cz/csu/czso。

的影响，捷克 80% 以上的出口流向欧盟国家。[①] 作为主要出口对象的欧盟，其经济的发展直接影响捷克经济的发展。迄今为止，捷克对欧盟以外国家出口份额相对很少。因此，欧债危机期间捷克经济开始好转的主要因素是欧盟内主要贸易伙伴国德国经济的好转，从而带动捷克的经济恢复。2014 年，捷克在德国出口额中所占比重为 2.8%，出口额排名第 13 位；同期捷克在德国进口额中所占比重为 3.7%，排名第 12 位；与此同时，捷克对德国出口额占其本国出口总额的比重为 25.6%，捷克自德国进口额占其进口总额的比重为 28.6%。[②] 捷克对德国出口的前几位贸易产品分别为：机械类占出口总额的 17.3%，电子类占出口总额的 13.3%，汽车类占出口总额的 12.6%；塑胶制品占出口总额的 8.4%；捷克自德国进口产品的前几位贸易产品分别为：机械类占进口总额的 19.6%，电子类占进口总额的 19.2%，汽车类占进口总额的 17.6%；钢铁制品占进口总额的 5.1%。从贸易结构中可以看出，机械类、汽车类和电子类产品均位于进出口额的前 3 位，捷克与德国进出口产品的种类和比重达到一致，从贸易结构上看既互补又是产业链的衔接。[③] 捷克对德国出口额占总出口额 50% 以上，捷克自德国进口额占其总进口额的 60% 以上。[④]

德捷紧密的地缘经济关系促使德国的经济增长拉动了捷克的经济增长，德国对中欧投资的加大，为捷克吸收邻国投资提供了机遇。以 2014 年捷克经济复苏为例，第一季度德国经济环比增长 0.8%，同比增长 2.5%，同一时期捷克国内生产总值环比增长 0.4%，同比增长 2.5%，与德国经济的复苏同步。[⑤] 从表 1 可知，德国对中东欧国家投资主要集中在捷克、波兰、匈牙利、斯洛伐克，维谢格拉德四国共达到 762.29 亿欧元，占德国对整个中东欧 13 国（捷克、波兰、匈牙利、斯洛伐克、爱沙尼亚、立陶宛、拉脱维亚、克罗地亚、塞尔维亚、斯洛文尼亚、保加利亚、罗马尼亚、波黑）投资总额 935.02 亿欧元的 80% 以上，其中捷克获得的投资资金最多，占德国对维谢

---

① 捷克统计局 Česk ýstatistick ýúřad，https://www.czso.cz/csu/czso。

② 德国统计局 Statistisches Bundesamt，https://www.destatis.de/SiteGlobals/。

③ 马骏驰：《德国与维谢格拉德国家的经贸、投资关系探究——对中国与中东欧合作的启示》，载《欧亚经济》2015 年第 6 期。

④ 捷克统计局 Česk ýstatistick ýúřad，https://www.czso.cz/csu/czso。

⑤ 德国统计局 Statistisches Bundesamt，https://www.destatis.de/SiteGlobals/。

格拉德四国总投资额的34%，超过波兰。[①]

表1 2012年德国对捷克、波兰、匈牙利、斯洛伐克投资金额

（单位：亿欧元）

国别	金额	排名
捷克	263.14	13
波兰	253.64	14
匈牙利	156.9	19
斯洛伐克	88.61	27

资料来源：德国统计局 Statistisches Bundesamt，https://www.destatis.de/SiteGlobals/，自行整理。

表2 德国在捷克经贸领域投资的企业数量

经贸领域	企业数量（家）
批发零售业	219
商业服务业	77
金属业	90
机械类	89
电子类	62
汽车类	70
总计	607

资料来源：International Trade Centre，http://www.investmentmap.org/index.aspx? ReturnUrl = %2fprioritysector_comp.aspx。

德国企业在捷克的投资主要集中在批发零售业、商业服务业、金属业、机械制造业、电子业、汽车制造业等领域，共607家企业之多。[②] 德国企业数量较多，且都为大中型企业，以制造业企业为主，其中汽车类企业居多，如汽车制造商德国大众汽车、汽车配套生产商罗纳尔公司和罗伯特博世公司。[③] 汽车工业是捷克工业主要支柱，影响着整个捷克的经济与贸易，2002～2012年捷克汽车产量增加了1.6倍。2012年比2010年增加了9.5%，2013年由于经济下滑，导致捷克汽车工业下滑了3.9%，2014年随着德国经

① 德国统计局 Statistisches Bundesamt，https://www.destatis.de/SiteGlobals/。

② 国际贸易中心，International Trade Centre，www.investmentmap.org。

③ 国际贸易中心，International Trade Centre，www.investmentmap.org。

济的好转和从捷克进口汽车的增加，捷克的汽车生产又恢复到 2010 年的水平[①]。

德国对捷克的投资模式主要是绿地投资模式，即满足德国与捷克双方需求的投资模式。第一，相较于中东欧其他国家，捷克的政治、经济、社会稳定性高。第二，捷克继承奥匈帝国的工业基础及一战以后的工业技术，可作为德国企业制造和组装的基地，为德国出口做基础加工服务。第三，捷克相较于德国本地，有一定的成熟劳动力和低成本的劳工，可以有效降低产业链中的生产成本。第四，由于地理位置相近，捷克可以作为生产腹地有效整合进德国经济圈，让其在政治、经济甚至文化上整体融入欧盟，德国也可有效利用捷克这个“后花园”的资源，这符合德捷两国在 20 世纪 90 年代初期所承认的战略关系。正如捷克学者弗拉基米尔·戈涅茨（Vladimir Gonec）所说，在经济上，捷克作为一个整体是德国的第十七块“版图”，也就是说，在经济上，捷克经济已经完全整合进了德国。[②] 由于地理位置与地缘经济因素，未来德捷关系在经济长期合作中将会相互依存和相互整合。

结　论

德捷从地缘历史上既合作又对抗，既相互依存又相互排斥，进行着日耳曼人与西斯拉夫人的统治与被统治的交替关系。捷克这支南下的西斯拉夫民族从驻足捷克这块土地开始，便一直与日耳曼民族打交道，至今已达上千年，其间经历风云变化，最终因日耳曼人的强大而被日耳曼化。由于被日耳曼化的时间最长，因而文明程度与经济发达程度都高于中东欧的其他斯拉夫民族。第一次世界大战后捷克脱离日耳曼人的统治，继承了奥地利在波西米亚的遗产，工业技术水平使其跻身世界第七大经济体。捷克在认同上已全部斯拉夫化，但在民众的生活形式和形态方面依旧带着日耳曼化的影子。

捷克虽然在经济上依赖德国，但是在外交与内政上于欧盟框架中依旧保持着一定的独立性。在支持美国攻打伊拉克问题上，在持有欧洲怀疑论的态度上，在欧债危机问题上，在针对德国提出的难民分配方案等议题上，捷克

---

① 捷克统计局 Česk ýstatistick ýúřad，https://www.czso.cz/csu/czso。

② Vladmir Gonec Re-establishing the Central Europe and returning to Europe：Slovak and Czech ideas and concepts（1989 - 2004 - 2014），2014.

并不都与德国保持一致。对于德国提出在欧洲建立能源基础设施，发展天然气，核能源，保护环境等议题，捷克则大力支持。2009 年捷克担任欧盟轮值主席国时出于自身安全考量积极推动“东方伙伴战略”，发挥中东欧国家在欧盟中的作用，以此来确保东方边境的安全。捷克的欧洲怀疑论者瓦茨拉夫·克劳斯曾表示过“捷克犹如一颗糖，放入欧盟这杯咖啡，便融化其中了”这样的担忧。

冷战后，经济上德国与捷克紧密相连、相互依存，德国视捷克为后花园，是延伸至中东欧内陆的经济腹地，将其作为第十七块“版图”整合进德国地缘经济圈。同时，也有捷克学者如奥托·匹克（Otto Pick）指出，捷克与德国关系的最大弱点是经济上对德国太过依赖，这将导致捷克在发展和转型中无法自控。[①] 德国对捷克经济整合的模式是否可以为中国在“一带一路”倡议下发展同中东欧关系提供些许借鉴与启示？这是一个值得思考的问题。

---

① Otto Pick, “German-Czech Relations: Cooperation and Conflict Between Past and Present”, *German Foreign Policy in Dialogue*, Vol, 3, No. 8, 2002.

德国与匈牙利的双边关系：历史与现实

贺　婷*

从地理位置上看，德国和匈牙利同属中欧，中间隔着奥地利，并不是邻国，但在历史长河中，德国和匈牙利的命运却多次交错。德国是欧盟中综合实力最强的国家，影响着欧洲的发展方向，匈牙利是欧洲中部小国，试图在世界舞台找到属于自己的位置。尽管两国的领土面积、经济体量和政治影响力不可同日而语，但欧洲一体化将两国的命运联系在了一起。

一　德匈关系的历史：交错的命运

匈牙利人居住在喀尔巴阡山盆地，要经过奥地利才能到达德国，然而历史上奥地利曾是德意志邦联①的一部分，奥地利的哈布斯堡家族更是长期在德意志邦联中居于有影响力的地位。19 世纪后半叶，普奥战争结束，奥地利被普鲁士打败，而后奥匈二元帝国成立，不久，普鲁士将德意志邦联统一成了德意志帝国②。德意志帝国与奥匈帝国成为邻国。一战中两国各有所图，

* 贺婷，博士，中国社会科学院俄罗斯东欧中亚研究所中东欧研究室助理研究员。

① 德意志邦联（Deutscher Bund）是在 1815 年根据维也纳会议而成立的一个松散组织，目的是团结在 1806 年神圣罗马帝国被废除后余下的德意志邦国周围。邦联设有议会，以奥地利帝国代表为主席。

② 德意志帝国（德文：Deutsches Kaiserreich）是指从 1871 年 1 月 18 日德意志统一（普鲁士王国统一除奥地利帝国以外的日耳曼地区）到 1918 年 11 月霍亨索伦王朝末任皇帝威廉二世退位为止的德国。

组成同盟，却均成为战败国，失去了大片领土。相似的命运让两次世界大战间德匈两国的目的有了某种程度的重合。为收复失去的土地，实现地缘扩张的目标，德国和匈牙利在二战前再次联合。随着第二次世界大战的结束，这两个国家再一次成为战败国。在东西方大国的势力划分下，两国的命运有所不同，匈牙利被划到苏联的势力范围内，而德国却被两方分据，民主德国和联邦德国分别有了不同的发展方向。

（一）第一次世界大战前的德匈关系

德国与匈牙利的关系要追溯到匈牙利人定居喀尔巴阡山盆地时期。匈牙利人自称马扎尔人，原本聚居在乌拉尔山以东鄂毕河流域及里海以北一带，大约5世纪中期，开始向西迁徙，并于公元896年来到位于欧洲中心地带的喀尔巴阡山盆地，开始了以放牧为主、种植为辅的生活，但也有一些部落继续向西扩张，对沿途的国家和地区进行侵略。直至公元955年，德意志国王奥托一世率领13万德意志人[①]的队伍进击，在奥格斯堡近郊的莱希河谷同10万匈牙利人对阵。各个德意志部族长期受困于匈牙利人的骚扰掠夺，这时都不分你我，不怕牺牲，共同行动，最后一举打败了强悍的匈牙利兵士。[②] 这部分匈牙利人自此停止了掠夺的生活方式，开始在喀尔巴阡山盆地定居生活。

定居后，在匈牙利人融入该地区、发展与周边国家关系的过程中，德意志人也发挥了重要作用。作为刚定居到喀尔巴阡山盆地的外来游牧民族，匈牙利人与原本生活在此处的斯拉夫人或是日耳曼人有明显区别，为避免与周边冲突，让匈牙利人稳定立足，匈牙利国王盖佐（Géza，972～997年在位）决定引入基督教，他向德意志国王奥托二世承诺，匈牙利人不再四处掠夺，请奥托二世派传教士到匈牙利。公元996年，盖佐的儿子，即后来的匈牙利国王伊什特万一世正式迎娶了巴伐利亚公爵海因里希二世的女儿吉塞拉，随这位王后定居到匈牙利的还有包括巴伐利亚牧师和骑士在内的一大批德意志人。这次联姻是匈牙利与德意志民族关系的开端，不仅加速了基督教在匈牙利的传播，使匈牙利开始融入基督教文明圈，也加强了匈牙利与周边国家的联系。

---

① 德意志人指德国和奥地利的主体民族，系古代日耳曼人的直系后裔。

② 参见郑寅达《德国史》，人民出版社，2014，第48页。

此后的若干年，匈牙利与周边国家的接触增多，德意志人多次大规模在匈牙利定居。中世纪工业和城市发展进程中，匈牙利为德意志手工业者和商人敞开了大门，很多德意志人来到匈牙利定居。1241～1242 年鞑靼人入侵匈牙利，洗劫了匈牙利，很多城堡变成废墟，人口骤减三分之一。他们离开后，国王贝拉四世开始积极组织对匈牙利的重建，大力发展城市，吸引德意志人、意大利人和犹太人到匈牙利境内定居，促进人口增长和城市建设，抵御外来入侵。1387 年至 1437 年，匈牙利王国由卢森堡家族的日格蒙德统治，他于 1410 年被选为神圣罗马帝国皇帝。

哈布斯堡家族在神圣罗马帝国的重要地位，为德意志人与匈牙利人的关系创造了机会。神圣罗马帝国全称为德意志民族神圣罗马帝国或日耳曼民族神圣罗马帝国，是 962 年至 1806 年统治西欧和中欧的一个大帝国，在德国史上被定义为“德意志第一帝国”。奥地利在神圣罗马帝国的各邦国中居于首位。13 世纪后期，哈布斯堡家族的鲁道夫伯爵成为皇帝后，占领奥地利，逐渐将奥地利作为家族的根据地。16 世纪初，奥斯曼帝国向欧洲腹地扩张，匈牙利也不幸沦于其占领之下，国家一分为三：中部和南部被奥斯曼帝国占领；东部为埃尔代伊大公国；西部和北部并入哈布斯堡王朝统治下的奥地利。这是匈牙利历史上最艰难的时期，国家分裂，经济和社会发展落后。1658 年埃尔代伊大公国沦为奥地利的管辖地，1686 年哈布斯堡王朝统治下的神圣罗马帝国占领了布达，1699 年奥地利帝国击败奥斯曼帝国，根据《卡洛维茨和约》，兼并了匈牙利全部领土。持续两个世纪的战争和国家分裂阻碍了匈牙利的经济和社会发展，城镇和乡村都受到了不同程度的破坏，尤其是南部土耳其人占领的区域。土耳其人离开后，匈牙利终于迎来了经济发展和社会进步的契机。

此后一个世纪，德意志移民在匈牙利的经济社会发展中起到了重要的作用。战争留下的不仅是城镇的荒凉和田野的凋敝，还有人口的大幅减少。经济和社会的发展需要人力。18～19 世纪哈布斯堡王朝统治时期三次吸引德意志人到匈牙利定居，这些德意志人很快融入当地的生活，对 18 世纪匈牙利的发展起了重要作用。在卡罗伊三世[①]统治时期出现了第一波德意志移民，

① 匈牙利国王卡罗伊三世，即神圣罗马帝国皇帝查理六世（Charles Ⅵ，1685 年 10 月 1 日～1740 年 10 月 20 日），罗马人民的国王（称卡尔六世，Karl Ⅵ）（1711～1740 年在位），匈牙利国王（称卡罗伊三世，Ⅲ. Károly，1712 年起），波希米亚国王（称卡雷尔二世，Karel Ⅱ.），帕尔玛公爵（称卡洛二世，Carlo Ⅱ）。

他们主要是来自施瓦本和符腾堡的地主，来到匈牙利的多瑙河以西地区、大平原地区和中北部山区落户安家。第二波德意志移民出现在玛丽亚·特蕾西亚女王[①]掌权时期，结束了一年战争后，这位女王在1762年颁布了让德意志人定居到匈牙利地区的命令，这批移民不再以地主为主体，而是以巴登、卢森堡等地区得以自由迁徙的农民为主，他们的迁徙受到免征数年的税金以及提供建筑帮助等优惠条件的鼓励。第三波德意志移民出现在1782年约瑟夫二世[②]统治时期，大批德意志移民从普法尔茨、法兰克福、黑森和符腾堡等地来到匈牙利定居，他们中的大多数去了南部地区，少数去了佩斯、埃斯代尔公姆、瓦什等地。尽管在哈布斯堡王朝，尤其是玛丽亚·特蕾西亚女王和约瑟夫二世统治时期，匈牙利的经济得以发展，却没有独立自主的权力。哈布斯堡王朝不仅将大批德意志人迁入匈牙利，还将德语定为匈牙利的官方语言。19世纪中期，中东欧国家普遍处于民族觉醒时期。1848年3月15日，匈牙利布达佩斯爆发了起义，短时间内取得了成功，但很快在9月遭到了奥地利皇帝的镇压。匈牙利人被迫发起民族解放战争，战争持续一年。1849年，沙皇俄国在奥地利皇帝的求助下，出兵匈牙利协助镇压革命。8月13日，匈牙利军队投降，革命失败，哈布斯堡王朝继续统治匈牙利。

19世纪后期，匈牙利人终于争取到了与德意志人平等的待遇。19世纪中后期，哈布斯堡王朝在普奥战争中失利。战败的奥地利必须将威尼提亚省割让给意大利，永远不得干预德意志一切事务，丧失对原德意志邦联内成员国家的影响力。奥地利战败后，哈布斯堡王朝被削弱，国际地位下降，战争也使国库亏空。1867年，即普奥战争结束后一年，经过谈判，哈布斯堡王朝与匈牙利通过协议，成立二元君主国奥匈帝国。

（二）两次世界大战与德匈关系

第一次世界大战爆发前，德国与奥匈帝国已是同盟。19世纪七八十年代，德国、奥匈帝国和意大利建立了针对俄国和法国的三国同盟，1879年，

① 玛丽娅·特蕾西亚（德语：Maria Theresia，匈牙利语：Mária Terézia；1717年5月13日～1780年11月29日），奥地利女大公，匈牙利和波西米亚女王，神圣罗马帝国皇帝查理六世之女，皇帝弗郎茨一世的妻子，皇帝约瑟夫二世的生母。

② 约瑟夫二世（Josef Ⅱ，1741年3月13日～1790年2月20日），哈布斯堡－洛林王朝的奥地利大公，1764年成为罗马人民的国王（1764～1790年在位），1765年加冕为神圣罗马帝国皇帝（1765～1790年在位），1780年起为匈牙利国王和波希米亚国王。

在俾斯麦的推动下，德奥签署了“同盟条约”。1882 年，德、奥、意三国签署了“同盟条约”，三国同盟正式建立。德国成为三国同盟的核心。为对付“三国同盟”，1892 年，法国和俄国达成了军事协议，它规定一旦法国遭到德国或是德国支持的意大利的进攻，俄国将以全部军事力量进攻德国，一旦俄国遭到德国或是德国支持的奥匈帝国的进攻，法国应以全部的军事力量来进攻德国。1904 年和 1907 年英法协约和英俄协约分别签署。欧洲两大军事集团就此形成，战争一触即发。1914 年 6 月 28 日，塞尔维亚青年刺杀了奥匈帝国的费迪南大公及其妻子，这成了第一次世界大战的导火索。奥匈帝国打算借机吞并塞尔维亚，这一意图得到了德国统治者威廉二世的书面支持。7 月 28 日，奥匈帝国对塞尔维亚宣战。7 月 30 日，俄国宣布支持塞尔维亚，并实行全国总动员。法国决定支持俄国，也于 8 月 1 日进行总动员。德国要求俄国和法国停止总动员，没有得到答复。8 月 1 日，德国对俄国宣战。8 月 3 日，德国对法国宣战，同一天，德国入侵比利时，开始军事行动。8 月 5 日，奥匈帝国向俄国宣战，之后，英法向奥匈帝国宣战。第一次世界大战爆发。

第一次世界大战并没有给德国和匈牙利带来预期的好处，反倒让它们双双陷入割让领土的噩梦。第一次世界大战的主要战场在欧洲。英、法、比等国的军队与德军在西线作战，俄国军队与奥匈帝国和德国军队在东线作战。长达 4 年的战争对同盟国和协约国都是残酷的消耗。到了 1918 年下半年，德国的盟国连吃败仗，纷纷投降。奥匈帝国处于瓦解中，匈牙利宣布独立。1918 年 11 月，德国宣布投降，第一次世界大战结束。战后，尽管百般不愿意，战败国不得不在和约上签字。1919 年 6 月 28 日德国签署了《凡尔赛和约》，1920 年 3 月 22 日匈牙利签署了《特里亚农条约》。这些条约将制裁战败国和满足战胜国利益作为目标，极大地剥夺了战败国的土地和资产，德国和匈牙利对此极为不满。德国失去了全部殖民地和海外属地，本土被割去 13%，人口损失 10%，还需向战胜国支付大笔赔款。匈牙利失去了将近 2/3 的领土和近一半人口，其中斯洛伐克和外喀尔巴阡的乌克兰地区划归捷克、斯洛文尼亚、克罗地亚，巴契卡和巴纳特西部归南斯拉夫，特兰西瓦尼亚和巴纳特东部归罗马尼亚，布尔根兰归奥地利。① 对两个条约的不满，对由此导致的捷克斯洛伐克境内有大量各自族裔人口的不满，将德国和匈牙利引向

① 参见《国际条约集（1917～1923）》，第 439～448 页。

了共同的复仇之路。

一战后，德国和匈牙利的贸易关系密切起来。受到战争削弱的各国开始恢复各自的经济。但 1929 ~ 1933 年爆发的世界性经济危机却让诸多国家陷入困境。匈牙利也受这一危机波及，人民生活水平下降。德国借机扩大在东欧地区的影响，通过提供资金和工业产品，与匈牙利等国进行粮食等农产品和石油等原料的交易。1932 年 10 月上台的匈牙利首相久洛·贡伯什很快便与希特勒接触。1933 年 6 月 2 日，两国签订了贸易和付款协定，两国在经济关系方面的合作越来越密切。贸易协定在德国和匈牙利的关系中之所以重要，正因为 1928 年以后匈牙利农产品出口陷入困境，而匈牙利恰恰是个农业国家，这一时期农业占匈牙利国民收入的 49%，匈牙利居民半数以农业为生。① 1934 年 2 月 21 日，德国和匈牙利签订了一批关于贸易往来的协定，德国将按高于世界市场的价格收买匈牙利农产品，匈牙利则购买更多的德国工业品，这些协定包括一些秘密协定，采用了与别国不同的优惠办法，这种方式将德国和匈牙利的关系联系得更紧密。

两次世界大战之间，匈牙利外交政策的核心是"收复失地"，这是匈牙利向德国靠近，并在第二次世界大战中参加轴心国的动力。一战前作为奥匈二元帝国一部分的匈牙利王国，统治着大片土地，不仅包括现在的匈牙利，还包括特兰西瓦尼亚、斯洛伐克、卢西尼亚（外喀尔巴阡乌克兰）、克罗地亚、波黑、现在塞尔维亚北部等大片土地。《特里亚农条约》却将大片领土划归邻国，匈牙利的国土面积大大缩小。根据一战后的利益得失和地位变化，欧洲各国很快分化为修约派和反修约派国家，匈牙利就是极力主张修约的国家之一，德国也伺机改变自己在凡尔赛受到的"不公正待遇"。有匈牙利学者认为："二十年来先后执政的匈牙利各届政府一直把全面修改作为凡尔赛体系构成部分的《特里亚农条约》视为己任。因此，这个东欧小国自然不会同法西斯德国对立。鉴于匈牙利只有在其邻国被击败的情况下才能满足自己的领土要求，因此就势必将实现自己的梦想——修改和约与充当希特勒侵略的帮凶连在一起。"② 1933 年 6 月下旬，匈牙利首相贡伯什与希特勒见面时就相关问题交换意见，希特勒表示"至于合约的修改，这只能靠武力来

---

① Fejes Judit, A magyar – német gazdasági és politikai kapcsolatok kérdéséhez az 1920 – as – 1930 – as évek fordulóján, Töténelmi Szemle, 1976/3.

② 〔匈〕温盖尔·马加什等著《匈牙利史》，阚思静等译，黑龙江人民出版社，1982，第 338 页。

实现，不可能有和平解决”①。两国处境相似，有着相似的政治诉求，关系越走越近。1939 年 1 月，匈牙利宣布参加轴心国的“反共产国际协定”，并退出了国际联盟。1940 年 11 月加入德意日三国的柏林公约。德国有着更大的战争野心，但匈牙利首要关心的仍是“收复失地”。与德国站在一起，匈牙利逐步收回了一战后失去的领土。1938 年 11 月，匈牙利得到了斯洛伐克南部匈牙利人聚居区，1940 年 8 月，罗马尼亚的特兰西瓦尼亚北部划归匈牙利。1941 年 4 月，匈牙利军队参与了德国进攻南斯拉夫的行动，占领了南斯拉夫多瑙河左岸的巴契卡和巴纳特等地区。在合作中得到好处的匈牙利继续跟进德国的行动。

虽然匈牙利在与德国的合作中得到了好处，但二战开始后，两国的关系变得复杂起来。德国向苏联发动进攻当天，匈牙利宣布与苏联断绝外交关系。1941 年 6 月，战争爆发后第五天，匈牙利对苏联宣战。这时匈牙利人以为德国将会最终赢得战争的胜利，不仅派兵参战，还花费了大量的人力物力满足德国的战时需要，保障对德国的粮食供应。然而好景不长，1943 年 1 月，德军大败，匈牙利军队在东部战场严重受挫。匈牙利人意识到战争将向不利方向发展，意图退出轴心国，试图与英美等国和解。德国获知这一消息后十分恼火，1944 年 3 月德国军队开进匈牙利，进行军事占领，扶植傀儡政权，阻止匈牙利退出战争。1944 年 9 月 28 日，匈牙利政府停战代表团秘密前往莫斯科达成停战协议：“第一条：匈牙利是一个独立自主的国家，别国不得干涉其内政；第二条：国防军保持其武器，它将同仍然占领匈牙利领土的或还在其领土上战斗的部队作战；第三条：匈牙利军队与俄国军队一起进攻德国。匈军退到 1937 年的边界线。边界线的最后划定，有待于今后和谈后决定。”② 德国和匈牙利的盟友关系全面破裂。1947 年 2 月 20 日的巴黎和会对匈牙利的边界问题做出了确定，基本恢复《特里亚农条约》中规定的边界。匈牙利一度夺回的领土又一次失去了，这一边界划定保留至今。

（三）冷战时期匈牙利与联邦德国的关系

二战结束后，大国主导下的雅尔塔体系在东西方之间拉起了铁幕。德国

---

① 〔美〕格哈特·温伯格：《希特勒德国的对外政策（上编）——欧洲的外交革命，1933～1936 年》，何江、张炳杰译，商务印书馆，第 148 页。

② 〔匈〕温盖尔·马加什等著《匈牙利史》，阚思静等译，黑龙江人民出版社，1982，第 355 页。

一分为二，匈牙利和民主德国同属苏联社会主义阵营，与联邦德国联系甚少。联邦德国在阿登纳时期奉行对西方“一边倒”的基本国策，在西方联盟的框架内发展，以求复兴。1956 年联邦德国提出的“哈尔斯坦主义”基本原则是：联邦政府将同所有与德意志民主共和国建立外交关系的国家断交；出于同样原因，也不同东方集团的国家建交；苏联作为四个占领国之一则是例外。1966 年，联邦德国爆发经济危机，政府更替，勃兰特出任副总理兼外交部部长。这一时期的外交政策开始变法，表示要在谅解、信任和合作的基础上同一切国家保持关系，并在条件许可的情况下与东欧国家建立外交关系。1969 年勃兰特担任总理，他任内在处理与东欧关系方面，推行“新东方政策”，争取实现三重目标：改善同苏联的关系；同东欧各国关系正常化；暂时解决德国两部分的关系。

冷战时期，匈牙利在东欧社会主义阵营中率先开始改革。1953 年 3 月斯大林逝世，此后不久，在苏联新领导人授意下，苏联和东欧国家的内政外交进行了一系列调整。匈牙利时任部长会议主席纳吉·伊姆雷进行了“新方针”的改革尝试，较其他东欧国家更早开启“非苏联模式化”进程。但由于苏联的干预，这次改革在实施 22 个月后被迫中断。1956 年 10 月 23 日爆发了“匈牙利事件”，裴多菲俱乐部在匈牙利举行集会和游行，参加者达到几十万人，他们提出了成立以纳吉为首的新政府、苏军撤出匈牙利、建立平等的苏匈关系等要求，游行者与警察爆发了冲突。事件历经十多天后，以苏联军事力量控制匈牙利全境结束。这一事件给了匈牙利沉重打击。新上台的领导人卡达尔吸取教训，在保持与苏联盟友关系的前提下，谨慎试探改革的底线。1962 年，他用“谁不反对我们，谁就和我们一起”的政策，代替了前领导人拉科西“谁不同我们一起，谁就是反对我们”的政策。20 世纪 60 年代中期的匈牙利，卡达尔全力改善与西方国家的外交关系。在双方的努力下，1973 年，匈牙利与联邦德国建立大使级外交关系，1974 年两国签订了为期 10 年的经济技术合作协定。20 世纪 70 年代末，德国成为匈牙利第二大贸易伙伴。

二 冷战后德匈关系的现实：义和利

1989 年后，伴随着东欧社会主义阵营的瓦解和柏林墙的拆除，两国关系进入了新的历史阶段。1989 ~ 1992 年，德国和匈牙利都处于政治社会变革和过渡时期，匈牙利为民主德国公民进入联邦德国打开了方便之门，拉开了德国统一的帷幕，这一举动为此后两国的友好关系奠定了良好基础。1992～2004 年，两国正式签署“友好合作和欧洲伙伴关系条约”后，出于不同的利益诉求一起走到了欧盟东扩的道路上。2004 年以后，同为欧盟成员国的德国和匈牙利在多边框架下的双边关系进入了新的发展方向。

（一）第一阶段：1989～1992 年

20 世纪 80 年代中后期，东西方关系发生变化。美国和苏联在长期军事对抗和大规模军备竞赛后，均出现不同程度的政治经济困难。为缓和紧张局势，集中力量解决国内问题，东西方关系进入缓和期。受其影响，欧洲局势悄然改变。

1989 年 6 月 13 日，匈牙利进行圆桌会议，开始政治协商谈判，共同讨论从一党制向多党制过渡的具体问题。1989 年 10 月 18 日，匈牙利国会通过宪法修正案，将匈牙利人民共和国改为匈牙利共和国，宣布实行议会民主和市场经济。

1989 年 5 月 2 日，匈牙利拆除了与奥地利边界的铁丝网，只要持有效护照的人员就可自由进出。大批民主德国公民借到匈牙利旅游之机，经奥地利进入联邦德国。6 月 27 日，奥地利外交部部长阿洛伊斯·莫克（Alois Mock）和匈牙利外交部部长霍恩·久拉（Horn Gyula）象征性地一起割断边界隔离网，以强调匈牙利于 5 月 2 日开始的边境监察设施的拆除。8 月 19 日，匈牙利改革派政治家波日高伊（Pozsgay Imre）和欧洲议会议员奥托·冯·哈布斯堡（Otto von Habsburg）[①] 安排了泛欧洲野餐活动，奥地利和匈牙利交界的过境点肖普朗（Sopron）开放 3 小时。当天约有 600 名东德公民借机逃入奥地利。8 月 25 日，匈牙利总理内梅特访问联邦德国，他向时任联邦德国总理科尔以及时任副总理、外交部部长根舍表示，匈牙利无意阻止民主德国公民前往联邦德国。1989 年 9 月 10 日，经过与联邦德国协商，匈牙利政府允许滞留在境内的民主德国公民按本人意愿自由出境，同时宣布单方面废除 1969 年同民主德国签署的《关于禁止对方无有效证件公民区第三国的

① 奥托·冯·哈布斯堡（Otto von Habsburg，1912 年 11 月 20 日～2011 年 7 月 4 日）为奥匈帝国最后一位皇储，1979～1999 年代表巴伐利亚的基督教社会联盟任欧洲议会议员，1973～2004 年任国际泛欧联盟主席。他是中东欧国家加入欧盟的积极推动者之一。

双边协定》。此后，越来越多的民主德国的民众得以取道匈牙利进入联邦德国。这一举措打破了长期以来横亘在联邦德国和民主德国之间的障碍，为两德统一拉开了序幕。

1989 年 11 月 9 日，民主德国部长会议发言人宣布开通柏林墙和两德边界，晚上十点，柏林墙在东柏林的部分被凿出个大洞，包括民主德国人民军边防军在内的所有边防部队未对这件事情做出任何阻挠，柏林墙在政治意义上已经倒塌。1990 年 5 月 18 日，民主德国政府和联邦德国政府签订关于建立两德货币、经济和社会联盟的第一个《国家条约》。8 月 31 日，双方签订第二个《国家条约》，条约规定，两德和平自主地通过民主与自觉的方式实现统一。1990 年 10 月 3 日，德意志民主主义人民共和国正式加入德意志联邦共和国。统一后的国名为“德意志联邦共和国”，原联邦德国的《基本法》继续沿用。雅尔塔体系不复存在，冷战正式结束。

1989 年匈牙利开放边境对两德统一的贡献让德国人对匈牙利人始终存有感激。德国总理科尔曾说，“敲下柏林墙第一块砖的是匈牙利”①。作为小国的匈牙利，借由这次事件，在国际舞台，尤其是在与德国的关系中，有了一次引人注目的表现，也为下一阶段两国关系的发展奠定了重要的基础。

（二）第二阶段：1992 ~2004 年

冷战结束后，国际格局调整，德国和匈牙利也各自面临外交政策的调整。地处中欧腹地的匈牙利，处于东西大国交界地带，几个世纪以来，多次卷入大国间战争，受地缘政治和小国禀赋的制约，要在大国的夹缝中求生存，匈牙利自身的力量太过单薄，因此，其对外政策的主要方向是尽快加入更为强大的欧洲现有的政治、经济和军事机构。另外，受文化认同和价值取向的影响，尽快加入欧洲和跨大西洋一体化的进程也符合冷战后匈牙利的国家利益，匈牙利可以借此进入更为灵活的多边平台，无论在政治、经济还是安全领域，都能获得更大的活动空间。德国方面，两德统一后，综合实力增强的德国能够在冷战后欧洲的国际体系中重新发挥大国作用。德国的未来在欧洲，德国认为，只有在一体化的欧洲，德国才能实现利益最大化，而中东欧国家正处在欧洲一体化的前沿。1990 年，时任德国外长根舍就曾说，“德

---

① http://www.auswaertiges - amt.de/sid_2CFCDDFD136C3B7A0ABD5D15FABB4333/DE/Aussenpolitik/Laender/Laenderinfos/Ungarn/Bilateral_node.html.

国的命运置身于欧洲的命运之中”。他同时表示，德国对中东欧地区的发展负有“特殊责任”，只有所有欧洲国家都踏上“欧洲道路”，才能防止“新民族主义的复活”，欧洲共同体各国人民共存的“新文明”应该在全欧统一精神中起决定性作用，为在中东欧国家的变化过程创造牢固的政治、经济、社会和生态基本条件是发展欧洲稳定政策的重大任务。[①] 中东欧地区不仅对德国的国家安全有重要意义，对德国的经济也有重要意义。对德国而言，帮助匈牙利等中东欧国家加速转型，并加入欧洲一体化，有助于德国东部区域的安全稳定，有助于德国重新树立在欧洲的角色和地位，有助于开辟新的商品市场，同时还可以打消邻国对德国的顾忌。中东欧国家与德国的利益直接相关。由于匈牙利对两德统一的贡献，在中东欧国家中，德国对匈牙利更为感激。对欧盟东扩的调查显示，匈牙利入盟的支持率是中东欧国家中最高的。[②]

东欧剧变，两德统一后，整个欧洲大陆的安全格局发生了巨大变化。1991 年 2 月，华约国家外长在莫斯科会晤，决定解散华约。随着华约的解散，两大军事集团对峙的局面结束了，冷战在欧洲结束了。在这一地区仍处在诸多不稳定因素的情况下，匈牙利作为该地区的一个小国，没有能力保障自己的安全。中东欧地区的民族主义和种族冲突是始终未能解决的安全隐患，欧亚大陆政局的不稳定也是安全威胁。除了与周边邻国签订双边条约，建立诸如维谢格拉德集团的地区合作组织以保障自身安全，匈牙利试图加入欧洲现有的多边安全合作组织——北约，以寻求更大的安全保障。在东扩问题上，北约一度表现积极，德国也持赞成意见。1991 年 6 月，在哥本哈根召开的北大西洋委员会决定，鉴于华约已经解体，北约应加强同中东欧国家在各种级别上的军事接触，11 月，北约在罗马召开首脑会议，决定将同中东欧国家的政治和安全问题的对话制度化。德国认为，将中东欧国家吸纳到北约这一安全网络中，将有助于这一地区的稳定，对东西欧都有好处；如果中东欧国家加入北约，西方可以不再担心出现大规模移民，德国可以有稳定的边界；如果北约不吸纳中东欧国家，可能导致德国和俄罗斯在这一地区发生利益冲突。德国将匈牙利视为向东的桥头堡而非缓冲带，对匈牙利的军事发展

---

① 熊炜：《统一以后的德国外交政策 1990～2004》，世界知识出版社，2008，第 110～111 页；陈乐民：《东欧巨变与欧洲重建》，世界知识出版社，1991，第 162～165 页。

② Andrea Gawrich and Maxim Stepanov, German Foreign Policy toward the Visegrad Countries, Patterns of Integration in Central Europe, DGAP analyse, September 2014, No. 17.

给予了一定支持，将原属于民主德国的价值 1.5 亿马克的武器提供给匈牙利。1996 年，两国国防部签署了一项军事技术合作协议。[①] 1997 年 7 月，北约国家首脑会议在马德里举行，确定包括匈牙利在内的三个中东欧国家第一批加入北约。1999 年 2 月 10 日，匈牙利总统签署了加入北约的文件。匈牙利加入北约后，德国和匈牙利在安全领域的合作多是基于北约框架。两国都参与了部分北约军事行动，在北约对阿富汗和科索沃的军事行动中进行了合作。匈牙利派驻阿富汗的军事小组从德国那里得到了技术设备的支持。德国在阿富汗和科索沃得到了匈牙利军事医疗站的帮助。[②] 加入北约后，德国和匈牙利的安全合作都基于北约框架。在涉及本国安全和地区安全的问题上，德国和匈牙利往往能保持一致意见。2015 年 2 月 2 日，德国总理默克尔访问匈牙利时就乌克兰危机发表意见，她表示，德国不会向乌克兰提供武器，她认为，乌克兰发生的冲突不应该通过军事途径解决。匈牙利总理欧尔班对此表示赞同。

德国在匈牙利加入欧盟的进程中始终持支持态度。1991 年 12 月，在德国的大力推动下，欧共体同波兰、匈牙利和捷克签署了《欧洲协定》（Europe Agreements），给予这三个国家欧共体联系国的地位。《欧洲协定》取代原有的东西欧贸易和合作协定，把欧共体同中东欧国家的经济关系的主要内容从以援助为主转向以贸易和投资为主，为中东欧国家与欧共体的关系建构了新的发展框架。《欧洲协定》形式上是一个经济协定，但又具有明显的政治特征。1993 年 6 月，欧盟哥本哈根首脑会议首次承诺，一旦中东欧国家达到欧盟提出的入盟标准，就将接纳中东欧联系国入盟。入盟标准也因此被称为“哥本哈根标准”。哥本哈根入盟标准的主要内容为：政治标准：稳定的民主机制，保护民主、法律和少数民族权利；经济标准：具有一个能发挥效能的市场经济；申请国必须采纳共同体法规（Community Acquis）：坚持各项欧盟的政治、经济、货币目标。[③] 哥本哈根首脑会议之后，匈牙利和波兰正式向欧盟递交了入盟申请。

“哥本哈根标准”出台后，德国利用担任 1994 年下半年欧盟轮值主席国的机会，将东扩作为重要政治议题，同时将这一议题列入德国政府的工作重

---

① Jana Vrbová, *Germany and the East Central Europe since 1990*, Prague, 1999, p. 206.

② Bővítenék a magyar – német katonai együttműködést, http://2010 – 2014. kormany. hu/hu/honvedelmi – miniszterium/hirek/bovitenek – a – magyar – nemet – katonai – egyuttmukodest.

③ http://europa. eu. int/scadplus/leg/en/cig/g4000a. htm#a10.

点。德国的努力对推动匈牙利等中东欧国家入盟具有重要意义。1994 年 12 月，德国在埃森主持了欧盟首脑会议，讨论了欧盟同中东欧联系国关系的最新发展，要求欧盟委员会制定中东欧国家入盟的核心战略，即《中东欧国家准备加入欧盟战略》。这一战略的基础是：深化联系国与欧盟成员和欧盟机构的关系（加强建设性的对话）；执行《欧洲协定》；通过“法尔计划”实施财政援助，核心内容是帮助中东欧联系国加入欧盟的内部大市场，推动中东欧联系国在入盟前逐步与欧盟政治和经济体制统一，实现与共同体法的趋同。

德国对匈牙利的支持还体现在财政援助上。在欧共体/欧盟的多项援助计划和项目中，德国提供了相当比例的资金，是匈牙利的重要援助国。1998 年德国在中东欧国家的直接投资额达 80 亿马克，是中东欧地区投资最多的国家，投资的 80% 集中在波兰、匈牙利和捷克（波兰和捷克均为德国的邻国）。①

1997 年 12 月，卢森堡首脑会议决定启动“全面扩大进程”，批准同包括匈牙利在内的 6 个国家（其他 5 国是捷克、爱沙尼亚、波兰、斯洛文尼亚和塞浦路斯）进行入盟谈判。2002 年 12 月，欧盟在哥本哈根召开的首脑会议上，结束与波兰、匈牙利、斯洛伐克、立陶宛、拉脱维亚、爱沙尼亚、捷克、斯洛文尼亚、塞浦路斯和马耳他 10 个候选国的入盟谈判，这些国家 2004 年 5 月 1 日成为欧盟正式成员。

（三）第三阶段：2004 年东扩以后

2004 年 5 月 1 日，匈牙利等 10 国正式加入欧盟，德国和匈牙利的双边合作与多边合作愈加频繁。这次扩大是欧盟历史上规模最大的一次，使得欧盟的经济总量上升，市场扩大，成为世界上最大的经济和贸易实体。不仅惠及匈牙利等新入盟国家，更让德国等老欧盟国家受益。欧盟内部便利的商品和人口流动，有利于贸易的促进，德国和匈牙利之间的贸易量逐步攀升，合作领域不断拓宽，人员的流动也带来了技术的流动，促进双方经济的增长。经贸合作是这一阶段德国和匈牙利关系中最重要的发展领域。

然而好景不长，2008 年金融危机对全球经济带来负面影响，随之而来的欧洲部分国家的主权债务危机使欧盟经济雪上加霜。匈牙利也受到影响，一度需要国际基金组织的贷款来渡过难关。受欧盟国家经济不景气的影响，匈

---

① 熊炜：《统一以后的德国外交政策 1990 ~ 2004》，世界知识出版社，2008，第 120 页。

牙利的进出口在2009年出现了大幅下降。在这一背景下，2010年上台的匈牙利政府意识到，单纯依赖欧盟发展经济，一旦欧盟经济疲软，自顾不暇，匈牙利经济也难有起色。因此，提出了“向东开放”政策，将对外政策的重点向俄罗斯、中国等东方国家倾斜，试图在东西方之间达到平衡。而德国作为欧盟经济的发动机，更多承担带动欧盟经济走出困境的责任。

随着国内外经济环境的好转，以及主要进出口国经济增长的带动，2010年后匈牙利的经济逐步复苏。2014年，伴随着欧盟经济的缓慢复苏，匈牙利经济整体表现出强劲的回升，国内生产总值达1372.38亿美元，增长3.6%，高于欧盟28国1.4%的平均增速，基本恢复至危机前水平。随着欧洲经济环境的逐步好转，匈牙利的进出口有望保持稳定上升趋势。2014年，匈对外贸易总额达1624.51亿欧元，同比增长4.1%，其中出口844.75亿欧元，进口779.76亿欧元，分别增长3.9%和4.3%。贸易顺差64.99亿欧元，下降0.9%。如按美元折算，匈全年贸易额为2163.45亿美元，同比增长4.4%；其中出口1124.85亿美元，进口1038.60亿美元，分别增长4.1%和4.6%。匈牙利的进出口仍主要依赖欧盟成员，2013年出口额的77.1%去往欧盟成员，进口额的71.6%来源于欧盟成员。2013年匈牙利前四大出口市场为德国、罗马尼亚、奥地利和斯洛伐克，前四大进口来源国为德国、俄罗斯、奥地利、斯洛伐克。[①] 德国是匈牙利第一大出口目的国、第一大进口来源国，是匈牙利在欧盟内最重要的贸易伙伴。

德国和匈牙利之间进出口贸易的重要组成部分是德国的汽车企业在匈牙利的投资。德国汽车行业在匈牙利的投资在其全球投资中排第四位，仅次于瑞典、中国和美国。匈牙利出口增长主要得益于汽车工业、农业及制造业等传统行业的拉动。增长引擎是汽车制造业，全年产值同比大幅增长23%；其中出口同比增长21%，占汽车行业产值的比重高达93%，出口产品中近一半销往德国。据报道，匈牙利梅赛德斯——奔驰工厂计划进一步扩大产量。工厂负责人表示，2014年该厂汽车产量为15万辆，较2013年增加5.9万辆；目前需求仍在不断上升。另据报道，奥迪匈牙利公司2014年上半年业务发展迅速，营收达37.12亿欧元，同比增长33%。目前，该公司的主营业务仍是发动机及零部件生产，但从2013年开始加大整车生产，上半年共生产发动机106万台，同比增长4.6%；下线A3豪华轿车和各系敞篷车整车

---

① 数据来源：匈牙利统计局，www.ksh.hu。

6.6 万辆，增长 4 倍；雇佣人数创下纪录，高达 10756 人，增长约 14.5%。奥迪上半年投资 2.89 亿欧元用于扩大生产线，自建厂以来累计投资达 70.24 亿欧元。①

匈牙利曾是中东欧国家中引进外资最多的国家之一。国际金融危机爆发后，外资纷纷抽逃。2009 年的外国直接投资剧减至 22.8 亿美元，仅占 GDP 的 1.8%。受国际金融危机和欧洲主权债务危机影响，匈牙利吸收外资势头有所减弱。但德国仍为匈牙利第一大外资来源地，2013 年来自德国的 FDI 占匈牙利吸纳 FDI 总量的 25%。德国投资领域主要集中在金融、通信、汽车、电子等行业。匈牙利可以提供廉价且训练有素的劳动力，而德国可以提供先进的技术，在匈牙利的投资是德国与匈牙利经济关系中的重要组成部分。

加入欧盟后，德国和匈牙利的贸易联系日益密切，一方面，匈牙利在这种密切的贸易往来中获得更多收益；但另一方面，过多的依赖使得这种关系并不平衡，匈牙利经济对德国的依赖度较高，匈牙利的进出口严重依赖德国，对德国资本的依赖度也较高，但匈牙利却只是德国第十六大贸易伙伴。这种不平衡是两国的资源禀赋和经济总量决定的。从长远来讲，在全球经济和安全局势没有大变动的前提下，如果德国经济发展稳定，对外投资稳定增长，匈牙利经济在可预见的未来仍可依赖德国。

在政治上，两国都将欧洲一体化视为各自国家发展的前提。欧盟一体化的推进，有利于构建一个有相同价值观的政治联合体，有利于欧洲的安全、稳定和发展，德国是这一观念的支持者和推动者，并在欧盟一体化的深化中发挥重要作用。匈牙利金融危机中陷入困境，经济衰退，民粹主义和疑欧主义有所抬头。2010 年匈牙利议会选举中，欧尔班领导的青年民主主义者联盟－匈牙利公民联盟（简称青民盟）与其竞选伙伴基督教民主人民党（简称基民党）组成的联盟获得议会 386 个席位中的 262 个，占有三分之二以上的多数席位。在随后的四年中，青民盟利用其优势，在议会中通过了多项招致国内外议论之声的法案，出台银行特别税，改革养老金制度，拒绝国际货币基金组织贷款，实行“非正统经济政策”，主张“东方开放政策”。欧尔班的这些举措使国内外不满之声迭起。欧盟内的主要西欧国家都对其进行指责。德国反对派也对欧尔班的这些举措严厉批评，默克尔也曾表示要努力让

① http://hu.mofcom.gov.cn/article/jmxw/201408/20140800696429.shtml.

匈牙利回到正确轨道。[①] 但与其他反对者的指责相比，德国政府对老朋友的态度应该说是较为温和的。有学者则认为，虽然匈牙利采取了一些不同于西欧主流的政策，但这种不同的前提仍是欧洲一体化。已经加入欧盟的匈牙利在自身经济受挫时，无法像德国那样一如既往地强力支持一体化的推进，但欧盟内的进出口贸易为匈牙利的经济增长提供了动力。经济发展依赖欧盟，安全保障依靠北约的匈牙利，在一体化的进程中，更有可能实现经济的长期增长和国家利益的最大化。从这一点来说，欧洲一体化的推进对德国和匈牙利同样重要。也只有在欧洲一体化背景下，两国关系才能得到更长远的发展。

三 结语

德国和匈牙利虽非邻国，却因共同的利益诉求有过命运的交集，这些交集成为当前两国关系的基础。但是，历史不能决定未来，现实中的关系发展更多是基于当前共同的利益和今后发展的可能性。近二十多年，两国政治和经济上联系密切，关系友好。2015 年初德国总理默克尔访问匈牙利前的一次调查结果显示，匈牙利人认为德国是匈牙利的最重要盟友，支持两国之间密切的政治与经济合作。32% 的被访者称德国是匈牙利的首席盟友，多达 52% 的被访者说他们支持德国与匈牙利之间更紧密的政治关系，52% 的被访者认为加深两国经济关系很重要。[②] 欧洲的未来是德国和匈牙利两国共同的发展前景，在欧洲一体化大背景下的两国有着共同的发展目标，如何在共同关切的问题中继续合作，在贸易的不平衡中找到平衡，在两国关系中继续探寻可持续发展的契合点，是今后德国和匈牙利双边关系持续发展要面临的关键问题。

参考文献

Andrea Gawrich and Maxim Stepanov, German Foreign Policy toward the Visegrad Countries, Patterns of Integration in Central Europe, DGAP analyse, September 2014, No. 17.

Herzog Tamás: A magyar – német gazdasági kapcsolatok főbb jellemzői, Európai Tükör,

① http://www.neurope.eu/article/tension-between-germany-and-hungary/.

② http://www.xindb.com/news/xiongyalixinwen/2015/0210/14213.html.

2010/2. február.

Inotai András：A Közép – és Kelet Európai országok és Magyarország szerkezeti átalakulása a Németországba irányuló export tükrében（1989 – 2000）, Kihívások, 2001. december.

Központi Statisztikai Hivatal：Magyar – német gazdasági kapcsolatok főbb jellemzői, Statisztikai Tükör, 2009. III. évf. 145. szám.

Kőrösi István：A magyar – német kapcsolatok fejlődésének elmúlt 20 éve（1989 – 2009）a tíz új EU – tagországgal összehasonlítva, Külügyi Szemle, 2009. 3. szám 15.

Peisch Sándor："Soha nem felejtjük el nektek…" A magyar – német kapcsolatok az elmúlt két évtizedben, Külügyi Szemle, 2009. 3. Szám.

Masát András：A magyar – német kulturális kapcsolatok húsz éve, Európa, Régiók, Nemzetek, 2009/2.

Horváth László：Gondolatok a német – magyar katonai kapcsolatokról, Nemzetvédelmi Egyetemi Közlemények.

Eiler Ferenc：A magyarországi német kisebbség kronológiája（1987 – 2000）.

Fejes Judit, A magyar – német gazdasági és politikai kapcsolatok kérdéséhez az 1920 – as – 1930 – as évek fordulóján, Töténelmi Szemle, 1976/3.

Jana Vrbová, *Germany and the East Central Europe since 1990*, Prague, 1999.

孔寒冰：《东欧史》，上海人民出版社，2010。

熊炜：《统一以后的德国外交政策 1990 – 2004》，世界知识出版社，2008。

郑寅达：《德国史》，人民出版社，2014。

〔美〕格哈特·温伯格：《希特勒德国的对外政策（上编）——欧洲的外交革命，1933 ~ 1936 年》，何江、张炳杰译，商务印书馆，1992。

〔匈〕温盖尔·马加什等著《匈牙利史》，阚思静等译，黑龙江人民出版社，1982。

李丹琳编著《匈牙利》，社会科学文献出版社，2006。

薛君度主编《转轨中的中东欧》，人民出版社，2002。

朱晓中：《中东欧与欧洲一体化》，社会科学文献出版社，2002。

陈乐民：《东欧巨变与欧洲重建》，世界知识出版社，1991。

罗马尼亚与德国的关系：小国与大国关系的缩影

曲 岩*

罗马尼亚地处欧洲东南部，与德国并不接壤，但同处欧洲大陆的两个国家在历史上有着诸多交集，形成了民族之间、国家之间千丝万缕的联系，这种联系一直延续至今。作为德国和罗马尼亚的主体民族，德意志人和罗马尼亚人在民族国家形成之前便开始交往、相互交融。一些德意志人迁徙至今天罗马尼亚境内生活，19 世纪中期，罗马尼亚甚至请德意志人来做国王。19 世纪下半叶，在现代民族国家兴起的背景下，刚刚独立的罗马尼亚和统一后的德国建立了国家间的外交关系。两国建交以来，经历了一战、二战、冷战等国际风云变幻，又经历了欧盟东扩与欧洲一体化不断加深的历史进程，罗德两国置身其中，有着密切的联系与互动。罗德两国之间的关系是欧洲小国和大国关系的一个缩影，梳理罗马尼亚与德国的关系，对于理解欧盟框架下国家之间的互动、新入盟的中东欧国家和老成员之间的关系以及地区一体化进程都具有启发意义。

一 一战前的罗马尼亚与德国关系

罗马尼亚位于巴尔干半岛，南边与保加利亚，北边与乌克兰，东北与摩尔多瓦，西边则分别与匈牙利和塞尔维亚接壤。与塞尔维亚、保加利亚之间

* 曲岩，博士，中国社会科学院俄罗斯东欧中亚研究所中东欧研究室助理研究员。

主要是以多瑙河为界，东南濒临黑海。地理位置决定了这里成为大国必争之地。奥斯曼土耳其、奥地利及其后的奥匈帝国、沙俄、普鲁士都将此处作为自己的势力范围彼此争夺。

罗马尼亚人的祖先是达契亚人。约公元前1世纪，布雷比斯塔建立第一个中央集权的达契亚奴隶制国家。公元106年，达契亚国被罗马帝国征服，达契亚人与罗马人共居、融合，逐渐形成了罗马尼亚民族。14世纪，罗马尼亚人建立了瓦拉几亚、摩尔多瓦和特兰西瓦尼亚三个公国。15世纪中叶后，瓦拉几亚和摩尔多瓦成为奥斯曼帝国辖下的附属国，特兰西瓦尼亚则长期处于奥地利和匈牙利的统治之下。此时的罗马尼亚并没有形成一个统一的政治实体，内政外交被其依附的帝国控制，德国尚未统一，两者之间并没有形成正式的国家间关系。不过，两国的主体民族罗马尼亚人和德意志人的交往早已开始。早在12世纪，德意志人便迁徙到现在罗马尼亚的领土上。11~16世纪，匈牙利控制了特兰西瓦尼亚地区，当时的国王吉萨二世邀请德意志人来到特兰西瓦尼亚进行统治。大量的德意志人也随之而来，来到特兰西瓦尼亚生活的撒克逊人（Saxon）在特兰西瓦尼亚地区建造了7座城，德语中指称该地区的意思就是“七座城”。18世纪，又有一批德意志人迁移到了东南欧，后被称作多瑙河施瓦本人（Danube Swabian），其中一支留在了萨图马雷（Satu Mare）和巴纳特（Banat），并在这里扎了根。19世纪时，在布科维纳和比萨拉比亚也形成了繁荣的德意志人社区。根据1930年人口统计数据，生活在罗马尼亚的德意志人占罗马尼亚总人口的4.1%。[①] 1945年以前，德意志人主要生活在罗马尼亚西部和北部，他们在巴纳特地区、特兰西瓦尼亚地区以及布科维纳地区一直保持着自己独特的文化社会传统。正是由于罗马尼亚境内生活着大量的德意志人，德意志人问题一直牵动着两国关系的神经，这个问题的影响一直延续到今天。

罗马尼亚和德国正式建交要追溯到19世纪下半叶，这是在罗马尼亚形成统一的民族国家和德国统一的背景下进行的。1859年，瓦拉几亚公国和摩尔多瓦公国合并，称罗马尼亚，仍隶属奥斯曼帝国。1866年，来自普鲁士王室霍亨索伦-锡格马林根家族的卡尔·埃特尔·弗里德里希成为罗马尼亚的统治者，后登基成为罗马尼亚国王卡罗尔一世。1871年德国统一之后，“立

---

① Ioan MĂRCULEȚ and Cătălina MĂRCULEȚ, “Germans in Romania Between the 1930s and the 2002s - Geographical Aspects”, *Forum Geografic. Studiişi cercetări de geografieşi protecția mediului* Year 8, No. 8/2009, pp. 146 - 151.

即与东欧国家建立密切的经济联系，以此补偿在殖民地问题上的失败”[①]。此时的罗马尼亚是农业人口占总人口3/4的农业大国，国家工业基本由国外资本家控制，德国在罗马尼亚主要的经济活动是投资建设铁路设施。1872年，由于两国经济往来逐渐密切，两国建立外交关系，罗马尼亚在柏林设立外交代表处。两国建立外交关系时，罗马尼亚还没有脱离奥斯曼帝国。1877年5月9日，罗马尼亚宣告国家独立。1878年，奥斯曼帝国在《圣斯特方诺条约》中承认罗马尼亚的独立地位。1880年，罗马尼亚作为独立国家正式与德国建交。

20世纪80年代，俾斯麦当政的德国努力促成了“三国同盟”（Triple Alliance)，即与奥匈帝国、意大利结成同盟，罗马尼亚也是该同盟的一枚重要棋子。罗马尼亚在争取独立的过程中逐渐意识到小国在外交上没有自主权，只有通过与大国结盟，才能更多地争取本国的利益。因此，1883年10月，罗马尼亚外交大臣在维也纳与奥匈帝国外交大臣签订了一项秘密条约，其中规定在一方受到不宣而战的攻击时相互援助。德国也与奥匈帝国签订条约加入同盟。该条约不断延期，最后一次延期是在1913年1月。该秘密条约使罗马尼亚在处理有时相当紧张的东南欧国际关系时处于强有力的地位。[②]

二　两次世界大战与罗德关系

两次世界大战确立了20世纪国际关系基本格局。罗马尼亚和德国都参加了两次世界大战，不同的是，德国是两次世界大战的主要参战国，影响着战争的进程，而罗马尼亚作为小国受到大国以及大国集团的钳制，在夹缝之中求得自身利益。罗马尼亚和德国这种关系贯穿于两次世界大战以及战后确立世界秩序的过程中，甚至影响到当代的罗德关系。

第一次世界大战爆发后，罗马尼亚于1916年参战。受英法俄的威胁，同时也为了夺回遭到奥匈帝国占领的特兰西瓦尼亚地区，罗马尼亚加入了协约国一方。十月革命以后，俄国与同盟国签订了停战协议。1917年11月，罗马尼亚也与同盟国签订了临时停战协定。1918年4月，经过协商谈判，罗马尼亚总理马尔吉洛曼与同盟国各国代表签署了《布加勒斯特条约》，德国

① 〔英〕诺曼·戴维斯：《欧洲史（下卷）》，刘北成、郭方译，世界知识出版社，2007，第780页。

② 〔罗〕安·奥采特亚主编《罗马尼亚人民史》，商务印书馆，1981，第227页。

在该条约中是最大受益者，“各种苛刻的条款都指向德国试图把罗马尼亚变成它的殖民地”①。罗马尼亚议会一直未能投票通过批准该条约。在签约后不久，德国及其盟国全面陷落，条款也随之无效。随着同盟国战败，1918 年 12 月 1 日，特兰西瓦尼亚公国宣布与罗马尼亚王国合并，罗马尼亚形成统一的民族国家。在一战结束后的 1919 年，巴黎和会召开，确立了一战后的欧洲秩序。罗马尼亚与其他东欧国家都“置身于新建立的共和德国与新建立的布尔什维克俄国之间的地区，比以往任何时代更为名副其实地成了‘夹缝中的国家’”②。一战之后，罗马尼亚获得了前所未有的领土范围。从 1922 年起，罗马尼亚进入工业和国民经济迅速发展、政治相对稳定的新时期。为保证国际环境的稳定，对抗战败国（主要针对匈牙利与保加利亚）的复仇企图，罗马尼亚与捷克斯洛伐克、南斯拉夫结为同盟，被称为“小协约国”。然而在当时的国际环境下，对于德国和西欧而言，“小协约国”更为重要的作用是成为与苏联对抗的“缓冲带”。

一战以来，罗马尼亚政府实行联合英法集团的外交政策。随着德意法西斯势力的崛起和苏联的日益强大，罗马尼亚政府逐渐施行了一条以联合英法为中心，与苏联谈判和解、积极引进德国资本的平衡外交政策。20 世纪 30 年代前后，随着纳粹的崛起，一方面，德国为了尽快恢复一战中遭到重创的经济，应对突如其来的经济危机，加紧了对外扩张尤其是东扩的脚步。另一方面，德国越来越多地插手境外德意志人的事务，对罗马尼亚境内的德意志人给予文化、经济乃至政治上的支持，鼓励并支持罗马尼亚的反犹组织和极右组织。对于罗马尼亚而言，一方面，德国的崛起成为罗马尼亚国家发展的榜样；另一方面，罗马尼亚也希望得到德国在安全上的庇护，抵制匈牙利的修约企图和苏联的潜在威胁。因此，罗马尼亚与德国的关系开始变得密切，当时罗马尼亚国王卡罗尔二世在与希特勒会见时明确表示罗马尼亚要与纳粹德国建立更为密切的经济联系。1928 年 11 月 10 日，两国签订了关于清除德国金融债务的协议，通过签订该协议，罗马尼亚放弃了《凡尔赛条约》中与德国相关的权益。1935 年 3 月 23 日两国签订了贸易与海运条约，该条约不仅制定出海运问题相关规章，还确立了未来两国经济往来的法律框架。随后，两国每年或每半年举行政府委员会定期会面，商讨有关两国经济发展事宜。1938 年 12 月 10

① 〔罗〕安·奥采特亚主编《罗马尼亚人民史》，商务印书馆，1981，第 257 页。

② 〔英〕艾伦·帕尔默：《夹缝中的六国》，于亚伦译，商务印书馆，1997，第 189 页。

日，罗马尼亚与德国签订协议，在协议中，罗马尼亚向德国石油出口占出口总额的25%。1939年3月，两国签订的条约中又制订了农业发展计划；建立新的工业，发展木材林业工业；建立罗德混合公司，专注采掘领域，开发石油；在工业领域开展合作，发展自由贸易区，成立商贸公司与工厂；与德国银行开展合作等。这份条约建立了罗马尼亚与德国经济金融的合作，在此基础上两国在1940年12月4日又签订了合作十年条约、1942年1月17日条约和1942年11月17日条约，以及1943年2月2日条约。

纳粹德国通过经济渗透，逐渐控制了东南欧。德国为这些国家提供了稳定的市场，出口农产品和矿产品的有利条件（罗马尼亚向德国出售小麦，定价远远高于世界市场一般价格①），在一定程度上促进了这些国家的工业发展。德国市场成为罗马尼亚产品的固定销路，价格有保证，不会受到经济危机影响。“罗马尼亚不仅收获了一个稳定的好市场，也保证了与经济经验丰富、技术水平高且有条理的伙伴保持合作。德国真正关心的罗马尼亚的石油与粮食，但是罗马尼亚确实从盟友也获得了很多，而且如果真的按照条约的条款会获得更多”②。罗马尼亚因德国的迅速发展逐渐调整经济政策，最终加入了轴心国经济体系。不难看出，20世纪30年代，正在紧锣密鼓筹备战争的德国觊觎罗马尼亚的石油和粮食资源，这是纳粹德国发动战争机器的重要资源。在罗马尼亚与德国经济合作中，自然资源丰富的罗马尼亚逐渐沦为德国的能源和粮食仓库。1939年成为罗马尼亚总理的阿尔芒德·克林内斯库曾在1938年3月13日的日记里记着这样一条：“奥地利的事件不是偶然的。它们是德国东扩计划中的第一步，其中包括整个国家，并且占领东方的原材料市场。所有坐落在这里的国家都要承受巨大的压力。奥地利，之后是捷克，接下来是因为石油拥有空军基地的罗马尼亚”③。

二战开始以后，处于大国必争之地的罗马尼亚难以幸免。传统的盟友英法集团自顾不暇，苏联以及邻国匈牙利和保加利亚都向罗马尼亚提出了领土要求，这使得罗马尼亚只有加入德意集团才能保全自己。但实际上，罗马尼亚只是德国在扩张布局中的一枚棋子，并未被德国视为真正的盟友，在面临布局平衡时，德国依然会牺牲罗马尼亚的利益。1939年8月，苏德秘密签订

---

① 〔英〕艾伦·帕尔默：《夹缝中的六国》，于亚伦译，商务印书馆，1997，第266页。

② *Din istoria relaţiilor româno - germane*, Vlad Hogea, 2014.07.14, www.ziarulnatiunea.ro.

③ Ibid.

互不侵犯条约，其中包括苏联可自由处置比萨拉比亚问题。实际上苏德条约是希特勒与斯大林在重新划分东欧势力范围上达成共识。1940 年 6 月，苏联向罗马尼亚正式提出要求归还比萨拉比亚，并且要求罗马尼亚割让北布科维纳。随后，德国又裁定特兰西瓦尼亚地区归还匈牙利，南多布罗加归还保加利亚。巴黎和会中罗马尼亚得到的领土全部被退回。罗马尼亚国内民众不满领土被割占，安东内斯库领导的强力政府上台。德国担心失去对罗马尼亚的经济控制，在 1940 年 10 月派出一个庞大的军事代表团驻扎布加勒斯特，声称保护罗马尼亚的工业中心和油田。[①] 1940 年 11 月，罗马尼亚与德国和意大利签订三国条约，成为轴心国一员。

安东内斯库想要收复领土，把期望寄托在希特勒身上，并因鼓吹民族主义和反犹主义成为最受希特勒欢迎的追随者之一。随着战争愈演愈烈，罗马尼亚遭受重创。虽然安东内斯库依旧对德国抱有幻想，期待能依靠在战争中的忠诚表现，让德国把匈牙利占领的特兰西瓦尼亚交回罗马尼亚，但是政府内部的反对派开始希望摆脱战争并为此做出努力。1941 年，德国入侵苏联。罗马尼亚作为德国最重要的东方伙伴之一，不遗余力地加入对苏战争，还有一个重要目的是收复被苏联霸占的比萨拉比亚和北布科维纳。与此同时，罗马尼亚国内认为，如果能够证明自己是比匈牙利更可靠的盟国，希特勒就会修改裁决书，把特兰西瓦尼亚归还罗马尼亚。[②] 但美国的轰炸打破了罗马尼亚的幻想。在苏联的鼓动下，美国在 1942 年 6 月对罗马尼亚产油区普罗耶什蒂展开了轰炸。面对战事的变化，罗马尼亚转而开始与英美接触，试图摆脱德国的控制。罗马尼亚外交部部长与英美政客直接协商，试图请他们的军队先于苏联军队进驻罗马尼亚。但德黑兰会议已经决定了罗马尼亚乃至整个东欧的未来命运。1944 年 8 月，苏军进入罗马尼亚，1944 年 8 月 23 日，罗马尼亚共产党举行全国武装起义，推翻了军事法西斯政权。随后，米哈伊国王宣布对德作战。1947 年 12 月 30 日，罗马尼亚废除君主制，成立人民共和国。

三　冷战时期的罗马尼亚与联邦德国关系

二战以后，在美、苏、英等二战胜利国确立的雅尔塔体系中，罗马尼亚

---

① 〔英〕艾伦·帕尔默：《夹缝中的六国》，于亚伦译，商务印书馆，1997，第 306 页。

② 〔英〕艾伦·帕尔默：《夹缝中的六国》，于亚伦译，商务印书馆，1997，第 320 页。

成为苏联主导的社会主义阵营中的一员。实际上，罗马尼亚成为苏联的卫星国之一，所有的外交行动都服从苏联。斯大林去世之后，苏联开始放松高压控制，罗马尼亚开始与西方接触，与法国、英国和美国进行对话。1964 年 4 月，罗马尼亚发表反对苏联的四月宣言，中心内容是要奉行独立自主的外交政策，不干涉他国内政，本国共产党有权独立自主解决国内问题，制定国内外政策。1968 年，罗马尼亚强烈谴责苏联和其他华约成员入侵捷克斯洛伐克。这一时期，罗马尼亚被看作社会主义阵营中的"持不同政见者"，其外交政策的主旨就在于尽量扩大与西方国家的交往与合作，以获得贷款与技术支持。1963 年罗马尼亚与联邦德国签署了协定，互派商务代表。1966 年联邦德国社会民主党与基督教民主联盟联合执政，时任总理的库特·基辛格主张改善与社会主义国家的关系。而当时罗马尼亚总理毛雷尔的父亲是德意志人，毛雷尔能够讲流利的德语，这为两国的交往提供了契机。1967 年，罗马尼亚成为继苏联之后第二个与联邦德国建交的华约成员。1969 年，勃兰特上台，联邦德国推行新东方政策，改善与东欧国家关系，罗马尼亚与联邦德国的关系进一步得到改善。20 世纪 70 年代，两国还签署了秘密协议，联邦德国给罗马尼亚德意志裔每人发放一张移民申请的批准文件，罗马尼亚将获得一定数额的报偿，数额根据移民申请者的身份而定。据媒体报告，该协定直到 1988 年 6 月 30 日均有效，每年自特兰西瓦尼亚迁往联邦德国的撒克逊人（德意志人的一支）有 11000～13000 人①。

经过 20 世纪 60～70 年代的蜜月期，罗德关系在 80 年代急转直下。随着对罗共总书记齐奥塞斯库的个人崇拜愈演愈烈，西方国家开始担心罗马尼亚的人权问题，再加上罗马尼亚的经济迅速下滑，贷款使用不当，外债增加，罗马尼亚不再是西方世界愿意交往的经济伙伴。齐奥塞斯库在 1984 年访问了联邦德国，希望在西方重建他已经受损的名声。但是有关武器控制、贸易和对待德裔少数民族的分歧导致罗德两国难以达成共识。1989 年 4 月，科尔总理宣称罗马尼亚的德裔少数民族境况不能容忍。同时，联邦德国外交部对罗马尼亚人权政策正式提出谴责。

四　冷战结束后的罗马尼亚与德国关系

1989 年 12 月，齐奥塞斯库被处决，罗马尼亚共产党下台，新政权建立。

① http://countrystudies.us/romania/77.htm.

剧变结束之后，罗马尼亚国内各项事务逐渐恢复正常，政治上建立了多党制的民主制度，经济上逐渐向市场经济转轨，外交上努力在国际舞台重塑国家形象。外交政策重点转向发展与美国关系，并融入欧洲，积极申请加入北约和欧盟。罗马尼亚与德国的关系进入新的阶段。

（一）转型初期罗马尼亚与德国关系

1992 年 4 月 21 日，时任罗马尼亚外交部部长的纳斯塔塞与时任德国外交部部长的根舍在布加勒斯特签订《罗德友好合作与欧洲伙伴关系协定》，协定强调加强两国在欧洲以及世界舞台上的合作与对话，支持鼓励两国在金融、农业、环保、交通、文化等各领域全面交流与合作。德国承诺为罗马尼亚继续拉近与欧共体经济合作创造条件，支持并帮助罗马尼亚经济发展，推进投资，并提出要加强地区合作尤其是多瑙河流域的合作。协定中还特别提到了在罗马尼亚的德意志少数民族问题，强调保护少数民族的权益。该协定为两国关系的发展确立了方向，两国在各个领域的具体合作都是建立在该协定的基础之上。

德国始终保持着对中东欧市场的浓厚兴趣。有材料显示，1988 ~ 1992 年，德国是中东欧后社会主义国家最大的贸易伙伴。① 因为低廉的劳动力、丰富的资源、潜在的市场，促进了德国对中东欧国家的投资，但德国投资较多的是原本与它经济联系较为密切的捷克、匈牙利和波兰。尽管如此，据罗马尼亚统计数据显示，自 1990 年以来，德国在罗马尼亚外国直接投资排名中始终保持着第三或第四的位置。罗马尼亚国家银行公布的年度报告显示，20 世纪 90 年代德国对罗马尼亚投资较多的产业包括建筑材料（尤其是水泥）以及汽车工业。②

（二）罗马尼亚入盟进程中的罗德关系

1990 年举行的大选中，救国阵线领导人伊利埃斯库获得胜利，赢得大选。伊利埃斯库上台之后确定的外交政策的主要方向是“回归欧洲”，将罗马尼亚纳入欧洲 - 大西洋的框架之中。因此，20 世纪 90 年代以来，罗马尼

---

① Roland Schonfeld eds. , *Germany and Southeastern Europe - Aspects of Relations in the Twentieth Century*, Sudosteuropa - Gesellschaft, 1997, p. 12.

② 参见罗马尼亚国家银行有关外国直接投资的报告，http://www. bnr. ro/Regular - publications - 2504. aspx#ctl00_ctl00_CPH1_CPH1_14364_lnkTitle。

亚外交事务的重点是积极申请加入北约，寻求与美国建立更为密切的关系；积极申请加入欧盟，加强与西欧的联系，努力融入欧洲。在这样的外交政策背景下，罗马尼亚与德国的关系较为密切，两国关系主要围绕着欧洲事务展开。德国为罗马尼亚入盟以及更好地融入欧洲提供了巨大的援助。

为帮助中东欧国家尽快达到北约和欧盟的标准，西方国家大多伸出了援手。德国发展对外援助较早，20 世纪 50 年代开始就通过各种方式对发展中国家实施经济援助。东欧剧变之后，德国对该地区的援助力度较大，帮助转型国家实现政治、经济过渡，进而加入欧盟。1994 年 5 月 6 日，罗德两国外长签订罗德技术合作条约，后经过议会批准成为法律。双方就技术合作的方向和方式达成了一致，德国承诺派专家援助，提供物质和设备支持，提供专业技术培训。德国的援助主要帮助罗马尼亚搭建市场经济框架，帮助罗马尼亚在转型中尽快达到国际市场的标准。此外，罗马尼亚财政部每年都会与德国政策性银行复兴信贷银行（KFW）签署政府间财政合作的协议，复兴信贷银行提供借款，用以支持并推动罗马尼亚中小企业的发展。在欧盟成员中，德国是对罗马尼亚提供援助最多的国家之一。1990 年至 2005 年德国向罗马尼亚捐赠了总金额超过 1.28 亿欧元的免偿还经济援助①。

虽然德国政府对待欧盟东扩态度积极，并且向罗马尼亚提供了大量经济援助，但实际上德国民众对欧盟东扩并不抱乐观态度。欧盟所做的民意调查显示，德国民众并不看好欧盟东扩，有 66% 的民众并不支持欧盟扩大。罗马尼亚入盟进程中，德国是最后一个经议会投票批准罗马尼亚入盟协定的欧盟成员。

（三）欧盟框架下的制约与互动

虽然罗马尼亚最终于 2007 年 1 月 1 日正式成为欧盟成员，但并没有作为平等的成员享受到与老成员一样的待遇。老成员对新成员在诸多问题上都进行了限制，在移民、劳动力流动等方面尤为慎重，老成员害怕新成员国家制度不健全，监管不得力，大量非法劳工涌入老成员国家，造成种种社会问题。作为老成员的代表，德国在向罗马尼亚开放劳动力市场和罗马尼亚加入申根区问题上表现消极，甚至明确反对。

---

① 参见罗马尼亚政府网站，http://gov.ro/ro/print? modul = subpagina&link = nota - de - fundamentare - hg - nr - 951 - 26 - 09 - 2012。

中东欧新成员加入欧盟之初，欧盟加强了对劳动力自由流动的限制。在欧盟的法律框架下，人员自由流动是欧盟居民的基本自由权利之一，欧盟居民无需签证，持身份证或护照可以赴其他欧盟成员国家停留 3 个月，而超出 3 个月的停留需要满足相关申请条件。但在 2004 年欧盟东扩时，老成员向新成员开放劳动力市场的进程采取了 2 + 3 + 2 模式，即在新成员入盟后 2 年内，新成员的居民赴老成员工作依旧需要工作许可（work permit），如果老成员在 2 年结束后仍然要继续限制劳动力市场，即可申请延长 3 年。这样，在一般情况下，新成员入盟 5 年后，老成员才向其完全开放劳动力市场。如果老成员仍然心存疑虑，仍可以申请延长 2 年期限。更为苛刻的是，如果老成员在完全开放劳动力市场之后仍然有疑虑，可以重新采取限制措施。2014 年 1 月 1 日，在经过 7 年的限制之后，德国成为最后一批对罗马尼亚放开劳动力流动限制的欧盟成员之一。德国担心的是放开劳动限制之后大批贫穷移民尤其是茨冈人涌入，抢占低收入劳动力市场，没有工作却依旧有权利享受同等社会福利。罗马尼亚总统约翰尼斯在 2015 年访德时表示，真正需要关注的问题是罗马尼亚大量掌握技术和有能力的劳动者离开祖国，这对于罗马尼亚来说是巨大的损失。不过，德国联邦移民难民局调查报告显示，自 2014 年 1 月 1 日起，来自罗马尼亚的移民人数与之前相比有明显增长。在此之前，罗马尼亚人更多地选择西班牙、意大利等语言和生活习惯较为相近的地方作为移民目标国家。由于金融危机的影响，这些国家近年来经济状况变差，就业市场形势严峻，因此，更多的罗马尼亚人转而选择经济形势更好的德国。2014 年 8 月，德国出台新规定，失业超过 6 个月以及恶意骗取社会福利的外国移民，将被驱逐出境。显然，在劳动力自由流动的问题上，以德国为代表的老成员还是忧心忡忡。

罗马尼亚加入申根区的进程困难重重。罗马尼亚在入盟以后的外交重点之一就是加入申根区。按照正常进度，罗马尼亚本应在 2011 年加入申根区。虽然 2011 年罗马尼亚就已经获得申根评估小组的肯定评价以及欧洲议会的支持，但由于包括德国在内的多个欧盟成员始终反对，至今罗马尼亚未能如愿加入申根区。德国没有积极地支持罗马尼亚加入申根区，它给出的理由是，罗马尼亚没有达到申根区的标准。罗马尼亚的腐败问题严重，自入盟以来就受到关注。腐败现象已经渗透到罗马尼亚社会的方方面面，边境警察和海关官员也没有例外。欧盟特设立合作与审查机制（Co - operation and Verification Mechanism），监督其打击腐败，深入进行司法改革。德国认为，虽然在合作与审查机制的帮助下罗马尼亚已经取得了巨大进步，但是仍然没有达到申根区的标准，不能放开边境管制。以德国为代表的老成员真正忧虑的是，一旦罗马尼亚成为申根区的东部边境国，那么边境控制不力就会引发整个申根区乃至欧盟的安全。2013 年德国内务部长明确表示，如果罗马尼亚坚持要举行欧盟内务部长理事会对申根问题进行投票表决，德国将投反对票。2015 年 2 月，罗马尼亚新任总统约翰尼斯访问德国时也明确提出，罗马尼亚加入申根的问题需要德国的支持。但默克尔并没有给出明确的积极答复。德国在罗马尼亚加入申根区问题上的态度，反映了老成员对罗马尼亚的不信任。对于罗马尼亚而言，入盟在某种程度上代表着转型达标，而对于老成员和整个欧盟而言，在申根问题和劳动许可方面的“层层刁难”意味着罗马尼亚在入盟之初就存在着问题与漏洞，并没有达到欧盟的标准。这种结构性矛盾，在欧盟的框架内，恐怕无法通过双边外交得到改善。欧盟成员的双边交往中既要保证本国利益，又要考虑欧盟作为整体的地区利益。欧盟的利益在某种程度上而言就是老成员的利益，因此，老成员会一直用欧盟标准为尺度，维护本国的利益，同时也制约着罗马尼亚。

虽然在欧盟框架下，罗马尼亚受到了老成员制定的种种“欧盟标准”的限制，但罗德两国在欧盟东部伙伴关系计划框架内的合作较为活跃。欧盟东部伙伴关系计划最初由波兰和瑞典在 2008 年提出。2009 年 5 月，欧盟 27 国与乌克兰、格鲁吉亚、白俄罗斯、亚美尼亚、阿塞拜疆、摩尔多瓦等 6 个原苏联加盟国的领袖和代表在捷克首都布拉格举行峰会，正式缔结“东部伙伴关系”。“东部伙伴关系”计划旨在改进欧盟与东邻国家间的合作关系，使其向欧盟靠拢，保证双方的能源安全。不过，这一机制自 2009 年成立以来，并没有取得预期的效果。德国是欧盟成员中较为积极的支持者之一。但德国更倾向于与其东部邻国发展经济伙伴关系，广阔的市场，低廉的劳动力，有利于出口与投资，这对于德国而言都是更大的利益。德国并不希望东部伙伴关系计划向政治方向发展，也就是说德国对于促成东部伙伴关系计划成为入盟前工具并不积极。罗马尼亚与东部伙伴关系计划中的摩尔多瓦关系紧密，两国有着悠久的历史渊源，罗马尼亚的外交重点之一就是发展与摩尔多瓦的关系。罗马尼亚一直以来积极推动摩尔多瓦与欧盟之间的对话。另外，罗马尼亚与波兰的战略伙伴关系也是罗积极推动东部伙伴关系计划的重要动力。在这一层面上德国与罗马尼亚有共同方向，两国领导在会面中多次涉及这方面的合作意向。除此之外，两国领导在会谈中也多次谈到了在多瑙河和黑海地区协作共同推进战略性合作。

（四）欧盟东扩后经济领域的交往与合作

罗马尼亚和德国之间的经济交往较为密切。欧盟东扩对德国而言收获颇多。德国除了获得了大量劳动力之外，还扩大了市场。从罗马尼亚统计局历年的统计数据可以看出，德国一直是罗马尼亚最大的贸易伙伴之一[①]。从表1可以看出，自2007年罗马尼亚加入欧盟，两国贸易量增速很快，尤其是德国对罗马尼亚的出口贸易额。在经历了经济危机之后，目前两国贸易量基本恢复稳定增长。2014年罗马尼亚从德国进口额度为112.18亿欧元，占罗马尼亚进口总额的19.2%。2014年罗马尼亚对德出口额度为100.99亿欧元，占罗马尼亚出口总额的19.3%。罗马尼亚从德国进口最多的一直是机械设备、电子设备。2014年德国对罗马尼亚的直接投资存量（FDI stocks）总额是74.82亿欧元，占罗马尼亚外国直接投资存量总额的12.4%，排名仅次于荷兰和奥地利。德国投资方向主要是汽车配件领域，其他优先投资领域还包括批发贸易与零售贸易、建筑业、旅游业和交通[②]。据罗马尼亚国家贸易注册办公室统计，2015年2月在罗马尼亚共有20709家德国资本注册公司，其中活跃的公司大约有8000家[③]。两国经济关系的基础是罗马尼亚－德国经济合作委员会。为推动两国之间贸易往来，2002年9月5日在布加勒斯特还成立了德国－罗马尼亚贸易事务所（AHK Romania），截止到2013年2月有500名会员。该机构主要致力于推动双边经济关系，代表了在罗马尼亚的大部分德国企业的利益。另外，在布加勒斯特、锡比乌、布拉索夫、蒂米什瓦拉、克鲁日－那波卡等地还成立了德国商务俱乐部，为德国私人企业提供商务服务与论坛。有学者认为，与其他中东欧国家相比，德国对罗马尼亚的直接投资力度并不大，原因在于德国银行在罗马尼亚没有开设支行，而开设银行对于投资者而言恰恰意味着政府对在该国投资的支持。德意志银行虽然自1998年起就在罗马尼亚开展业务，但提供的仅是投资咨询一类。如果罗马尼

---

① 1991～1996年德国一直是罗马尼亚最大的贸易伙伴，从1997年开始两国进出口贸易额有所下降，意大利成为罗马尼亚最大贸易伙伴。从2008年开始，德国又成为罗马尼亚最大贸易伙伴。

② 参见罗马尼亚国家银行有关外国直接投资的报告，http://www.bnr.ro/Regular-publications-2504.aspx#ctl00_ctl00_CPH1_CPH1_14364_lnkTitle。

③ 参见罗马尼亚司法部商务注册局相关数据，http://www.onrc.ro/index.php/ro/statistici。

亚不解决德国银行的问题，德国对罗投资现状不会得到明显改变①。

表 1　罗马尼亚与德国进出口贸易额（2006～2014）

单位：亿欧元

	2006 年	2007 年	2008 年	2009 年	2010 年	2011 年	2012 年	2013 年	2014 年
进口	1.77	88.45	94.09	67.42	78.54	94.11	95.33	102.43	112.18
进口增长率		43.2%	6.4%	-28.3%	16.5%	19.8%	1.3%	7.4%	9.5%
出口	40.60	50.09	55.35	54.41	67.66	84.23	84.12	91.93	100.99
出口增长率		23.4%	10.5%	-1.7%	24.4%	24.5%	-0.1%	9.3%	9.9%

数据来源：罗马尼亚统计局官方网站（http://www.insse.ro/）。

（五）文化教育领域交往以及少数民族权益

两国在文化教育领域的交往与合作也较为密切。1991 年两国签订了有关派遣德国教师赴罗马尼亚的协议，1995 年签订了有关两国文化合作的协定，1996 年签订了关于两国中学合作的协定。1999 年罗马尼亚文化学院在柏林建立。德国也在雅西、克鲁日、锡比乌、蒂米什瓦拉和布拉索夫等地建立了德国文化中心。在布加勒斯特的歌德学院和“尼古拉斯·雷瑙”中学还可以用德语参加高考。在高等教育领域，两国的联系更加紧密。很多高校和研究院所都在进行科研合作，罗马尼亚还有 11 所大学用德语授课。此外，德国还提供了各种奖学金和研究者资助金，资助教师与学生以及德国问题研究者的深造学习与研究工作。从 2012 年开始，罗马尼亚的一些城市开设了德国双轨制职业教育，帮助学生学以致用，尽快融入社会工作。

德意志人在罗马尼亚土地上已经生活了大约 800 年。但是自二战开始，生活在罗马尼亚的德意志人数剧减。原因之一是罗马尼亚在二战中失去了一部分领土，布科维纳和比萨拉比亚被苏联占领，在这片土地上生活的德意志人也就划归了苏联。另一个原因是很多德意志人参加了军队，或是战死，或是留在了德国。一部分德意志人担心苏联的入侵，逃离了罗马尼亚，移居奥地利和德国。剩下的德意志人大部分被送到了苏联劳改营（17～45 岁的男性和 18～30 岁的女性）、工厂或是煤矿劳动，据统计大约

① http://www.contributors.ro/economie/romania-la-rascruce-de-ce-relatiile-cu-sua-sunt-complicate-si-cu-germania-indiferente/.

有7.5万人[①]。1950年前后劳改结束后很多德意志人去了德国。共产党执政时期，罗马尼亚对待少数民族政策不友好，再加上土地和财产充公政策，一部分德意志人离开了罗马尼亚。20世纪70年代，齐奥塞斯库与联邦德国总理施密特曾有过秘密约定，罗马尼亚给德意志人发放签证，联邦德国付给罗马尼亚相应报酬。就这样，大批德意志人被"卖"到了德国。1989年剧变之后，又有大批的德意志人离开罗马尼亚。这样一来，留在罗马尼亚的德意志人越来越少。剧变之后，罗马尼亚的德意志人成立了自己的社会组织与政党，积极参与罗马尼亚国内的政治社会活动，在争取本族权益的同时，也为罗德两国的友好往来搭建了桥梁，做出了贡献。据2011年人口普查数据显示，有3万多德意志人生活在罗马尼亚。

德国十分注重境外德意志人的利益。1992年与罗马尼亚签订的友好合作伙伴关系协定中明确提出要保障在罗马尼亚的德意志人权益。在此基础上，两国共同成立了罗马尼亚德意志少数民族政府委员会，从社会、经济、文化和民族身份保护的角度给予德意志人支持。2014年4月，该委员会在柏林召开第17次会议，讨论有关少数民族语言教育、保护艺术文化遗产、老年人社会保障问题等议题。德国政府每年都会针对罗马尼亚德意志人留有一部分预算，用于支持语言教育、文化保护、资助中小企业、加强德意志族的社会保障等。2014年，德国用于支持罗马尼亚德意志人的资金总额约为300万欧元。

在2014年11月举行的总统大选中，德意志族候选人约翰尼斯在第一轮落后的情况下第二轮得票率反超竞争对手蓬塔，当选罗马尼亚新总统。他曾任锡比乌市市长，罗马尼亚德意志人民主论坛党主席。罗马尼亚国内对约翰尼斯的当选基本持积极肯定的态度，大多认为作为德意志族的约翰尼斯代表着认真、坚持、公正、勤奋的形象，与罗马尼亚以往的政客不同，引领了新的政治风向。因此有分析认为，新总统的身份也会给罗马尼亚外交带来新气象，尤其是在与德国的关系上。有国际问题专家指出，过去罗马尼亚过于注重与美国的关系，现在推进与德国的关系有利于刺激投资，也有利于罗马尼亚尽快加入申根区。约翰尼斯在接受采访以及出席多种外交场合时多次表达过十分重视罗德关系发展，他认为两国关系依然有巨大发展空间，他希望把

① 参见罗马尼亚德意志人民主论坛党官方网站介绍，http://www.fdgr.ro/ro/prezentare_generala/。

两国关系提升到一个新的高度。2015 年 2 月，约翰尼斯任命曾任罗马尼亚驻德国大使的科默内斯库①为总统外交事务顾问，这也间接反映出约翰尼斯对罗德关系的重视。

五 结语

罗马尼亚和德国关系的历史和现实折射出国际关系、世界格局与秩序变动的诸多方面，值得深入推敲和研究。罗德两国建交伊始，便形成了不平衡的关系结构。作为处于东西方夹缝之中的中东欧国家和作为核心欧洲的代表，罗马尼亚和德国的关系与互动呈现出小国和大国关系模式。在两次世界大战确立的世界格局中，罗马尼亚与德国的关系分合不定，作为小国的罗马尼亚要在大国博弈之中寻找自己的位置。而作为小国本身，并没有资本与大国进行博弈，只能成为大国的势力范围或者依附于大国集团。罗马尼亚加入欧盟以后，罗马尼亚和德国的关系呈现出新的模式。在欧盟的框架下，两国是平等、自由和互助的关系。但实际上，作为后加入欧盟的罗马尼亚，在入盟、加入申根区等问题上，受到欧盟对这些后进国家制定的标准的制约。虽然这种制约在积极的意义上可以理解为敦促罗马尼亚达到欧盟标准，形成一种制度上的推动作用。但也可以理解为欧盟老成员与新成员的不平等关系，德国作为老成员，是欧盟标准的制定者，从这个意义上说德国对罗马尼亚这样的新成员具有支配的权力，只是这种支配的权力不再表现为赤裸裸的武力和政治捆绑，而是更为软性的制度约束。

---

① 科默内斯库在 2015 年 11 月组阁的政府中任职外交部部长。

德国与保加利亚的双边关系

宋黎磊　任　桑*

一　德国与保加利亚关系概述

保加利亚位于欧洲巴尔干半岛东南部，其国歌“祖国颂”的歌词开头几句是“巴尔干山耸云空，蓝色多瑙波涛涌，红日高照色雷斯，庇林浮现紫雾中”。寥寥数语，便勾勒出了这个巴尔干小国的地理面貌。保加利亚北与罗马尼亚隔多瑙河相望，西与塞尔维亚、马其顿相邻，南与希腊、土耳其接壤，东部濒临黑海。保加利亚处于欧洲和亚洲地理与历史的交汇路口，国土面积110910平方公里，人口728万。保加利亚族占85%、土耳其族占10%，其余为吉普赛人等。保加利亚语（属斯拉夫语系）为官方语言和通用语言，土耳其语为主要少数民族语言。居民大多信奉东正教，少数人信奉伊斯兰教。首都索非亚，1990年2月27日保政府将3月3日摆脱奥斯曼帝国统治纪念日定为国庆日，同年11月15日，改国名为保加利亚共和国。① 保加利亚于2004年5月1日加入北约，2007年1月加入欧盟。目前保加利亚已签订加入申根协议，2011年宣布延后实施时程。

保加利亚在古代中世纪曾经是欧洲文明最发达的地区之一，斯拉夫文字最早生根于保加利亚土地并向斯拉夫世界传播。保加利亚尽最大努力融入中

---

* 宋黎磊，博士，同济大学政治与国际关系学院外交学系副教授。任桑，同济大学政治与国际关系学院硕士研究生。

① 保加利亚国家概况，http://www.fmprc.gov.cn/mfa_chn/gjhdq_603914/gj_603916/oz_606480/1206_606626/（上网时间2015年5月22日）。

欧和西欧国家时，面向西方和面向东方之间的两重性是保加利亚地理位置所带来的不可避免的结果，这也是该国长期的历史主题之一。[①] 保加利亚与德国的关系特殊，渊源颇深。从 19 世纪 80 年代起，保加利亚公国成立后，第一任和第二任国家元首，即保加利亚大公都是具有德国血统的皇室贵族。保加利亚与德国在 20 世纪初就建立了外交关系，1901 年保加利亚在柏林开设了外交代表处。保加利亚在两次世界大战中都是德国的盟国，经济发展依赖德国外商投资。自第一次世界大战时期开始，德国就是保加利亚在西方主要的贸易伙伴。一战期间德国在保加利亚投资成立信贷银行和证券银行，基本控制了保加利亚的经济和政治。从 20 世纪 30 年代起，德国成为保加利亚进出口贸易的主要伙伴，德国商品占保加利亚进出口商品的 60% 以上。[②] 保加利亚也成为巴尔干地区德国的头号贸易伙伴国。二战结束后，保加利亚成为经济互助委员会和华沙条约组织的成员。与此同时，保加利亚与联邦德国互设了商务代表处并保持贸易往来。1973 年双方正式建交后签订了为期 10 年的经济、工业和科技合作协定，两国加强了在冶金、电子、化工和制药方面的合作。[③] 联邦德国在 20 世纪 70 年代成为保加利亚在西欧的最大贸易伙伴。1976 ~ 1980 年间，保加利亚与联邦德国之间的贸易额年平均增长率为 8.5%，而 1981 ~ 1988 年间年平均增长率达 12.6%。[④]

1989 年东欧剧变后，两德统一，保加利亚把德国视为在欧洲的重要战略伙伴之一。剧变初期，保与德国领导人在参加国际会议期间曾进行过会晤。从 1997 年 7 月 1 日起保加利亚把其货币列弗与德国马克直接挂钩。1998 年 1 月保总理科斯托夫访问德国。1999 年 6 月 18 ~ 19 日保总理科斯托夫再次访德。访问期间科斯托夫与欧盟轮值国主席、德国总理施罗德就保为北约运送部队和技术设备开辟空中走廊问题达成协议。同年 9 月 23 日德国总理施罗德访保。在这些访问中德国表示支持保加入欧盟和北约，扩大经济、贸易和军事合作。两国议会和地方的官员也进行互访。这些访问和政治对话促进了两国经济、贸易、科技、军事和文化方面的合作，大批德国企业家积极参与保的私有化，到保投资。据保国家统计局统计，2000 年德国在保投资为 2.76 亿美元，占外国在保投资的 14.2%，居外国在保投资额的首位。2001

---

① R. J. 兰克普顿：《保加利亚史》，周旭东译，中国大百科全书出版社，2009，第 240 页。

② 马细谱：《保加利亚史》，中国社会科学出版社，2011，第 175 ~ 182 页。

③ 张颖编著《列国志·保加利亚》，社会科学文献出版社，2006，第 336 ~ 337 页。

④ 马细谱：《保加利亚史》，中国社会科学出版社，2011，第 275 页。

年保与德国的贸易额为 15.98 亿美元，占保外贸总额的 13%。[①]

当前保加利亚和德国的政治关系具有三个维度：一是双方作为欧盟和北约成员，在北约和欧盟框架下对国际事态保持一致态度，双方政策层面沟通频繁。二是地区合作中，保加利亚追随德国承担地区和平建设者的角色，无论是黑海合作组织还是巴尔干地区维和，保加利亚都积极参与。三是德保双边关系中的政治、经济与文化合作特别显著。在议会层面上，德国联邦议院和保加利亚人民议会努力促进了双边关系。在地方政府层面，德国的巴登－符腾堡州和巴伐利亚州与保加利亚关系特别密切。在公民社会层面，阿登纳基金会、艾伯特基金会、瑙曼基金会和赛德尔基金会都在索菲亚设有办事处，与保加利亚精英阶层接触频繁。[②]

德国和保加利亚享有紧密的经济关系。在 2013 年，德国超过俄罗斯成为保加利亚的第一大贸易伙伴。当年的双边贸易总值超过 50 亿欧元，德国对保加利亚出口额达 25.31 亿欧元，德国自保加利亚进口额达到 26.06 亿欧元。据统计，德国有 5000 家企业所从事的行业对保贸易有关，其中 1200 家德国企业在保加利亚当地设有办公室。德国保加利亚工商业联合会（DBI-HK）的成员目前有 500 人，比任何德国与其他国家组建的双边贸易联合会的人员都要多。依托这一组织，保加利亚和德国推出很多合作项目，如 2015 年德国保加利亚工商业联合会就推出了飞行员五年期德保联合培训项目。

在双方的人文交流方面，据估计，截至 2011 年底，居住在德国的保加利亚人达到 7 万名以上。[③] 由于近些年德国市场上的保加利亚旅游产品广告大量投放，德国游客年均 80 万人次前往保加利亚在黑海边的旅游胜地。德国和保加利亚的文化合作也尤为紧密。一方面是基于 19 世纪以来的传统联系，另一方面是由于保加利亚与当时的民主德国曾同属于社会主义阵营。在德保两国于 1996 年签订的文化协定基础上，受德国学术交流中心（DAAD）的资助，包括索菲亚大学在内的四所保加利亚大学已建立了完整的德语课程和院系。德国科学基金会（DFG）和洪堡奖学金都向保加利亚学生和研究人员开放。德国是最受保加利亚学生欢迎的留学地之一。保加利亚学生是德国

---

① 张颖编著《列国志·保加利亚》，社会科学文献出版社，2006，第 337～338 页。

② http://www.auswaertiges－amt.de/EN/Aussenpolitik/Laender/Laenderinfos/01－Nodes/Bulgarien_node.html.

③ Raymond Detrez, *Historical Dictionary of Bulgaria*, Rowman & Littlefield Publishers, 2014, p.223.

大学和其他高等教育机构中人数最多的外国留学生群体。[①]

二 回归欧洲进程中的德国与保加利亚关系

冷战后保加利亚外交政策的调整与其内部转型密不可分，保加利亚以回归欧洲作为外交总体战略目标，已经确立了认识世界的西方化视角。[②] 这被观察者称为身份的转换（identity change）。[③] 保加利亚共和国副外长托多罗娃女士2004 年 11 月 17 日在中国外交学院发表演讲时提出保加利亚对外政策的重点包括加入北约和欧盟，在联合国安理会担任非常任理事国，在欧安会任主席国，发展双边与多边地区合作，发展欧洲 - 大西洋伙伴关系，并与俄罗斯等独联体国家、中东各国、亚太地区国家发展双边往来。[④] 保加利亚于 2004 年 5 月 1 日加入北约，2007 年 1 月加入欧盟。目前保加利亚已签订加入申根协议，2011 年宣布延后实施时程。

2004 年 5 月 1 日保加利亚加入北约获得来自跨大西洋联盟的安全保障，完成了“回归欧洲”的重要一步。20 世纪 80 ~ 90 年代之交，整个中东欧地区都处在经济政治形势动荡不定的特殊时期。俄罗斯国家内部秩序的混乱更加剧了中东欧国家领导人的不安。因此，这时的保加利亚与其他中东欧国家一样，都将维持国内外稳定、确保国家安全视为最重要的任务。由于中东欧国家历来缺乏独立捍卫自身安全所需要的高度防务能力，特别是也处于国家制度转型的动荡时期，它们决心继续依靠强大外部力量来保证自己的稳定和安全。加入北约来巩固美国和北约在欧洲大陆的存在就是保加利亚等中东欧国家面对欧洲安全真空的必然选择。它们甚至在比西欧国家高得多的程度上希望保持美国和北约在这一地区的存在，把保持美国在这里的影响视为自己政治稳定和安全的重要因素。同时，它们也希望，加入北约能使自己作为大

① http://www. auswaertiges - amt. de/EN/Aussenpolitik/Laender/Laenderinfos/01 - Nodes/Bulgarien_node. html.

② Paul Magnette and Kalypso Nicolaïdis, “Coping with the Lilliput Syndrome: Large vs. Small Member States in the European Convention”, *European Public Law*, Volume 11, Issue 1, 2005, p. 101.

③ 中国现代国际关系研究所中东欧课题组：《中国对中东欧国家政策研究报告》，《现代国际关系》2003 年第 11 期，第 1 页。

④ 保加利亚副外长托多罗娃：《保加利亚对外政策重点》，唐洁译，《外交学院学报》2005 年第 1 期，第 21 页。

西洋同盟一体化军事结构的一部分来加强和发挥影响。2006 年，保加利亚与美国签署防务合作协议，允许美军在保加利亚驻扎不超过 2500 人的部队。美军在位于保加利亚的黑海重要港口重镇布尔加斯附近驻军，抗衡中东和中亚发生的恐怖事件以及纠纷。

2007 年 1 月 1 日，保加利亚正式加入了欧盟，标志着保加利亚加入了欧洲政治和经济一体化进程。无论是在入盟的过程中，还是在入盟之后，保加利亚都一直积极进行政治经济转轨，社会政治和经济生活向多党议会民主制和市场经济过渡，以达到北约和欧盟的要求。在“回归欧洲”的过程中，保加利亚与欧盟成员国，尤其是德国的政治经济联系越来越紧密。两国高层互访频繁，德国一直是保加利亚在西欧的主要贸易国，保加利亚将德国视为其在欧盟中的战略伙伴和学习的榜样。

（一）德国与保加利亚的政治关系

东欧剧变之后，出于地缘安全的考虑，为帮助这些原苏东转型国家早日实现政治、经济过渡，进而加入欧盟，德国对该地区的援助力度最大。2004 年保加利亚加入北约后，更是集中全力，势在早日加入欧盟。在保加利亚加入欧盟的谈判阶段，保加利亚无论是中“左”还是中右政府，都把入盟作为自己的首要目标。因此，保加利亚的外交重点由积极申请加入北约和欧盟集中转移到加入欧盟上来。在此外交政策背景下，保加利亚与德国的关系较为密切，保加利亚在柏林设有大使馆，在慕尼黑设有总领事馆，在波恩设有办事处。两国关系主要围绕着欧洲事务展开。

但是保加利亚的入盟之路并不平坦。早在 1993 年保加利亚就与欧盟签订了《联系国协定》，1994 年正式递交了入盟申请，1999 年起开始入盟谈判。在经历了总共 29 章的漫长谈判之后，保加利亚在 2004 年完成谈判，2005 年签署入盟协议，2007 年正式加入欧盟。虽然入盟时间表早已确定，但保加利亚仍需获得全体成员的赞成票，才能正式加入。德国是最后一个经议会投票批准保加利亚入盟协定的欧盟成员。这与当时的德国民意有很大关系，德国民众并不看好欧盟东扩，有 66% 的民众不支持欧盟扩大。[①] 但德国的政治精英们出于历史联系和地缘因素的双重考虑，为保加利亚入盟以及更

① http://ec.europa.eu/enlargement/archives/bulgaria/eu_bulgaria_relations_en.htm（上网时间 2015 年 5 月 22 日）.

好地融入欧洲提供了巨大的援助。从保加利亚开始入盟进程时，德国专家们就以顾问身份活跃在保加利亚政府部门，直至今日仍然在保加利亚融入欧盟的方方面面提供政策建议。

（二）德国与保加利亚的经济关系

保加利亚是欧洲最大的锌、铜和铅等重金属的生产国，也是东南欧最重要的电力出口国。欧盟和美国认为保加利亚经济是有效的资本主义经济。在2000年到2008年间，保加利亚实现了宏观经济的高度稳定，这主要是得益于好的政策搭配，即修改汇率、采取坚定的财政方针和实行稳定的薪水制。当政府高效运转、实行其职能时，经济增长就成为可能。与此同时，保加利亚的经济增长在旅游、金融市场和银行体系等领域展现了积极的趋势。保加利亚在经济领域拥有的另一个优势是可以提供合格且比西欧要相对廉价的劳动力。保加利亚的基础设施建设在欧盟的援助下基本完善，这其中，德国对保的援助占了很大一部分。在此良好的背景下，保加利亚与德国的经济联系要比与其他西欧国家更为紧密，这也与保加利亚的廉价劳动力中有一大部分会讲德语有关。

2004年以来保加利亚经济增长迅速，吸引了大量的外商投资。据保国家统计局统计，保加利亚2004年进出口总额231.45亿美元，同比增长20.6%。其中出口98.88亿美元，同比增长19.9%；进口132.57亿美元，同比增长20.9%，吸引外国直接投资达19.58亿欧元（合26.02亿美元），占GDP的10.1%，在中东欧国家中最高。而当年德国已经成为保加利亚最大贸易伙伴和第三大投资国。[①] 从2004年到2006年，德国一直是保加利亚最大的出口国和进口国。[②] 由于经济实力的明显差异，对德贸易对保加利亚至关重要，但是对德国而言，对保贸易却远没那么重要。近年来，德国对外贸易的主要对象是传统的经济大国和新兴市场国家，对保贸易则处于相对次要的地位。虽然如此，随着保加利亚国内建设的发展，即将入盟带来的有利条件，德国也在不断增大在保加利亚的直接投资。

---

① 中国社会科学院俄罗斯东欧中亚研究所：《2004年保加利亚经济面面观》，http://euroasia.cass.cn/news/103999.htm（上网时间2015年5月23日）。

② 中国社会科学院俄罗斯东欧中亚研究所：《2006年上半年保加利亚进出口简析》，http://euroasia.cass.cn/news/104052.htm（上网时间2015年5月23日）。

三 保加利亚入盟后的德保关系

自保加利亚加入欧盟之后，德国与保加利亚政治经济关系日益紧密，保加利亚政府视德国为欧盟内重要的战略合作伙伴，不少保加利亚政府官员都能讲德语。德国也逐渐成为保加利亚第一大贸易伙伴。在加入申根区问题上，保加利亚希望得到德国的支持，但事实上德国仍然将保加利亚视为欧盟内部治理的对象，希望加强欧盟规范对保加利亚政府的影响。

（一）德国对保加利亚加入申根区的态度和行动

保加利亚在入盟以后的外交重点之一即加入申根区。而要想成功加入申根区，需要得到德国这一重要战略伙伴的支持。2010 年 6 月 24 日，德国外交部部长基多·韦斯特威勒访问保加利亚，并与保加利亚外交部部长尼古拉进行了会晤，为不久以后德国总理默克尔对保加利亚进行国事访问预热。在两国联合新闻发布会上，保外交部部长尼古拉申明保德两国之间的关系是最好的，这不仅体现在外交关系上，还体现在各个领域。同时，尼古拉对德国在保加利亚治理国内腐败和有组织的犯罪上给予的帮助表示感谢。相应的，德外交部部长表示德国高度重视保加利亚做出西巴尔干国家加入欧盟一体化的承诺，并强调这也是对欧洲稳定做出的承诺。[①] 2010 年 10 月 11 日，德国总理默克尔在索菲亚表示，德国将就是否支持保加利亚加入申根区，做出诚实和公平的评估。默克尔是在与保加利亚总理博伊科鲍里索夫会晤后举行的联合新闻发布会上做上述表示的。默克尔表示，她保证德国做出的评估将是“公正和公平的”，如果保加利亚能满足加入申根区的技术标准，德国将予以支持。她认为，最重要的是在发放签证和依法办事方面，有没有腐败行为。德国总理认为，保加利亚在利用欧盟资金改善基础设施方面，有很多机会。这是默克尔作为总理第一次访问保加利亚。当天，保加利亚总统格奥尔基珀尔瓦诺夫在总统府授予默克尔外国公民最高荣誉勋章“老山”勋章。默克尔当天下午还出席了在索菲亚举行

---

① http://www.novinite.com/articles/117488/Foreign + Ministers% 3A + Bulgaria, + Germany + Enjoy + 'Perfect' + Relations（上网时间 2015 年 5 月 23 日）。

的保加利亚 - 德国经济论坛，并发表了演讲。[①]

按照正常进度，保加利亚本应在 2011 年加入申根区，虽然目前保已获得申根评估小组的肯定评价以及欧洲议会的支持，但由于包括德国在内的多个欧盟成员始终反对，至今保加利亚仍未能如愿加入。德国没有积极地支持保加利亚加入申根区，德国内政部长弗里德利希称，拒绝保加利亚加入申根协定的原因“涉及保的司法体系，我们发现有些缺陷，令我们无法同意现在就取消对保的边检”。弗里德利希认为，申根协定关系到公民安全因而必须谨慎。德国不愿为保开放边界的另一个重要原因是，近来有大量来自保的贫困移民涌入该国。弗里德利希说，一些人来到德国不是为了工作或者读书，而是相信在这里能获得较好的社会福利，这种现象令人无法接受。《焦点》杂志主持的一项民意调查显示，2/3 的德国公民赞成限制来自欧盟其他国家的移民，尤其是来自罗马尼亚和保加利亚的“吉普赛人”。[②] 直到 2014 年 1 月 1 日，在经过 7 年的限制之后，德国成为最后一批对保加利亚放开劳动力流动限制的欧盟成员之一。[③] 仅仅几个月之后，德国就出台新规定，失业超过 6 个月以及恶意骗取社会福利的外国移民，将被驱逐出境。

在德国看来，保加利亚仍然是欧盟内部治理的主要对象之一。甚至有评论认为 2007 年保加利亚入盟时并未达到欧盟的标准。保加利亚主要问题是政治腐败，在行政和司法领域的执法公正性难以确保。欧盟通过合作与核查机制（Cooperation and Verification Mechanism）对保加利亚在司法改革以及打击腐败和有组织犯罪领域的进展进行监督。在经济上，保加利亚的第四大银行破产使得该国银行业的声誉遭受了毁灭性打击。公共基础设施建设，特别是对交通和教育卫生保健部门的投入远低于欧盟的平均水平。国有企业债务沉重，实现私有化改革还遥不可及。

同时，德国在申根问题上的态度，反映了老成员普遍对新成员的不信任。对于保加利亚而言，加入申根区意味着向欧盟所倡导的四大自由——人员、货物、资本和服务的自由流动的最终趋近。而老成员迫于来自中东欧国家劳动力

---

① German Chancellor Angela Merkel to Visit Bulgaria October 12, http://www.novinite.com/articles/118414/German + Chancellor + Angela + Merkel + to + Visit + Bulgaria + October + 12（上网时间 2015 年 5 月 23 日）。

② 中国新闻网：《德国反对罗马尼亚和保加利亚加入申根国》，http://www.chinanews.com/gj/2013/03 - 08/4625370.shtml（上网时间 2015 年 5 月 23 日）。

③ 新华网：《欧盟解除保加利亚和罗马尼亚劳工流动限制》，http://finance.eastmoney.com/news/1351，20140101350143536.html（上网时间 2015 年 5 月 23 日）。

对本国劳动力市场的冲击，一直采取审慎态度。这客观上削弱了新成员对欧盟的信心，催生了所谓新入盟国家的疑欧主义情绪。在新一届的欧盟议会选举中，保加利亚投票率只有35.5%，不仅低于欧盟平均数，也低于本国议会大选的投票率。这充分表明了保加利亚民众对参与欧盟事务的积极性受挫后的心态。入盟之后，保加利亚自认为在政治上已经完全达标，在民主制度的巩固上出现懈怠，患上了所谓的中东欧国家的“入盟疲乏症”。英国智库德莫斯2013年公布的报告也关注了保加利亚的“民主倒退”。①

（二）金融危机以来德国与保加利亚的双边经贸关系

2008年全球金融危机和2012年欧债危机给中东欧国家造成了巨大的经济损失。德国作为欧盟中的核心大国，在危机爆发的时候给予了保加利亚这个新入盟的、经济不是很发达的国家经济援助，帮助保加利亚渡过了一次次危机。2009年保对德出口额为13.204亿欧元，比2008年减少了6300万欧元。② 但是2010年后恢复迅速，2010年保对德的出口额为16.587亿欧元，比2009年上涨了3.3亿欧元。到2013年出口额为27.413亿欧元，比2008年上涨了13.58亿欧元。虽然2014年略有下降，但总的来说，保对德出口在金融危机之后，一路呈上涨趋势。保加利亚对德国的直接投资除了在2011～2012年欧债危机爆发的时候略有下降之外，其他年份虽然对德国的直接投资也都是呈负值，但处于增长阶段。2010年，保加利亚与德国签订了“避免双重税收协定”，虽然德国得到一定程度的税收分享，但有利于保加利亚吸取外资、引进技术，发展本国经济。③

表1　2008～2014年保加利亚对德国贸易额

金额单位：百万欧元

年份	进口额	出口额
2008	2753.9	1383.3
2009	1865.4	1320.4
2010	2004.9	1658.7

① Jonathan Birdwell et al. Backsliders: Measuring Democracy in the EU2013 http://www.demos.co.uk/files/DEMOS_Backsliders_report_web_version.pdf? 1380125822（上网时间2015年5月24日）。

② I. E. Gentimir and S. F. Enea, “the Economic and Politic Relations between Bulgaria and Germany. A Short Historical Perspective”, CES Working Papers, issue: 1/2012, p. 51.

③ http://www.germania.bg/bulgaria－germany－double－taxation.html（上网时间2015年5月24日）。

续表

年份	进口额	出口额
2011	2275. 8	2355. 2
2012	2473. 6	2126. 5
2013	2577. 9	2741. 3
2014	2936. 8	2657. 4

来源：保加利亚国家银行，http://www. bnb. bg。

保加利亚作为欧盟的新成员，是开放的新兴国家，德国自然不会忽视这个传统的商业和金融伙伴。德国的对保贸易增长较快。也由于保加利亚在东欧国家中的劳动力优势和较低的税收政策，保加利亚对德贸易优势包括其优越的地理位置、低廉的劳动力成本、大量讲德语的熟练工人、低税率（10% 的统一税率为所得税和公司所得税）、欧盟成员地位、拥有索菲亚技术大学等工程技术学科与德语课程的专业培训。另一个优点是该国的货币稳定，从 1997 年起盯住德国马克，1999 年起盯住欧元。[①] 但是直到 2007 年，德国在对保加利亚直接投资方面位列第七。尤其在绿色产业方面的投资居多。[②] 在 1996 ~ 2007 年，德国仅在 2004 年和 2006 年对保直接投资超过 1 亿欧元（2004 年 2. 76 亿和 2006 年 1. 1 亿欧元）。这与保德两国的投资政策、投资程序以及投资环境的差异有关。德国在保加利亚投资的主要是一些中小型企业，这些企业为保加利亚创造了很多就业机会，但是生产值不大，所以投资额总量不是很大。但也有为数不多的一些大型企业，包括德国的能源巨头 E. ON 公司、WAZ 媒体、海德堡水泥公司、房地产开发商林德集团、汉堡 ECE 规划公司等。[③]

表 2　德国在保加利亚直接投资

单位：百万欧元

年份	数额
2008	783. 3

① I. E. Gentimir and S. F. Enea, "the Economic and Politic Relations between Bulgaria and Germany. A Short Historical Perspective", CES Working Papers, issue: 1/2012, p. 50.

② http://bg. mofcom. gov. cn/article/ddgk/tjsj/200803/20080305429276. shtml（上网时间 2015 年 5 月 24 日）。

③ I. E. Gentimir and S. F. Enea, "the Economic and Politic Relations between Bulgaria and Germany. A Short Historical Perspective", CES Working Papers, issue: 1/2012, p. 51.

续表

年份	数额
2009	271.4
2010	80.8
2011	-45.7
2012	78.8
2013	80.8
2014	-275.6

来源：保加利亚国家银行，http://www.bnb.bg。

必须指出，由于经济实力的明显差异，对德贸易对保加利亚至关重要，但是对德国而言，对保贸易却远没那么重要。近年来，德国对外贸易的主要对象是传统的经济大国和新兴市场国家，对保贸易则处于相对次要的地位。虽然如此，保加利亚的战略位置非常重要，仍然是不能被忽视的欧洲东部的德国商业和金融伙伴。目前像奔驰、保时捷、奥迪等德国企业都在保加利亚设立了组装工厂，如著名的博茹里什泰工业区就有多家德国企业入驻。在2012年欧债危机之后，德国也增加了对保加利亚的经济援助。2014年，德国对包括保加利亚在内的欧盟内非欧元区国家出口增长最大，增幅超过10%。保加利亚和德国之间的贸易总量在过去的十年中已经增加了7倍。

总之，2007年入盟之后，保加利亚对德贸易和投资规模持续增长，商品、服务、资本和人员的流动增强了其经济的活力。德国与保加利亚经贸合作为德国国内的产业转移和生产要素的重新组合提供了机会。保加利亚也类似其他中东欧转型国家成为“欧洲工厂”。同时德国对保加利亚的援助和投资等惠及体现了欧洲团结的原则，不仅促进了保加利亚基础设施等领域的改善，也推动了其经济与科技的发展。

四 结语

冷战结束后，保加利亚与德国的政治经济关系越来越紧密，虽然期间受到全球金融危机和欧债危机的冲击，但是两国贸易往来恢复迅速，德国对保加利亚摆脱经济危机做出了重要贡献。两国政府高层互访增多，主要也是为了各自国家的经济发展提供政策便利，为两国贸易往来、直接投资创造更安全、更高效的环境。但是，2007 年保加利亚加入欧盟后，本应在 2011 年加入申根区，却未能实现该目标。对高失业率、移民问题、紧缩政策的不满和对未来的悲观，还有对欧盟的疏离感都刺激着保加利亚民众借由手中的选票来发泄他们的不满。持欧洲怀疑主义的民粹主义政党和民族主义政党的影响不断增强。保加利亚公民欧洲发展党在 2009 年 7 月举行的议会选举中获胜，在 2013 年议会选举中仍旧得票率最高，2014 年议会选举中再度获胜，执掌政权。保加利亚入盟后的现实表明，欧盟成员地位对中东欧转型国家的国内政治没有实质性影响。欧盟无法左右这些新成员的国内政治，无法改变成员国家政治力量的平衡。保加利亚也出现了所谓的民主倒退等“入盟疲乏症”。这也成为德国对保加利亚加入申根不投赞成票的重要原因。

在金融与经济危机以及其后的欧债危机背景下，德国经济的发展在欧盟内“一枝独秀”。德国不仅在欧盟内的经济实力日益突出，而且成为欧盟内应对欧债危机的领导力量。随着法国经济的衰弱，原先的法德轴心也朝着德法轴心乃至德国单独领导的方向发展。[①] 德国新政府表现出意欲推行积极有为外交政策的新动向。德国外交部部长施泰因迈尔在美国华盛顿战略与国际研究中心的一次演讲中也表示，德国致力于成为欧洲的“首席推进官”(Chief Facilitating Officer)，意欲作为“负责任的掮客”锻造统一的欧洲立场。德国已经越来越敢于承担起欧盟内的领导角色。[②] 因而保加利亚要想早日加入申根区，必须继续得到德国的支持，在政治上按照欧盟标准，改进本国政治体制和经济体制，治理内部腐败问题。在经济上，与德国加强紧密合作，继续吸引来自德国的投资，保持在东欧国家中的劳动力优势和较低的税收政策不变。2015 年 10 月，德国与保加利亚刚刚签署了在信息技术领域的合作协议，双方同意在引进数字化单一市场和电子政务方面的合作。[③] 值得关注的是德保两国将分别担任 2018 年上半年和 2020 年下半年欧盟轮值主席国，这是德保两国在共同关注的外交事务上加强合作的又一契机。

---

① 郑春荣：《德国外交政策的新动向》，《欧洲研究》2014 年第 2 期，第 1 ~ 14 页。

② Frank - Walter Steinmeier, “Maintaining Transatlantic Unity in a Complex World”, Speech at the Center for Strategic and International Studies (CSIS), Washington DC, 12 March 2015, http://www.auswaertiges - amt.de/DE/Infoservice/Presse/Reden/2015/150312 - BM_CSIS.html（上网时间 2015 年 5 月 24 日）。

③ Bulgaria Prioritizes Economic Relations with Germany - Economy Minister in Berlin, 12 October 2015（上网时间 2015 年 10 月 24 日）。

隔海相望：德国与波罗的海三国的关系

蒋一澄[*]

不止一位论者指出，冷战的结束更加凸显出德国作为欧洲中心国家的自我认知[①]。实际上，作为欧洲中心的德国不仅是连接西欧与东欧的桥梁，同时还是连接欧洲南北地区的关键国家。为此，本文将关注的重点聚焦于德国与其北方隔海相望的一系列小国——波罗的海国家的关系。波罗的海国家由立陶宛、拉脱维亚和爱沙尼亚三个国家组成。从历史的角度考察，德国与波罗的海三国在经济社会等各个方面的关系都源远流长。随着冷战的结束和德国的重新统一，德国在波罗的海沿岸的海岸线增长，德国再次成为波罗的海地区具有重要影响力的地区性大国。与此同时，波罗的海三国先后加入北约，成为北约的正式成员。波罗的海三国还共同组成波罗的海国家理事会（CBSS）以协调三国共同关注的国际事务和国际行动。由于德国和波罗的海三国彼此在外交安全等国家核心利益上构成重要联系，对双方在本地区直至欧洲的作用做出评估，对双方在外交安全政策上的发展以及影响加以分析，对本地区已有的合作形态以及可能的冲突方式进行考量就显得十分必要。这无疑将有助于加深我们对德国与波罗的海三国关系的认识和理解。

---

* 蒋一澄，博士，同济大学政治与国际关系学院讲师。

① M. Zimmer, “Return of the mittelage? The Discourse of the Centre in Grerman Foreign Policy”, *German Politics*, 6: 1, April 1997, pp. 23 - 38.

一 德国与波罗的海国家的传统联系

并称为波罗的海三国的爱沙尼亚、拉脱维亚和立陶宛位于西欧与俄罗斯之间，与斯堪的纳维亚半岛隔海相望，西欧和俄罗斯都曾对它们的文化和经济发展产生过深远的影响，并且继续影响着三国对于国家安全的认知与判断。其中，又以德国和俄罗斯的影响最为明显。

在波罗的海地区，民族的流动与变迁通常伴随着流血和征服。外族携武力进入该地区几乎是一种历史常态。公元 13 世纪，波罗的海地区的德意志人凭借武力在此立足，并在此后的 6 个世纪里一直作为统治精英控制着该地，尤其对拉脱维亚和爱沙尼亚的文化产生了深远的影响。这种影响一直持续到 1940 年苏联对波罗的海三国的吞并，紧随而来的为数众多的俄罗斯移民几乎冲散了德国人的存在感。

该地区的宗教同样深受德国和俄罗斯的影响。在爱沙尼亚和拉脱维亚的西部多信仰路德宗，拉脱维亚东南部和立陶宛则多为天主教徒。而随苏联而来的俄罗斯移民则通常信仰东正教。

（一）北方战争之前的德意志与波罗的海地区

德意志人在中世纪时期被称为欧洲的骑士。位于波罗的海诸部落西面的德意志武士一直试图在波罗的海地区传播基督教，他们怀着传教的热情努力说服或是以圣战的方式实现异教徒的皈依。在中世纪的鼎盛时期，教皇英诺森三世（Innocent Ⅲ，约 1160～1216）于 1198 年授权发动针对北方的圣战。欧洲十字军怀着保卫基督教共同体、拯救人类灵魂、为教廷和教皇创造新的经济增长点的目的向欧洲的东北方向进发，从而让教会在物资和地缘上获得实现未来进一步增长的良好基础。与其前往东方耶路撒冷的十字军前辈一样，对教皇的忠诚以及罗马天主教的信仰成为这支十字军的前进动力。最终他们于 13 世纪初征服了波罗的海西部的大部分地区。

德意志人将沿波罗的海海岸分布的当地立窝尼亚人的定居点统称为立窝尼亚。来自不来梅的阿尔伯特·冯·布克斯赫夫登（Albert von Buxhoevden of Bremen，约 1165～1229）所创建的圣剑兄弟骑士团（Brothers of the Sword 或 Swordbrothers）完成了对该地区的征服以及使其皈依基督教的过程。同时，阿尔伯特·冯·布克斯赫夫登担任了立窝尼亚的主教，并且创建了里加这座城市。随后，圣剑兄弟骑士团与东面的拉脱加尔人结盟进攻北面的爱沙尼亚人，并于 1227 年将其征服并置于罗马的直接控制之下。在同一时期，十字军的另一支力量——条顿骑士团征服了波罗的海沿岸的普鲁士地区，使得多数普鲁士人皈依基督教。1236 年，圣剑兄弟骑士团在与立陶宛人的交战中失败并瓦解，原有的成员继而以立窝尼亚骑士团的名称统治立窝尼亚国，其领土相当于现代拉脱维亚的大部分和爱沙尼亚的北部。

至此，13 世纪以来的持续征服使得波罗的海地区的大部分部落为神圣罗马帝国皇帝和教皇所领导的基督教世界所控制。立窝尼亚骑士团作为罗马皇帝和教皇在该地区的军事存在同时也使得当地首领和上层阶级完全德意志化。在随后的 6 个世纪里，波罗的海地区的社会结构呈现两个集团并存的格局：其一为上层的波罗的海地区德意志人（Baltische），最初由数百名骑士、教士、商人和受邀来此殖民的德意志贵族构成。另一个集团则多为被征服的当地土著农民。

在波罗的海地区发挥主导作用的德意志上层贵族同样也支配着这个地区的经济社会生活。在立窝尼亚境内，受邀而至的德意志贵族源源不断地加入当地的骑士队伍，并在领土控制权上与当地主教发生矛盾。由于最初立窝尼亚骑士团与教会约定土地分配的规则无法满足前者的需求，骑士团很快突破旧有的分配契约，其实际获得土地的速度大大快于教会，1330 年，里加大主教不得不正式承认骑士团的土地权利。德意志人在商人中也占据了绝大部分的比例。随着立窝尼亚征服的完成，汉萨（Hansa）商人大批进入波罗的海地区。在汉萨同盟的鼎盛时期，整个北海和波罗的海的主要城镇和边远的居民点都有其商业网络。汉萨同盟推动里加、塔林、柯尼斯堡（今天的加里宁格勒）等地发展成为波罗的海地区的重要商业中心。

作为一个德意志商人为主的组织，汉萨同盟严格限制非德意志商人在波罗的海地区的活动，从而掌握了该地区的经济大权，加之既有的宗教和政治生活的支配权，德意志人对波罗的海地区的影响达到了顶峰。当地的经济因而也成为欧洲经济圈的组成部分，其农产品和大宗资源产品的贸易依赖于欧洲的需求。输往欧洲的商品有谷物、蜡、毛皮、亚麻和木材等，从欧洲输入的商品则包括呢布、金属制品、武器、食盐和各种奢侈品。

然而随着汉萨同盟在 15 世纪的衰弱，加之教会与骑士团之间的长期矛盾，德意志人在波罗的海地区的统治权不断削弱。1561 年，瑞典、波兰和俄国为争夺波罗的海地区的控制权开战时，立窝尼亚联盟最终解体，俄罗斯取代德意志人成为控制该地区的最大强国。

波罗的海地区的十字军逐渐衰微之时，正是欧洲历史上的宗教改革时期。骑士团瓦解后，宗教改革的浪潮席卷该地区，并且对该地区的信仰版图产生根本性的影响。欧洲的宗教改革发轫于德国。德国修道士马丁·路德（Martin Luther，1483～1546）首先向教皇和罗马天主教发起挑战。他反对教会向教区的教民出售赎罪券，即向教众出售赦免券以许诺购买者因此得以救赎的做法。同时路德还在许多神学问题上挑战教会权威，这些做法直接导致天主教世界的分裂对立，天主教教会及其追随者不得不在维护教皇至高无上的权威和惩罚不向教会纳税的异端民众之间疲于应对。宗教改革的思想在16世纪初叶传播到波罗的海地区，尤其是当时的立窝尼亚联盟。路德教（Lutheranism）在该地区的城市民众中成为占据优势地位的宗教。新教给这个地区带来一种新的重要观念的转变：所有的人在上帝面前都是平等的，这是宗教改革所传达的重要信息。直至16世纪30年代，大部分波罗的海贵族都已成为新教徒。

新教传播的另外一种推进方式是《圣经》的翻译和推广。宗教改革人士通过将《圣经》翻译成本土语种的做法推动了波罗的海地区向新教的转变，这与欧洲其他地区向新教转变的方式相类似。德语版的《圣经》无疑是宗教改革在波罗的海地区留下的重要精神遗产。

1618～1648的三十年战争期间，波罗的海地区成为天主教和新教两大教派的战场，信仰新教的瑞典人最终控制了该地区，瑞典于1629年最终征服了大部分的波罗的海地区并控制了波罗的海东岸的塔林、里加等重要城市。信仰上的一致性使得德意志贵族转而忠诚于瑞典王室，从而能够继续对本地区的政治经济发生重要影响力。

德意志人甚至于1632年在塔尔图建立了第一所爱沙尼亚大学，开始为该地区培养急需的各种人才，包括牧师、医生、教师和国家官员等。17世纪80年代开始的波罗的海地区的基础教育则几乎都采用德语作为教学语言。这种情况一直持续到19世纪俄国统治时期①。

（二）北方战争后德意志在波罗的海地区的影响

北方战争以后，俄罗斯重新夺回了对波罗的海地区的控制权，同时也

① 凯文·奥康纳：《波罗的海三国史》，王加丰译，中国大百科全书出版社，2009，第33页。

让俄罗斯成为欧洲新崛起的帝国。由于沙皇提供了较为优渥的投降条件，因此尽管北方战争对该地区造成了巨大的破坏，但是波罗的海地区的德意志统治阶层却取得了较之以往更强大的实力。彼得一世不仅将17世纪后期瑞典王室征用的土地归还给地主，同时还确认路德教会的权利，并将德语定为行政部门和法庭用语。16世纪时由波罗的海地区德意志贵族组织起来的法人团体保留了自己的特权。另外，德意志人还控制了埃斯特兰和立夫兰的省议会。18世纪前期和中期德意志贵族仍继续保持并强化了对波罗的海诸省的政治控制，同时，德意志的商人则继续掌握着这些地方城市经济生活的命脉。

北方战争是俄罗斯成为地区大国的转折点。经历了三十年战争和北方战争后，俄国先后与波兰及瑞典在地区争夺中获得了对波罗的海地区的控制权。但是由于德意志人在该地区的影响力，德意志贵族一直是波罗的海地区的重要政治和经济力量。自北方战争结束一直到20世纪初，波罗的海地区的德意志人始终是今天的爱沙尼亚和拉脱维亚这两个国家所在地区的统治阶级。德意志人作为商人和十字军战士来到波罗的海地区，德意志的贵族拥有大部分土地，德意志的教士构成了宗教方面的权威人士，德意志商人则控制着城市的经济活动。由于德意志贵族是一个受到信任和赞许的精英阶层，沙皇俄国允许他们拥有较多的自治权力。和俄罗斯帝国的其他地区相比，波罗的海地区具有更高的发展指数，该地区的地方政府的治理水准和法治状况被视为俄国其他地区效仿的榜样。当时的彼得大帝正一心致力于按照欧洲的方式推动俄国的改革，而德意志人所拥有的技术能力和政治素养有助于俄国创造一个更有效、更强大的政府权威。因此，沙皇不仅允许德意志贵族管理波罗的海诸省的地方政府，甚至还延聘他们在彼得堡服务，担任外交官员和行政官员等重要职位。俄国政府倾向于发挥德意志人的特长以便实现其在欧洲的外交和经济发展目标。当时，俄国驻英国大使几乎都是由来自波罗的海地区的德意志人出任，因为德语是波罗的海和中欧的混合语（lingua franca），所以来自埃斯特兰和立夫兰（这两个地方被认为处于俄罗斯－德意志人的治理之下）的贵族在促进俄国在欧洲的外交政策目标上发挥了至关重要的作用。同时德意志商人在维护和发展俄国在波罗的海地区与西欧的商业和金融联系上也发挥了不可或缺的作用。

波罗的海地区的德意志人身居高位的现象甚至延伸到俄国军队里。由于他们熟悉西方军事技术和作战状况，彼得一世十分器重他们的教育背景和经历，他们取代了俄军从17世纪以来所依赖的那些来自苏格兰、法国、波兰和瑞典的外国军官。可以说，当时波罗的海地区的德意志人是俄国与欧洲德语地区间不可或缺的中介人。而作为对其忠诚度的回报，从彼得一世到亚历山大二世（Aleksandr Ⅱ，1855～1881）的每一位俄国沙皇都承认波罗的海地区的德意志人在俄罗斯帝国境内的特权地位。

尽管德意志人支配着波罗的海地区各省的经济、政治和社会生活，他们的总人数并不多。德意志人口在当地各省人口中的比重都在1/10以下，到了19世纪末甚至少于总人口数的6%。但是，这些数量不多的德意志人不仅占据了波罗的海地区政治经济的支配地位，同时也对该地区的社会和文化发展做出重要贡献。在他们所创建的机构中最著名的是1632年建立的德尔帕特（Dorpat）大学。这所大学虽然在北方战争中被短暂关闭，但在沙皇亚历山大一世（Aleksandr Ⅰ，1801～1825）统治时期重新开放。借由聘任来自德国的重要学者，德尔帕特大学一直是俄罗斯帝国的主要高等教育机构之一。在基础教育方面，19世纪俄国统治下的中学教育有了很大发展。在波罗的海地区，教育制度可以说是纯德国式的，授课的语言是德语，由德意志的教师教育富有的德意志人的子弟和少数爱沙尼亚和拉脱维亚的孩子。由于缺乏足够的教育资源，俄国中央政府还鼓励波罗的海地区的德意志教育人才向俄国其他教育相对落后的地区提供帮助和支持①。

19世纪的欧洲正是民族意识觉醒推动民族国家发展的年代。现代意大利的诞生，大部分说德语的地区在普鲁士的领导下统一成为现代德国。俄国政府对波罗的海德意志人的态度开始发生变化。长期以来，波罗的海地区的德意志人一直捍卫着他们的各种历史权利和特权，诸如不必学习俄语等。但是随着新生的德意志帝国逐渐发展成为世界上最强大的国家之一，俄国当局担心波罗的海地区的德意志人正把爱沙尼亚和拉脱维亚引向德国的势力范围，因而开始削弱他们的权力。亚历山大三世（Alekssandr Ⅲ，1881～1894年在位）及其儿子尼古拉二世（Nichlas Ⅱ，1894～1917年在位）不再延续前辈沙皇的传统做法，而是拒绝给予波罗的海地区的德意志人诸多特权，取而代之的是在该地区推行广泛的俄罗斯化政策。德意志人的影响力受到了持续性的削弱。德意志人在城市居民总数中所占比例迅速下降，到1897年其占里

① 凯文·奥康纳：《波罗的海三国史》，王加丰译，中国大百科全书出版社，2009，第40页。

加人口比例为16%，而在1867年其占比高达43%[①]。

（三）20世纪前半期德国与波罗的海地区的关系

进入20世纪后，随着废除农奴制和亚历山大二世实行的“伟大的改革”，俄罗斯帝国的社会经济发生了重大变化，1905年革命就是这一系列变化的结果。20世纪初，作为军事封建帝国主义的俄国，保存着大地主土地占有制和沙皇专制统治。1905年1月22日（俄历9日，星期日），14万工人和家属前往冬宫广场，准备向沙皇呈递请愿书。其中提出言论出版自由、八小时工作制、土地归农民、人民在法律上一律平等、召开立宪会议等要求。埋伏的军警野蛮地向工人们开枪，1000多人罹难，数千人受伤。史称“流血的星期日”。同年1月，波罗的海诸省的塔林、里加等城市爆发了同情革命的罢工。对于当地的德意志贵族而言，动荡的局势致使其面临进退两难的立场选择。一方面，在1905年革命之前的几十年间，行政上的俄罗斯化已经蚕食了他们的许多权力；另一方面，与当地的革命力量结盟反抗俄国中央政府的可能性也微乎其微。波罗的海地区德意志人的生活既无法与沙皇和解，也无法与当地的民族主义者和解，处于进退两难的尴尬境遇之中。

在随后的第一次世界大战期间，波罗的海诸省的德意志人又不得不在德国皇帝和沙皇俄国之间做出艰难的选择。战争初期，他们试图让多疑的圣彼得堡当局相信他们的忠诚，但是到了1905年秋，随着俄军失败，德国占领了立陶宛和拉脱维亚西南部，许多波罗的海地区的德意志人开始与德国人合作。

一战期间波罗的海地区各种力量的剧烈变化为该地区的民族自决提供了外部可能性。德国的军事领导人一直认为，有必要环绕俄国西部边界建立一批国家，作为阻止俄国往西扩张的屏障。德国人将“自决”的口号作为这一方案的重要手段，即把波罗的海各地领土并入德国，或是至少将这些地区从俄国分离出来。自顾不暇的俄国政府于1918年3月3日与德国代表签署了《布列斯特－立托夫斯克条约》，俄国退出欧洲的大战，同意把大片边境领土交给德国人，包括立陶宛。随着1918年一战进入尾声，波罗的海三国先后宣布独立。德国则试图通过该地区传统的贵族地主，即德意志人，建立稳固

① 凯文·奥康纳：《波罗的海三国史》，王加丰译，中国大百科全书出版社，2009，第41～46页。

的统治架构。德国化的前景当然在当地德意志人的范围内受到欢迎，有的地区甚至准备向来自德国的新殖民主义者提供土地。不过这些憧憬随着 1918 年 11 月德国皇帝的垮台化为泡影。

两次世界大战之间，波罗的海三国德意志人的地位并不稳定。虽然 1920 年至 1940 年前期三国甚至被认为是民主化程度较深的国家，其议会体制采用来自德国的“魏玛模式”，但是随着国际形势的日趋紧张，三个国家又转而投入威权主义的怀抱，当地德意志人的土地权利多被没收。而一战后德国作为战败国对于海外德意志人的帮助十分有限。德国唯一能做的是支持波罗的海地区德意志人的各种文化组织，并试图维护与波罗的海地区德意志商人阶层的经济联系。在三国先后独立的过程中，约有 2 万波罗的海地区德意志人移居德国，但是德国的魏玛政府并不鼓励更多的难民回到德国，因为这会推升德国国内本已高企的失业率。为了恢复德国的对外贸易，包括对波罗的海地区的贸易活动，魏玛政府希望有尽可能多的移民返回原来的居住地，并忠诚于当地的新政府。在 1920 ~ 1921 年间，约有一半的移民又回到了爱沙尼亚和拉脱维亚。根据新政府颁布的宪法，波罗的海地区的德意志人和其他少数民族的文化自主得到保障，包括建立用母语授课的学校的权利。虽然没收土地令许多德意志人的财富化为乌有，但是在波罗的海地区诸多城市中，德意志人的资产阶级力量仍然很强大。在两战之间的后期，三国的威权主义政府对民族多样性的容忍程度大大降低，原先在各国议会中的比例代表制随着民族文化自治权力被剥夺也走向终结。在立陶宛，民族主义针对的目标是波兰人，而在拉脱维亚和爱沙尼亚，民族主义敌视的对象是波罗的海地区德意志人。通过 1934 ~ 1935 年颁布的各项法律法令，两国政府禁止在街道标志上使用德语，允许政府剥夺某些波罗的海地区德意志人的教堂，关闭波罗的海地区德意志人的各个农业协会。当 1933 年希特勒的第三帝国政府向波罗的海地区的德意志人提供补助金时，这种趋势更加恶化。凭借来自纳粹德国的帮助，该地区的国家社会主义分子开始对波罗的海地区德意志人的各种机构发生重大影响。不过，希特勒在 1939 年与苏联签订协定后，又自相矛盾地从拉脱维亚和爱沙尼亚撤出德意志人，从而将德意志人对该地区的影响降至最低程度。

两战之间，天主教仍然是立陶宛最重要的宗教信仰，在国家的社会政治生活中占据突出的地位。在拉脱维亚，福音派路德教（Evangerlical Lutheranism）的教众占据半数以上的人口数量。同样，路德教在爱沙尼亚也占有较大优势，按照 1934 年的人口普查，78% 的爱沙尼亚公民称自己是路德教徒[①]。三国的宗教信仰方式与苏联的其他地区完全不同，虽然在 1940 年后三国又失去了国家的独立地位。

（四）冷战期间的德国与波罗的海地区的关系

冷战期间，两德分裂削弱了德国在波罗的海地区的影响力。联邦德国和民主德国的同时存在使得双方实际上成为各自所属的同盟集团在该地区的代言人。两个德国的独立行动能力受到了极大的限制，不得不将自己的国际行为转化为以服务于两极结构的稳定为最高宗旨的非自主性行为。同时，无论是联邦德国还是民主德国，其首要的外交重点和安全焦虑远非居于波罗的海一隅的三个小国，而是两个德国自身在国境线上的军事对峙，以及这种对峙所代表的两个超级大国的整体性对抗和随时可能的毁灭性态势。

另外，相比于美苏在中欧剑拔弩张的直接对抗，整个波罗的海地区在冷战期间处于相对边缘的地带。波罗的海三国失去独立国家的身份后，成为苏联的三个不情愿的加盟共和国。在冷战高度压力的环境下，波罗的海三国的离心行为遇到了巨大的困难。三国的独立倾向只有在外部国际环境发生质变之后才具有实现的可能。

二　冷战后德国与波罗的海三国的安全认知与外交政策

1989 ~ 1991 年间的欧洲巨变给波罗的海地区带来了根本性的变化。随着民主德国并入联邦德国，以及苏联的瓦解，中欧地区和波罗的海地区的地缘政治结构发生了革命性的变动。德国重新成为在波罗的海地区具有重大影响力的国家，而原先在该地区作用举足轻重的苏联则退出了国际社会的舞台。苏联的解体消除了波罗的海三国在独立道路上的障碍，三国重新获得了独立国家的主权地位。值得关注的是，虽然继承了苏联众多国际身份的俄罗斯在波罗的海地区仅剩圣彼得堡和加里宁格勒两个出海口，但是俄罗斯在该地区仍然具有相当重要的影响力，而且这种影响力直接和间接地影响了德国与波罗的海三国的互动关系。

随着冷战的结束和超级大国在本地区影响力的退却，那些曾经在历史上

---

① 凯文·奥康纳：《波罗的海三国史》，王加丰译，中国大百科全书出版社，2009，第 113 页。

发挥过影响的文化、语言、宗教等因素又开始重新塑造着本地区的双边和多边关系。同时，包括欧盟在内的各种一体化的多边机制，经济上的相互依存，甚至是其他非正式的国际社会的交往与互动的过程都或多或少、潜移默化地影响着波罗的海地区的相关国家。无论是德国，还是波罗的海三国，除了试图重温双方历史上的旧梦之外，新时代下的一体化、全球化和相互依存的力量也在形塑着它们彼此之间关系的未来。

从整体上考察，相对于欧洲的其他边缘地区（诸如巴尔干等地）的不稳定状态而言，波罗的海地区应归属于相对平稳的一片区域。然而即使是这样一块相对稳定的地区，在新的国际环境之下也会发生新的变化。

如果应对不当，危及国际和平的主要诱因之一——民族冲突在波罗的海地区也具有升温的可能性。历史上国家间的征伐和民族迁徙使得国家认同和少数族群权利的问题在波罗的海地区同样广泛存在。例如在立陶宛的波兰人、在波兰的立陶宛人、在波兰的德国人、在爱沙尼亚和立陶宛的俄罗斯人等都是可能的导火因素。尽管目前波罗的海地区的民族问题处在一个较为平稳的状态中，不过在俄罗斯与欧盟以及西方世界关系趋紧、以俄罗斯人为当地主要族裔的克里米亚半岛主权易手俄罗斯联邦的情况下，波罗的海地区的大批俄罗斯裔民众的国家认同取向仍然值得密切关注。

另外一个可能发生危机的领域是波罗的海地区军事力量的部署情况。冷战结束以来，原先在中欧地区高度集结的各路军事力量被大幅度削减，然而在波罗的海地区情况则没有这么乐观。虽然俄罗斯的军队已从原来部署的东德、波兰和三个波罗的海共和国撤出，但是出于俄罗斯军事战略的总体考量，库拉半岛和波罗的海对于俄罗斯国家安全的极其重要的意义，紧邻波罗的海地区的加里宁格勒和库拉半岛仍然是俄罗斯安全与防务的重点地区。随着美俄、欧俄在地区关系上日渐紧张，该地区的军事力量实际上并未随着冷战的远去而逐渐减弱，反而有不断加强的趋势。

时至今日，波罗的海三国已同时具有欧盟和北约的双重身份。三国和德国的关系也升级为同是经济一体化和军事同盟组织内的盟友关系。早在波兰、捷克和匈牙利提出加入北约的申请伊始，出于自身的政治军事考量，俄罗斯就对北约扩大提出强烈的反对意见。这种反对在波罗的海三国加入北约的进程中达到高峰。北约的东扩态势被俄罗斯认为是一个战略利益上的最严重的威胁。随着乌克兰问题的不断升级，北约在波罗的海地区先后进行高级别的军事演习，波罗的海三国在这些军事演习中均有参加。原来一度处于想象之中的西方国家与俄罗斯在波罗的海地区的对抗几乎有了一触即发的可能。而北约未来的行动方向则始终是该地区其他一些行为体担忧的问题。

作为波罗的海地区的主要国家，德国同时也是该地区海上力量位居第二的国家。由于德国在使用国家军事能力上的掣肘，德国在波罗的海地区的安全利益更多地体现在与沿岸国家的贸易通商、捕鱼业、交通运输和领海保护上。由于运能更加高效、连接北海和波罗的海的基尔运河的存在，德国对波罗的海的航运依赖大大降低，因此，仅就德国自身而言，其在波罗的海地区的经济利益可以说是有限的。

然而作为欧盟和北约的成员之一，德国仅仅考虑自身在波罗的海地区的利益是远远不够的。由于德国所属的同盟在该地区具有重大的安全利益，因而同盟的安全考虑以及由此而设定的各种安全议程对于德国而言具有同等重要的安全含义。本文前述部分所论及的民族冲突、军事力量部署和北约东扩、北约与俄罗斯矛盾等都会影响到德国在波罗的海地区的安全判断和行动结果。另外，冷战后出现的其他传统和非传统安全议题，诸如核扩散问题、环境与生态问题、跨国有组织犯罪问题、大规模非法移民问题，以及周边中东欧国家或前独联体国家转型过程中内部治理可能失败所导致的地区性安全问题等都是德国所担忧的内容。

德国在寻找上述安全议题的应对之道时所依循的路径仍然是联邦德国自二战结束以来的传统做法，即主要通过多边主义的方式，经由国际组织的途径来达成自己的目标。除了在该地区发挥重要影响力的欧盟和北约之外，波罗的海国家委员会（the Council of the Baltic States，the CBSS）也是德国用以达成本国安全利益的重要制度平台。

1994 年 4 月 5 日德国发表《德国安全白皮书》，对自己未来安全政策的设想提出了三个主要原则：前瞻性、整体性和国际性。所谓前瞻性主要是预防危机和冲突的发生，防患于未然。为此，要对危机寻根溯源，从根本上解决问题。《安全白皮书》指出：危机分析必须对安全概念做广义解释，必须考虑到地区性和全球性相互依存的发展，必须包括社会、经济和生态问题，把它们纳入德国及其盟国的安全考虑之中，而西方传统的威慑和防务战略是不强调国家内部和社会的冲突以及那些由于饥饿、压迫、仇恨和绝望而引发的危机的。危机预防、处理危机的基础是尊重人权，保证社会公正性。整体性是指必须在一切政策领域，包括外交、安全、经济、科技、环保、发展政策，尽可能积极、灵活地采取各种措施，以制止危机和冲突的扩大、升级与蔓延。德国是一系列地区性和国际性组织与条约的成员和参加者，如联合国、北约、欧洲联盟、欧洲安全与合作组织。国际性是指这种全方位政策不可能局限在一国范围，由一国独立打造和实施，而是需要国际上各种力量的共同努力，包括同伙伴国的合作、联盟内部共同行动以及积极参与联合国和地区组织活动，发挥多边交织、各层次互补的效益，实施以预防危机为主的外交与安全手段，以维护欧洲与世界的安全和稳定。从德国安全政策的基本定位出发，德国和波罗的海三国既在多边主义的基础上进行合作，也在国与国的双边层面上发展彼此间关系。德国在波罗的海地区的安全政策在总体方向上与其在全欧乃至全球的安全战略存在着一致性。欧洲一体化、跨大西洋伙伴关系、积极和平外交政策构成德国传统外交三大主导思想和核心原则。如同题为“构建德国的未来”的德国新政府《联合执政协议》所确定的那样，在延续这三个外交原则基础上，欧洲一体化和欧洲安全问题、跨大西洋伙伴关系、与新兴经济体国家关系成为德国新政府三大外交政策重点。德国的安全政策是在此三项原则的基础上建立的。① 2013 年 12 月上台的德国大联合政府在积极参与建构国际秩序、为危机管理和冲突解决上表现出更为主动的意愿，尤其是联邦总统高克、外交部部长施泰因迈尔和国防部长冯德莱恩在 2014 年 1 月底的第 50 届慕尼黑安全会议上的演讲中进一步提出，“德国必须时刻准备，在外交和安全政策上更早、更果断且更具实质性地投入”②，表明德国意欲改变原来那种僵守“克制文化”的外交政策，转而推行积极有为的外交政策。

从历史的角度加以考察，德国的历史经验和教训以及联邦德国长期以来的限制性主权地位，使人们学会必须追求“理智的自我利益”③。所谓“理智的自我利益”就是，勇于承担责任，能够灵活地、坚持不懈地追求自己的目标，因而必须寻找伙伴和盟友，坚决不走特殊道路，因为联邦德国没有一个中心利益是不需要同其他人合作的。两德统一之后，德国对波罗的海三国的外交立场与欧盟的相关政策保持着很高的一致性。主要表现在，首先，德国支持欧盟的扩大政策。雅尔塔体制解体之后欧盟对中东欧国家打开了大门，2004 年 5 月 1 日欧盟吸收了包括波罗的海三国在内的 10 个国家入盟，

---

① 戴启秀：《德国新政府外交政策调整及走向》，《国际观察》2014 年第 4 期，第 133～144 页。

② 郑春荣：《德国外交政策的新动力》，《欧洲研究》2014 年第 2 期，第 1～14 页。

③ 殷桐生：《德国外交通论》，外语教学与研究出版社，2010，第 34～38 页。

使欧盟成员扩大到25个。从政治上看，欧盟将中东欧国家纳入欧盟有助于西欧国家长期追求的“联合欧洲”目标的实现。从经济上看，欧盟为了增强国际竞争力，需要中东欧这样一个巨大市场。这同样符合德国的发展需要。可以说，德国统一和两极体制解体后，欧盟的发展以及德国的发展都迎来了一段黄金时期。除了政治因素和历史联系外，从经济的角度出发，德国作为一个以对外经济为导向的国家，欧盟新接纳的国家的经济社会发展对德国是有利的。德国在欧盟中拥有强有力的经济地位和特殊的地缘政治经济地位，因而可以从欧盟扩大中获得巨大的利益。主要位于中东欧地区的包括波罗的海三国在内的入盟候选国的对德贸易为整个德国的贸易顺差做出了巨大的贡献。德国和入盟候选国之间的贸易快速增加。在这一贸易结构的背后是德国和入盟候选国的生产结构在20世纪90年代期间越来越显示出互补性，双方的生产结构互相补充、互相关联。其次，德国坚持推进欧盟制宪进程。德国主张扩大欧洲议会的权利，扩大多数表决制的适用范围，并主张颁布一部将共同价值观汇编在一起的欧盟宪法。这里尤其值得一提的是德国前外长菲舍尔于2000年5月12日在德国柏林洪堡大学所做的题为“从邦联到联邦——有关欧洲一体化最终目标的思考”的演讲。该演讲拉开了欧盟制宪的序幕。历经多次制宪障碍和危机之后，在德国政府大力推动和协调之下，保留了《欧盟宪法条约》中“双重多数表决制”以及更加明确地界定欧盟和各成员的权限范围的《里斯本条约》，延续了《欧盟宪法条约》提高欧盟行动能力的宗旨。可以说，《里斯本条约》的出台标志着旨在结束欧盟制宪危机的努力取得了实质性的突破。再次，德国在默克尔政府执政后延续了德国力主深化政治联盟的立场，坚持执行共同外交与安全政策的主张。

作为欧盟和北约成员中的新成员和小伙伴，波罗的海三国在国土范围、经济总量等方面与德国相比有着巨大的差距。但是三国在同盟中的作用类似于早年煤矿工人为了预警瓦斯中毒而携带至井下的金丝雀，波罗的海三国位于当年两极结构的最敏感地带的客观事实更加凸显出其“金丝雀效应”的重要作用。

国际政治理论中有关小国的相关知识有助于对波罗的海三国国际行为方式的理解。一般认为，国家规模的大小与实力强弱相互关联，受到人口、领土规模的相对局限，小国实力相对有限，国际影响力相对低微。在世界政治经济体系中，小国往往被归为相对脆弱的国家类型。在国家与体系的关系中，它们往往不是主动的一方，更多的是遵从于体系而不是去挑战体系，在安全问题和经济议题上的自主性和独立性都十分有限。从这个角度看，小国是脆弱的。相对于规模更大的国家而言，小国存在许多生存与发展的缺陷，来自内外的挑战与冲击所产生的影响更为普遍和严重，国家治理与对外政策的波动性及难度更为显著。古典国际关系中无政府状态所隐含的“丛林”法则推动主权国家追求国家规模的最大化，导致这种“规模观”走向极端。在传统国际关系下，国家间竞争激烈，战争和军事技术对国家构成及其规模变迁具有决定性影响。规模往往意味着军事力量、军事资源和战略空间，意味着国家的综合实力及其国际影响力，或者被视为国家威望的象征、主权国家的资格，甚至是国家存续可能性的依据。因此，小国在国家安全的定位上通常是处于较高的安全焦虑水平上的。

波罗的海三国自身的历史也是小国安全不易获得的明证。历经多次国家主权的丧失和复得后，三国对长久以来国际无政府状态带来的各种影响感同身受。世界历史表明，国家安全系数一般是随国家规模扩大而不断提高的公共产品，较大国家更少受到外部侵略的威胁。这是由于国家规模与国家安全系数之间是一种成正比的相互关系：人口数量意味着潜在实力，领土面积意味着战略纵深与回旋余地，国家规模同时也影响着集体安全感和安全战略。国家规模同样关系到国防预算的总量或总体国防实力，由于经济规模效应，小国不得不比大国花费更大比例的国防支出，付出的安全成本也高昂得多。小国由于规模微小，因而在战争及其他安全问题上难以与大国抗衡。在外交与安全政策语境下，国际体系下的小国通常处于安全劣势中。这种安全脆弱性是小国必须面对的国际现实，由此引发的虚弱感和无力感是小国最基本的、自然的和无处不在的自我认知。这种自我定位“折磨着小国领导人，影响着他们的行为方式，并且导致大量在不同环境下是否可行的前置判断”①，因而影响着小国的生存策略。

然而随着国际社会的发展和全球化程度的加深，各种国际制度不同程度的发育在一定程度上减弱了国际体系中无政府主义的强度。第二次世界大战后尤其冷战结束以来，国际体系性质的变迁、科学技术工具的进步使得国家规模对政治经济和国际关系的影响，以及小国脆弱性的传统内涵悄然改变。一方面，大国关系依旧是国际体系的结构性力量，国家权力依旧是国际关系

① David Vital, *The Inequality of States: A Study of the Small Power in International Relations*, Oxford: Clarendon Press, 1967, pp. 3 – 4.

的基本动力，与此同时，国际制度与国际规范的相对健全使得世界更为有序，联合国及其他国际组织所倡导的国际原则逐渐成为所有国家共同遵守的行为准则。这为小国的生存和发展提供了一个合适的外部环境。小国在国际体系中的相对边缘性地位虽无本质变化，但在相对和平与稳定的国际环境下，小国的安全脆弱性则有了明显改善，现有国际体系至少基本上解决了小国的生存问题。国际机制的日趋完善、国际规范的不断形成改变了传统的规模观，规模的传统权力功能逐渐减弱。体系结构一旦建构起来，就必然影响或规范着所有国家的行为。大国虽是体系的主要设计者或建构者，并且是体系的最大既得利益者，但其行为同样受到国际机制的约束。在这种性质的体系下，国际关系不再单纯地用国家实力、强制手段说话，规模的国家权力功能明显降低。这对于小国来说无疑是一件幸事。对波罗的海三国而言，虽然国家安全的焦虑度依然处于一个较高的水平，但是相对于历史记忆来说，三国主权的确处于相对安全的阶段。

同时，在现行国际体系下，经济发展逐渐成为世界各国国家战略的核心内容，战争和军事安全问题不再是困扰各国的根本问题。在毁灭性武器遍及全球、经济网络彼此交织的世界上，大国之间的冲突与战争是不可想象的噩梦。另外，贸易自由化使得传统的殖民主义和帝国主义政治思维失去了经济动力。这为国际体系构建一个相对和平与稳定的环境创造了条件。小国是和平稳定国际环境的最大受益者。此外，国际关系中的规模崇拜倾向有所缓解。国际行为体在某种程度上似乎偏离了“唯大是好”的传统观念，“小”正在成为国际体系的有机组成部分。在国际关系中，大国有大国的国际定位和行为偏好。与此同时，国际问题的多样性和复杂性也为小国提供了独特的行动空间、发挥作用的余地及提升国际地位的机会。[①] 小国能够安享国际制度提供的“公共物品”，无须付出相应代价而成为国际政治经济的“搭便车者”，在许多国际领域往往拥有更大的灵活性和行动余地，可为大国之不可为，可不为大国之必为。这是“小”赋予小国的天然优势。

因此，波罗的海三国的脆弱性有了革命性的变化。从经济发展的角度观察，当全球化打破了物理规模与市场规模等同或重叠的传统状态，小国经济的国家规模与市场规模之间的关系有时更多地依赖于世界贸易机制。从理论上看，如果市场规模存在规模经济效应，由于经济一体化和国际开放性程度

---

① 韦民：《小国与国际关系》，北京大学出版社，2014，第 87 ~ 88 页。

很低，规模大的国家的经济发展应该比规模小的国家表现更好，但是随着经济一体化的强化，政治规模的关联性应该变得更小。全球经济语境的演进正在带来这样的变化。全球贸易体系的变化是规模经济意义变迁的基本动力。在完全分割的世界上，一个国家的政治规模与市场规模相同。在这种情况下，小国往往意味着小市场。古典经济学的一个基本假设是小型经济规模导致“规模不经济”（diseconomies of scale），小国尤其微型小国（mini or microstates）的可持续性就存在相应的严重问题。按照这个观点，一个国家的人口数量越少，它的国内市场就越小，最终它衰亡的可能性就越大。然而，这种先天缺陷在贸易自由化的背景下就不会产生如此严重的后果。在全球经济一体化的世界中，一个国家的市场规模显然更大，甚至远远超过了政治规模的限度。在极端情况下，政治边界与经济活动甚至没有任何关系，每个国家的市场规模就是全球市场。这与传统的世界经济完全不同，政治规模不再等同于市场规模，“规模效应并未局限在国家边界之内”。如此看来，全球化时代的到来为小国发展委实提供了难得的市场空间。①

从国际政治与安全的角度观察也能得出类似的有利于小国生存的结论。温特认为，现代国家的低死亡率更可能是由于主权制度的建立。根据这种制度，国家承认相互都有生命、自由和财产权利，结果就限制了国家的侵略行为。在他看来，小国能够存在和繁荣，是国际无政府体系文化从霍布斯文化转向洛克文化的结果。② 而历史进入到第二次世界大战尤其是冷战结束之后，由于国际制度建设的不断加强，小国在国际体系中的安全状态有了一定程度的提升。具体到波罗的海三国而言，三国在从全球性到地区性的各个层次的国际组织中都具有成员身份，如北约、欧盟、波罗的海合作委员会（the Council for Baltic Sea Coorperation，CBSS）、波罗的海国家议会（Baltic Assembly）等国际机构。

三　德国与波罗的海三国的合作机制

在波罗的海三国的官方表述中，成为欧盟和北约成员的国家行为改变了

① 韦民：《小国与国际关系》，北京大学出版社，2014，第89～90页。

② 亚历山大·温特：《国际政治的社会理论》，秦亚青译，上海人民出版社，2004，第362～365页。

三个波罗的海小国在国际社会中的行动方式。北大西洋公约组织和欧洲联盟为波罗的海三国提供了最大的安全保障。而德国和波罗的海三国的关系也从普通的双边国家关系一跃而升格为关系更为紧密的联盟内部盟友之间的关系。鉴于欧盟在相当程度上的超国家性质，以及北约在安全事务上的一体化性质，无论是德国，还是波罗的海三国在处理彼此间关系时都具有了全新的特点。

由于德国的历史顾虑和对欧洲一体化的全力推动，以及波罗的海三国国力的实际状况，双方更愿意将合作关系的空间向国际组织和制度化的方向拓展。

波罗的海三国首先在三国之间展开合作，这种合作相较于其他区域主义的一体化方式而言更为深入，早已超越经济层面抵达军事安全和国家治理中代议制体制的层面。出于对共同的东方邻居的警觉和融入西方集团各种机构的相同愿望，波罗的海三国很快就找到了与安全和外交相关的诸多事务的共同基础。波罗的海三国间的合作机制可以追溯至三国 1934 年在日内瓦签署的《协同与合作条约》（Treaty on Concord and Cooperation）。1990 年，冷战结束后重获独立的波罗的海三国在塔林共同签署了《团结与合作宣言》（The Declaration on Unity and Cooperation）。依照上述两份外交文件的宗旨，波罗的海委员会（The Baltic Council，简称 BC）于 1990 年正式成立。1991 年 11 月，三国共同组成了波罗的海国家议会，由来自三国议会的 20 名代表共同组成。最初，波罗的海国家议会成立的目的在于讨论安全问题和安全事务，后扩大到能源、金融、经济发展、教育文化等相关领域。在加入欧盟之前，波罗的海国家议会积极推动加入欧盟的行动，同时着力协调三国的立法，目的在于满足加入欧盟的各项条件。其指导性外交文件《议会规程》（The Statute）于 1993 年 10 月 31 日签署通过。1994 年，三国于塔林通过了《波罗的海三国议会与政府合作协定》（The Agreement on Baltic Parliamentary and Governmental cooperation）。波罗的海委员会的年度会议同时包括三国议会大会的一系列会议议程。大会主席团与波罗的海委员会主席团间也举行会晤，评估三个国家间过往一年的交流合作情况，并对未来的合作行动计划做出安排。

波罗的海三国之间成立的第二个共同体机构是波罗的海部长理事会（Baltic Council of Ministers，BCM），其国际条约的基础是三国订立于 1934 年的《友好理解和合作条约》（Treaty of Good Understanding and Coorperation）。

该机构成立于1994年6月，目的在于协调三国所关注的政治、经济与文化问题。理事会的最高机构由三国首脑组成，每半年会晤一次，讨论共同关注的外交政策问题。波罗的海部长理事会在其运作过程中随着外部环境的不断变化进行改革与调整，特别是三国相继成为北约和欧盟的成员之后。理事会架构以有益于三国政治利益以及三边合作可能性的有效治理为考量。理事会在波罗的海总理委员会的指导下工作。由外交部部长组成的合作委员会负责协调高官委员会（The Committees of Senior Officials，CSO）的行动。高官委员会的工作从专家层次上分五个领域展开，包括欧盟事务、能源交通、环境、渔业等方面的协调与合作。如有必要，针对某一专门目的而设立的特定任务武装（The Task Forces）可由总理委员会部署，总理委员会决定特定任务武装行动的时间限度。部长理事会的日常工作由秘书处负责。秘书处由三国外交部官员组成。

从军事角度考察，波罗的海三国的军事力量弱小。尽管加入了北约组织，波罗的海三国自身的防务力量仍然十分薄弱。根据2001年的统计，爱沙尼亚、拉脱维亚和立陶宛的现役军队人数分别是5000人、5400人和9400人[①]，三国的军队总数约为21000人。同时由于俄罗斯在撤出波罗的海三国时拆除并带走了其在波罗的海地区各军事基地的所有武器装备，三国在独立的最初年代里，武器装备匮乏，甚至不得不使用相邻国家提供的二手装备。由于国家面积狭小，个体力量薄弱，波罗的海三国明智地选择共享三国所拥有的政治军事资源。1995年，三国共同组建一个联合维和营——波罗的海营（Baltic Battalion，简称BALTBAT），该营自成立以来已多次参加国际维和行动。在与军事相关的共同体架构中还有创建于1996年的波罗的海海军中队（Baltic Naval Squadron，简称BALTRON）。1998年，三国共建波罗的海国防学院（Baltic Defense Collage，简称BALTDEFCOL）以共同培养高级军官，同年建立的共同军事机构还有波罗的海地区空情监控网（BALTNET），监控经过波罗的海上空和俄罗斯西部大部地区的飞行物，目前已是北约空中预警系统的组成部分。从波罗的海三国合作的深度考察，三国的政治军事安全一体化程度即使是从全球范围来看也是最深入的。

德国的谨慎外交和波罗的海三国的高度一体化现实使得双方都把机制性

---

① 凯文·奥康纳：《波罗的海三国史》，王加丰译，中国大百科全书出版社，2009，第216～217页。

合作作为发展外交关系的第一选项，因此，德国及波罗的海三国外长“3 + 1”政治磋商会议成为德国与波罗的海三国间最重要的政治对话机制。目前四方首脑每年会见一次。1994 年，时任德国外长的克劳斯·金克尔（Klaus Kinkel）倡议发起首次会晤。追溯历年首脑会晤的主题不难发现，其关注的焦点均与四方在该地区的重要利益相关联。例如 2011 年在德国位于波罗的海中的卢根岛举行的会晤主要关注旅游业、环境和景观保护、债务危机、欧盟睦邻政策中的东部国家以及白俄罗斯危机等问题。2012 年会议在拉脱维亚首都里加举行。此次会议重点讨论了拉脱维亚应对经济危机以及拉脱维亚加入欧元区问题，欧盟当前的财政、金融状况问题也是此次会议关注的焦点。2014 年，在德国及波罗的海三国外长“3 + 1”政治磋商会议机制建立 20 周年之际，四方于塔林的会晤主要讨论了 2015 年三国进入欧元区、乌克兰危机以及克里米亚争议之后欧盟与北约的内部团结等问题。①

波罗的海国家理事会是德国与波罗的海三国发展外交关系的又一个重要平台。1992 年 3 月，在德国和丹麦的倡议下，波罗的海沿岸的 10 个国家——丹麦、德国、瑞典、芬兰、挪威、爱沙尼亚、拉脱维亚、立陶宛、俄罗斯和波兰的外长在丹麦首都哥本哈根举行会议，会上成立了波罗的海国家理事会（Council of the Baltic Sea States，CBSS）。其目的是进一步加强波罗的海沿岸地区的合作。理事会每年举行一次外长会议，主席国外长负责协调理事会在外长会议期间的活动，并由 CBSS 下设的高官委员会协助其工作。理事会设有工作组，定期举行成员国家首脑会议。委员会是成员国家外长与欧洲委员会之间的非正式合作机构。从严格意义上讲，它不是一个国际组织，它没有常设秘书处、没有工作人员及预算。但成员国家不久便认识到，设立常设秘书处对于波罗的海沿岸地区的持续发展非常重要。1997 年 7 月召开的外长会议就设立常设秘书处进行了讨论，一致同意向高级官员委员会提出建议，考虑设立一个常设国际秘书处，并于 1998 年在丹麦召开的 CBSS 第七次会议上正式设立。截至 2006 年 6 月，波罗的海国家理事会共有 12 个成员：丹麦、爱沙尼亚、俄罗斯、拉脱维亚、立陶宛、挪威、波兰、芬兰、德国、冰岛和瑞典以及欧盟委员会。每两年举行一次理事会政府首脑会议。

理事会采用轮值主席国的方法，由轮值主席国提供秘书处和其他的服务机构。德国和波罗的海三国加入波罗的海国家理事会的初衷是出于地区政治

---

① 德国外交部网站资料，http://www.auswaertiges-amt.de/EN/Startseite_node.html。

发展、多边合作和经济繁荣的需要。理事会最初的工作从两个层面上开始运作：首先是推动环境保护，其次是促进环波罗的海地区的贸易繁荣。为了达成上述目的，理事会在内部机制上首推区域内的运输和通信系统的畅达。在1994年的加里宁格勒会议上，成员倡议建设环波罗的海高速公路系统，项目命名为“畅通波罗的海”（Via Baltica）。初创阶段，理事会所关注的另一个焦点是波罗的海地区的跨区域犯罪。由于苏东集团的解体所带来的国家治理某种程度上的溃败，有组织的黑帮犯罪集团开始出现在波罗的海地区，在其中某些地区甚至呈现爆发性的增长，给沿岸各国的贸易交流造成越来越严重的威胁和障碍，引发沿岸各国的共同关注。为了应对这一犯罪趋势，理事会各成员展开了一系列的预防犯罪合作和跨边界的警务行动，在波罗的海地区首次进行较为深入的民事安全合作，将波罗的海国家理事会合作机制向民事安全共同体的方向推进了一步。随后，许多双边和多边合作围绕着警务、移民、海关和边界管理等方面展开。在1997年的赫尔辛基会议上，各成员国为边界管理订立了最初的合作框架。

经过最初数年的合作实践后，1996年的维斯比会议一致同意在环境保护、贸易联系和打击犯罪等问题上加强合作的深度。为打击有组织犯罪活动，理事会成立特别任务小组（Task - Force）从四个方面开展合作。这四个方面分别是改善信息交流、统一行动规范、司法合作和培训研讨。此次会议通过了名为《波罗的海21行动议程》（The Baltic Sea Agenda 21 Initiative）的文件，旨在促进波罗的海地区环境保护议题上的合作，达到提升该地区环境质量的目的。理事会同时成立高官工作小组（The Senior Officials Group），并在斯德哥尔摩成立波罗的海国家支援团（Baltic States Support Group），以完成执行相关环境议题的工作，以及与欧盟波罗的海政策的协调事务。

与冷战后欧盟在中东欧其他地区的政策行动相比较，欧盟在波罗的海地区的政策取得较大的成功。中欧行动倡议（The Central European Initiative）因前南斯拉夫内部冲突和巴尔干战争受到影响，黑海经济合作计划由于参与各方互信的缺乏而进展缓慢。而波罗的海政策的良性发展则得益于地区政治发展和认同的相对一致性，反映了包括德国和波罗的海三国在内的成员的合作意愿和努力。迄今为止，波罗的海国家理事会已经建立起一整套有效和全面的合作机制，包括高级官员委员会以及与高官委员会密切联系的三个工作小组：经济合作工作小组（The Working Group of Economic Coorperation）、核安全工作小组（The Working Group of Nuclear Safety）及民主和人权促进小组

(The Working Group for Assistance of Democracy Institutions and Human Rights)。波罗的海国家理事会在环境和跨国犯罪等议题上的成功合作证明了德国和波罗的海三国在地区合作机制的建设上具有利益的一致性和成效的共享性。

在双边经贸关系上，由于德国经济在欧盟及世界上的突出地位和影响，德国在波罗的海三国的对外经贸关系中占据重要地位。德国是拉脱维亚的主要贸易伙伴之一。2013 年，德国占拉脱维亚的进口总额的 12%，位居第二。拉脱维亚出口德国的总值约占出口总额的近 7%，排在第四位。德国也是拉脱维亚的主要投资者，包括 E. ON Ruhrgas AG、HVB 银行、Ergo International AG（保险公司）等德国企业均在拉脱维亚进行大量投资。大约 1000 家含有德国资本的公司活跃在拉脱维亚的金属加工、服务和贸易等领域。德国与拉脱维亚还签订了旨在保护和促进投资（1993 年 4 月）、空气、海运和陆运（1993 年 4 月）以及避免双重征税（1997 年 2 月）的各项双边协议。德国也是立陶宛的主要贸易伙伴。2013 年和 2014 年德国在立陶宛的外贸对象中分列第三位和第四位。德国是爱沙尼亚的第五大贸易伙伴。2014 年双边贸易总额为 20 亿欧元，约占爱沙尼亚外贸总额的 8%。进口方面，德国是爱沙尼亚的第二大进口国，该国约 11% 的进口值来自德国，2014 年的金额约为 15 亿欧元。出口方面，德国位居第六，5% 的爱沙尼亚产品出口至德国，2014 年总额约为 5 亿欧元。截至 2013 年底，德国在爱沙尼亚的直接投资为 3.2 亿欧元，占比为 2.1%，排名第 8 位。德国在爱沙尼亚约有 400 家相关企业。德国波罗的海商会设在爱沙尼亚的塔林，为德国在爱企业提供相关服务，加深了两国的经贸联系①。

四　结论

随着民主德国并入联邦德国，德国重新成为波罗的海地区的大国。冷战结束以来，波罗的海地区国际政治的发展无论是在双边层次上还是在多边层次上都有着巨大变化，德国和波罗的海三国从自身特殊的历史条件出发，结合当代国际社会的时代潮流，共同选择了一条创造和遵循多边合作机制的道路。德国与波罗的海三国的关系体现了德国作为欧盟的主导型国家在该地区的角色。在同波罗的海三国的关系上，德国的主动性和有限性同时凸显。尽

① 德国外交部网站，http://www.auswaertiges-amt.de/EN/Startseite_node.html。

管德国作为一个地区性大国在许多方面具有强大的影响力，但是作为一个审慎的欧洲领导国家，德国需要将自身的国家力量借由适当的共同体结构来加以实现。德国和三国的历史文化渊源有助于德国与波罗的海国家建立更加深远的联系，战略上的共同点，尤其是一个透明度高、沟通效果充分的地区性机制能够有效地同时使大国和小国的利益博弈在一个可预见的环境下求得彼此之间的最小公约数。德国在波罗的海地区的角色反映出德国在冷战后延续了其作为和平的、民主的国家形象。在面向波罗的海三国的外交政策中，德国一如既往地强调责任担当、和平合作、最大程度上的非军事化色彩。在实践层次上，德国的这种行为受到对象国家的肯定，波罗的海三国对德国在波罗的海地区的"善意霸权国家"的形象持欢迎姿态，因为德国在言辞和行动上都将自身对波罗的海外交定位在一种强调多边合作和民事大国（Civilian Power）的位置上。

参考文献

Zimmer M. , "The Return of the Mittellage? The Discourse of the Centre in German Foreign Policy", *German Politics*, 6: 1 April, 1997.

凯文·奥康纳:《波罗的海三国史》，王加丰译，中国大百科全书出版社，2009。

德国外交部网站，http://www. auswaertiges - amt. de/EN/Startseite_node. html。

波罗的海国家理事会网站，http://www. cbss. org/council/permanent - secretariat/。

戴启秀:《德国新政府外交政策调整及走向》,《国际观察》2014 年第 4 期。

郑春荣:《德国外交政策的新动向》,《欧洲研究》2014 年第 2 期。

韦民:《规模、体系与小国脆弱性》,《国际政治研究》2013 年第 1 期。

温特:《国际政治的社会理论》，秦亚青译，上海人民出版社，2008。

冷战后德国与中东欧国家关系的发展

杨　烨　张亚男*

过去几百年的欧洲历史，中东欧地区的中小国家是周边若干帝国侵略、掠夺和控制的对象。在各个帝国长期的东西方争夺中，因为其独特的地理位置条件，中东欧地区一度成为各个帝国向外扩张的跳板，抑或是成为防御进攻的牺牲品。在20世纪，作为两次世界大战的发动者之一，德国给世界人民带来深重的灾难。在第二次世界大战中，中东欧国家如波兰、捷克斯洛伐克等国更是被纳粹德国所侵吞。二战结束后，伴随着美苏对抗和两极格局的形成，中东欧国家再次卷入大国纷争之中。在此期间，中东欧国家的经济、政治及外交政策的发展亦丧失其独立性和自主性，沦为苏联的附庸。冷战结束以来，中东欧国家纷纷摆脱苏联体制，获得独立地位，迫不及待地投入"回归欧洲"的潮流。剧变之后，"回归欧洲"成为推动中东欧国家向西欧民主政治转型的有力口号。

自第二次世界大战结束以来，德国一直积极进行国家的重新塑造。通过反思历史和战争赔偿，德国赢得了国际社会的认可和尊重，塑造着一个负责任的大国形象，成为欧洲乃至世界舞台上的一支重要力量。这意味着中东欧国家在积极融入欧洲的过程中，处理好与德国的关系成为当然之举。在欧盟诸多成员之中，德国有着举足轻重的地位。相比之下，中东欧国家除了波兰以外，大多是中小国家。由于在地缘位置上的连接以及地缘政治地位的差

* 杨烨，博士，同济大学政治与国际关系学院中东欧研究所教授、所长。张亚男，同济大学政治与国际关系学院硕士研究生。

异，本文在分析德国与中东欧国家间关系时所涉及的中东欧国家主要包括以下四个群组：维谢格拉德集团四国、波罗的海三国、东南欧的罗马尼亚和保加利亚、巴尔干国家斯洛文尼亚和克罗地亚。这十一个中东欧国家在 2004 年、2007 年先后加入欧盟，成为欧盟的新成员。它们有的已经加入欧元区，例如斯洛伐克，有的还在积极争取中。本文的分析将更多集中在德国与上述十一个新近入盟的新成员的关系。

就德国和中东欧国家的关系而言，德国位于欧洲中部的地理位置，使其具有天然的地缘战略地位。中东欧国家中如波兰、捷克则直接与德国毗邻，其他中东欧国家尽管与德国并没有直接的地缘领土接触，但仍处于德国构建的地缘空间中。相邻的地缘位置条件，使得德国和中东欧国家之间一直有着极为紧密的经贸联系。与此同时，来自安全方面的考虑也因为周边这个位置界定被放大了，冷战结束之后，伴随着中东欧国家回归欧洲和欧盟东扩，中东欧地区再次被赋予重要的地缘政治价值。尽管伴随着科学技术的发展，全球化趋势愈演愈烈，关于地缘政治因素在国家战略中的作用的研究和分析似乎不再占据明显的主导地位。然而实际上从冷战后德国的政策行为可以明显观察到，来自地缘政治方面的考虑依然会在特定时段与特定事态上对德国对外政策发挥重要影响。德国借助欧盟东扩积极发展同中东欧国家间的关系，不仅能够保障德国东部边界的地理位置上的安全，避免直接受到东部威胁，而且能确保其能源安全，减少周边国家对德国的忌惮和担忧，提升德国在东部地区的影响力，从而进一步增强德国在欧洲乃至国际舞台上的地位和作用。

外交关系以及外交政策的演变与发展可以直接反映双边关系发展情况。在某个阶段中国家间关系密切，表现在外交上会有更多的互动，政策方面也会更加主动、积极；国家间关系冷淡，那么在外交上也不会有太多的沟通与交流。双边经贸发展的数据能够直接、明确地表现出双边经贸关系的依存度，通过客观的数据资料也能够直观地呈现出经贸联系对于双边关系的重要性。此外安全事务也是一个及其重要的领域，无论是在历史上还是当今的国际安全局势中，中东欧国家以其独特的地缘战略位置在安全领域十分引人注目。因此，本文主要分为三个章节，分别讨论冷战后德国与中东欧国家外交关系、经贸关系的发展以及在安全领域中的联系，从而把握冷战结束以来德国与中东欧国家间关系发展情况。

一 冷战后德国对中东欧国家外交政策的发展演变

冷战结束以来，根据德国外交政策发展及转向，德国与中东欧国家外交关系的发展大致可分为科尔政府时期、施罗德政府时期和默克尔政府时期三个阶段。在这三个阶段，德国一直将推动欧洲一体化进程作为其外交政策和战略中极为重要的部分。历届德国政府都意识到德国只有在推动欧洲一体化建设中才能不断提高其影响力，不断凸显德国在欧洲乃至在整个国际社会中的重要地位。在科尔政府时期，由于冷战结束不久，为避免让周边国家对重新恢复统一的德国产生恐惧和不信任，科尔政府在处理与他国关系以及对德国自身定位时秉持一种相对来说较为谨慎和克制的态度，同时采取一系列外交举措来密切与中东欧国家之间的双边关系。随着国际局势以及双边关系的发展，到了施罗德政府时期，政府在继续推动欧盟建设的同时，更强调德国自身的"民族利益"，主张德国理应承担历史责任，但不能一味地承担历史包袱，无论是欧洲政策还是在处理国际事务方面，德国应该呈现出更多的自主性和独立性。在欧盟东扩问题上，虽然施罗德政府在战略上奉行积极立场并采取了许多积极措施，但在有关东扩的具体政策方面，特别是涉及自身利益时采取了十分谨慎的态度。对于中东欧国家入盟标准方面更是表示其坚定立场。默克尔自上台以来，对施罗德政府时期的政策做出一番调整。她强调价值观在欧洲整合进程中的作用，努力推行其价值观外交。默克尔虽然大力支持中东欧国家加入欧盟，但主张在欧盟东扩问题上要量力而行，严格入盟标准，必须坚持经济指标与民主政治双合格的原则。否则欧盟一体化建设不仅得不到推动和深化，而且会陷入窘境。

（一）科尔政府时期德国外交政策及其与中东欧国家的关系

1. 科尔政府时期德国外交政策特点

伴随着德国结束分裂实现了统一，苏联解体和以美苏两个超级大国为代表的两极格局的瓦解，"两个德国"的问题不复存在，一直以来作为欧洲大国的德国以一种新的姿态和面貌登上了国际舞台。两德统一之初，由于要首先集中精力考虑解决国内问题和消除周边国家对于统一后的德国产生的怀疑、恐惧和不信任，科尔政府在外交上秉持一种相对来说较为谨慎和克制的态度。但是随着苏联的迅速解体和国际局势的巨大变动，以及统一后德国东部地区经济的初见好转，作为世界第三经济强国的德国，在获得完全主权后已不再甘心继续充当“政治侏儒”，而是要利用有利的国际形势把谋求成为世界政治大国作为其外交战略的总目标。科尔政府的战略构想是：在立足北约，与美国保持结盟关系的基础上，把实现欧洲统一，推动独联体和中东欧诸国“民主化进程”作为外交政策的重点。[①]

2. 冷战结束初期中东欧国家形势

中东欧国家在摆脱苏联桎梏后，其地缘政治的性质和战略地位乃至政治、经济和社会等领域发生了巨大变化。中东欧国家都是中小国家，在冷战结束的初期，就其所处的国际环境以及周边关系而言，其外交主旨就是要尽量维护自己重新获得的政治独立和经济安全。大部分中东欧国家都认为，改善同周边国家的关系，建立和加强同周边国家的相互信任，不仅应该成为外交政策的基本内容，而且是保障本国稳定和安全的最好方式。因此虽然在冷战结束后，国家之间历史遗留的领土、民族、宗教等各种矛盾和问题纷纷爆发出来，例如斯洛文尼亚武装冲突、克罗地亚战争、波黑战争和科索沃问题等，但是中东欧国家为了解决这些问题，也在积极地进行磋商，努力以和平的方式来解决国家间存在的纠纷和问题。以匈牙利和罗马尼亚为例，长期以来，匈牙利和罗马尼亚间关于在罗马尼亚的匈牙利少数民族问题和特兰西瓦尼亚的历史地位问题一直得不到妥善解决，不断发生争端。从 1991 年开始双方就该问题进行谈判，直至 1996 年 9 月 16 日，匈牙利和罗马尼亚签订《谅解、合作和睦邻友好条约》。根据该条约，双方尊重两国共同边界的不可侵犯性以及对方的领土完整，双方均无领土要求，今后也不会再就领土问题提出要求，并且在双边关系中放弃使用武力和以武力相威胁。而关于少数民族地位和权利问题，条约内容与欧洲委员会通过的关于少数民族问题的框架公约一致，此后匈牙利与罗马尼亚双边关系逐步得到改善。此外，中东欧国家也在积极争取加入欧盟，实现“回归欧洲”的目标。波兰前总理马佐维耶茨基在 1990 年 7 月发表施政演讲时带有感情色彩地说：“不是由于我们的过错，波兰被强加了共产主义专制主义……现在时隔 45 年，是我们重返欧洲的时候了。”匈牙利已故前总理安托尔在 1990 年 5 月所做的施政纲领报告中说：“我们的近期目标是成为欧共体的成员。……我们要发扬欧洲民主、

① 殷寿征：《德国统一后科尔政府的外交政策》，《世界经济与政治》1992 年第 6 期，第 38 页。

多元化和开放的传统，继承欧洲固有的精神遗产。”① 因此，一方面中东欧对于德国有着经济、安全、战略等各方面的意义，另一方面中东欧国家也渴望“回归欧洲”，两者相啮合使德国成为中东欧国家入盟的倡导者、拥护者和桥梁。

中东欧国家为“回归欧洲”，在外交政策上也做出了相应的调整。以波兰为例，早在1989年波兰就与欧共体建立了外交关系。从1990年9月到1991年12月，波兰与当时的欧共体经过了八轮艰难谈判之后，双方达成了旨在建立联系国关系的《欧洲协定》。1994年2月，波兰正式成为欧盟的联系国。1994年2月2日，波兰总理帕夫拉克在布鲁塞尔同北约组织签署了建立和平伙伴关系的文件。1993年6月欧盟哥本哈根首脑会议和1994年12月欧盟埃森首脑会议制定了波兰等中东欧国家入盟的“准加入战略”，确立了多边性的结构关系。此后随着欧盟东扩进程的展开，波兰加入欧盟的步伐进一步加快。1997年12月，欧盟卢森堡首脑会议决定从1998年4月开始与波兰等六国分别举行入盟谈判。1998年4月，与波兰的入盟谈判正式开始。但是由于在入盟标准评判上存在不同意见甚至分歧，谈判结果遥遥无期。直至2004年5月，欧盟终于实现新一轮的扩大，包括波兰在内的十个新成员正式加入欧盟。与此同时，波兰还积极改善同北约的关系。1994年2月，波兰与北约签署了《和平伙伴关系》文件。随着双边关系的不断深化，波兰也积极与北约进行对话。1995年，时任波兰总理奥莱克西访问了北约布鲁塞尔总部，希望能够早日加入北约。在多方努力、推动和支持下，1999年3月12日，波兰正式加入北约。再比如匈牙利，随着国际局势发生重大变化，匈牙利也开始其“回归欧洲”之路。1990年5月，匈牙利新政府总理候选人安托尔·约瑟夫向国会做了新政府施政纲领报告。安托尔在报告中指出，匈牙利大选结束后即将组成的新政府是由民主论坛、独立小农党和基督教民主人民党组成的联合政府，它将是一个中派力量的政府。新政府强调它想成为一个“欧洲政府”。新政府赞同欧洲一体化的思想，其近期目标是匈牙利加入欧洲委员会，长远目标是在10年内成为欧洲经济共同体的成员。匈牙利外长耶森斯基·盖佐也表示，匈牙利对外政策的基本特征是将关系的重点“从

① 刘祖熙：《中东欧国家“回归欧洲”的历史思考》，《西伯利亚研究》1999年第1期，第43页。

东方转向西方”。[①] 同年6月，在访问北约总部并与时任北约秘书长韦尔纳举行会谈时，耶森斯基·盖佐也表示“匈牙利政府的目标是使匈牙利重新成为西方社会的一员”，并希望西方国家帮助其实现这一目标。

3. 科尔政府时期德国与中东欧国家的外交关系

苏联解体、中东欧地区发生剧变后，科尔政府采取了一系列外交举措，以密切与中东欧国家之间的双边关系。与此同时，科尔政府还积极致力于同中东欧各国签署双边条约，扩大与它们的经济技术合作，从而消除中东欧国家对统一后德国的恐惧心理，并且推动这些国家的“民主化进程”。

在中东欧诸国中，科尔把重点放在与波兰改善关系上。他甚至把德波和解与德法和解列为同等重要的地位。科尔表示：“没有德法友谊，欧洲联合事业无法开始，没有德波伙伴关系，欧洲联合事业无法完成。”[②] 德国统一后，科尔首先与波兰签署了最终确认波兰西部边界条约，以打消波兰对德国的疑虑。1990年9月12日，在最后一轮“2+4”外长会议签署的《关于最后解决德国问题条约》中，确认了奥德－尼斯河边界为波兰和德国之间的最终边界。同年11月14日，德国和波兰两国外长在华沙签署了《关于确认两国现有边界条约》，这一条约的签署也宣告了长达40多年的奥德－尼斯河边界之争的终结，同时也为德波两国未来双边关系的发展扫清了部分障碍。1991年6月，德波两国签订了“睦邻友好合作条约”，这一条约也为两国关系的发展奠定了基础。

此外，随着两极格局的瓦解和苏东剧变，地理位置的接近使得德国和捷克斯洛伐克都意识到彼此的重要性，双边关系的发展成为两国对外政策的重要方面。1990年，时任捷克斯洛伐克总理加尔法将首次出访的目的地定在德国。在两国总理会晤中，德国总理科尔表示将会支持捷克的改革，并第一次表示了“德国对于将捷克斯洛伐克引入未来欧洲发展的特殊兴趣”[③]。1992年2月27日，德捷签署了《睦邻友好合作条约》，正式将两国关系定格为友邻关系。这项条约包括了从政治、经济、科技、环保、文化、交通到青年交流和地区合作的方方面面，为两国关系日后的发展打下了良好的基础。科尔将其称为“一个理解、相互信赖和富有成果的时代的开始”。1994年，两国

① 倪敏玉：《1990年5月－8月匈牙利政局大事记（四）》，《当代世界社会主义问题》1990年第3期，第42页。

② 张小劲主编《大国复兴之路》，人民出版社，2007。

③ 德国联邦政府《公报》，1990年12月5日，第141期，第1492页。

签署了关于边境事务的两个条约，并举行了一次共同军事演习，双边睦邻合作相当密切。[①] 经过双方长期艰苦谈判，苏台德问题最终得到解决，德国和捷克终于在1997年1月21日签订了《德捷关于双方关系及其未来发展的宣言》（又称和解宣言）。这一宣言的签订，不仅排除了遗留已久的制约双边关系发展的障碍，也为两国关系的进一步发展与深化奠定了基础。

（二）施罗德政府时期德国外交政策及其与中东欧国家的关系

1. 施罗德政府与科尔政府时期德国外交政策的异同

首先，对历史的认识不同。科尔政府的欧洲政策是建立在对历史反思基础上的，在处理欧洲问题时比较谨慎。施罗德政府则是努力想要摆脱二战时期纳粹德国的历史阴影。施罗德表示，虽然不会忘记历史，但是更加注重“往前看”，并且强调德国的欧洲政策应该“基于民族利益而非道义责任”，应该显示出更多的自主性和独立性。他在演说中就曾表示，“德国应表现出更多的自信。我们应当记住历史，但我们不应天天背着历史的包袱”。他要代表一个“没有顾虑的德国”，“捍卫自己的利益，并非就是反对欧洲”[②]。

其次，对德国对外政策基础的认识在一脉相承的同时，也稍有不同。推进欧洲统一一直是德国外交政策的首要目标。德国前外长汉斯-迪特里希·根舍在1990年10月3日德国统一日对德国电台记者说：“我们不能在德国统一后忘记欧洲统一的必要性”，我们对“欧洲负有责任”[③]。科尔政府上台以来，更是将实现欧洲统一、推动中东欧国家的“民主化进程”作为其外交政策的重点。科尔认为，欧洲的未来在于欧共体从经济一体化，逐渐走向政治一体化和防务一体化，然后在这一基础上把欧共体发展成欧洲联盟，最后建立欧洲合众国。强调这个目标如不能实现，那么欧洲就将成为二流地区。在科尔发表的电视讲话中，他也曾提出“德国是我们的祖国，联合的欧洲是我们的未来”，并表示要把德国统一变成“欧洲统一的发动机”。他不仅赞成深化欧共体，而且主张扩大欧共体，要以欧共体为核心，首先与欧洲自由贸易联盟联合组建一个统一的欧洲经济区，然后把东欧国家纳入欧共体，最

---

① 王恺：《90年代德捷关系的回顾和反思》，《欧洲研究》1998年第1期，第66页。

② 《新闻分析：施罗德闪电访巴黎》，http://news.sina.com.cn/richtalk/news/9810/100201.html。

③ 吕耀坤、孙春岭、苑中建：《统一德国的外交政策走向》，《现代国际关系》1991年第2期，第25页。

终建立欧洲联邦。[①] 继科尔政府政策，施罗德总理表示“德国对外政策的基础没有任何改变”，继续将欧洲一体化的目标置于其外交政策的首位。在科尔政府时期，由于考虑到统一后迅速发展的德国会给周边国家带来新的阴影和恐惧，科尔政府强调的是身处欧洲的德国，将德国置于欧洲联合之中，但是到了施罗德政府时期，施罗德强调德国经济实力的强大也应包含政治上的“内涵”，德国应该“自信地”去维护其民族利益。

最后，与科尔政府时期有所不同的是，施罗德政府表示德国是一个“重新恢复了活力的世界大国”，“今后德国的欧洲政策将更为理性化”。1998 年 11 月 26 日，施罗德在就任总理不到一个月之后首次访问布鲁塞尔欧盟总部时表示，德国不能再像现在这样继续“为解决欧洲问题而出钱”，在欧盟内德国净摊款负担过重的情况是不能忍受的。德英法三国应该一起推动这一进程朝前发展。另外在欧盟东扩的问题上，施罗德政府立场也与科尔政府有所不同。当时的德国外交部部长菲舍尔强调不要对东扩的速度寄予过高希望，东扩时间表必须着眼于“现实”。欧盟东扩“比想象的困难得多”。[②]

2. 施罗德政府时期德国外交政策特点

(1) 欧盟东扩与德国之利益分析

从地缘政治角度来看，欧盟东扩后中东欧国家将成为欧盟的东部边缘，无疑为处于欧洲中心的德国提供了战略缓冲地带。事实上，早在科尔政府时期德国就非常明确地意识到欧盟东扩对于德国自身安全是至关重要的。“德国不希望继续充当西方毫无遮挡的东部前沿。取而代之的是，它希望环绕着它的国家——捷克、波兰，也许还包括波罗的海国家——形成一个友好、稳定和对德依赖的地带”。[③] 积极顺应潮流，帮助中东欧国家加入欧盟可以提高德国在欧盟的政治影响力，因而欧盟东扩在德国国家战略中位居首位。

从经济贸易角度来看，德国一直都是中东欧国家最重要的贸易伙伴。相比较而言，中东欧国家在能源领域如天然气、风能、太阳能等有着较大的市场空间、廉价的劳动力、为加入欧盟而开放的市场等，再加上地缘位置的优势，使得这些中东欧国家成为德国对外投资的绝佳选择。德国政界也表示“德国是中东欧国家最重要的经济贸易伙伴，欧盟东扩对德国的经济发展有

---

① 殷寿征：《德国统一后科尔政府的外交政策》，《世界经济与政治》1992 年第 6 期，第 38 页。

② 殷寿征：《试析施罗德政府执政一年来的政策走向》，《德国研究》2000 年第 1 期，第 16 页。

③ 〔美〕戴维·卡莱欧：《欧洲的未来》，冯绍雷译，上海人民出版社，2003，第 291 页。

着非常重要的作用。”以2004年德国对外贸易情况为例，德国与欧盟成员的贸易占其贸易额的一半左右，德国的主要贸易伙伴除了少数几个有全球影响力的经济大国以外都是欧盟成员。德国与这些中东欧国家的贸易往来十分紧密。并且随着双边关系的发展，德国与中东欧国家间的经贸联系会愈加紧密。

表1　2004年德国进口贸易情况

位次及国家	进口额（亿欧元）	所占份额（%）
1. 法国	522.038	9.04
2. 荷兰	478.467	8.29
3. 美国	402.647	6.97
6. 中国	324.555	5.62
12. 捷克	170.156	2.95
14. 波兰	159.404	2.76
16. 匈牙利	133.731	2.32
22. 斯洛伐克	76.316	1.32
35. 斯洛文尼亚	23.493	0.41
55. 立陶宛	7.166	0.12
63. 爱沙尼亚	4.299	0.074
64. 拉脱维亚	3.963	0.069
81. 马耳他	2.191	0.038
88. 塞浦路斯	1.146	0.019
入盟十国总和	581.865	10.08
进口总额	5773.753	100

表2　2004年德国出口贸易情况

位次及国家	出口额（亿欧元）	所占份额（%）
1. 法国	753.009	10.27
2. 美国	648.023	8.84
5. 荷兰	454.913	6.20
10. 中国	209.955	2.86
11. 波兰	188.171	2.57
12. 捷克	178.124	2.43
16. 匈牙利	125.019	1.70

续表

国家及位次	出口额（亿欧元）	所占份额（%）
24. 斯洛伐克	55.957	0.76
42. 斯洛文尼亚	26.787	0.37
48. 立陶宛	14.848	0.20
60. 拉脱维亚	8.346	0.114
61. 爱沙尼亚	7.733	0.105
72. 塞浦路斯	5.068	0.069
78. 马耳他	3.895	0.053
入盟十国总和	613.948	8.37
出口总额	7334.564	100

数据来源：德国联邦统计局 http://www.destatis.de/download/d/aussh①。

总的来说，中东欧国家对于德国来说不仅具有地缘战略上的重要意义，在经济贸易发展、社会文化交流方面也非常重要，对于扩大德国在该地区、欧盟以及在整个国际舞台上的影响力都发挥着极为关键的作用。

（2）中东欧部分国家入盟概况

1993年6月，欧盟哥本哈根首脑会议决定，在十个申请入盟的中东欧国家的政治和经济条件成熟时，将会吸收接纳这些国家为欧盟的成员。这一标准也被称为“哥本哈根标准”。1994年3月匈牙利率先提出申请加入欧盟，自此欧盟东扩进程开始展开。

表3 中东欧国家申请加入欧盟日期

申请国家	申请日期	申请国家	申请日期
匈牙利	1994年3月31日	爱沙尼亚	1995年11月24日
波兰	1994年4月5日	立陶宛	1995年12月8日
罗马尼亚	1995年6月27日	保加利亚	1995年12月14日
斯洛伐克	1995年6月27日	捷克	1996年1月17日
拉脱维亚	1995年10月13日	斯洛文尼亚	1996年6月10日

资料来源：Dates of application for EU Membership http://europa.eu.int/comm/enlargement/negotiations/index.htm。

① 夏晓文：《试析欧盟东扩对德国劳动力市场的影响》，硕士学位论文，上海外国语大学，2006。

2001 年 6 月 15 ~ 16 日欧盟首脑会议在瑞典的哥德堡举行。会议的结果之一就是在东扩问题方面达成了一致，决定在 2002 年底结束与那些已经做好准备的候选国的入盟谈判，欧盟东扩进入了一个新的阶段。从 1991 年到 1996 年，欧盟已经和十个中东欧国家签署了《欧洲协定》，据此中东欧国家的联系国地位也得到了确立。1997 年 12 月，欧盟十五国在卢森堡举行了首脑会议。卢森堡首脑会议正式启动十个中东欧国家和塞浦路斯加入欧盟的进程，批准捷克、爱沙尼亚、匈牙利、波兰、斯洛文尼亚和塞浦路斯进行入盟谈判。1998 年 3 月，欧盟又与这十个中东欧国家签署了“入盟伙伴协定”，帮助这些中东欧国家为入盟做好准备。1999 年，欧盟赫尔辛基首脑会议又批准同罗马尼亚、斯洛伐克、拉脱维亚、立陶宛、保加利亚、马耳他六国进行入盟谈判。2001 年 12 月 15 日，欧盟布鲁塞尔首脑会议通过了题为“欧盟未来”的拉肯宣言，宣布除罗马尼亚和保加利亚之外的八国已基本达到入盟标准，并计划在 2002 年底结束谈判，2004 年正式接受它们为欧盟成员。在多方的努力和推动下，2003 年 4 月 16 日，波兰、匈牙利、捷克、斯洛伐克、爱沙尼亚、拉脱维亚、立陶宛等十国签署加入欧盟协议，2004 年正式加入欧盟。

3. *施罗德政府时期德国与中东欧国家的外交关系*

在东扩问题上，虽然德国在战略上奉行积极立场并采取了许多积极措施，但在有关东扩的具体政策方面，特别是涉及自身利益时，却采取了十分谨慎的态度。一是关于入盟标准。德国强调入盟的各项标准不能降低，希望候选国不要心存幻想，要积极行动，抓住机会，尽快达标。“如果不按标准接受新的成员，那将导致一系列严重后果”。二是对有些国家提出东扩后重新审议欧盟预算的建议，德国表现出决不让步的坚定立场，强调 2006 年以前预算已经确定，不可更改。三是对东扩带来的“中东欧国家廉价的劳动力冲击德国就业市场问题”表示担忧。因为中东欧国家工资水平只相当于德国的 15% ~40%，而德国最严重的社会问题仍然是失业问题，特别是与中东欧国家接壤的东部地区失业率更是高达 20%。为此，施罗德总理提出“新入盟国家劳动力自由流动需要 7 年过渡期”的要求。外长菲舍尔则具体指出：“2 年后进行评估，5 年后决定是否延长过渡期。”四是为使东扩政策更有灵活性，德国坚决拒绝讨论关于东扩的时间表，只是强调“应该尽快完成《尼斯条约》的审批工作，尽全力促进东扩进程，使其早日实现”。[①]

（三）默克尔政府时期德国外交政策及其与中东欧国家的关系

1. 默克尔政府的价值观外交

德国历届政府都意识到，德国的发展壮大有赖于一个强大的欧洲，而欧洲要强大就必须走联合和一体化之路。默克尔政府也承袭了这一政策，重视欧洲融合与一体化建设，并以此作为德国外交政策的两大支柱之一。但她更强调价值观在欧洲整合进程中的作用，提出德国将致力于建设一个“以价值观为导向的、公民民主权利广泛的、社会公正的欧洲”[②]。在基民盟的党纲中也有这样的表示：“自由、民主基本价值观使我们有义务在外交上有所作为。基民盟的使命在于确保德国的安全，消除外来威胁，为自由、法制和人权而奋斗。为此，德国必须在全球范围内承担相应的责任，为了这种责任和安全，德国将永远保持与美国联盟，在北约范围内加强对话、协商与合作，致力于建立一个更加自由、和平与公正的世界。”[③] 要始终将自由与民主作为欧盟条约的法律根基，民主和自由的基本原则将使欧洲国家克服彼此利益协调时出现的困难与羁绊，不断推进同一的“欧洲意识”建设，逐步完成欧洲整合与一体化进程。但是由于施罗德政府在对待美国的态度方面与欧盟中东欧中小国家存在分歧以及过度重视与俄罗斯的关系，失去了德国传统的平衡角色——即在大国、小国、反美、亲美之间起到的一种平衡作用。这些因素无疑影响了德国与这些国家关系的发展。[④] 鉴于欧盟的中东欧成员在欧盟中的所占据的地缘战略地位，要想主导欧盟事务，德国势必要与这些中东欧国家确立良好的关系。

2. 默克尔政府时期德国与中东欧国家的外交关系

（1）奉行中间路线和重视中东欧在外交上的重要性

由于在施罗德政府时期德国传统的平衡角色的缺失，于是自默克尔上台

---

① 孙恪勤：《施罗德政府的欧盟政策》，《现代国际关系》2001 年第 12 期，第 17 页。

② 王友明：《评析默克尔的“价值观外交”》，《国际问题研究》2008 年第 4 期，第 53 页。

③ www. edu. de/doc/pdf/, Short Version of the new Party Principles of the Christian Democratic Union of Germany（CDU）, Proposal of the Executive Board to the 21 Federal Party Conference in Hannover on December 3 –4, 2007. 转引自王友明：《评析默克尔的“价值观外交”》，《国际问题研究》2008 年第 4 期，第 54 页。

④ 车正光、张楠、王海涛：《德国外交：结构性调整还是暂时的利益需要》，《国际关系学院学报》2006 年第 3 期，第 33 页。

以来，对其政策进行了调整，重新回到了中间路线上。默克尔认为，致力于国家间合作同维护人权等基本价值之间没有不可逾越的鸿沟，也并不影响友好关系的发展，关键是要进行坦诚的对话。此外，德国注重加强与中东欧地区中小国家的关系，增加德国在中东欧地区的影响力，彰显德国在欧盟中的主导地位，从而确保德国在欧盟各项具体事务中进一步有效扩大其影响力并发挥主导作用。在谈到欧盟时，默克尔说德国的特殊任务是（在欧洲）发挥中间人和平衡的作用，在强调保持德法友好关系的同时加强与欧盟中小国家的关系，特别是与邻国波兰的关系。①

在2005年12月17日布鲁塞尔首脑会议上，欧盟最终就2007～2013年欧盟财政预算达成妥协。实际上在关于欧盟财政预算问题上，欧盟各成员都不愿意轻易做出让步，特别是英法两国在返还款和农业改革问题上一直不肯妥协。德国一直竭力斡旋于英法之间，最终促进了欧盟财政预算的顺利通过，并增加对中东欧国家的补贴，波兰等中东欧国家获得较多的财政援助，但是德国为此增加了净支出。德国这一行动赢得了波兰等中东欧国家的赞扬。

2006年末，德国和波兰之间因二战后遣返德国人的历史问题而引起的风波也从侧面说明了德国对该地区外交的重要性。二战之后德国被美、英、苏、法四国分区占领，德国边界也做出大幅调整。二战中被德国侵占的波兰边界被重新划分确认，二战前在波兰大约有130万德国人，因为波兰边界西移，这些人连同奥德河和西尼斯河以东的德意志人都成为被驱逐和遣返的对象。2000年成立的德国非政府组织“普鲁士托管有限股份公司”一直要求波兰对被遣返德国人的财产及损失予以赔偿，并于2006年12月宣布已向设在法国斯特拉斯堡的欧洲人权法院起诉波兰。波兰外长福蒂加则在12月16日发表声明说，波兰对因二战后遣返德国人问题遭起诉感到极大不安，该起诉将在未来长时期内成为笼罩两国关系发展的阴影。福蒂加声明二战结束后，波兰遣返其境内的德国人是美国、英国和苏联三国重新划分欧洲版图造成的结果，而这一起诉则是企图篡改二战责任。声明强调，是德国发动了二战，使波兰遭受巨大损失，并给波兰人民带来了深重灾难。对此德国总理默克尔于同日表示，不支持被遣返德国人起诉波兰，但她同时称德当局“不能

---

① 车正光、张楠、王海涛：《德国外交：结构性调整还是暂时的利益需要》，《国际关系学院学报》2006年第3期，第32页。

阻止他们这样做”。[①] 早在 2006 年 8 月，德国总统科勒出席在柏林的一个以当年德国人遭遣返为主题的展览，就遭到了波兰总理卡钦斯基的强烈批评。面对波兰总理的批评，科勒解释说，这一展览“绝不应当被理解为是要求改写历史的信号”。德国联邦议会议长拉默特则称：民众是无辜的，无论是德国人还是波兰人，本不当承受国家行为造成的苦难，“波兰应当以开放的态度看待历史”。两国政要此后的论争一直不断。[②] 尽管因为历史问题和现实利益上存在的冲突，德国和波兰双边关系发展中存在着不确定的因素，掣肘了两国关系的进一步发展，但是总体而言，德波关系发展一直相当紧密，在今后的发展中两国也会更多地增加相互沟通和交流，提升双边关系发展的空间。

（2）严格入盟标准，支持中东欧国家加入“欧洲大家庭”

2006 年 9 月 26 日，欧盟委员会通过一份最终报告，建议保加利亚、罗马尼亚两国于 2007 年 1 月 1 日加入欧盟。10 月 17 日，欧盟外长会议批准了欧盟委员会的此项建议报告。11 月 24 日，德国联邦参议院通过支持保加利亚和罗马尼亚加入欧盟的议案。2007 年 1 月 1 日，罗马尼亚、保加利亚正式加入欧盟，欧盟实现了第六次扩大，成员增加至 27 个。欧盟发展成一个包括 27 国在内涉及政治、经济、外交、安全、军事、文化、社会等全方位的联盟。欧盟第六次扩大也提出了新的问题，即欧盟是否会继续扩大下去？欧盟东扩的边界在哪里？随着新成员的不断加入，新老成员间也会出现摩擦和问题，欧盟在处理这些问题时的标准和考量又是什么？加入欧盟是否意味着融入欧盟？

默克尔大力支持中东欧国家加入欧盟，认为伴随着中东欧国家社会制度的成功转型，市场经济体制的确立和完善，在欧盟共同价值观的基础上不断加强彼此的协作与交流，才能够真正地不断深化欧洲一体化，建立起真正有效惠及诸国的欧洲联盟。这是德国基于其自身地缘政治的考虑，也是德国的基本立场。而关于欧盟是否应该继续进一步扩大，默克尔则主张在欧盟东扩问题上要量力而行，严格入盟标准，必须坚持经济指标与民主政治双合格的原则。她认为，目前欧洲国家之间还存在“边界”，但这一边界不再是地理概念，而是民主政治概念。对于那些从前南斯拉夫分裂出来的巴尔干国家和土耳其，如果它们的民主依然存在“缺陷”而未能跨越“边界”，那么，德

---

① 《波兰德国舌战二战后遣返问题关系微妙》，http://news.qq.com/a/20061218/000145.htm。

② 《波兰德国舌战二战后遣返问题关系微妙》，http://news.qq.com/a/20061218/000145.htm。

国不主张它们现在就加入欧盟。只有当这些国家跨越了“民主边界”才能提高“欧洲意识”，取得“入盟”资格。否则，对深化欧盟一体化不利，甚至还可能拖欧盟后腿。①

（3）乌克兰危机中的德国与中东欧国家

2013 年 12 月 17 日，德国新政府成立，默克尔自 2005～2012 年连任一届总理之后，再一次当选总理，德国进入“默克尔 3.0 时代”。在此之后，德国政要利用各种场合释放德国外交政策需要调整的信号，最为明显的体现是，2014 年 1 月底，在第 50 届慕尼黑安全会议上，德国总统高克、外交部部长施泰因迈尔和国防部长冯德莱恩相互配合，上演了“三重奏”。高克在其开幕致辞中，明确要求重新定向德国外交与安全政策：在国际政治中，“德国应作为良好伙伴，更及时、更坚决和更切实地投入”。德国外交部部长施泰因迈尔在 1 月 30 日接受德国媒体《南德意志报》采访时说，世界上大的纷争离欧洲越来越近，其后果在德国也能直接感受到。德国应该调整外交政策，奉行“有为外交”。像德国这样一个重要国家不应“只是去评论国际政治”，应更多地参与国际危机的解决。德国国防部长冯德莱恩在接受德国《明镜》周刊采访时也主张德国应更多地向海外派兵帮助解决危机。冯德莱恩表示“如果一涉及派兵，欧洲一些国家不经协调就向前冲，另一些国家却谨慎克制，那么欧洲将在全球力量角逐中举步维艰”。上述话语表明，德国外交政策正呈现出从恪守克制文化转向推行积极有为的外交政策的新动向。②

在乌克兰危机中，德国新政府推行积极有为外交政策的宣示得到了一定体现，主要表现在以下两个方面：首先，不同于以往在国际危机和冲突中置身事外的做法，德国政府在应对乌克兰危机过程中积极作为，甚至扮演了某种领导者的角色，而且德国的领导角色在很大程度上得到了各方的认可；其次，在与俄罗斯的关系上，德国甚至不惜损害自身的经济利益而率领欧盟其他国家制裁俄罗斯。③ 此次乌克兰危机也使德国的危机应对立场在欧盟内部得到了其他国家更多的支持。乌克兰危机爆发后，中东欧国家特别是维谢格拉德集团采取了共同立场。自 2014 年 1 月以来维谢格拉德集团就乌克兰危机发表了 7 份共同声明，支持在国际法框架内承认乌克

---

① 王友明：《评析默克尔的“价值观外交”》，《国际问题研究》2008 年第 4 期，第 53 页。

② 郑春荣：《德国外交政策的新动向》，《欧洲研究》2014 年第 2 期，第 2～3 页。

③ 郑春荣、朱金锋：《从乌克兰危机看德国外交政策的调整》，《同济大学学报》（社会科学版）2014 年第 6 期，第 39 页。

兰边界内的独立、民主、稳定、现代化和繁荣，反对俄罗斯“干预”乌克兰内部事务，不断重申它们对欧盟有关不承认克里米亚“并入”俄罗斯的官方立场等。

二 冷战后时期德国与中东欧新成员的经贸联系

由于地理位置接近，在历史上德国和中东欧国家一直有着密切的贸易往来。只是在冷战时期，由于两极格局的形成、经互会的成立，中东欧国家与西欧国家直接的经贸关系几乎停滞。冷战结束以来，在双边关系发展和外交政策调整下，德国和中东欧国家间的经贸关系重新发展起来并且愈加紧密。无论对波罗的海三国、维谢格拉德集团四国还是对巴尔干地区国家来说，德国都是非常重要的贸易伙伴，在外国投资额以及进出口总额中占据了相当大的比重。

冷战结束初期，德国科尔政府在对中东欧国家的经济援助上比其他西方国家领导人都积极。科尔不仅在欧共体内大声疾呼，而且在西方七国集团中游说，并带头向中东欧国家提供经济援助和减免债务，力图填补俄罗斯撤出中东欧地区的经济空白。从 1989 年至 1993 年，德国为中东欧国家的改革进程支出了 411 亿马克。[①] 伴随着欧洲一体化建设进程的开展，德国在积极推动欧盟东扩以及欧洲一体化建设的同时，继续与中东欧国家间保持着紧密的经贸联系。进入 21 世纪以来，欧盟实现了几轮扩大，大部分中东欧国家已经加入欧盟，有些国家还加入了欧元区。这不仅有助于中东欧国家自身经济发展，也为德国与这些国家间经贸关系的合作与发展创造了更为有利的条件，德国作为中东欧国家最大的贸易伙伴，继续发挥其深刻的影响力，双边经贸关系依存度愈加深化。欧债危机以来，德国和中东欧国家经济遭遇了或多或少的打击，部分国家甚至陷入十分严重的经济衰退中。据美国《商业周刊》2014 年 10 月 17 日报道，作为中东欧国家最大的贸易伙伴和出口国，德国经济不景气对中东欧影响巨大。中东欧国家经济增长年同比下跌至 2%，德国经济衰退是其主要原因。英国凯投国际宏观经济咨询公司经济学家威廉姆·杰克森（William Jackson）称，德国 2014 年第二季度经济萎缩了 0.2 个百分点，第三季度经济运行平稳，2014 年 8 月中东欧到德国的出口额下降了

---

① 廖跃文：《德国积极加强与中、东欧国家的关系》，《和平与发展》1996 年第 1 期，第 35 页。

2.5 个百分点。可见德国经济对中东欧国家经济影响之大。[①]

(一)德国与维谢格拉德国家经贸关系发展

1991 年 2 月 15 日,波兰总统瓦文萨和总理别莱茨基,捷克斯洛伐克总统哈维尔和总理恰尔法以及匈牙利总统根茨和总理安托尔在匈牙利的维谢格拉德城堡里进行会晤,缅怀 1335 年波兰、波西米亚和匈牙利国王在该城结成的联盟。三国领导人在会晤后发表联合声明,签署了关于三国在融入欧洲一体化进程中相互合作的宣言,维谢格拉德集团正式成立。维谢格拉德四国的贸易主要集中于欧共体国家,其最大的贸易伙伴是德国,德国大约占这些国家对外贸易额的 1/3。

1. 德国与波兰

由于政治、文化、历史、地理等诸多因素,在波兰对外经贸关系中,德国一直占有极大比重,处于十分突出的地位。事实上,早在第二次世界大战之前,德国就是波兰的最大贸易伙伴。有数据显示,1929 年德国在波兰的进出口贸易中居首位,占出口的 31.2%,进口的 27.3%,其次才是美国、捷克、英国和奥地利等国。后来由于美苏两极格局的出现,在 1950 年至 1989 年期间,在波兰的对外经济关系中起主要作用的是苏联,波兰的第二大贸易伙伴是德意志民主共和国,1975 年后则是德意志联邦共和国。1990 年,统一后的德国在战后波兰的对外贸易中第一次超过苏联,上升到第一位。同年德国占波兰出口总额的 25.1%,进口总额的 20.1%。此后德国和波兰经贸关系继续呈发展趋势。1991 年 6 月,德波两国签订了“睦邻友好合作条约”,这不仅为两国政治外交关系的发展奠定基础,也有助于两国经贸关系的进一步发展。在波兰和德国的进出口贸易中,两国交换的商品有机器设备、原材料和一般市场消费品等。德国向波兰提供冷轧钢板、金属切削机床、电子计算机系统及技术、电子设备、合成颜料、杀虫药剂、冰箱、吸尘器、体育器材、照相机和照相器材等。波兰向德国供应的商品则有铜和铜材、机床、化工成品和半成品、缝纫机、冷柜、冰箱等。[②] 1994 年波兰对德出口占波兰出口总额的 35.7%,从德进口占进口总额的 27.5%。[③] 1995 年,

---

① 《德国经济衰退对中东欧国家产生巨大影响》,http://finance.huanqiu.com/view/2014-10/5172277.html。

② 陈远志:《发展中的波德经贸关系》,《国际论坛》1992 年第 1 期,第 44 页。

③ 江夏:《波兰经济进入增长期》,《国际经济合作》1995 年第 9 期,第 32 页。

波兰对德出口占其总出口的 31.4%，从德进口则为其进口总值的 36.3%。[①] 根据相关数据显示，在 1996 年德国从波兰的进口所占的比重为 33.1%，对波兰的出口比重为 23.7%。德国仍然是波兰的第一外贸伙伴。[②] 1997 年，波兰对德出口占波兰出口总额的 32.9%，由德进口占波进口总额 24.1%。根据 1998 年底的统计，以单个公司计算，在波兰最大的外国投资者为：意大利菲亚特（13.6 亿美元）；韩国大宇（13.5 亿美元）；俄罗斯天然气公司（9.58 亿美元）；德国哈波·威莱因斯银行（7.24 亿美元）；欧洲重建和发展银行（6.35 亿美元）；德国梅特洛股份公司（超市）（5.98 亿美元）。而从地域结构分析，德国以 51 亿美元稳居对波投资国的第一位。[③] 进入 21 世纪以来，德国依然是波兰最大的贸易伙伴。2003 年波兰对德进口占波兰进口总额的 32.3%，由德进口占波进口总额的 24.4%。[④]

一项由德国所有商会发起的针对各地成员企业的问卷调查显示，在所有位于中东欧的欧盟成员中，波兰是最受德国工业界欢迎的国家。满分 6 分的评价中波兰得到 4.8 分，斯洛伐克则以 4.1 分紧随其后。波兰备受欢迎的原因有很多：其 12 个特别经济区以经济刺激政策和完备的基础设施吸引着广大投资者，而经过良好培训的劳动力、持续增长的经济态势及不断攀升的国内需求也为其增加了吸引力。此外，包括化工巨头 Ciech、IT 公司 Comarch 等在内的约 6000 家波兰企业在德国进行了注册。波兰最大的石油公司波兰国营石油公司（PKNOrlen）是波兰在德最大投资商，仅在德国的营业总额就为 30 亿欧元。[⑤]

据波兰中央统计局公布的资料，在 2004 年波兰的五大出口国中，德国以 220.94 亿美元名列第一位，并且同比增长 27.8%。在进口额方面，德国同样以 212.74 美元位列第一，同比增长 28.3%。2005 年 1～11 月，波兰向德出口额为 183.2 亿欧元（占波兰出口总额的 28.2%），比排名第二的法国

① 梁培：《90 年代波兰国际收支状况分析》，《俄罗斯中亚东欧市场》1999 年第 1 期，第 34 页。

② 许木兰：《1997 年是波兰经济连续增长的第五年》，《俄罗斯中亚东欧市场》1997 年第 12 期，第 5 页。

③ 苗华寿：《颇为成功的典范：波兰 10 年经济转轨探析》，《国际贸易》1999 年第 12 期，第 30～31 页。

④ 袁霓：《试析转轨后的波兰经济》，《江西行政学院学报》2005 年第 21 期，第 102 页。

⑤ 《德媒：调查显示　波兰最受德国投资者欢迎》，http://intl.ce.cn/specials/zxgjzh/201110/11/t20111011_22751379.shtml。

高出 4 倍多；波兰从德进口额为 181.3 亿欧元（占波兰进口总额的 24.7%），3 倍于排名第二的俄罗斯。[①] 2011 年上半年，德国对俄罗斯出口量增长了 38.7%，对波兰出口量增长了 21%，但是德波贸易却以 375 亿欧元的总额远超德俄贸易约 32 亿欧元。

2. 德国与捷克

自从 2004 年加入欧盟，捷克的经济发展有了很大增长，渐渐缩小了与西欧发达国家之间的差距。欧盟国家是捷克主要的出口目的国，捷克 81% 的出口流向欧盟国家。尽管捷克的出口商努力为自己的商品寻找新的市场，但迄今为止欧盟以外国家在捷克出口总额中所占的份额依然很小。德国是捷克最大的出口对象国（捷克 1/3 的出口流向德国，主要向德国出口机械设备和交通工具）、进口和投资来源国。2004 年，德国占据捷克出口总额的 36.2%，进口额的 31.7%。与此同时，德国还是捷克最大的外国直接投资来源国，2004 年这一比重达到 22.7%，捷克经济受德国的影响最大。2014 年第一季度，德国经济环比增长 0.8%，是 2013 年第四季度的两倍；同比增长 2.5%，为近三年来最高。这对于捷克企业来说是一大好消息，意味着德国企业将增加投资，而捷克供应商将获得更多的机会。2014 年 4 月，德国政府宣称，预计本年经济增速为 1.8%，2015 年为 2%。[②]

3. 德国与匈牙利

根据 1995 年相关数据显示，在外国对匈牙利的投资中，德国占 36% 以上，其次为美国（占 19%）、法国（占 13%）和奥地利（占 6%）。[③] 到 20 世纪末，匈牙利与西方国家的贸易已占整个外贸的 80%，其中主要是对欧盟的。[④] 2002 年对欧盟出口占匈牙利出口总额的 75%，从欧盟进口占匈牙利进口总额的 56%。在吸引外资方面，50% 的外资来自欧盟，[⑤] 而在这其中德国

---

① 周伟：《二〇〇五年波兰经济发展概观》，《俄罗斯中亚东欧市场》2006 年第 10 期，第 23 ~ 24 页。

② 姜琍：《“入盟”后捷克经济第二次走出衰退迈向复苏》，《欧亚经济》2014 年第 5 期，第 45 ~ 46 页。

③ 龚坤余：《匈牙利经济生活回顾》，《东欧》1997 年第 2 期，第 28 页。

④ 苗华寿：《平稳的转向进程——匈牙利十年经济改革和转轨》，《国际贸易》2000 年第 4 期，第 35 页。

⑤ 中国社会科学院经济研究所赴匈牙利经济考察团、王宏森、张平、张晓晶、王诚、香伶：《危机冲击下的匈牙利经济和政策》，《经济学动态》2011 年第 10 期，第 144 页。

都占据首位。2003 年，德国成为匈牙利最大的外国直接投资来源国，约占 29%。2004 年匈牙利进出口总额为 1157 亿美元，其中进口 602.4 亿美元，比 2003 年增长 15.2%，出口 554.6 亿美元，比 2003 年增长 11.8%。匈牙利同欧洲国家的进出口贸易分别占匈牙利进出口总额的 83% 和 91%。按照匈牙利本国货币福林来计算（1 美元 =216.48 匈牙利福林），2004 年匈牙利对德国的进口额为 3.5805 万亿福林，出口额为 3.5525 万亿福林，其中德国占据出口额的 33.1%，进口额的 29.2%。2004 年匈牙利正式加入欧盟，德匈经贸联系得到进一步的发展。2005 年匈牙利进出口总额为 1022.81 亿欧元，其中出口总额为 497.21 亿欧元，与 2004 年相比增长 11.4%，进口总额为 525.6 亿欧元，与 2004 年相比增长 10.8%。[①] 2007 年以来，随着国际金融危机的浮现与爆发，匈牙利的经济发展也受到冲击。2007 年、2008 年匈牙利经济基本没有增长，2009 年甚至出现了负增长。而为了尽早摆脱国际金融危机的冲击，匈牙利政府也是采取了一系列措施来试图为恢复匈牙利经济创造条件。到 2011 年上半年匈牙利经济低迷情况有所好转。据匈牙利中央统计局初步统计，2012 年 1～11 月匈牙利对外贸易达 1832.1 亿美元，其中出口 959.4 亿美元，进口 872.7 亿美元。[②] 2014 年全年，匈牙利货物进出口总额为 2157.1 亿美元，其中出口 1108.0 亿美元，进口 1049.1 亿美元。其中，2014 年匈牙利对欧盟 28 国的出口额占其出口总额的 79.6%；自欧盟 28 国的进口额占其进口总额的 73.9%。无论是进口额还是出口额，德国在匈牙利的对外贸易中一直占据主要位置，是匈牙利最重要的贸易伙伴。

表 4　2014 年匈牙利对主要贸易伙伴出口额

单位：百万美元

国家和地区	金额	占比%	国家和地区	金额	占比%
德国	31020	28.0	英国	4097	3.7
奥地利	6223	5.6	荷兰	3283	3.0
罗马尼亚	6127	5.5	美国	3080	2.8

① 李丹琳编著《列国志·匈牙利》，社会科学文献出版社，2006。

② 数据来源：中华人民共和国驻匈牙利大使馆商务参赞处，2013 年 1 月 11 日，http://hu.mofcom.gov.cn/aarticle/jmxw/201301/20130108520436.html。

续表

国家和地区	金额	占比%	国家和地区	金额	占比%
斯洛伐克	5540	5.0	西班牙	2970	2.7
意大利	5186	4.7	俄罗斯	2681	2.4
法国	5000	4.5	乌克兰	2320	2.1
波兰	4344	3.9	比利时	2030	1.8
捷克	4307	3.9	总值	110795	100.0

表 5　2014 年匈牙利对主要贸易伙伴进口额

单位：百万美元

国家和地区	金额	占比%	国家和地区	金额	占比%
德国	26201	25.0	荷兰	4244	4.1
奥地利	7638	7.3	法国	4220	4.0
俄罗斯	7246	6.9	罗马尼亚	3374	3.2
中国	6606	6.3	比利时	2456	2.3
斯洛伐克	5685	5.4	英国	1838	1.8
波兰	5398	5.2	美国	1815	1.7
捷克	4742	4.5	乌克兰	1784	1.6
意大利	4591	4.4	总值	104908	100.0

数据来源：欧盟统计局。

4. 德国与斯洛伐克

欧盟是斯洛伐克最重要的贸易伙伴，其中，德国所占比重尤其突出。

1991 年，捷克和斯洛伐克联邦实行了外贸自由化，取消了国家对外贸的垄断，允许企业和个人自由从事对外贸易，实现了货币的国内可兑换。1991 年 12 月，捷克和斯洛伐克联邦与欧洲经济共同体签订《联系国协定》，促进了双方贸易往来。到 1994 年 12 月底，自 1989 年以来在斯洛伐克共和国所有外国直接投资额累计达 165 亿斯洛伐克克朗（约合美元 5.517 亿）。从投资规模上，主要的投资国家如下①：

① 李丹琳：《斯洛伐克的投资环境和投资政策》，《东欧中亚市场研究》1996 年第 7 期，第 59 页。

表 6　1989 年以来斯洛伐克外资统计

国家	投资总额（百万美元）	占总投资率（%）
1 德国	123.6	22.4
2 奥地利	113.7	20.6
3 捷克共和国	83.9	15.2
4 美国	79.4	14.4
5 法国	38.6	7.0

1995 年斯出口总额比 1994 年增长 18.5%，德国居第二位。[①] 截至 1996 年 3 月底，斯洛伐克共有外资和合资企业 9092 家，外资的主要流向是机器制造业和化工企业，占投资额的 42.8%，其次是商业、汽车修理业和消费品工业，占 3.2%。外国投资来自八个国家，德国位居第二。[②] 自 1993 年从前捷克斯洛伐克独立出来后，斯急需发展资金，因此政府实行扩张经济政策，通过鼓励外资来发展国家经济。由于拥有高质量的劳动力资源，继承了原捷克斯洛伐克在冶金、制造、化工等传统行业的优势，斯尤其在汽车制造业方面与外资有良好的合作基础。在电信领域，德国仍然占据着十分重要的地位。斯洛伐克电信公司是斯最大的电信公司，基本垄断着斯固定电话网络，主要使用西门子和阿尔卡特的电信设备。2000 年斯对电信业实行了私有化，斯电信公司 51% 的股份被德国电信收购。现该公司拥有固定电话用户 166 万，约占斯人口的 30%。2004 年，德国占据斯洛伐克出口总额的 28.7%，进口总额的 23.8%。截至 2006 年底，斯累计引资 181.3 亿美元，2006 年斯吸引大型外资项目 46 个，德国是第二大投资国（35.5 亿美元）。[③]

（二）德国与波罗的海三国经贸关系发展

波罗的海三国在独立前和独立初期，主要贸易伙伴是原苏联各加盟共和国，三国的对外经济关系主要是指对原苏联各加盟共和国的经贸关系。波罗的海三国独立后，随着对外总战略的确立，对外贸易方向也随之调整，由原

---

① 姜琍：《捷克与斯洛伐克政治、经济和外交转型比较》，《欧洲研究》2010 年第 1 期，第 110 页。

② 金淑清：《斯洛伐克的经济体制转轨——内容、成果和问题》，《东欧》1997 年第 3 期，第 5 页。

③ 成圆清：《斯洛伐克：投资欧洲新路径》，《大经贸》2007 年第 11 期，第 88 页。

来以原苏联各加盟共和国为主要方向转向以西方为主的外贸方针。德国在波罗的海三国对外贸易中占据了相当大的比重，也是波罗的海三国非常重要的贸易伙伴。

1. 德国与立陶宛

就贸易额来说，立陶宛的主要对外贸易伙伴仍是俄罗斯，这种关系主要是由于大量进口俄罗斯的石油、天然气。但是德国一直以来也是立陶宛非常重要的贸易伙伴，双边贸易额也在不断增加。在 20 世纪末，德国成为立陶宛第二大贸易伙伴，就投资来说，德国在立居第一位，而且双边贸易额在增加，1996 年已达 19 亿德国马克。[①] 2003 年立陶宛的进出口总额为 520.29 亿立特（约 150.68 亿欧元）。立陶宛主要出口贸易伙伴是瑞士（占立陶宛出口总额的 11.7%）、俄罗斯（10.1%）、德国（9.9%）、拉脱维亚（9.7%）、英国（6.4%）；立陶宛主要进口贸易伙伴是俄罗斯（占立陶宛进口总额的 22.2%）、德国（16.2%）、波兰（5.2%）、意大利（4.4%）、法国（4.2%）。在对立陶宛直接投资额上，德国占全部外国投资的 9.6%，位列第四。[②] 2008 年由于发生了全球性金融危机，立陶宛经济增速明显放缓，立陶宛国内生产总值同比增长 3.2%，比 2007 年回落 5.7 个百分点，但仍居于欧盟成员前列。立陶宛主要出口贸易对象国是俄罗斯（占立陶宛出口总额的 16.1%）、拉脱维亚（11.6%）、德国（7.2%）和波兰（5.8%）；主要进口贸易对象国是俄罗斯（占立陶宛进口总额的 30.1%）、德国（11.7%）、波兰（10%）和拉脱维亚（5.2%）。其外资主要来源国是瑞典（占立陶宛吸引外资总额的 15.4%）、丹麦（11.2%）、波兰（10.9%）、德国（9.4%）、俄罗斯（7.3%）、爱沙尼亚（6.9%）、拉脱维亚（5.8%）、芬兰（5.3%）和荷兰（4.6%）。[③] 2009 年是立陶宛自独立以来经济最困难的一年。为应对危机，立陶宛新政府采取了一系列措施，保证了宏观经济形势和政府财政的总体稳定，遏制了经济恶化的趋势。截至 2009 年 10 月 1 日，立陶宛累计吸引外国直接投资 342 亿立特（约合 142 亿美元），比 2009 年年初增长 8.3%，

---

① 李兴汉：《爱沙尼亚、拉脱维亚、立陶宛三国国情（续）》，《东欧中亚市场研究》2000 年第 7 期，第 28～29 页。

② 吴燕晖：《2003 年立陶宛经济形势回眸》，《俄罗斯中亚东欧市场》2004 年第 5 期，第 23 页。

③ 中国驻立陶宛大使馆经济商务参赞处：《立陶宛 2008 年经济形势综述》，《俄罗斯中亚东欧市场》2009 年第 7 期，第 34 页。

比 2008 年同期增长 0.7%。而德国以 10.6% 位列立陶宛外资来源国的第二位。[①] 立陶宛继爱沙尼亚和拉脱维亚于 2015 年加入欧元区后，与欧盟的经济依赖度会愈加提升。而且通过各种数据也可以看到，尽管德国在立陶宛对外经贸关系中并非处于首位，但双方紧密的经济联系仍不可忽视。特别是欧债危机以来，德国所采取的经济政策势必会对立陶宛、波罗的海三国，中东欧国家产生极为重要的影响。

2. 德国与拉脱维亚

作为一个依赖外国投资的国家，拉脱维亚自 1991 年独立以来，一直将吸收外国直接投资作为促进国家经济发展的主要推动力。1993 年拉脱维亚进出口贸易额近 20 亿美元，其中出口 10 亿美元，进口 9.7 亿美元；到 1994 年底，外国在拉脱维亚独资、合资企业已达 300 多家，投资额达 1.54 亿美元，其中美、英、德为最大投资国，外资投向主要在林业、视频加工、交通及通信等领域。[②] 21 世纪以来，拉脱维亚的外国投资额仍然在稳步增长。到 2003 年底，拉脱维亚吸引外资近百亿美元，其中直接投资 31.45 亿美元。拉脱维亚外国直接投资的主要来源地是波罗的海地区与拉脱维亚比邻的国家。来自瑞典、德国、丹麦、芬兰和挪威的投资占对拉外国直接投资总额的 50%；美国、荷兰和英国占 15%；俄罗斯占 6%。制造业的外国直接投资约占其总投资额的 18%，其中主要来自德国，占 14%。[③] 自 2004 年拉脱维亚正式加入欧盟成为欧盟成员以来，拉一直积极争取加入欧元区。但是由于 2008 年金融危机的影响，拉脱维亚经济发展衰退严重，2009 年国内生产总值增长率一度达到负 17%。经过一系列的努力，拉脱维亚于 2013 年以超过 5% 的经济增速强劲复苏，成为欧盟中增长最快的国家。[④] 2014 年 1 月 1 日，拉脱维亚正式加入欧元区，成为欧元区的第十八个成员。我们有理由相信，伴随着德国和拉脱维亚双边关系的不断深化，并且同为欧元区的成员，两国在未来的经贸关系发展中会有更多的合作，拉脱维亚也将“重新走上了提升竞争力和经济增长的道路”。

---

① 中国驻立陶宛大使馆经济商务参赞处：《2009 年立陶宛经济形势综述》，《俄罗斯中亚东欧市场》2010 年第 7 期，第 32 页。

② 古德：《拉脱维亚机电产品市场》，《机电国际市场》1995 年第 12 期，第 21 页。

③ 商晤：《拉脱维亚使投资者驻足》，《世界机电经贸信息》2005 年第 8 期，第 38 页。

④ 刘歌、吴刚：《拉脱维亚加入欧元区，冀望经济复苏》，《人民日报》2014 年 1 月 2 日。

3. 德国与爱沙尼亚

爱沙尼亚是最早从苏联独立出来的国家之一。独立后，爱沙尼亚成功地实现了从计划经济向市场经济的转型，1996～2007年（1999年除外）经济年均增长为8.2%，成为俄罗斯及独联体国家乃至世界其他转型国家的样板。[①] 在爱沙尼亚1995年的出口总额中，芬兰占22.2%，俄罗斯占18.6%，瑞典占11.2%，德国占7.8%，乌克兰只占5%；在进口总额中，芬兰占37.3%，俄罗斯占10.9%，瑞典占9.7%，德国占9.5%，荷兰占3.4%，丹麦占3.2%，英国占2.9%。[②] 截至2003年年底，爱沙尼亚累计吸收外商投资79.35亿美元，其中外商直接投资（FDI）51.3亿欧元（约61.8亿美元），人均FDI位于波罗的海三国首位，在中东欧国家也名列前茅。[③] 据爱沙尼亚银行资料，1993年上半年出口达42亿克朗，进口达44亿克朗。各国在爱出口中所占比例是：芬兰21.3%、俄罗斯16.1%、瑞典11%、德国7.8%、立陶宛7.8%。主要出口商品是：金属及金属制品、牲畜及畜产品、纺织品、交通工具和木材。各国在爱进口中所占比例是：芬兰41.5%、俄罗斯11.6%、德国10.9%、瑞典9.5%。[④] 20世纪末，爱沙尼亚出口的52%，进口的66%都是面向欧共体的，其中最主要的贸易伙伴是芬兰、德国和瑞典。[⑤] 进入21世纪以来，爱沙尼亚经济持续发展。2004年，爱沙尼亚加入欧盟，成为世界上最开放、最活跃的经济体之一。2011年1月1日，爱沙尼亚正式加入欧元区，成为欧元区的第17个国家。爱沙尼亚总理安西普表示，采用欧元是欧元区的一小步，却是爱沙尼亚的一大步！加入欧元区，国家经济会变得更开放、更有活力，将会吸引更多投资，增加就业机会。[⑥] 尽管因为主权债务危机的影响，爱沙尼亚的经济发展也受到冲击，在欧洲一体化的建设过程中，在欧元区中，在未来的发展中，

---

① 龙云飞：《爱沙尼亚经济转型的经验与启示》，《俄罗斯东欧中亚研究》2010年第4期，第67页。

② 李兴汉：《爱沙尼亚、拉脱维亚、立陶宛三国国情（续）》，《东欧中亚市场研究》2000年第7期，第29页。

③ 龙云飞：《爱沙尼亚经济转型的经验与启示》，《俄罗斯东欧中亚研究》2010年第4期，第69页。

④ 田润锋：《波罗的海三国经济形势》，《国际资料信息》1994年第4期，第4、6页。

⑤ 王强：《爱沙尼亚的经济转轨——小国开放型经济的实例》，《今日东欧中亚》1997年第6期，第42页。

⑥ 陈支农：《爱沙尼亚加入欧元区意义不凡》，《金融经济》2011年第3期，第38页。

爱沙尼亚和德国之间的经贸往来会愈加紧密。

（三）德国与巴尔干地区经贸关系发展

无论是从经济、政治、地理、交通等方面来说，巴尔干地区都占据着举足轻重的地位。对于欧洲来说，该地区也是一个极为敏感的地区。在冷战结束初期，欧共体还没有形成一个系统完善的针对巴尔干地区的战略方针。科索沃战争之后，欧盟的地区政策开始具有全面性，实现既定目标的手段也更为丰富。除了常规的政治手段之外，欧盟强化了经济杠杆的作用（经济援助）。① 对于欧洲来说，没有巴尔干的和平、稳定与繁荣，就没有欧洲的和平、稳定和繁荣。德国一直将推动欧洲一体化建设作为其战略目标的极为重要的组成部分，因此积极开展和深化与巴尔干地区的交流与合作对德国来说也具有重要意义。从目前来看，位于巴尔干半岛的中东欧国家中，罗马尼亚、保加利亚、斯洛文尼亚、克罗地亚均已加入欧盟，因此本文主要讨论德国与该四国经贸关系发展情况。

1. 德国与罗马尼亚

伴随着两极格局的瓦解、苏联解体，世界局势也发生了重大变化，罗马尼亚选择的是一种“休克疗法”式的经济转型，主要方向是自由化和私有化，这种方式使罗马尼亚的经济结构发生了重大变化。罗这样做的目标是不断按照欧盟的标准进行调整，最终加入欧盟。② 1996 年罗马尼亚的外国直接投资达到 22.087 亿美元，其中欧盟国家尤为突出，占投资总额的 52%，外资公司总数的 35%。主要投资国为：韩国（2.349 亿美元）、意大利（2.1 亿美元）、德国（2.084 亿美元）、荷兰（1.77 亿美元）、美国（1.758 亿美元）、法国（1.492 亿美元）、英国（1.107 亿美元）、土耳其（1.059 亿美元）。③ 1998 年，在罗马尼亚出口总额中，意大利为 22.1%，德国为 19.6%，法国为 9.6%，美国为 3.9%，土耳其为 3.9%。在罗马尼亚进口总额中德国为 17.5%，意大利为 17.4%，俄罗斯联邦为 9.2%，法国为 6.7%，

① 朱晓中：《欧洲一体化与巴尔干欧洲化》，《欧洲研究》2006 年第 4 期，第 5 页。

② 萨尔米扎·彭恰、尤利亚·莫妮卡·奥埃赫列亚 - 欣卡伊、李丹琳：《近 10 年罗马尼亚与中国贸易的主要趋势》，《俄罗斯中亚东欧市场》2013 年第 5 期，第 78 页。

③ 《罗马尼亚 1996 年经济和社会情况》，《俄罗斯中亚东欧市场》1997 年第 7 期，第 26 页。

匈牙利为 4.7% 。[①] 2007 年，罗马尼亚正式加入欧盟。而且罗马尼亚加入欧元区的意愿也十分强烈。尽管受国际金融危机的影响，在 2008 年下半年罗马尼亚经济发展出现减慢的迹象，但罗 2008 年仍保持了年 GDP 增长 7.2% 的高速度。[②] 2012 年的数据显示，罗马尼亚 2/3 的出口是面向欧盟，其 3/4 的进口也是来自于欧盟国家。

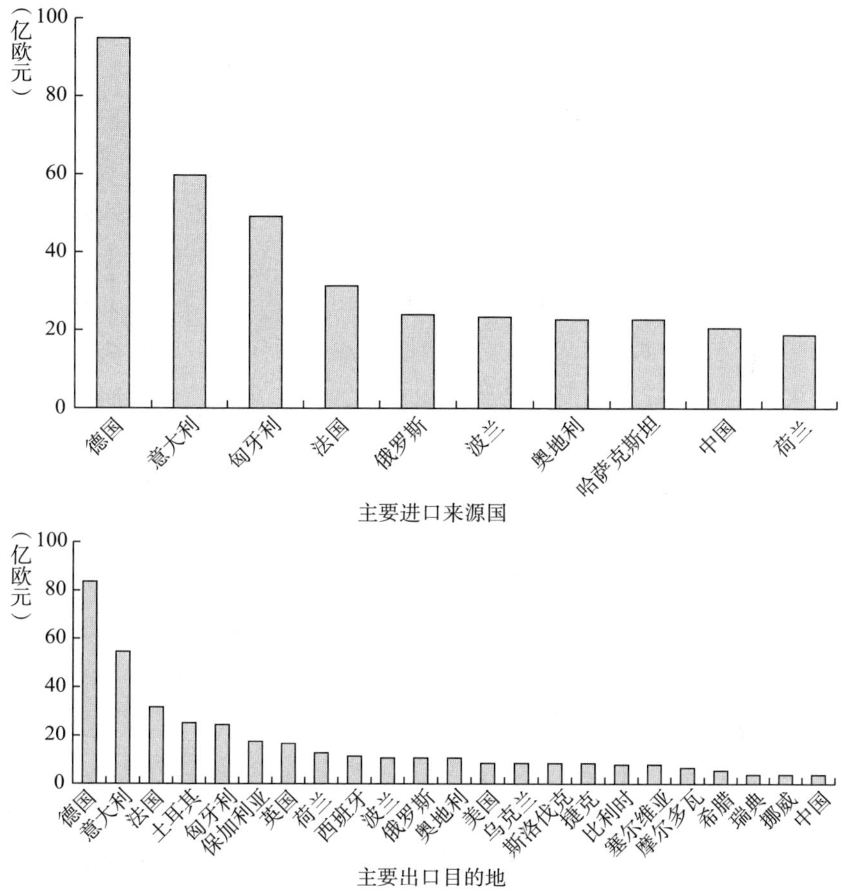

图 1　2012 年罗马尼亚主要进口来源国和出口目的地

资料来源：根据罗马尼亚国家统计局公布的 2012 年数据整理。[③]

① 李秀环：《罗马尼亚的经济情况和经济环境》，《俄罗斯中亚东欧市场》1999 年第 11 期，第 56 页。

② 邓克堂：《2010 年罗马尼亚经济将逐步得到恢复》，《经济日报》2010 年 2 月 9 日。

③ 萨尔米扎·彭恰、尤利亚·莫妮卡·奥埃赫列亚－欣卡伊、李丹琳：《近 10 年罗马尼亚与中国贸易的主要趋势》，《俄罗斯中亚东欧市场》2013 年第 5 期，第 80 页。

2. 德国与保加利亚

中东欧剧变以来，在中东欧各个国家的经济转轨与经济结构重建过程中，保加利亚的结构改革相对缓慢，甚至陷入了比较严重的经济危机和经济困境。在这样一种情况下，保加利亚吸引外国投资额相比来说也较低。1995年底，保加利亚对欧共体的出口占出口总额33%。[①] 1996年保加利亚的外资额为2亿多，向保加利亚经济投资的主要国家有：德国、希腊、荷兰、瑞士、英国、美国、比利时、奥地利。[②]

21世纪以来，伴随着新政府的成立，保加利亚政局稳定，新政府也采取了一系列措施来推动国民经济的发展。2004年保加利亚进出口总额为231.45亿美元，其中出口98.88亿美元，进口132.57亿美元。保加利亚出口的43%是往意大利、德国、希腊和土耳其。而进口的37%则是来自俄罗斯、德国和意大利。2005年保加利亚进出口总额为287.20亿美元，其中出口118.21亿美元，进口169.00亿美元，排在保加利亚出口总额前五位的国家是意大利、土耳其、德国、希腊和比利时，而排在保进口总额前五位的国家是俄罗斯、德国、意大利、土耳其和希腊。从1992年至2005年保加利亚共吸收外国直接投资达129亿美元，奥地利、希腊和德国占据对保加利亚投资的前三位。2006年1～11月保加利亚进出口总额276.49亿欧元，其中出口总额110.42亿欧元，进口总额166.07亿欧元。土耳其（12.50亿欧元）、意大利（11.28亿欧元）、德国（10.67亿欧元）、希腊（9.87亿欧元）和比利时（7.16亿欧元）是保加利亚前五大出口市场。而保加利亚前五大进口来源地则分别为俄罗斯（29.47亿欧元）、德国（20.69亿欧元）、意大利（14.44亿欧元）、土耳其（9.85亿欧元）和希腊（8.24亿欧元）。[③] 2007年1月1日，保加利亚和罗马尼亚正式加入欧盟，欧盟也完成了第五次扩大。作为整个欧盟地区经济发展较为落后的国家，保加利亚在加入欧盟后，其经济水平会有一个质的提升，市场也会更加开放、更加充满活力。在2008年上半年以前，保加利亚保持着一个较为高速的经济发展势头。根据保加利亚

① 张胜玉、关晓铭：《欧洲联盟第五次扩大的完成——罗马尼亚与保加利亚的入盟及其影响》，《法制与社会》2009年第29期，第193页。

② 邱蔚芳：《1996年保加利亚的经济和对外贸易》，《今日东欧中亚》1997年第6期，第38页。

③ 张胜玉、关晓铭：《欧洲联盟第五次扩大的完成——罗马尼亚与保加利亚的入盟及其影响》，《法制与社会》2009年第29期，第194页。

经济部发表的初步统计数据，进入 2008 年第三季度以来，由于受国际金融危机的影响，保加利亚 GDP 增速出现明显下降趋势。对此保加利亚总理斯坦尼舍夫说，由于保加利亚经济的开放性，保加利亚出口的 60% 是面向欧盟国家的，欧盟主要国家的经济萧条不可能不给保加利亚经济带来影响。保加利亚政府将采取“积极的经济政策”、“灵活的市场策略”和“活跃的社会保障网络”等多种措施，以保持经济增长速度。①

3. 德国与斯洛文尼亚

作为欧盟与巴尔干地区之间的跳板以及巴尔干地区和平与稳定的支柱，斯洛文尼亚的发展一直是十分显眼的。斯洛文尼亚在 1991 年脱离前南联盟取得独立，而且联邦德国在当时率先承认斯洛文尼亚的独立。在独立后，斯洛文尼亚并没有采取“休克疗法”，而是根据本国国情选择走适合自己的转轨道路。根据宏观经济指标显示，斯洛文尼亚被誉为中东欧地区转型最成功的国家。

斯洛文尼亚的外贸对象主要集中在欧盟国家，特别是德国。1995 年，斯洛文尼亚外贸出口总额中有 67% 销往欧盟，30% 多销往德国，15% 销往意大利，8% 销往法国，6% 销往奥地利，而销往俄罗斯和美国的都不足 4%；进口格局也大致相同，69% 来自欧盟，23.2% 来自德国，17% 来自意大利，10% 来自奥地利，8% 来自法国，6% 来自克罗地亚，来自美国和俄罗斯的只有 3% 左右。贸易格局大体上决定了外部经济的影响力，因此，斯洛文尼亚的经济发展在很大程度上依赖着欧盟特别是第一大贸易伙伴德国的经济增长状况。②

自 1993 年以来，斯洛文尼亚对德贸易始终占贸易总额的 20% ~30%。向德国出口的货物中，服装和电子设备是主要品种，服装占 23.5%，电子设备占 11.8%。从德国进口的货物中，最多的是汽车，占 14.7%。1993 ~1995 年间从德国进口的轿车是进口物品中增长最快的物品。1996 年斯洛文尼亚最大的出口市场是德国、意大利、克罗地亚，随后是法国、奥地利。在 1996 年的前 7 个月中，斯洛文尼亚对德出口额比 1995 年同期下降 10.6%，进口下降 7.1%，与此相对应，斯洛文尼亚的工业生产也比 1995 年同期有所下

① 邓克堂：《保加利亚经济增速将达 6%》，《经济日报》2008 年 12 月 27 日。

② 张元红：《斯洛文尼亚外贸及对外经济关系的发展格局》，《东欧中亚市场研究》1997 年第 2 期，第 15 页。

降。[①] 在旅游业方面，外国旅客人数（增长 12%）及其过夜次数明显增加，来自德国的旅客人数最多，这对饭店、娱乐场所和商店，尤其是靠近边境地区的旅游收入造成影响。[②] 1998 年斯洛文尼亚对欧盟国家的进出口扩大，与这些国家的贸易逆差（10.85 亿美元）增加（比 1997 年增加 9200 万美元）。对法国、奥地利、荷兰、德国、比利时、西班牙、瑞典和英国的出口增长最大。下表为 1998 年斯洛文尼亚的主要贸易伙伴。[③]

表 7　1998 年斯洛文尼亚主要贸易伙伴进出口总额及所占比重

单位：亿美元，%

	出口	进口	出口比重	进口比重
欧盟国家	59.272	70.118	65.5	69.4
CEFTA 国家	5.882	7.254	6.5	7.2
其他	25.334	23.616	28.0	23.4
德国	25.70	20.86	28.4	20.7
意大利	12.55	16.96	13.9	16.8
克罗地亚	8.15	4.31	9.0	4.3
法国	7.47	12.58	8.3	12.5
奥地利	6.21	8.01	6.9	7.9
美国	2.52	2.95	2.8	2.9
俄罗斯	2.35	1.78	2.6	1.8
总额	90.488	100.989	100	100

根据 2002 年的相关数据显示，斯洛文尼亚与全世界 218 个国家有贸易往来，其主要的贸易伙伴是德国、意大利、法国、奥地利和克罗地亚。对欧盟国家的出口达到了出口总额的 75%，进口达到了 67%。根据斯洛文尼亚工商会《经济观察和政策服务》2004 年 7 月的评估结果，斯洛文尼亚 2003 年 GDP 增长速度实际为 2.8%；人均 GDP 购买力标准为 17.090 美元。斯洛文尼亚出口货物和服务额为 157 亿美元；进口额总计 157 亿美元；同 2002 年相比实际出口

① 张元红：《斯洛文尼亚外贸及对外经济关系的发展格局》，《东欧中亚市场研究》1997 年第 2 期，第 16 页。

② 汪丽敏：《斯洛文尼亚 1996 年的经济发展趋势和 1997 年展望》，《东欧中亚市场研究》1997 年第 2 期，第 4 页。

③ 卢布尔雅那、汪丽敏：《斯洛文尼亚 1998 ~ 2000 年经济发展趋势》，《东欧中亚市场研究》2000 年第 5 期，第 34 页。

增长为3.6%，而实际进口增长为6.5%。斯洛文尼亚的贸易支付差额目前的统计是平衡的。2003 年的通货膨胀率为5.6%。在失业率方面，根据 ILO 标准，失业率为6.7%，低于欧盟平均水平。[①] 2004 年 5 月 1 日，斯洛文尼亚正式加入欧盟。2005 年斯洛文尼亚商品和劳务出口总额占 GDP 的比重为64.8%，进口总额占比为65.3%。其中，对欧元区出口的商品额占出口总额的52.9%，从欧元区进口的商品额占比为66.7%；与欧盟 25 国产业内商品贸易的出口额占出口总额的66.4%，产业内商品贸易进口额占比为78.2%。2005 年吸引外国直接投资约6亿欧元，其中5亿欧元来自欧盟25 国。[②] 2007 年 1 月 1 日，斯洛文尼亚加入欧元区，成为欧元区第 13 个成员，也是2004 年加入欧盟的10 个成员里最先进入欧元区的国家。作为欧盟和欧元区的成员，在今后的经济发展中，斯洛文尼亚也将继续深化与欧盟的经济整合，特别是与有着深厚经济基础和经济发展实力的德国将会有更加紧密的合作，不仅为斯洛文尼亚本国，也为双边关系发展以及整个欧洲一体化建设注入新的活力。

4. 德国与克罗地亚

克罗地亚在 1991 年从前南斯拉夫独立以来，在受到战争威胁的情况下，仍然积极进行经济改革，努力为本国经济恢复和发展创造条件。从 1993 年上半年克外贸情况看，1 ~7 月克实现外贸总额为 59 亿美元，基本上保持了 1992 年同期水平。但由于欧共体的保护主义和克罗地亚与斯洛文尼亚之间的边界、财产、支付问题导致双边贸易额下降 1/3，使克 1 ~7 月出口比 1992 年同期下降16%，进口则增加18.6%，出现逆差4.5 亿美元。克对发达国家的贸易额占 54.3%，德国、意大利、斯洛文尼亚（从 1992 年的第一位退居第三位）是克的三大贸易伙伴。[③] 1993 年底，克罗地亚政府颁布了一系列旨在稳定经济的纲领，实施紧缩经济政策，包括把本国货币汇率直接与德国马克挂钩（1 马克约合 3.7 库纳）。[④] 伴随着新政策的实施，克罗地亚的经济也逐渐有所改善。克罗地亚政府欢迎和鼓励外国投资，并为外国投资者提供优惠的政策。1991 ~1995 年间外商投资项目有 60 个，投资总额为 3 亿美元。投资项目和资金最多的国家分别是德国、奥地利、瑞士、瑞典和意大利。

---

① 《Slovenian Economy 斯洛文尼亚经济》，《国际商报》2004 年 10 月 19 日。

② 关雪凌、王晓静：《斯洛文尼亚率先进入欧元区的进程、原因与影响》，《俄罗斯中亚东欧研究》2007 年第 3 期，第 52 页。

③ 汪丽敏：《1993 年克罗地亚经济形势评述》，《东欧中亚研究》1994 年第 2 期，第 12 页。

④ 姚杰：《克罗地亚经济概况》，《东欧》1998 年第 3 期，第 11 页。

1995 年，克外贸总额 120 亿美元，贸易赤字 28 亿美元；1996 年，外贸总额 123 亿美元，其中进口 78 亿美元，出口 45 亿美元，贸易赤字 33 亿美元，比 1995 年增加 14%。欧盟在克对外贸易中占有重要地位，分别占克进出口总额的 62.1% 和 57.7%；德国和意大利是克最大的贸易伙伴，对克贸易占克外贸总额的 40% 左右。

表 8　1996 年克罗地亚主要外贸伙伴（1996 年 1~11 月）[①]

单位：亿美元，%

	出口	百分比	进口	百分比
欧盟	20.66	51.5	41.43	59
德国	7.64	19.1	14.16	20.2
意大利	8.37	20.9	12.75	18.2
斯洛文尼亚	5.31	13.2	7.12	10.1
波黑	4.81	12	0.55	0.8
奥地利	1.76	4.4	5.38	7.7
俄罗斯	1.10	2.7	2.01	2.9
总额	40.10	100	70.17	100

加入欧盟一直是克罗地亚的战略目标。2000 年 11 月 24 日，欧盟国家和东南欧五国首脑在萨格勒布举行高峰会议，此次会议成为“稳定和联系进程”签署国的转折点和新开端，对克罗地亚则标志着《稳定和联系协定》的谈判正式启动，同时开始享受欧盟单方面对“稳定和联系进程”签约国批准的独立贸易措施的特别优待。经过一段时间的准备与协调之后，双方于 2001 年 5 月 14 日在布鲁塞尔草签了《稳定和联系协定》。在签署《稳定和联系协定》的同时，克罗地亚还与欧盟签订了关于贸易及其相关问题的临时协议。临时协议包括《稳定和联系协定》中有关商品贸易、市场竞争的条款。根据临时协议在协议各方之间建立了自由贸易区。据此，从 2000 年 11 月欧盟开始对克罗地亚采用单独的贸易标准，从而保证克罗地亚的几乎所有产品都能自由进入欧盟市场。[②] 在这样一份协议的作用下，克罗地亚与欧盟以及德国的经济联系也愈加紧密，同时也为克罗地亚加入欧盟增加了筹码。

---

① 姚杰：《克罗地亚经济概况》，《东欧》1998 年第 3 期，第 13 页。

② 左娅：《克罗地亚与欧洲一体化》，《欧洲研究》2006 年第 4 期，第 30 页。

2008 年由于国际金融危机的影响，克罗地亚的经济出现大幅下滑。在多重困难并存的情况下，克罗地亚政府采取了多样的措施来保障其经济运行。旅游业一直是克罗地亚的经济支柱，但是由于经济危机的影响，赴克罗地亚旅游的人数锐减。为了缓解这一状况，克罗地亚政府希望通过减税，能实现“薄利多销”的目的，同时在与周边意大利、斯洛文尼亚、奥地利、匈牙利等国的竞争中更体现价格优势。[①] 2011 年欧债危机爆发，即使身处欧盟之外，克罗地亚也未能幸免，经济发展也受到了极大打击。

2013 年 7 月 1 日，克罗地亚正式加入欧盟，成为欧盟的第 28 个成员。从欧盟的角度看，这不仅是欧盟自 2007 年以来首次接纳新成员，吸纳克罗地亚也是向“火药桶”巴尔干半岛扩大的关键一步。加入欧盟对于克罗地亚来说，不仅会为其经济发展获得更多的资金援助，而且会有更多机会进入欧洲市场。入盟后克罗地亚也会吸引来更多欧洲国家的游客，进一步促进其旅游业的发展，从而推动整个国民经济的发展。德国一直以来都是克罗地亚最重要的贸易伙伴之一，在今后欧洲经济一体化建设以及德克双边经贸关系发展方面，两国将会在更多领域有更为深入的合作和发展空间。

三　安全事务领域的德国与中东欧国家

经贸关系的发展有赖于一个安全稳定的社会和周边环境，除了外交以及经贸关系外，德国与中东欧国家在安全领域也有着千丝万缕的联系。

（一）从“安全真空”到加入北约

1. 德国、中东欧国家与北约

在地区安全事务上，德国和中东欧国家都立足于本国实际并且基于北约框架来考量和处理地区乃至全球安全问题。1949 年 4 月北大西洋公约组织正式成立，1955 年 5 月联邦德国加入北约。在联邦德国时期，联邦德国将置身于北约和与美国结盟作为其安全政策的基石，认为只有在美国和北约的保护下，才能维护本国和西欧的安全与和平，在和平与自由中得到发展。随着 1989 年柏林墙的崩塌，重新恢复统一的德国在北约事务上一直保持着积极态度。德国也是北约东扩坚定的支持者，德国不仅希望通过北约东扩来防范来

---

① 赵嘉政：《克罗地亚大幅减税以刺激旅游经济发展》，《光明日报》2009 年 3 月 31 日。

自东部俄罗斯的威胁，而且将北约东扩视为德国扩大在中东欧地区影响力的契机。1994 年 12 月，欧洲安全与合作组织会议第四次首脑会议在匈牙利首都布达佩斯举行。会议期间，俄罗斯、美国和欧盟国家在北约东扩问题上进行了激烈的交锋，俄罗斯公开反对北约东扩，有关各方在欧洲安全主导权上的斗争也日益激烈。在 1995 年以来科尔与叶利钦的多次会面期间，科尔表示理解俄罗斯对于北约东扩的担忧，但是北约并不急于东扩，东扩应是循序渐进的，而且保证北约不会扩张到原苏联的领土或者俄罗斯的边界。科尔的积极介入政策得到了积极争取加入北约的中东欧国家的支持。1995 年 6 月，德国外长金克尔与波兰总理奥莱克西和外长巴尔托谢夫斯基会面时表示，德国将始终是波兰加入北约和欧盟的支持者。此外德国和捷克两国《德捷关于双方关系及其未来发展的宣言》的签署以及正式通过，也为捷克加入北约扫清障碍。1997 年 7 月 8 日，北约首脑会议在西班牙马德里举行，来自 16 个成员的国家元首和政府首脑出席了本次会议，并最终决定邀请捷克、匈牙利和波兰同北约开始就入盟问题进行谈判。马德里峰会后，德国国内也曾发生比较激烈的争论。1997 年德国内阁向德国联邦议会正式提交了北约东扩的议案，在 1998 年 3 月的议会投票中，672 名议员中有 555 名投票赞成北约东扩。此外这一主张也得到了德国民众的支持，76% 的政治精英和 60% 的普通民众都赞同北约东扩。① 总的看来，无论是 1998 年到 2005 年的红绿联盟、2005 年至 2009 年的大联盟还是 2009 年以来的黑黄联盟，三届联盟政府的《联合执政协议》都指出北约组织对德国外交具有重要意义，表示“北约是欧洲维护安全和稳定以及建设持久和平秩序不可或缺的手段”，“是德国外交安全和防卫政策的核心手段”，“是德国安全之锚”。②

对中东欧国家而言，自冷战结束以来，随着苏联从东德及中东欧其他国家撤军，在中东欧地区出现了“安全真空”。中东欧国家积极寻求安全保障，但是因为历史渊源，中东欧国家对于俄罗斯一直保持着警觉、怀疑和不信任，认为俄罗斯仍然是最大的潜在威胁，而北约和欧盟特别是北约将给它们提供安全保障。此外中东欧国家的二战阴影和创伤仍然挥之不去，尽管德国在努力重新塑造国家形象，成为“欧洲的德国”而不是“德国的欧洲”，但

---

① 林婕：《统一后德国的安全选择与北约东扩》，《中国教育与社会科学》2009 年第 9 期，第 30 页。

② 武正弯：《冷战后德国外交战略 1989 - 2009》，中国青年出版社，2010，第 73 页。

伴随着德国的重新崛起以及在欧洲乃至国际社会上地位的不断提升与巩固，不少中东欧国家仍然对德国怀有不信任。加入北约则成为中东欧国家的首要选择。捷克前总统哈维尔曾表示，加入北约就是要为其民主和市场经济寻求安全保障。冷战后北约共实现了三轮东扩，迄今为止，北约成员已经从冷战结束时的16个国家增至28个国家。并且值得注意的是，北约现在40%以上的成员都是前共产党执政的中东欧国家。其中，波兰、匈牙利和捷克三国于1999年加入北约，2004年波罗的海三国、罗马尼亚、保加利亚、斯洛伐克加入北约，2008年克罗地亚、阿尔巴尼亚正式加入北约。

2. 欧盟共同安全与防务政策

关于欧盟的共同外交与安全政策最早可追溯到欧洲防务共同体计划，即法国的普利文计划。二战结束之后，法国担心德国东山再起，再次威胁到欧洲的安全与稳定，1950年10月，时任法国总理R. J. 普利文在国会发表演说，建议组成欧洲防务共同体，建立一支包括西德在内的联合欧洲部队，这支集合了各国部队的欧洲军应置于该共同体的管辖之下。1952年5月，法、西德、比、荷、意、卢6国外长在巴黎签署《欧洲防务集团条约》，但是法国国会担心联邦德国会藉此重新武装起来，对该条约予以否决。欧洲防务共同体的计划夭折。冷战结束后，面对新的国际局势，1999年科隆欧盟高峰会议决定推行欧洲安全与防务政策，沉寂多年的欧洲防务合作重新启动，欧洲一体化从经济领域拓展到安全领域。2009年《里斯本条约》正式将“欧洲安全与防务政策”更名为“欧洲共同安全与防务政策”。

二战结束以来，德国在军事领域的发展，无论是军事力量、海外派军，还是发展军备等方面均受到一定的限制。冷战期间，东德的安全依赖于华约和苏联，西德的安全则依赖于北约和美国。随着苏联解体、两极格局的瓦解，实现统一的德国在新的国际体系中重新定位自己的国际角色，其安全与国防政策也发生了重大转变。1994年德国政府颁布的《国防白皮书》第406条指出，“根据1992年2月生效的《马斯特里赫特条约》，欧洲政治联盟将是建立在共同价值观和共同原则的基础上的，欧盟将会形成共同外交和安全政策以及共同防务政策，以便在将来建立共同防务”。[①] 在2003年颁布的

① “White paper on the Security of the Federal Republic of Germany and the Situation and the Future of the Bundswehr 1994”, 05/04/1994, Federal Ministry of Defence, Germany, http://www. weisse-buch. de.

《国防政策指令》中也表明了在新世纪德国对于欧盟共同安全与防务政策的立场和态度。根据《指令》第50、51条规定，“除了救援任务外，德国国防军将在联合国、北约、欧盟框架下，与盟国或伙伴国一起采取军事行动。欧盟是欧洲地区安全稳定的核心因素，欧盟必须拥有广泛的民事和军事能力，以便应对涉及欧洲安全的危机”。[①] 受2008年金融危机的影响，包括德国在内的大部分欧洲国家采取财政紧缩政策，预算削减也影响到德国的海外活动。面对金融危机，《里斯本条约》的生效以及英法加强双边防务合作，德国也积极谋求欧盟内部的防务合作。2010年2月1日，“魏玛三角”部长级会晤在华沙举行。波兰负责欧盟事务的部长多夫盖莱维奇、德国负责欧洲事务的国务秘书暨副外长霍耶尔和法国欧洲事务部部长皮埃尔·勒卢什就欧盟经济战略、气候、能源、东部伙伴计划、欧盟共同安全和防卫政策、《里斯本条约》的实施等一系列问题进行了磋商。2010年4月27日，德国、法国和波兰三国外长在德国西部城市波恩举行会晤，同意将于2013年上半年共同组建一支应对危机和冲突的快速反应部队。德国外长韦斯特韦勒在与法国外长库什内和波兰外长西科尔斯基会晤后表示，他们相信组建名为“魏玛战斗群”的危机反应部队将为欧盟未来军事合作树立一个范例。总体来说，德国支持发展欧盟共同安全与防务政策，并且表示欧洲防务联合并不会削弱北约，也不会削弱欧洲与北约之间的合作。德国认为，在欧盟内部发展联合防务是在北约内建立欧盟共同安全与防务特性的先决条件，而且德国军备工业的发展也对欧盟共同安全与防务政策的发展有着举足轻重的作用。[②]

欧盟内部对独立防务的意见和立场并不统一。德国以及法国、比利时和卢森堡等国极力主张尽快建立独立防务，但是诸如波兰等中东欧国家在安全上几乎完全依赖美国。新入盟的中东欧国家与欧盟“老成员”之间在安全认知上仍然存在着差异。从地缘战略角度来看，在加入欧盟后，中东欧国家成为欧盟的东部战略边界，直接面对来自俄罗斯和独联体国家的安全威胁，没有任何战略缓冲。对于这些中东欧新成员而言，加入欧盟固然意味着安全上有了保障，但由于其特殊的地理位置又难以完全排除俄罗斯的威慑和控制。对欧盟独立防务心存疑虑、倚重美国指挥下的北约所带来的安全保障，似乎已成为地处中东欧的欧盟新成员鉴于地缘政治的考量而做出的一种合乎安全

---

① 张迎红：《欧盟共同安全与防务政策研究》，时事出版社，2011，第92~93页。
② 张迎红：《欧盟共同安全与防务政策研究》，时事出版社，2011，第96页。

逻辑的选择。[①] 无论是在被帝国主义掠夺、侵略和控制的时代，还是近代以来遭受两次世界大战以及冷战厄运，中东欧国家一方面因为复杂的历史因素对于德国、法国等大国仍怀有忧虑，另一方面东边俄罗斯的强势存在也让这些国家不能独善其身，再加上美国的积极动员与支持，以及欧盟自身共同外交与安全政策构建中的缺陷，使得中东欧国家最终还是选择投入美国怀抱。中东欧国家视美国为冷战的胜利者，而且许多政治精英认为美国将自由和民主带到他们的国家；中东欧国家强调硬实力，认为美国可以更好地平衡俄罗斯的影响；美国拥有超级大国地位，而欧盟在外交上软弱无力，在军事上也没有实力；欧盟老成员缺乏团结使得中东欧国家对欧盟共同外交和安全政策不抱太大期望。[②] 对于中东欧国家来说，加入北约的目的是获得美国对其独立和安全的保护，而加入欧盟则是出于回归欧洲的一种强烈文化夙愿和经济发展需求的表达。[③] 对于欧盟老成员来说，主张建立独立的欧洲防务，不仅出于地缘战略的考量，从社会稳定的角度来看，冷战后结束后，一直潜伏在中东欧国家之间的历史遗留的领土、民族、宗教等各种矛盾和问题纷纷爆发出来，毒品、走私、拐卖人口、恐怖主义等跨国犯罪活动也比比皆是，在中东欧地区发生的动荡与冲突不仅给这些国家的社会和人民带来极大灾难，加剧了国家间的紧张关系，而且还导致了大量难民涌向国外，给周边国家造成沉重的负担，从而威胁到整个欧洲的安全与稳定。因此，努力调解中东欧国家间的矛盾与冲突，在中东欧国家回归欧洲的过程中，同时建立起维护欧盟国家自身安全利益的共同安全与防务政策便成了当然之举。美欧在地区安全方面一直是既有合作又有竞争的复杂关系，从长远来看，欧盟独立防务的建立有利于欧盟将来对较远地方的危机和冲突进行干预做好准备，提升欧盟在国际事务上的影响力，强化欧盟在欧洲安全格局美欧分工中的分量与作用。

（二）德国与中东欧国家地区组织

1. 维谢格拉德集团

中东欧国家发生剧变后，纷纷走上“回归欧洲”的道路。而在其曲折的

---

① 朱晓中主编《中东欧转型 20 年》，社会科学文献出版社，2013。

② Ivo Samson, “The Visegrad Four: from Loose Geographic Group to Security Internationalization?” *International Issues and Slovak Foreign Policy Affairs* No. 4/2009, pp. 13 - 14. 转引自姜琍《维谢格拉德集团合作的演变与发展前景》，《俄罗斯中亚东欧研究》2011 年第 4 期，第 31 页。

③ 朱晓中主编《中东欧转型 20 年》，社会科学文献出版社，2013。

转型过程中，地理位置毗邻的匈牙利、波兰、捷克斯洛伐克三国深刻地感受到加强彼此间团结合作的重要性。前文提到，1991 年 2 月 15 日，维谢格拉德集团正式成立。1992 年 12 月 21 日，波兰、捷克、斯洛伐克和匈牙利四国签署了《中欧自由贸易协定》，旨在加强成员经济发展水平和经济合作关系，并为适应欧盟框架内的自由贸易创造环境。维谢格拉德集团的建立与发展，不仅为各成员在其“回归欧洲”的过程中提供更多的机遇，也为本地区经济合作与关系发展创造更多条件。

2004 年 5 月 1 日，维谢格拉德四国一起加入欧盟。2003 年，维谢格拉德集团四国人口占欧盟总人口的 13%，四国的 GDP 只占欧盟总和的 3.7%。入盟后，拥有 5 亿人口的欧盟统一市场以及从欧盟基金获得的财政援助，有力地促进了维谢格拉德集团四国经济规模的壮大，而且维谢格拉德集团对欧盟的意义也有所增强。[①] 首先，从人均 GDP 来看，2003 ~ 2013 年，维谢格拉德集团的人均 GDP 增加了 84%，从 5900 欧元提高到 11000 欧元。其中捷克人均 GDP 增加 71%，从 8300 欧元提高到 14200 欧元；匈牙利人均 GDP 增加 33%，从 7300 欧元提高到 9900 欧元；波兰人均 GDP 增加 102%，从 5000 欧元提高到 10100 欧元；斯洛伐克人均 GDP 增加 142%，从 5500 欧元提高到 13300 欧元。同一时期，欧盟老成员的人均 GDP 仅增加 20%，从 25000 欧元提高到 29900 欧元。其次，从收入差距来看，维谢格拉德集团与欧盟老成员之间的收入差距缩小了 1/3。2003 ~ 2013 年，按购买力平价计算人均 GDP，维谢格拉德集团从欧盟老成员平均水平的 49% 提高到 65%。其中，捷克从 67% 提高到 74%，波兰从 43% 提高到 63%，匈牙利从 55% 提高到 62%，斯洛伐克从 49% 提高到 71%。最后，从出口来看，维谢格拉德集团的出口明显扩大。2003 ~ 2013 年，维谢格拉德集团的出口从占欧盟出口总量的 5.8% 提高到 9.1%。维谢格拉德集团的出口增速是欧盟老成员的 3 倍，四国不仅扩大了对欧盟老成员的出口，而且也扩大了对欧盟以外国家的出口。如今，捷克、斯洛伐克和匈牙利属于欧盟内开放程度最高的国家之列。2012 年，捷克、斯洛伐克、匈牙利和波兰的出口额占各国 GDP 的比例分别是：78%、96.6%、94.7% 和 46.7%，而 2004 年这一比例分别为 63%、74.5%、

① 姜琍：《入盟十年对中欧维谢格拉德集团经济发展的影响——以捷克为例》，《俄罗斯学刊》2014 年第 6 期，第 32 页。

63.3%和37.5%。[①]

表9 维谢格拉德集团以PPS计算的人均国内生产总值占欧盟15国的百分比

单位：%

年份	捷克	匈牙利	波兰	斯洛伐克
2003	67	55	43	49
2013	74	62	63	71

数据来源：Eurostat，Erste Group Research。

表10 2014年维谢格拉德集团国内生产总值（以当期价格计算）

国家/区域	人均国内生产总值（欧元）	国内生产总值（亿欧元）
捷克	14700	1550
匈牙利	10500	1030
波兰	10700	4130
斯洛伐克	13900	750
维谢格拉德集团	12450	7460
欧盟28国	27300	130750

数据来源：Eurostat。[②]

尽管因为欧债危机以及国际金融危机的影响，维谢格拉德国家经济发展遭受或多或少的损害，但是总的来说，入盟对于维谢格拉德国家经济实力的增强、对外贸易的发展、国内就业情况的改善等都有着极为重要的促进作用。斯洛伐克外长莱恰克也曾表示，欧盟扩大10年后，维谢格拉德成为欧洲最有活力和经济稳定的地区之一，具有合理的债务比率、健康的银行体系和长期增长的前景。[③] 总而言之，维谢格拉德集团经过二十多年的发展与磨合，尽管国家间还会存在一些问题与不足，但维谢格拉德集团确实促进了中东欧

① Jiří Čáslavka, AlešChmelař, Václav Korbel, Zdeněk Kudrna, 10 let členství České republiky v Evropské unii: Makroekonomicky vyvoj a ekonomická integrace, 29.4.2014, Glopolis, s.21. 转引自姜琍《入盟十年对中欧维谢格拉德集团经济发展的影响——以捷克为例》，《俄罗斯学刊》2014年第6期，第33页。

② 孔田平：《维谢格拉德集团的地位与中欧的未来》，《俄罗斯东欧中亚研究》2015年第4期，第75页。

③ Propects of Closer EU - China Cooperation: A View From Central Europe Lecture Presented by Deputy Prime Minister and Minister of Foreign & European Affairs of the Slovak Republic H. E. Miroslv Lajčák at the Chinese Academy of Social Sciences and Institute of European Studies in Beijing, China on February 3, 2015.

地区间以及中东欧国家与欧盟老成员间的合作与发展，也成为中东欧地区的一支促进欧洲一体化进程的示范力量。

维谢格拉德集团通过“V4 +”框架实现其影响力的扩大。“V4 +”框架可覆盖从峰会、部长级会晤到民间交往不同层次的活动。在加入欧盟前，维谢格拉德集团曾举行过“V4 + 德国 + 法国”会晤，会晤议题也主要是关于维谢格拉德国家的入盟问题。在 2004 年维谢格拉德集团成功加入欧盟后，“V4 +”会晤议题主要集中在欧盟内部政策协调方面。[①] 作为维谢格拉德国家最大贸易伙伴的德国，其与维谢格拉德集团的紧密关系主要体现在经贸联系上。此外在政治外交、安全等领域，德国与维谢格拉德集团相互间的协作也在处理欧盟内部以及对外事务中发挥着重要作用。从经济上来看，德国是维谢格拉德集团最大和最重要的贸易伙伴，通过各项数据也可以对这种紧密的双边经贸联系进行佐证。从社会文化的角度来看，德国的社会市场经济、德国的民主机构和组织等的成功经验对这些国家来说都具有极大的吸引力，在效仿德国建立适合自己国家的制度、机构等的同时，其实也潜在地引入了德国的理念和原则。例如波兰和匈牙利都采取的是德国式的按比例的混合代表制，尽管在具体应用方面有所变更。捷克和斯洛伐克采用的也是比例代表制的选举系统。从政治上来看，德国是欧盟东扩的坚定支持者和推动者，在维谢格拉德集团的入盟过程中，德国发挥了相当重要的作用，而且维谢格拉德集团在入盟后，也希望通过发展与德国的关系，来实现自己在欧盟的利益。为了最大限度地争取和维护中东欧国家在欧盟中的利益和权利，维谢格拉德集团国家领导人多次强调改革欧盟财政政策，尽快通过中期预算方案。波兰还举行驻外使节会议，邀请德国以及法国外长等共商化解欧盟预算危机的办法。[②] 此外在 2011 年，维谢格拉德集团还推动欧盟对白俄罗斯进行制裁，要求欧盟在近邻政策中加入人权条款，并与德国一道发表有关东部伙伴关系的联合声明。[③] 在乌克兰危机问题上，维谢格拉德集团也与德国站在了同一立场。在 2014 年 3 月 13 日德国外长施泰因迈尔与维谢格拉德集团成员

---

① 孔田平：《维谢格拉德集团的地位与中欧的未来》，《俄罗斯东欧中亚研究》2015 年第 4 期，第 77 页。

② 高歌：《中东欧国家在欧盟中的地位和作为》，《俄罗斯东欧中亚研究》2014 年第 3 期，第 56 页。

③ 朱晓中：《欧盟东扩 10 周年与中东欧国家在欧洲的利益》，《欧洲研究》2014 年第 7 期，第 97 页。

国家外长在匈牙利首都布达佩斯举行的关于乌克兰局势的会晤上，施泰因迈尔对维谢格拉德集团为解决乌克兰危机所做的努力表示赞赏，也表示德国在此问题上的立场与维谢格拉德集团非常相似。

尽管德国与维谢格拉德集团之间并没有制定相关条约或者签订相关协议使这种双边合作关系规范化和系统化，但是在经贸、政治、技术、能源、安全、社会文化等各领域，在欧盟内部事务和政策协调方面，以及在国际性问题上，双方合作的有效性以及稳定性都将会有进一步的提高与加强，积极与德国进行协商和洽谈成为维谢格拉德集团争取和维护集团在欧盟的利益的重要方面。

2. 魏玛三角

1991 年 4 月 26 日至 27 日，德国外长根舍和波兰外长斯库比舍夫斯基在德国魏玛会晤，主要是商谈德波两国签署关系条约问题。会后，根舍对记者表示，德波关系条约将使德波关系逐步达到与德法关系一样的水平。根据根舍的建议，同年 8 月 28 日至 29 日，根舍、斯库比舍夫斯基和法国外长迪马首次在魏玛举行了德法波三国外长磋商，并约定以后每年至少会晤一次。按照外长定期会晤的模式，三国国防部长 1994 年 3 月 3 日在巴黎决定加强安全和防务合作，也确定了每年会晤的机制。由此德法波三国也被称为“魏玛三角”。对于波兰来说，中东欧发生剧变后，波兰踏上了“回归欧洲”的路程。波兰在积极寻求美国支持的同时，也在争取来自德国和法国这两个欧洲大陆大国的支持。此外德国还是波兰最大的贸易伙伴，因此，积极发展与德国以及法国的关系，对于推动波兰加入欧盟进程以及发挥波兰在中东欧国家中的领头作用有着极为重要的影响。对于德国和法国来说，一方面波兰丰富的自然资源、廉价的劳动力以及新的市场有着极大的吸引力；另一方面基于波兰独特的地理位置，德法两国也试图通过加强与波兰的合作来建立起一道屏障，以抵御来自俄罗斯的潜在威胁。自 1991 年魏玛三角建立以来，德法波三边会晤的议题从外交逐步扩大到了经济、军事、社会、文化等众多领域。法国前总统希拉克曾对“魏玛三角”给予高度评价，他认为“巴黎 - 波恩 - 华沙轴心”无论对于法国还是欧洲而言都是至关重要的，并预言它可能成为未来推动欧洲联合的“最重要的发动机”。[①]

1996 年 2 月，波兰国防部长多布然斯基、法国国防部长米永和德国国防

① 朱新光：《地缘政治与西方对波兰的外交战略》，《东欧中亚研究》2000 年第 6 期，第 27 页。

部长吕厄在波兰首都华沙举行会晤并且签署了相关文件，根据文件，三国特种部队每年将举行一次联合军事演习，开展军事人员间的交往，并就军事政策展开对话。1998 年 2 月 21 日，法国总统希拉克、德国总理科尔和波兰总统克瓦希涅夫斯基在波兰的波兹南举行了“魏玛三角”第一次高峰会晤。三国领导人一致表示，除政治和经济合作外，“魏玛三角”还应该加强在文化领域的交流与合作。法、德双方也表示愿意为波兰加入北约和欧盟提供帮助。1999 年 5 月 7 日，法国总统希拉克、德国总理施罗德和波兰总统克瓦希涅夫斯基在法国南锡举行会晤，主要对前一天西方七国集团与俄罗斯外长会议就政治解决科索沃危机达成的原则协议给予肯定。2001 年 2 月 27 日，法、德、波首脑在德国新城会晤。三方着重就欧洲防务政策、欧盟东扩方针、各国与俄罗斯的关系等问题交换了意见，并同意今后进一步加强在欧洲政策问题上的相互协调。[①] 尽管魏玛三角在发展三国间关系以及处理协商欧盟事务中发挥着积极作用，例如在波兰未加入欧盟前，魏玛三角成为波兰加强与其他欧洲国家关系、融入欧洲一体化的平台，但是不可否认的是，魏玛三角成员之间也存在着矛盾和分歧。

在 2001 年的新城会晤中，在关于欧盟东扩问题上，德国总理施罗德和法国总统希拉克承诺，只要波兰符合条件，将会作为欧盟第一次东扩的首要考虑。在欧盟劳动市场开放问题上，德国总理施罗德继续坚持其所持立场，即在欧盟东扩后原欧盟劳动市场应经过 7 年才能向包括波兰在内的中东欧国家劳动力开放，波兰总统克瓦希涅夫斯基则表示 7 年的过渡期对于波兰来说太长了。在 2003 年伊拉克战争问题上，魏玛三角间再次出现摩擦和分歧。波兰不顾以德法为首的“老欧洲”的反对，率领“新欧洲”积极支持美国打击伊拉克，并且派兵参与了伊拉克战争。波兰紧随美国政策，让德法两国甚为不满。一些德国人对波兰在伊拉克问题上的背道而驰和目中无人十分愤怒，德国一家主流新闻机构的评论员称波兰为美国的“特洛伊驴子”，另一些人则鄙夷于波兰的傲慢和无耻。[②] 2006 年 11 月 24 日，由于波兰反对，第 18 次欧俄首脑会议未能按计划启动欧俄《伙伴关系合作协议》谈判。波兰总统卡钦斯基再次强调，只有俄罗斯取消对波兰肉类等食品的进口禁令，波

① 姜憬莉：《“魏玛三角”机制由来》，《世界报道》2003 年 5 月 11 日。

② “The ‘New Europe’ and America: Is Poland America’s Donkey or Could it Become NATO’s Horse?”, *The Economists*, May 8th, 2003.

兰才不会阻止欧俄《伙伴关系合作协议》谈判。另外，他再次批评了德、俄绕过波兰达成修建波罗的海海底天然气管道的协议。他说，能源问题以前是经济问题，而现在已经成为政治问题。① 2006 年 12 月，德国总理默克尔、法国总统希拉克和波兰总统卡钦斯基在德国梅特拉赫举行“魏玛三角”峰会，重点就土耳其入盟谈判、欧俄关系、欧乌关系等问题举行磋商。尽管三国领导人会晤时都表示要继续加强、深化在经济、安全、外交等领域的合作，但是三国在一些问题上的分歧并没有得到弥合。早在 2006 年初，时任波兰总统卡钦斯基就认为魏玛三角这一机制成果寥寥，对其是否存在表示怀疑。到了 2006 年底魏玛三角首脑会议后，这一机制基本陷于停顿。德国舆论认为，这与卡钦斯基是“疑欧派”有很大关系。② 事实上，德国有些媒体对魏玛三角机制并不看好，有评论说，虽然由于三国在欧盟事务上各有所求，“魏玛三角”会晤机制还会继续存在下去，但它已失去先前的动力，已经成为“例行公事”的会面。③

伴随着波兰新总统科莫罗夫斯基的上任及其对欧洲的重视，魏玛三角机制重新恢复活力。2011 年 2 月 7 日，德国总理默克尔、法国总统萨科齐、波兰总统科莫罗夫斯基在波兰首都华沙举行“魏玛三角”首脑会晤，这也是三国领导人自 2006 年以来的首次聚首，表明三国愿重新恢复密切合作关系。由于利益一致，德、法、波三方在此次首脑会晤中达成不少共识。三国对波兰 2011 年下半年担任欧盟轮值主席国期间的任务和政策进行了协调。波兰出任主席国有两大重要目标：其一，加强欧洲安全与防务政策合作。德法两国一直强调防务的“欧洲特性”，与波兰的目标相一致。三方同意加强军事合作，希望 2013 年前建成一支德法波联合干预部队。其二，加紧实施“东部伙伴关系计划”。该计划由波兰等国倡议，涉及波兰与乌克兰、摩尔多瓦、亚美尼亚和阿塞拜疆等东部邻国的关系，引起俄罗斯的疑虑。波兰总统科莫罗夫斯基表示，欲邀请俄总统梅德韦杰夫适时参加“魏玛三角”会议，对此默克尔和萨科齐表示支持。④ 魏玛三角机制的重新启动，既表现了波兰对于欧洲大国及其对于波兰周边安全环境影响的重视，也表明德法两国对于一直以来作为中东欧地区转型发展领头羊的波兰的重视。即使魏玛三角间存在着

---

① 王怀成：《“魏玛三角”强调加强合作》，《光明日报》2006 年 12 月 7 日。

② 刘华新：《“魏玛三角”重现活力》，《人民日报》2011 年 2 月 10 日。

③ 王怀成：《“魏玛三角”强调加强合作》，《光明日报》2006 年 12 月 7 日。

④ 刘华新：《“魏玛三角”重现活力》，《人民日报》2011 年 2 月 10 日。

矛盾和分歧，但是基于推动欧盟一体化进程的共同利益，三国间的合作将会愈加密切，也将会达成更多共识。

（三）危机冲突下的德国与中东欧国家立场比较

1. 伊拉克战争

2003 年 3 月，美国以伊拉克藏有大规模杀伤性武器并暗中支持恐怖分子为由，绕开联合国安理会，单方面对伊拉克实施军事打击，以英美军队为主的联合部队对伊拉克发动军事行动。

（1）德国对伊拉克战争的立场

伊拉克战争爆发之际，德国政府就对美国开始对伊拉克动武表示“忧虑和震惊”，时任德国总理施罗德表示，本来是可以在联合国框架内解除萨达姆政权的武装的，但美国却做出了战争这个错误的决定。尽管德国一直在为阻止战争而努力，但目前战争的逻辑显然已经取代了和平的机会。德国反对对伊动武，但同时也将履行作为北约盟国的义务。德国在对处在战争中的人民实施人道主义救援方面不会袖手旁观，将在联合国的框架内积极组织对难民和受伤士兵的援助。[①] 德国也将在联合国框架内参加战后伊拉克的政治重建工作。伴随着事态的发展，德国总理施罗德进一步表示，世界必须就控制武器扩散达成新的规定，避免重复导致伊拉克战争这样的单边行动。一旦美国对伊军事行动结束，盟国将需要找到处理大规模杀伤性武器扩散的共同立场。他说：“我们不能让任何人像现在这样采取单边行动。我们需要一次辩论以及一个关于不扩散的规定。”[②] 德国总统约翰内斯·劳在接受采访时也严厉谴责美国对伊拉克发动了一场本可以避免的战争。他强调，联合国武器核查小组为通过和平方式逐步解除伊拉克武装做出了卓有成效的努力，伊拉克危机并没有发展到只有动用武力才能解决的地步。目前国际社会有许多比发动伊拉克战争更为迫切的事情，比如解决巴以冲突，但美国政府对此却关心很少。“战争给人民造成的伤害不是我们从电视画面上所能看到和体会到的”。他呼吁国际社会把精力更多地投入如何减轻伊拉克人民所遭受的人道

---

① 《俄罗斯、法国、德国等各国纷纷谴责美国对伊开战》，http://news.sina.com.cn/w/2003-03-21/0848957700.shtml。

② 《施罗德称需达成不扩散新规定以避免重复伊战争》，http://mil.news.sina.com.cn/2003-03-26/115874.html。

主义灾难上，用人道主义行动来反战。[①] 此外德国各地爆发了大规模的反战游行，约有10万人游行抗议美国发动对伊战争。54%的德国民众认为美国打伊拉克并不是出于反恐目的，而是因为石油。80%的民众则坚决反对德国参战。[②]

（2）中东欧国家对伊拉克战争的立场

原属苏联势力范围的中东欧各国对美英对伊动武给予极大支持。对于法德等国家的积极反战态度和立场，罗马尼亚、匈牙利、波兰、捷克等国总统、总理和政府官员明确表示"自己有权制定自己的政策"，支持美国动武立场，并对法德的态度进行了抨击。[③] 波兰国防部发言人表示，50多名波兰"雷鸣"特种部队士兵参加了美国为首的联军攻打伊拉克南部小镇乌姆盖斯尔的军事行动。作为北约成员，波兰一共向海湾派出了200名士兵，主要担任后勤支援等非战争性任务。[④] 罗马尼亚一直支持美英对伊拉克进行军事打击，并决定派出278名军人前往战区，其中包括55名防化兵。这些军人不直接参加对伊拉克的军事打击，仅为参战部队或平民提供生化保护和参加战场清理工作。随同这批军人运往科威特的还有150吨防化装备和30个货车车厢的军用物资。[⑤]

（3）对立立场之比较分析

就伊拉克战争而言，德国和中东欧国家可以说是采取了完全不同的立场，欧洲因此出现了"新欧洲"与"老欧洲"之争。在海湾战争期间，德国支持美国在海湾的军事行动，不仅向美国提供经济援助，而且直接介入了军事活动。科尔政府先后向美国及其他国家提供的资金总额达140亿马克，部署在海湾战场外围的德国士兵总数达1500人，德国还在"阻止别国对北约盟国的进攻"幌子下，派遣联邦空军的18架阿尔法型喷气式战斗机参加北约机动干预部队，和一批防空导弹及500名军人前往土耳其驻扎，对敌国

---

① 《德国总统严厉谴责美发动伊拉克战争》，http://news.xinhuanet.com/world/2003-04/01/content_808318.htm。

② Forsa-Umfrage in http://www.stern.de/politik/ausland/index.html? id=502208&p=2&postid=2, 30.12.2002。

③ 《欧盟外交：努力用一个声音说话》，http://news.sina.com.cn/w/2007-03-26/112311498013s.shtml。

④ 《伊拉克每日战况要览（3月24日）》，http://www.people.com.cn/GB/guoji/22/83/20030326/954528.html。

⑤ 《罗马尼亚向海湾地区增派防化兵及大量防化装备》，http://mil.news.sina.com.cn/2003-04-04/118975.html。

发挥威慑作用。[①] 但是在伊拉克战争中，德国却是处于完全的对立面，一反常态，公开反对美国对伊拉克实施军事打击。德国不但始终坚持不派一兵一卒参加伊拉克战争，而且联合法国、比利时一致坚决反对美国向北约提出的协防土耳其的建议。就德国而言，德国政府不能容忍美国将恐怖主义威胁与大规模杀伤性武器威胁等同看待和等同处理的武断路径，认为这是一种过于简单化和理想化的选择，动武有可能造成无辜平民的伤亡。德国政府意识到，美国领导下的单极世界，不再是德国扩大影响的安全保证或机遇，而是一种威胁。

但是中东欧国家为何会在伊拉克战争中旗帜鲜明地表明立场，和美国"并肩作战"呢？从政治军事角度来看，一是部分中东欧国家正在积极要求加入北约，希望借助伊拉克战争，与美国建立起良好的军事合作关系，从而巩固和发展与美国以及北约的关系；二是谋求在美国这个超强大国的保护下，遏制地区性大国沙文主义在欧洲的盛行，尤其是抵御俄罗斯的潜在威胁，提高其在欧洲的地位；三是谋求从美国那里得到更多的经济实惠和军事保护，确保有一个安全的生存和发展空间；四是害怕战后美国报复。捷克总理就曾表示说："如果不支持美对伊动武，早晚会遭到美国的报复。这对一个弱小国家来讲后果不堪设想。"当然，经济因素也不能忽略。以波兰为例，2003 年波兰全国失业率约为 20%。美国要在波兰维持一个海外军事基地，每年至少要花费 1.5 亿 ~2 亿美元，这样就能为当地创造几千个就业机会。为了欢迎美军的到来，波兰的比亚瓦——波德拉斯卡和马佐夫舍当局散发了有关材料，保证当地居民会同美军和平共处。[②] 对"新欧洲"在伊拉克战争上的立场和举措，德国深知，"新欧洲"之所以死心塌地地跟着美国跑，就是因为其在安全政策上不信任欧盟的共同安全政策，而是更愿意处于美国的保护之下。美国之所以如此屡屡置德国的意见于不顾，根源也在于欧洲没有一个强大的共同外交和安全政策可以牵制美国，因此施罗德政府在连任后加快了建设欧洲共同防务的步伐。[③]

---

① 肖汉森：《从德国反对美英对伊拉克战争看德美关系》，《华中师范大学学报》（人文社会科学版）2004 年第 5 期，第 101 页。

② 《伊拉克战争重组欧洲军事版图　出现新老欧州划分》，http://news.sina.com.cn/w/2003-08-28/09311632920.html。

③ 武正弯：《德国外交战略 1989-2009》，中国青年出版社，2010，第 226 页。

2. 乌克兰危机

2012 年 3 月，乌克兰与欧盟在布鲁塞尔草签了联系国协定，这也意味着乌克兰为实现其加入欧盟的目标又向前跃出了重要一步。对于乌克兰的这一决定，俄罗斯方面一直心存芥蒂。2013 年 11 月，时任乌克兰总统维克托·亚努科维奇决定暂停有关与欧盟签署联系国协定的准备工作，转而欲与俄罗斯合作，组成关税同盟。乌克兰外交政策的大幅动摇不仅引发了乌克兰国内亲欧盟势力的大规模示威，而且加深了国内的社会矛盾和分歧。在多重抗议之下，2014 年 2 月，乌克兰议会决定解除亚努科维奇的总统职务，随后亚努科维奇出走俄罗斯。由于乌克兰国内在亲欧盟还是亲俄罗斯问题上深度对立，政府与反对派间冲突不断，再加上国际因素的影响，乌克兰局势不断加剧，最终爆发乌克兰危机。

在如何对待乌克兰危机的问题上，欧盟内部出现分歧。在乌克兰危机后不久，默克尔就因为力挺乌克兰亲西方派而被西方媒体奉为“在乌克兰问题上对抗俄罗斯的欧洲领导人”①。2014 年 2 月 17 日，默克尔在柏林会见乌反对派领袖克利奇科和亚采纽克，借以表明自己在乌克兰危机问题上的政治立场。2014 年 3 月 13 日，默克尔在其议会演讲中表示，俄罗斯非法夺取克里米亚的行为使欧洲重回到 19 ~ 20 世纪争夺领土和势力范围的时期，而我们原本以为早已度过了这段时期。3 月 16 日举行的克里米亚全民公决是非法的，是对国家主权完整的践踏。无论是欧盟、美国、俄罗斯还是我们在 21 世纪绝不能只考虑自身利益，否则只会贻害自身。俄罗斯在乌克兰的举动严重违背了国际法的原则。② 5 月 13 日，默克尔进一步表示，“如果俄继续其在乌克兰的行动，那么这就不仅仅是乌克兰的灾难，对于俄罗斯的邻国来说也是灾难。这不仅会改变俄罗斯和欧盟的关系，也会给俄罗斯带来政治和经济上的巨大损失”③。默克尔也宣布对俄实施进一步的制裁，扩大对俄公民限制入境以及冻结账户的名单。默克尔表示欧洲将不再扮演懦夫角色，捍卫规

① “Easy Politics, Bad Politics”, *The Economist*, Apr 26th, 2014, http://www.economist.com/news/europe/21601312 - indulging - her - social - democratic - coalition - partners - angela - merkel - risks - turning - germany.

② Elizabeth Pond, “Merkel's Leadership in the Ukraine Crisis”, WIIS, July 7, 2014, http://wiisglobal.org/2014/07/07/merkels - leadership - in - the - ukraine - crisis/.

③ Henry Ridgwell, “Germany Warns Russia of ‘Massive Damage’ Over Crimea”, *Voice of America*, May 14, 2014, http://www.voanews.com/conten/germany - warns - russia - of - massive - damage - ovet - crimea - /1871469.html.

范导向的和平体系及拒绝以武力改变边界的诉求不能被经济利益超越。对俄进行制裁定会殃及德国本国经济，但是德国已经做好为此付出代价的准备。[①]一些俄罗斯学者认为，俄罗斯与欧盟关系趋冷不仅仅是乌克兰危机所导致的，德国对俄罗斯的态度也出现了原则性的改变，地缘政治因素在上升，德国领导欧洲就必然会在俄欧利益交叉地区与俄罗斯展开竞争。[②] 但是从另一个方面来看，德国在能源供应上相当依赖俄罗斯，两国之间紧密的经济联系也决定了虽然在乌克兰危机上德国态度强硬，与俄罗斯相对抗，但这种对抗关系最终会趋于缓和，在解决乌克兰问题上双方之间仍然留有余地和对话空间。

大部分中东欧国家与乌克兰和俄罗斯的经济联系较为紧密，尽管配合欧盟对俄罗斯进行制裁使这些国家经济受到影响，但是中东欧国家在乌克兰危机问题上基本上与欧盟秉持统一立场。在中东欧国家中，波兰和波罗的海三国坚定地参与对俄罗斯的制裁，反对俄罗斯干预乌克兰内部事务。波兰是中东欧国家中最坚定支持乌克兰与欧盟接近、反对俄罗斯干预乌克兰内部事务的国家。在克里米亚归属俄罗斯之后，波兰积极推动和参与欧盟对俄罗斯实施经济制裁。与此同时，波兰吁请北约在波兰驻军 1 万人以备不测。爱沙尼亚总统称俄罗斯不可预测，且富于侵略性。立陶宛总统达利娅·格里包斯凯特将俄罗斯对乌克兰的干预称为“俄罗斯沙文主义”，并且表示俄罗斯沙文主义现在正在滋长，而且主要是精英分子试图使这种沙文主义再度复苏，这是非常危险的。[③] 捷克对克里米亚归属发生变动反应强烈，冻结了同俄罗斯的所有政治接触。捷克外长、国防部长和司法及人权部长分别发表谈话，均表示不能接受克里米亚的主权归属发生变化。罗马尼亚官方多次强调支持乌克兰的领土完整。罗马尼亚总统巴塞斯库表示，俄罗斯在克里米亚的行为违反了国际法，等同于公开侵略，俄罗斯失去了同罗马尼亚保持良好关系的最佳时机。[④] 俄罗斯对于乌克兰内部事务的干预甚至出动了武装部队，加之俄罗斯官方在乌克兰问题上的强硬态度，增加了中东欧国家对于其周边环境安

---

① Beth Pond, “Canny Merkel P1ays the Long Game with Putin”, *Financial Times*, July 30, 2014, http://www.ft.com/intl/cms/s/0/1be41a2c-0e61-lle4-alae-00144feabdc0.html#ax391X6UIir.

② 邢广程：《2015 年的乌克兰危机与俄罗斯的选择》，《现代国际关系》2015 年第 2 期，第 9 页。

③ Ed Adamczyk, “Lithuanian President Warns of ‘Russian Chauvinism’”, July 8, 2014, http://www.upi.com/Top_News/World-News/2014/07/08/Lithuanian-president-warns-of-Russian-chauvinism/4741404840596/.

④ Roxana Vasile, “Romanian Reactions to the Ukraine Crisis”, http://www.rri.ro/en_gb/romanian_reactions_to_the_ukraine_crisis-15951.

全性的担忧，亦增加了其对俄罗斯的疑虑，这也是中东欧国家在乌克兰危机上与德国以及欧盟立场一致的非常重要的原因。

3. 欧洲难民问题

早在2003年伊拉克战争爆发之际，就已经出现了战争难民问题。随着中东局势的不断恶化，特别是自2011年起叙利亚动荡不断，反政府示威活动演变为武装冲突。多方武装力量纷争不断，饱受战乱和极端组织摧残的叙利亚人民不得不开启迁徙之路，寻求庇护所。2015年以来，难民问题愈演愈烈，最终形成大规模难民潮。在此番难民潮中，作为欧洲最大的经济体，德国发挥着极强的领导作用。2015年9月初，默克尔曾表示："我很高兴德国成为一个让许多德国以外的人寄托希望的国家。"[①] 默克尔政府决定增加60亿欧元预算救助难民，据德意志银行研究机构测算，1年安置支出将达72亿欧元，德国智库伊弗经济研究所（IFO）则预计至少需要100亿欧元，且不包含家庭团聚和教育等费用，而且以上预测还是以80万人的政府预估数为基数，实际上难民数一直攀升，年内破百万在望，这意味着实际支出可能还会更多。[②] 据悉，德国作为欧洲最大的经济体，预计2015年将接收约100万因战争和贫困逃往欧洲的难民。

与德国为解决难民问题大幅投入和承担责任不同，一些中东欧国家在难民问题上避之不及。匈牙利、捷克、罗马尼亚等中东欧国家认为德国等国家具有雄厚的经济基础来作支撑，解决难民问题应该是德国或瑞典这些富裕国家做的，其他国家对于难民来说都只是过境国，难民本身也更愿意前往德国、瑞典等国家。面对如此消极的反应，德国政府有心无力。默克尔在2015年10月7日于法国斯特拉斯堡举行的欧洲议会上发表讲话时表示，大量难民问题是对历史均衡的考验。让难民在自己国家有尊严地活着是欧洲的挑战，也是一个全球性的挑战。现在我们需要更多欧洲国家站出来，德国和法国已经准备好了。只有团结在一起我们才能不断减少全球性的冲突和驱逐。仅凭单个国家的努力无法解决当前欧盟面临的难民危机。欧洲应该建立一个公平的责任分担机制。[③] 默克尔一直试图说服欧盟其他成员分担接收叙利亚、

---

① Hilfe für Flüchtlinge – Merkel ist stolz auf ihr Land，http://www.derwesten.de/wirtschaft/merkel–ist–stolz–auf–ihr–land–id11068596.html.

② 郭红雨：《德国：欧洲难民潮的"财税担当"》，《中国税务报》2015年10月13日。

③ "Merkel – Hollande at European Parliament", 8 October, 2015, http://www.katoikos.eu/picture–frame–top–left/merkel–hollande–jointly–address–european–parliament.html.

伊拉克、阿富汗等中东难民的责任。但是，她的这一立场只获得了法国等少数盟友的支持，而其他有相同难民问题的国家如英国、奥地利，以及以匈牙利为首的中东欧国家，虽然迫于国际国内舆论压力和人道主义呼声分别松口表示愿意接收更多来自叙利亚等战乱地区的难民，却皆强烈反对并断然拒绝这一关于分摊难民配额的建议。① 尽管在 2015 年 9 月 7 日，迫于国内外舆论压力，英国首相卡梅伦宣布，未来 5 年间将收容 2 万名叙利亚难民，以展现其人道主义关怀，但是这与德国仅仅在 2015 年就要容纳 80 万难民相比实在有着太大差距。9 月初，维谢格拉德集团四国总理一致表示反对欧盟的难民配额政策。9 月 22 日，欧盟内政部长会议以多数赞同的表决结果，为安置在意大利和希腊等国的 12 万名难民达成共识。但捷克、斯洛伐克、罗马尼亚和匈牙利四国投了否决票。② 匈牙利在其南部边境部署了长达 175 公里的铁丝网，从 9 月 15 日开始，非法入境匈牙利便是犯罪行为，违反者将面临监禁或者驱逐出境。由于此防御工事和东西德时期的柏林墙类似，被英国《独立报》称为“一道新的铁幕”。匈牙利方面甚至还对硬闯边界的难民使用催泪瓦斯。匈牙利对待难民的种种举动引发了各国指责。面对指责，匈牙利总理表示，这波移民危机不是欧盟问题，归根究底是德国的问题，因为“他们全都想去德国，而我们只是帮忙登记而已”。捷克、匈牙利、波兰、斯洛伐克等国甚至联合发表声明：团结起来，拒绝新的接受难民的措施。理由是这个新措施会成为难民流入的催化剂。捷克总理索博特卡表示：“我们一直在积极地参与难民的援助工作，但是能够接受多少难民应该由我们自己决定，而不是由别人来告诉我们。”波兰总理埃娃·科帕奇回应称，欧盟应帮助难民，波兰愿意分担义务，但是拒绝接受强制配额。③

默克尔政府的此番举动也引发了国内不满。9 月 3 日，一项民调结果显示，半数德国人对越来越多难民进入德国感到忧虑。④ 德国基社盟主席、巴伐利亚州州长泽霍费尔表示，“德国不能在 28 个国家中把所有的难民都接纳过来。从长远看，任何一个国家都承受不了”⑤。德国反伊斯兰团体 PEGIDA（爱国欧洲人反对西方伊斯兰化）在德国东部城市德累斯顿举行了有数千人参

---

① 陶凤、初晓彤：《难民潮　欧洲的面子和里子》，《北京商报》2015 年 9 月 9 日。

② 刘军：《欧盟峰会出台应对难民潮新举措》，《光明日报》2015 年 9 月 25 日。

③ 朱宇伦：《难民潮如何破解》，《新民周刊》2015 年第 36 期，第 54 页。

④ 王钰深：《难民危机让欧洲“焦头烂额”》，《解放日报》2015 年 9 月 5 日。

⑤ 严建卫：《难民危机使欧洲出现分裂隐忧》，《文汇报》2015 年 9 月 10 日。

加的游行示威活动，PEGIDA 领袖菲斯特林对示威者表示，默克尔的难民政策正将德国变为“丛林中的巨大营地”，并称她为“欧洲最危险女人”。[①] 德国国内也不断发生仇外极右派激进分子攻击难民营事件，仅仅在 2015 年上半年，针对德国境内难民庇护场所的纵火等袭击事件就累计发生约 150 起。[②]

2015 年的难民危机不仅暴露出欧洲一体化过程中存在的问题，而且通过不同国家对待难民的立场和举措，也反映出新、老欧洲之间的分歧和差异。欧洲似乎陷入了道德困境，一直强调人权观念的欧洲在面对难民危机时在某种程度上被自己坚持的人权理念“绑架”了。到目前为止，欧盟国家尚未就解决难民问题达成一致，而且由于各方考虑到本国国家利益及安全，以及在难民配额方面无法协调，达成一致行动仍然困难重重。

参考文献

朱晓中：《欧盟东扩 10 周年与中东欧国家在欧洲的利益》，《欧洲研究》2014 年第 7 期。

孔田平：《维谢格拉德集团的地位与中欧的未来》，《俄罗斯东欧中亚研究》2015 年第 4 期。

朱晓中：《中东欧国家的欧洲诉求》，《世界知识》2015 年第 4 期。

朱晓中：《影响中东欧国家对乌克兰危机立场的若干因素》，《欧洲研究》2014 年第 6 期。

高歌：《中东欧国家在欧盟中的地位和作为》，《俄罗斯东欧中亚研究》2014 年第 3 期。

姜琍：《入盟十年对中欧维谢格拉德集团经济发展的影响——以捷克为例》，《俄罗斯学刊》2014 年第 6 期。

郑春荣：《德国外交政策的新动向》，《欧洲研究》2014 年第 2 期。

魏光启：《冷战后德国的北约战略及德美关系研究》，《德国研究》2014 年第 1 期。

中国社会科学院经济研究所赴匈牙利经济考察团，王宏淼，张平，张晓晶，王诚，香伶：《危机冲击下的匈牙利经济和政策》，《经济学动态》2011 年第 10 期。

姜琍：《捷克与斯洛伐克政治、经济和外交转型比较》，《欧洲研究》2010 年第 1 期。

王友明：《评析默克尔的“价值观外交”》，《国际问题研究》2008 年第 4 期。

朱晓中：《欧洲一体化与巴尔干欧洲化》，《欧洲研究》2006 年第 4 期。

肖汉森：《从德国反对美英对伊拉克战争看德美关系》，《华中师范大学学报》（人文社会科学版）2004 年第 5 期。

殷寿征：《试析施罗德政府执政一年来的政策走向》，《德国研究》2000 年第 1 期。

---

① 《德反伊斯兰团体抗议默克尔难民政策　称其为“欧洲最危险女人”》，http://news.sina.com.cn/o/2015-10-13/doc-ifxiqtqy0980387.shtml。

② 朱宇伦：《难民潮如何破解》，《新民周刊》2015 年第 36 期，第 52 页。

马细谱、李少捷：《中东欧转轨 25 年观察与思考》，中央编译出版社，2014。

朱晓中主编：《中东欧转型 20 年》，社会科学文献出版社，2013。

易文彬：《欧盟东扩的安全因素分析》，社会科学文献出版社，2013。

张迎红：《欧盟共同安全与防务政策研究》，时事出版社，2011。

武正弯：《冷战后德国外交战略 1989－2009》，中国青年出版社，2010。

〔美〕戴维·卡莱欧：《欧洲的未来》，东方编译所，上海人民出版社，2003。

《Slovenian Economy 斯洛文尼亚经济》，《国际商报》2004 年 10 月 19 日。

"Dates of application for EU Membership" HTTP://Europa. EU. int/comm/enlargement/negotiations/index. HTML.

《德反伊斯兰团体抗议默克尔难民政策　称其为"欧洲最危险女人"》，http://news. sina. com. cn/o/2015－10－13/doc－ifxiqtqy0980387. shtml。

Kőrösi, István: "Wächst Mitteleuropa zusammen? Das wiedervereinigte Deutschland und Ostmitteleuropa als Wirtschaftspartner", Zeitschrift fuer Humanwissenschaft, 2014. 5 (1－2).

BADPK Wittmann: "Deutschland und die neue NATO. Eine politikwissenschaftliche Analyse und Bewertung der deutschen NATO－Politik seit 1990", Zeitschrift für Außen－und Sicherheitspolitik, 2014, 7 (2).

Sabine Stephan, Leonhard Redle: "Going East Deutschland setzt auf Handel mit China und den Ländern Mittel－und Osteuropas", IMK Report, Nr. 54, September 2010, http://www. econstor. eu/dspace/bitstream/10419/106068/1/imk－report_54_2010. pdf.

Heinz Brill, "Geopolitische Motive und Probleme des europäischen Einigungsprozesses", Aus Politik und Zeitgeschichte, July 24, 2008, http://www. bpb. de/apuz/31050/geopolitische－motive－und－probleme－des－europaeischen－einigungsprozesses? p = all.

第三编

冷战后的德国、中东欧与外部世界

德国和中东欧与欧盟 EaP 计划：兼论对乌克兰危机的立场

宋黎磊*

欧盟东部伙伴关系计划（European Eastern Partnership，EaP）是 2009 年 5 月起欧盟与乌克兰、摩尔多瓦、白俄罗斯、亚美尼亚、阿塞拜疆和格鲁吉亚这六个东部邻国在现有合作工具“欧洲睦邻政策”（European Neighborhood Policy，ENP）基础上的“深化和加强版”。双方签署的《东部伙伴关系宣言》的关键词是：民主、经济与安全。[①] 该计划实施五年以来已经在原有欧盟睦邻政策基础上构筑了欧盟与东部邻国双边和多边合作的完整框架。[②] 来自伙伴国家和欧盟及成员层面的共同参与是这个计划的核心，推进政治联合与经济一体化是主要动力。基于欧洲睦邻政策所取得的进展，东部伙伴关系提供了双边和多边措施以加强合作。东部伙伴关系计划是欧盟旨在通过在政

---

* 宋黎磊，博士，同济大学政治与国际关系学院副教授。

① “Joint Declaration of the Prague Eastern Partnership Summit”, *Prague*, 7 May, 2009, http://europa.eu/rapid/press-release_PRES-09-78_en.htm.（上网时间：2014 年 10 月 20 日）

② 东部伙伴关系政策推出时国内学者发表过一些评论性文章，参见朱晓中《从欧洲邻国政策到东方伙伴关系—欧盟东方政策的新视线》，《俄罗斯中亚东欧研究》2009 年第 5 期。赵怀普《欧盟对独联体政策的演变》，《外交评论》2009 年第 6 期。黄登学《欧盟“东方伙伴关系”计划：动因与前景——基于俄罗斯视角的分析》，《欧洲研究》2010 年第 4 期。徐刚《欧盟东部伙伴关系计划评析》，《国际论坛》2010 年第 5 期。欧美学者的研究在该政策推出五年内更加细化，从不同伙伴国角度或者政策的某个具体部分分析的文章每年超过 50 篇。相关著作参见，Elena Korosteleva eds.，*Eastern Partnership: A New Opportunity for the Neighbours?* London: Routledge, 2012; Korosteleva, Elena and Natorski, Michal and Simao, Licinia, eds.，*EU Policies in the Eastern Neighbourhood: the Practices Perspective*, London: Routledge, 2014。

治、经济、社会等各领域逐一对六个东部邻国进行“欧洲化改造”的漫长进程。但目前的乌克兰危机以及欧俄之争令该计划前景蒙上阴影。[①] 出于地缘因素的考虑，德国和中东欧国家是欧盟东部周边外交政策的积极推动者。基于此，本文以欧盟周边治理的视角观察，对德国和中东欧国家推动东部伙伴关系计划五年以来取得的成绩和存在的问题进行评析，并分析在乌克兰危机爆发之后，上述国家间的战略走向和政策协调。

一 欧盟东部伙伴关系计划的实施与进展

东部伙伴关系在战略层面是一项重要的地缘政治举措，标志着欧盟对独联体政策的新发展，意在确保欧盟东部边界的稳定、安全与繁荣，同时加强欧盟的能源供应安全，扩大其在独联体地区的影响力，促使独联体国家从中立的立场转向疏俄亲欧，进而实现挤压俄罗斯利益空间的目的。东部伙伴关系在政策层面就是欧盟将与这些国家建立自由贸易区，让东部邻国进入欧盟单一市场。该计划为东部国家公民进入欧盟提供签证便利、加强能源合作、提高财政援助、密切安全与防御问题的磋商，鼓励这些邻国相互开展合作，强化区域合作，拉近同其东部邻国的政治关系，并以此带动后者内外政策的变化：在国内进行民主改革，实现市场经济；东部伙伴关系在制度层面就是欧盟基于与东部邻国的双边和多边合作机制，结合规范的文明化和物质上的不对称关系，坚持内部治理模式的普遍适用性，这种内部治理的推而广之，体现了欧盟周边治理的规范性力量维度。

“东部伙伴关系”计划是“欧洲睦邻政策”的延伸，伙伴国、欧盟及成员层面的共同参与是这个计划的核心，推进政治联合与经济一体化是其主要动力。2004 年欧盟将东部邻国纳入欧洲睦邻政策合作（ENP）框架内，2009 年推出的“东部伙伴关系”在“欧洲睦邻政策”中的“行动计划”（Action Agreements）基础上，力图进一步加强双边和多边领域的合作。在欧盟层面，“东部伙伴关系”计划强调共同利益和共同价值观，没有明确赋予目标国家最终的入盟前景，伙伴国与欧盟签署联系国协定是其中重要一环。在双边层面签署联系协定（Association Agreements）以取代 1994 年签署的“伙伴关系

① Neil MacFarlane &Anand Menon, “The EU and Ukraine”, *Survival: Global Politics and Strategy*, Volume 56, Issue 3, 2014, pp. 95 - 96.

与合作协定（PCA，the agreement on partnership and cooperation）”，作为规范双边关系的新的基础性文件。联系协定中最有价值的经济部分，即深入全面的自由贸易协定（DCFTA）：其目标是减少关税壁垒，按照欧盟标准和欧盟既有法规（acquis communautaire）与伙伴国就贸易有关的法律取得一致，建立双边自由贸易区以期建立一个深入和广泛的经济共同体。欧盟以自由贸易为诱饵，采取逐步趋同方式，使欧盟的单一市场法律成为联系国自身法律。此外，“双边轨道”合作还强调“多对多原则”（“more for more” principle），如 2011 年设立的“东部伙伴一体化与合作项目”通过评估东部伙伴国在政治改革方面的进展给予各国额外奖励。① “东部伙伴关系”计划中的多边合作体制框架则由每两年一次的东部伙伴关系峰会②、年度部长级会议、欧盟—东部邻居年度会议（EURONEST）、地方性和区域性领导人会议（COR-LEAP）、公民社会论坛（Civil Society Forum）等组成。在公民社会层面，每年围绕“务实与核心目标”进行至少两次讨论，根据“实际情况原则”（case - by - case basis）和政府部门、议会、公民社会组织、国际组织、国际金融机构、私人部门等不同领域的相关方进行交流与合作。③

就治理层级而言，欧盟实现周边治理目标主要依靠欧盟层面各个机构、相关成员和市民社会的参与。“各伙伴国可根据自身能力和时限决定如何发展与欧盟的关系”，选择不同层次和层级加强合作与交流，同时“发展伙伴

---

① “‘More for More’ Principle in Action - EU Rewards Moldova, Georgia and Armenia with 87 Million to Boost Reforms”, EU Neighborhood Info Center, http://www.enpi - info.eu/eastportal/news/latest/35569/ ‘More - for - more’ - principle - in - action—EU - rewards - Moldova - Georgia - and - Armenia - with - 87 - million - to - boost - reforms.（上网时间：2014 年 11 月 15 日）

② 第一次东部伙伴关系峰会 2009 年于布拉格召开，参见“Joint Declaration of the Prague Eastern Partnership Summit”, European Commission, May 7, 2009, http://europa.eu/rapid/press - release_PRES - 09 - 78_en.htm；第二次峰会 2011 年于华沙召开，参见“Joint Declaration of Warsaw Eastern Partnership Summit Declaration”, European Council / Council of the European Union, September 30, 2011, https://www.consilium.europa.eu/uedocs/cms _ Data/docs/pressdata/en/ec/124843.pdf；第三次峰会 2013 年于维尔纽斯召开，参见“Joint Declaration of the Eastern Partnership Summit, Vilnius, 28 - 29 November 2013”, Lithuanian Presidency of the Council of the European Union 2013, December 2, 2013, http://www.eu2013.lt/en/news/statements/ - joint - declaration - of - the - eastern - partnership - summit - vilnius - 28 - 29 - november - 2013.（上网时间：2014 年 10 月 20 日）

③ “Concept Paper for the EaP Civil Society Forum Presented for Discussion in Poznan”, Eastern Partnership Civil Society Forum, November 2011, http://eap - csf.eu/en/news - events/news/concept - paper - for - the - eap - civil - society - forum - presented - for - discussion - in - poznan.（上网时间：2014 年 10 月 20 日）

国之间的关系"。[①] 对乌克兰，欧盟委员会在 2011 ~2013 年度的国家指示性方案（National Indicative Program）中提出支持民主发展和善治、促进联系国协定和深入全面的自贸协定生效、可持续发展等三个优先领域。[②] 对三个南高加索国家，欧盟的治理侧重经济和社会层面：对亚美尼亚，双边援助的重点领域是加强民主结构和善治、规章制度改革和管理能力建设、提高公共服务水平；与阿塞拜疆合作的主要焦点是善治、社会经济改革和能源；对格鲁吉亚，合作集中于就业与教育发展、贫困的减少以及社会改革和冲突的解决。[③] 简言之，欧盟希望挖掘现有伙伴关系与合作协定的全部潜力，将更紧密的经济一体化作为有效实施改革的回报。

就治理手段而言，欧盟虽然不想对东部邻国施加优先权或限制性条款，但作为一个在经济和政治上都更为强大的联合体，欧盟无论怎样强调平等的伙伴关系，事实上这种关系天生就不平等。为了参与并充分受益于欧盟委员会制定的双边具体方案，也为了获得"内部市场份额"，东部伙伴国要在欧盟帮助下满足至少 80% 的欧盟既有法规，履行某些特殊部门的兼容改革，以便更好地被欧盟内部市场接纳，例如必须与欧盟部分标识规则与食品安全标准协调，采用欧盟海关程序。[④] 由于没有入盟的终极承诺，欧盟不能如同扩大政策那样，对东部国家施加对入盟目标国那样的、积极和消极条件性并存的强制改革压力，但"东部伙伴关系"计划同扩大政策遵循同样的积极条件，周边国家在改革方面取得的进展越大，就将获得越大的奖励和回馈。[⑤] 经济力量始终是欧盟周边治理的基础性工具。随着"欧洲睦邻和伙伴关系工具"（ENPI）在 2007 年生效，欧盟对 6 个东部邻国的援助总额从 2008 年的 4.5

---

① Laure Delcour, "The Institutional Functioning of the Eastern Partnership: An Early Assessment", *Eastern Partnership Review*, No. 1, 2011, pp. 7 - 8.

② "Ukraine: National Indicative Programme (2011 - 2013)", European External Action Service, p. 8, http://eeas. europa. eu/enp/pdf/pdf/country/2011_enpi_nip_ukraine_en. pdf. （上网时间：2014 年 10 月 20 日）

③ "Eastern Partnership Roadmap 2012 - 13: The Bilateral Dimension", European Commission, Joint Staff Working Document, May 15, 2012, http://eap - csf. eu/assets/files/Documents/e_pship_bilateral_en. pdf, pp. 7 - 8. （上网时间：2014 年 10 月 20 日）

④ Veronika Movchan and Volodymyr Shportyuk, "EU - Ukraine DCFTA: the Model for Eastern Partnership Regional Trade Cooperation", CASE Network Studies and Analyses, No. 445, 2012, pp. 12 - 13, http://www. case - research. eu/sites/default/files/publications/CNSA_2012_445. pdf. （上网时间：2014 年 12 月 20 日）

⑤ Dimitry Kochenov, "New Developments in the European Neighbourhood Policy: Ignoring the Problems", *Comparative European Politics*, Vol. 9, No. 4 - 5, 2011, pp. 581 - 595.

亿欧元逐步增至2013年的7.85亿欧元。2009年12月17日，欧盟委员会出台了“东部伙伴关系”框架下的融资计划，对实施计划的资金筹措和安排做出了部署，并建议对这些国家的援助增加1倍，使总额在2020年达到15亿欧元。2010~2013年间，欧盟共拨款25亿欧元用于“东部伙伴关系”计划中的双边和多边合作（参见表1、表2）。① 此外，从2014年开始，东部伙伴国也可以参与欧盟新的研究与创新框架计划——“展望2020”（Horizon 2020）。

表1　欧盟在“东部伙伴关系”计划多边合作框架下的金融工具

	综合机制建设（CIB）	试点地区发展计划（PRDPs）	东部邻国公民社会设施（2011年推出）	“东部伙伴关系”文化计划	“东部伙伴关系”一体化与合作项目（EaPIC，2012年推出）
目标	加强选定的核心机制以推进联系国协定	减少地区间社会和经济发展差距	加强公民社会参与地区政策对话能力，支持与睦邻政策和“东部伙伴关系”计划一致、由东部国家公民社会提出的项目	加强欧盟与“东部伙伴关系”计划区域内文化联系和对话网络	评估东部伙伴国在政治改革方面的进展并给予各国额外奖励的“多对多”策略
参与国	除白俄罗斯的5个东部伙伴国	除白俄罗斯的5个东部伙伴国	6个东部伙伴国	6个东部伙伴国	首轮拨款覆盖亚美尼亚、格鲁吉亚、阿塞拜疆

表2　欧盟2011~2013年间对“东部伙伴关系”计划双边合作层面的拨款

国家	亚美尼亚	阿塞拜疆	白俄罗斯	格鲁吉亚	摩尔多瓦	乌克兰
拨款额/百万欧元	182	75.5	41.5	208	308	389

在治理成效方面，“东部伙伴关系”计划在过去五年推进情况如下：第一，东部伙伴国与欧盟的双边合作关系获得提升。欧盟与摩尔多瓦、格鲁吉亚和乌克兰签订联系国协定，与格鲁吉亚和摩尔多瓦签署了深入全面的自由

① “Vademecum on Financing in the Frame of the Eastern Partnership 2010”, European Commission, http://www.eeas.europa.eu/eastern/docs/eap_vademecum_en.pdf, p.3.（上网时间：2014年10月20日）

贸易协定；[①] 与乌克兰、格鲁吉亚、亚美尼亚和阿塞拜疆的签证自由化问题已取得进展；摩尔多瓦获得短期赴欧盟免签证待遇；[②] 与白俄罗斯就签证便利化和重新接纳协议的谈判正在进行中。第二，在多边合作层面，涉及欧盟28个成员、欧盟6个伙伴国的网络性治理架构已经建立。第三，双方在能源、环境、交通和教育领域的合作得到加强，欧盟除了政策指导外，还提供金融和技术支持。第四，欧盟与东部伙伴国加强了公民社会层面的联系。包括公民社会论坛、欧盟－东部邻居年度会议、地方性和区域性领导人会议、东部企业和青年论坛在内的次国家层面治理平台已经搭建。

2014年9月，乌克兰最终与欧盟签署联系国协定是“东部伙伴关系”计划推进的重要标志。围绕这一乌克兰向欧盟靠拢的协议引发的欧俄博弈说明，“东部伙伴关系”计划没有深入考虑俄罗斯对该地区的影响力，欧盟东进目标的实现离不开与俄罗斯的合作，为了不再进一步触怒俄罗斯，部分推迟履行乌欧联系国协定至2016年。同时，乌克兰的动荡局势也使欧洲认识到，签署联系国协定虽然满足了乌克兰亲欧人士的意愿，但可能给未来的乌俄、欧俄关系带来深远的冲击。因此，坚持“东部伙伴关系”计划、发展东部邻国与欧盟的关系至关重要。这也是对包括德国在内的中东欧国家在欧盟框架内推动东部伙伴关系的意志和能力的考验。

二　德国外交转型及其与中东欧国家对东部伙伴关系政策的战略思考

与英国、法国相比，德国是中欧地区从30多个独立邦国走向统一的后发国家，其特殊的历史背景和政治原因使得研究者们把德国外交政策的传统角色认知概括为“克制文化”（Zurückhaltung）。[③] 首先，德国外交最根本的

① “Eastern Partnership Achievements 2009－2013”, European External Action Service, February 17, 2014, http://eeas.europa.eu/delegations/georgia/documents/eap_aa/eapachievments_2013_en.pdf.（上网时间：2014年10月20日）

② “Mobility Partnerships, Visa Facilitation and Readmission Agreements”, European Commission Migration and Home Affairs, http://ec.europa.eu/dgs/home－affairs/what－we－do/policies/international－affairs/eastern－partnership/mobility－partnerships－visa－facilitation－and－readmission－agreements/index_en.htm.（上网时间：2014年12月20日）

③ 连玉如：《新世界政治与德国外交政策——“新德国问题理论探索”》，北京大学出版社，2003，第17～22页。

立足点在于其对欧盟的政策，扮演支持欧盟的火车头是其最基本的行为准则。与其他欧洲国家不同的是，二战后的西德在外交上没有其他选择，只能加入一体化进程，主动接受多边机构对它在主权和行为上的制约。可以这样说，西德的“国家”建设和认同过程几乎就是在最初的西欧一体化进程中完成的。时至今日，德国是一个笃信民主理念的西方国家和坚定推进欧洲一体化进程的欧洲国家，这已经成为德国最基本的自我认知。德国学者凯泽尔就总结道：维护欧盟内部发展起来的相互依存体系是德国最重要的任务，是一切政策实施的基础；欧盟是德国外交政策最重要的行动范围。[①] 正是在这个稳固的认知基础上，德国外交才不会改变以相互依存为理论基础、走多边主义的和平路线这一根本方向。

其次，作为西欧与美国结盟的军事框架，北约构成了德国外交的中坚体系，是德国处理与西方国家关系特别是对美关系的行动平台。如果说欧盟是欧洲国家在感情和文化上的归属，那么北约则为它们提供了抵御共同威胁的安全保障。因此，作为另一个层次的行为体系，北约在德国外交政策中的重要性绝不亚于欧盟。1955 年北约对西德的接纳为西德带来了新生。从那时起，西德就树立了坚定追随美国、支持北约作为西方安全共同体的根本地位的新安全身份认同，这是冷战开始以来西德在北约中的角色定位。随着冷战结束和北约转型，德国外交政策一度在“欧洲派”与“大西洋派”之间摇摆不定，或是优先考虑欧洲的联合，或是与美国、北约保持一致。近年来，欧洲已渐渐成为德国外交政策的根本立足点。德国人认为，德国的外交政策应该是非军事化取向、带有和平主义特征的外交政策。德国《基本法》虽然允许德国加入以“维护和平”为目的的共同安全体系，例如联合国、北约以及欧盟等，但鉴于二战的惨痛经历，《基本法》也将和平主义确立为其外交与安全政策的根本原则，德国联邦国防军的活动仅限于防卫与救援事务，发动进攻性战争尤其被严格禁止。因此，德国外交政策的新任务持续处于军事克制文化与履行盟国义务的巨大张力之中。按照大多数德国人的理解，德国军队只应该承担本土防御的责任和参加必要的保卫盟国的行动。然而两德统一以后，德国的角色方案发生了变化。随着在国际体系中的地位上升，无论是其他国家还是德国国内社会，都对德国在国际舞台上的角色扮演产生新的期待。冷战时期秉持的依赖他国和

---

① 连玉如：《新世界政治与德国外交政策——“新德国问题理论探索”》，北京大学出版社，2003，第 362～366 页。

被动反应的模式已经不再适用于冷战后的国际环境，必须采取积极的外交与安全政策，即所谓负责任的新世界秩序政策，德国应努力成为塑造世界秩序的重要力量。此外，沿着欧洲一体化一路走来的德国，另一种归属也对其自我认知发生着越来越大的影响，这就是“欧洲”意识。冷战期间，这两种认同在德国那里尚能和谐共处；冷战结束后，作为一个“北约成员”和一个“欧洲国家”这两种角色认知之间的矛盾则越来越明显。随着冷战的结束和德国统一的实现，德国的外部安全环境大大改善，自身实力与影响力也得到极大增强，德国对美国与北约的依赖度降低，外交政策的天平开始逐渐向欧洲联合倾斜，“欧洲派”日益占据上风。总之，建立“非军事大国”（文明国家）、加强欧洲行动能力和参与全球治理是20世纪90年代以来德国外交基本目标，欧洲联合和建立世界多边协调机制是其基本立场。随着世界格局的变化，德国将政策重点从国内政治经济领域转向国际秩序。如何在军事克制文化与履行盟国义务的巨大张力之中维护本国与欧洲的利益，成为摆在德国面前的新挑战。

自欧债危机以来，德国在欧盟当前的内部改革和对外战略调整中，无论是在理念的提出还是在政策的实施方面，都起到了关键的引领作用。有学者观察德国外交政策理念逐渐开始转变，从“克制外交”正在转向“有为外交”，德国在国际事务中扮演重要角色。德国智库和资深外交界人士也为德国采取进取性外交政策提供了理论依据。他们在深入研究的基础上抛出一份题为《新权势，新责任》的报告，发出了德国外交转型的呼声。报告呼吁，德国要在一个正在改变的世界中重新定义自己的角色，并要求德国“发挥领导作用”。[①]

德国新一届联合政府在外交战略文件中直言不讳地指出：“德国将积极参与塑造全球秩序”。德国总统高克在2015年1月慕尼黑安全会议上的主旨讲话中呼吁，德国要“更及时、更坚决、更切实地”参与国际事务。他强调，历史包袱不应成为德国继续实行“克制外交”政策的理由。他第一次提出，德国应该奉行“有为的外交”，更多地参与国际危机的解决。

德国外交部部长和国防部长的发言也与总统的讲话遥相呼应。德国外长施泰因迈尔（Frank - Walter）赞同积极的或者说更为积极的外交政策。他说，过去几年里，世界发生了巨变，许多危机离德国越来越近，“外交上的作为或者

---

① “New Power, New Responsibility: Elements of a German Foreign and Security Policy for a Changing World”, October 17, 2013, http://www.swp - berlin.org/fileadmin/contents/products/projekt_papiere/GermanForeignSecurityPolicy_SWP_GMF_2013.pdf.

无所作为”都会影响到德国自己。其总基调是，对于世界上的事务，“德国不会坐视不管，无论是出于安全政策考虑还是出于人道主义角度”，“德国有责任和义务，逐步为解决地区冲突和危机承担更多责任”。德国外交与安全政策中有关承担更多国际安全责任的新的定位，被解读为德国的“有为外交”，首先体现在 2013 年以来对乌克兰危机的介入。在这次危机中德国积极斡旋、劝和促谈，在欧盟对俄政策上产生了重要影响。德俄关系在乌克兰危机中转向对抗，是德国精英重新定位德俄关系并欲与俄罗斯在欧洲一争高下的前奏。甚至有学者称，乌克兰危机是一个重要的历史转折点，是欧洲 - 大西洋安全架构一个新时期的开始。[①] 预示着欧洲大陆昔日“法德引擎”将让位于眼下“德俄争夺”：当欧盟东扩并决定它未来的边界和领地时，德俄将一决高下。在很大程度上，乌克兰危机是德俄将在未来争夺欧洲权力的预兆。[②] 除了金融和人道主义援助，德国协同波兰，深入参与协助在乌克兰的结构性改革。德国着重能源、金融和经济问题，而波兰则侧重支持政府管理效能和地方分权。

但是对于除了波兰之外的中东欧国家而言，无论从国土面积还是从人口规模角度来衡量，它们在欧盟成员中都是一个不折不扣的“小国”。小国对外部环境依赖的敏感性和脆弱性比较高。人力、物力、财力资源的匮乏，使小国缺乏影响和纠正其他国家行为的权力和能力。[③] 因此，小国通常只关注更关系其切身利益的周边国际环境，在国际多边制度框架中往往采取追随战略。总体而言，小国努力避免冲突和大的风险，并奉行和平外交政策，以一种被认为是“低调政策”的方式行动。这意味着小国不想成为关注的焦点，而更愿意追随大多数和扮演和事佬的角色。[④] 这些国家对外政策的基本原则是现实主义。其外交指导思想和原则是（1）外交政策和活动要保证国家的

---

① Melanie Amann, Nikolaus Blomel, Matthias Gebauer, “NATO's Putin Conundrum: Berlin Considers Its Alliance Options”, http://www. spiegel. de/international/europe/nato - looking - for - appropriate - response - to - putin - a - 961692. html.（上网时间：2014 年 12 月 30 日）

② Mitchell A. Orenstein, “Get Ready for a Russian - German Europe: The Two Powers That Will Decide Ukraine's Fate and the Region's”, *Foreign Affairs*, March 9, 2014, http://www. foreignaffairs. com/articles/141018/mitchell - a - orenstein/get - ready - for - a - russo - german - europe.（上网时间：2014 年 6 月 4 日）

③ Miriam Fendius Elman, “The Foreign Policies of Small States: Challenging Neorealism in Its Own Backyard”, *British Journal of Political Science*, Vol. 25, No. 2, 1995, p. 171.

④ Sasha Baillie, “A Theory of Small State Influence in the European Union”, *Journal of International Relations and Development*, Vol. 1, No. 3, 1998, pp. 210 - 211.

利益，保证国家的和平与安全，保证国家的经济利益，促进经济摆脱危机和社会民主改革的进程，争得本国在国际关系中应有的地位。（2）实行超党派外交。不允许通过对外交问题在国际讲坛上的对立或者通过国家权力机构的分歧，来谋取国内政治的红利。（3）奉行独立自主的外交政策。通过开展现实的、有连续性的和务实的外交活动来保证本国应有的国际地位并在国际关系中发挥自己的作用。（4）开展积极和平衡的外交。外交的重点和目标是维护民族利益、国家安全和领土完整。优先发展同欧美等西方发达国家的关系。重点是重返欧洲，加入北约和欧盟。重视发展周边同巴尔干国家的睦邻关系和同原苏联地区与本国有传统合作关系国家的联系。罗马尼亚和波罗的海这些国家支持延续现有的欧盟东部伙伴关系政策，希望德国继续在欧洲扮演更为积极的角色，担心德国以俄罗斯为中心的东方政策复活。但匈牙利、斯洛伐克等中东欧国家并不支持波兰的观点，它们认为欧盟东部伙伴关系政策本身就是与俄罗斯产生地缘政治冲突的根源。

三　德国与中东欧国家推动东部伙伴关系政策的具体行动

统一的德国作为欧洲最大和世界第四大经济体，被视为建构世界新秩序的重要力量，外界对其期望越来越高，德国的角色已从全球安全的消费者转变为提供者。要建构国际新秩序，德国一己之力显然不够，必须与其他 27 个成员协调一致，能否处理好与欧洲各国的关系，将决定德国外交能否从欧洲走向世界。《经济学家》杂志的一篇评论文章将德国称为“不情愿的霸权”，言外之意是德国的领导地位是形势所迫。事实上，德国早已不是“不情愿的霸权”，对欧洲的领导比之前更为自信从容，不再故意保持克制的姿态，愿意承担更多的责任。欧盟的其他成员也并未真正反感或怀疑德国的领导地位，包括中东欧最大的转型国家波兰也公开呼吁德国在欧洲承担更大的领导责任。无论德国未来将要如何“塑造世界秩序”，德国的政治经济精英非常明白一点：德国今天的繁荣与强大源自欧洲一体化事业，是欧洲一体化的种种制度安排放大和拓展了德国的国际影响力。

德国是欧盟周边外交政策的积极推动者。作为一个强有力的地区性行为体和一种规范性力量，欧盟从成立之初就怀有将其规范和价值超越边界，推广其自身的成功经验，超越地区性力量，对欧盟周边进行整合进而达到外部区域“欧洲化”（Europeanization）的使命感。[①] 扩大政策一直是欧盟用以扩展其安全与民主空间的最有效和最主要的工具，极大地促进了欧洲的和平与繁荣，也是欧盟运用软实力的成功范例。欧盟依靠自身强大的经济实力和优越的价值与制度，用严格的条件性约束塑造了周边的候选国，强制和诱导这些国家心甘情愿地顺从和适应自己的价值观和制度设计。但鉴于欧盟内部整合和其行动能力的诸多困境，以及欧盟东扩后复杂的安全环境，欧盟 2004 年推出了欧洲睦邻政策（European Neighborhood Policy），将其对外部国家的治理作为周边治理的重点。即以欧盟条件性为前提，通过推广价值与规范来影响和塑造周边国家，实现从“扩大式欧洲化”到“睦邻式欧洲化”的重心转移。

在理论上，德国学者从多边治理角度为欧盟的周边外交寻求合法性。贝娅特·科勒－科赫（Beate Kohler－Koch）认为欧盟治理在朝着“网络治理”（network governance）的方向发展。[②] 欧盟的周边治理不是要在扩张与深化（wider vs. deeper）之间做出一个单一选择，而是要努力找出一条可行的路径，对没有入盟前景的周边国家的治理成为“内部政策的外部扩展”。[③] 在实践中，自 2007 年罗马尼亚和保加利亚入盟后，边界的进一步向东和东南

---

① Kristi Raik, “The EU as a Regional Power: Extended Governance and Historical Responsibility”, in Hartmut Mayer and Henri Vogt (eds), *A Responsible Europe? Ethical Foundations of EU External Affairs*, London: Palgrave Macmillan, 2006, pp. 69－70.

② Beate Kohler－Koch and Rainer Eising (Hrsg.), *The Transformation of Governance in the European Union*, London/New York: Routledge, 1999, pp. 14－35.

③ 融超国家治理和政府间治理于一体的周边治理模式作为欧盟独特的政治实践，在 20 世纪 90 年代欧盟东扩开始后得到广泛关注，随着治理理论的发展成熟，欧美学界已有部分学术论著对此进行专门阐发。参见 Friis L. and Murphy A., “The European Union and Central and Eastern Europe: governance and boundaries”, *Journal of Common Market Studies* 37 (2), 1999, pp. 211－232; Filtenborg, M. S., Canzle S. and Johansson E., “An Alternative Theoretical Approach to EU Foreign Policy ‘Network Governance’ and the Case of the Northern Dimension Initiative”, *Cooperation and Conflict* 37 (4), 2002, pp. 387－407; Myrjord A., “Governance beyond the Union: EU Boundaries in the Barents Euro－Arctic region”, *European Foreign Affairs Review* 8 (2), 2003, pp. 239－257; Sandra Lavenex, “EU External Governance in ‘wider Europe’”, *Journal of European Public Policy*, 11: 4 August, 2004, pp. 680－700; Michael W. Bauer, Christoph Knill, Diana Pitschel, “Differential Europeanization in Eastern Europe: The Impact of Diverse EU Regulatory Governance Patterns”, *Journal of European Integration*, Volume 29, Issue 4, 2007, pp. 405－423; Sandra Lavenex, “A Governance Perspective on the European Neighbourhood Policy: Integration Beyond Conditionality?” *Journal of European Public Policy*, Volume 15, Issue 6, 2008, pp. 938－955; Sandra Lavenex, “EU Rules Beyond EU Borders: Theorizing External Governance in European Politics”, *Journal of European Public Policy*, Volume 16, Issue 6, 2009, pp. 791－812。

方向延伸使包括德国在内的中东欧国家意识到了与独联体伙伴国建立更紧密关系的重要性。德国在 2007 年担任欧盟轮值主席国时就曾将该计划提上议事日程，却无果而终。

2008 年 8 月的俄格冲突和 2009 年年初俄乌天然气之争更加强了欧盟巩固周边安全的决心。乌克兰、格鲁吉亚等东部邻国在政治和经济上都存在严重危机，德国希望帮助这些国家应对内部挑战，在经济和政治上摆脱俄罗斯的控制，进一步靠拢欧盟。2008 年 5 月，波兰连同瑞典在欧盟外交与总务会议上提出，欧盟需要大幅度提高与东部邻国的政治接触级别，而欧洲睦邻政策现有合作框架在某些方面已经不能适应这一新的形势。这一新倡议得到德国的大力支持并在当年 6 月的欧盟峰会上得以通过。2009 年 5 月 7 日，欧盟 27 国代表同来自东部 6 国的政府首脑或代表在捷克首都布拉格就建立"东部伙伴关系"达成一致，签署了《东部伙伴关系宣言》。至此，欧盟的东部伙伴关系计划正式启动。

欧盟实施该计划的政治意志一直随着内部"东进"与"南下"外交偏好的变换而摇摆不定。例如在东部伙伴关系首次峰会开始前，法国、意大利、西班牙等国坚决反对公报草案中有关 6 个伙伴国为"欧洲国家"的称谓，坚持将其更名为"欧盟的邻国"，并在公报中加入了签证便利化"是一个长期目标"的限定语，以免伙伴国"误解"。这些看似文字表述上的变动实际代表了欧盟东进与南下派的长期分歧。[①] 相较西欧国家，中东欧国家是东部伙伴国回归欧洲的重要支持者，德国总理默克尔是唯一亲自参加 2009 年峰会的欧盟大国首脑。波兰积极推动乌克兰和摩尔多瓦加入欧盟，并得到捷克、匈牙利等国支持，与欧盟此前确立的暂不考虑东部伙伴国入盟的政策相矛盾。波兰认为，参加"欧盟－地中海伙伴关系"计划（Euro－Mediterranean Partnership，EUROMED）[②] 的许多地中海沿岸国家仅仅是"欧盟的邻国"，而"东部伙伴关系"计划要支持的国家却是"属于欧洲的东部邻国"，

---

① Kristi Raik，"Eastern Partnership as Differentiated Integration：The Challenges of EaP Association Agreements"，paper presented at the Panel "Russia，EU's Eastern Partnership and Vilnus Summit" of the 13th Annual Aleksanteri Conference "Russia and the World"，Aleksanteri Institute of the University of Helsinki，October 23－25，2013，Helsinki，Finland，http://eceap. eu/wp－content/uploads/2014/06/Review_No15. pdf.（上网时间：2014 年 10 月 20 日）

② "欧盟－地中海伙伴关系"是欧盟推动的促进欧盟南部北非和中东地区 16 个邻国之间经济一体化和民主化改革进程的一项长期政策，2008 年以"地中海联盟"（Union for the Mediterranean）名义重启。

并试图在欧盟框架内为构建一个以波兰为核心的地区合作体系创造条件。①

在资金方面，东部伙伴关系计划也得到了中东欧国家额外的援助，包括欧洲投资银行的 15 亿欧元和欧洲投资工具（European Investment Facility）的 7 亿欧元，以及来自维谢格拉德集团（Visegrad Group）的注资。② 此外，欧盟中东欧新成员不得不在欧盟内同对该政策兴趣一般的成员博弈，争取它们的支持。欧盟内部的讨价还价增加了该政策的运营成本。特别是自 2008 年经济危机以来，欧盟的视线更多转向内部，欧盟成员本身的财政负担使一些已达成的合作计划被迫中断，如纳布科天然气管道项目中匈牙利、罗马尼亚等国的天然气公司都先后撤资，该计划从地缘经济角度不敌俄罗斯主导的“南溪”项目。③

德国与中东欧国家也不得不考虑俄罗斯的态度。“东部伙伴关系”计划使欧盟东进的触角拓展到了俄罗斯的“势力范围”甚至是边界。俄罗斯将该计划视为一个严格的反俄倡议，认为这是北约东扩的替代品，④ 通过三个渠道对计划施加压力。⑤ 第一，通过与欧盟对话渠道，以直接或间接的声明抗议欧盟机构来影响“东部伙伴关系”计划的进展。第二，利用与欧盟国家的双边关系来制衡计划实施。一些欧洲国家不希望以更大的政治、经济及外交成本影响彼此关系的发展。例如，保加利亚支持俄罗斯主导的“南溪”计划。基于与俄罗斯更紧密的经济联系，德国也很难把东部伙伴国的利益置于与俄罗斯的关系之上。“东部伙伴关系”的主要推动国波兰也不愿因为竭力推动这一计划而与俄罗斯交恶，担心这样做将大大影响其在欧盟的话语权。⑥

---

① Agnieszka Nimark and Anna Zielińska - Rakowicz, “Poland: First Division Player in the EU?” *Notes Internacionals*, CIDOB, 45, January, 2012, pp. 2 - 3.

② 维谢格拉德集团，或称维谢格拉德集团 4 国，是由匈牙利、波兰、捷克和斯洛伐克 4 国组成的一个跨国组织，基于地缘因素的考虑，4 国通过维谢格拉德基金对“东部伙伴关系计划”持续注资。参见“Visegrad 4 Eastern Partnership Program”, http://visegradfund.org/v4eap。（上网时间：2014 年 12 月 20 日）

③ “EU Launches Negotiations on Association Agreements with Armenia, Azerbaijan and Georgia”, European Commission, July 15, 2010, http://europa.eu/rapid/pressReleasesAction.do? reference = IP/10/955.（上网时间：2014 年 10 月 20 日）

④ Jeanne Park, “The European Union's Eastern Partnership”, www.cfr.org/europe/european - unions - eastern - partnership/p32577.（上网时间：2014 年 10 月 20 日）

⑤ Andras Racz, “Russian Approaches to the ‘Common Neighbourhood’: Change or Preservation of the Status Quo?”, SPES Policy Papers, November, 2010, http://iep - berlin.de/wp - content/uploads/2014/08/SPES_Policy_Papers_2010_Andras_Racz.pdf.（上网时间：2014 年 10 月 20 日）

⑥ Paweł Dariusz Wiśniewski, “Poland's Strategy for Dealing with Russia's Human Rights Record”, Carnegie Moscow Center, March 1, 2013, http://carnegie.ru/2013/03/01/poland - s - strategy - for - dealing - with - russia - s - human - rights - record/fn0t.（上网时间：2014 年 10 月 20 日）

第三，基于文化和历史因素，俄罗斯对大多数东部伙伴国仍然有相当的影响力。俄罗斯宣称，这些国家很难推行西方的自由民主机制，支持白俄罗斯推行“主权民主或有管理的民主”（sovereign democracy or managed democracy）。[①] 此外，俄罗斯近年来大力推动“欧亚一体化”。俄总统普京认为，实现原苏联空间的一体化是俄罗斯的历史机遇和战略目标，是实现俄复兴的唯一和关键路径，关键看其发展模式是否有吸引力，能否为其他成员提供资金、技术、市场、发展空间等公共产品。[②] 2011 年第四季度到 2012 年上半年，俄罗斯对供给白俄罗斯的天然气给出了 40% 的折扣，从 263 美元/立方千米降至 166 美元/立方千米。[③] 替代经济一体化的“关税同盟”（CU）和推进中的“欧亚联盟”（EuAsU）是“东部伙伴关系”计划的有力竞争者。白俄罗斯已经加入处于俄罗斯领导下的关税同盟，并在 2014 年 5 月签署了《欧亚经济联盟条约》；亚美尼亚也计划加入关税同盟。[④]

四　德国与中东欧国家就东部伙伴关系政策的协调：以对乌克兰危机的斡旋为例

近年来，乌克兰危机以及欧俄之争令东部伙伴关系计划前景蒙上阴影。[⑤] 2013 年 11 月 28 日，欧盟“东部伙伴峰会”在立陶宛维尔纽斯举行，乌克兰总统亚努科维奇（Viktor Yanukovych）在最后时刻放弃与欧盟签署联系国协议，引发国内示威抗议。随后几个月，乌局势逐渐失控。在西方支持下，乌反对派在首都基辅发动政变，迫使亚努科维奇逃亡俄罗斯。在此情形下，克

---

① Michael McFaul and Regine A. Spector, “External Sources and Consequences of Russia's ‘Sovereign Democracy’”, in Peter Burnell and Richard Youngs, *New Challenges to Democratization*, New York: Routledge, 2010, pp. 126 – 128.

② 冯玉军：《乌克兰危机：多维视野下的深层透视》，《国际问题研究》2014 年第 3 期，第 48 页。

③ Agata Wierzbowska – Miazga, “Support as a Means of Subordination. Russia's policy on Belarus”, Warsaw: Centre for Eastern Studies, 2013, http://www.osw.waw.pl/sites/default/files/pw_34_bialorus_ang_net.pdf.（上网时间：2014 年 10 月 20 日）

④ Olga Shumylo – Tapiola, “The Eurasian Customs Union: Friend or Foe of the EU?”, Carnegie Europe, October 3, 2012. http://carnegieeurope.eu/publications/?fa = 49548; Anders Åslund, “How Putin Lost Ukraine”, *Moscow Times*, August 21, 2013, http://www.themoscowtimes.com/opinion/article/how – putin – lost – ukraine/484823.html.（上网时间：2014 年 10 月 20 日）

⑤ Neil MacFarlane &Anand Menon, “The EU and Ukraine”, *Survival: Global Politics and Strategy*, Volume 56, Issue 3, 2014, pp. 95 – 96.

里米亚举行全民公决宣布独立并加入俄罗斯联邦。乌克兰危机随之升级。2014 年 4 月在欧洲领导人为东部伙伴关系计划举行五周年庆祝活动之际，欧洲政坛和学界掀起新一轮对东部伙伴关系计划的反思和讨论。[①] 2014 年 9 月乌克兰最终与欧盟签署联系国协定和深入全面的自贸协定是东部伙伴关系推进的重要标志。但围绕这一乌克兰向欧盟靠拢的协议前后引发的欧俄博弈说明，东部伙伴关系计划没有深入考虑俄罗斯对该地区的影响力，欧盟东进目标的实现离不开与俄罗斯的妥协。同时乌克兰局势动荡使欧洲认识到坚持东部伙伴关系计划，发展东部邻国与欧盟关系至关重要。欧盟扩大与睦邻政策委员（European Commissioner for Enlargement and European Neighbourhood Policy）菲勒（Štefan Füle）呼吁在推行“东部伙伴关系”计划上展示更大决心和力量，赋予乌克兰、格鲁吉亚和摩尔多瓦入盟前景。[②]

学界一致认为东部伙伴关系计划需要调整，但对如何调整意见不一。[③] 目前看来，欧盟仍将聚焦三个方面：一是落实已经签署的联系国协定和深入全面的自贸协定。向伙伴国提供坚定的政治支持和技术及经济援助，应对地区局势发展。二是恪守“差异化”原则，推进与伙伴国关系。在与签署联系国协定的伙伴加强合作的同时，欧盟仍将与亚美尼亚、阿塞拜疆和白俄罗斯推进双边关系。三是欧盟将与俄罗斯进行对话，向俄表明欧盟与伙伴国提升关系并不以牺牲俄利益为代价，寻找双方利益共同点。2014 年 10 月 23 日，德国外长施泰因迈尔表示，德国尊重亚美尼亚加入欧亚经济联盟的决定，并准备在欧盟“东部伙伴关系国”项目框架内同亚美尼亚深入发展合作。中东欧国家学者也秉持类似观点。捷克国际事务协会在与欧盟委员会代表召开的名为“东部伙伴关系五年：新战略时刻”的国际会议中提出三点：（1）新组建的欧盟委员会应拿出新的合作框架并切实考虑东部邻国的需求，赋予 6

① 2014 年 4 月国际事务协会（AMO）与欧盟委员会代表召开了国际会议“东部伙伴关系五年：新战略时刻”。参见 Vít Borčany，“Eastern Partnership Five Years On：Time for a New Strategy?” May 2014，http://www.amo.cz/editor/image/produkty1_soubory/eastern - partnership - five - years - on - time - for - a - new - strategy_conference - report.pdf。（上网时间：2014 年 10 月 20 日）

② “EU Commissioner Supports Ukraine's Accession”，http://www.dw.de/eu - commissioner - supports - ukraines - accession/a - 17673773.（上网时间：2014 年 10 月 20 日）

③ 在 2014 年 7 月欧委会扩大与睦邻政策委员菲莱欧盟外长会上发表演讲，阐述欧盟东部伙伴关系后续举措。“Opening remarks by Commissioner Füle at the plenary session of the Foreign Affairs Council on Eastern Partnership European Commission - STATEMENT/14/23622/07/2014”，http://europa.eu/rapid/press - release_STATEMENT - 14 - 236_en.htm.（上网时间：2014 年 10 月 20 日）

个东部邻国入盟的可能性。欧盟的扩员仍是促进这些国家转型最有效的工具，欧洲一体化可以有效抵御来自俄罗斯的渗透。(2) 欧盟应该让俄罗斯参与“东部伙伴关系”计划，在欧盟－俄罗斯峰会上讨论该计划。欧盟－俄罗斯边界的讨论不是简单的势力范围划分。(3) 欧盟应协助东部邻国面对“深入全面的自由贸易协定”实施后带来的潜在经济冲击。未来欧盟对东部伙伴国的援助应更重质而非量。①

在近期应对乌克兰危机中，随着美欧与俄罗斯双方制裁与反制裁不断升温，中东欧国家由于与俄罗斯保持着密切的经济来往，经济复苏正在放缓，感受到了前所未有的紧张。波兰、捷克、斯洛伐克和匈牙利的政府采购经理人指数（PMI）均有不同程度的下降。波兰 2014 年第二季度 GDP 增长降至 3.3%，波兰、捷克等国分别采取了降低利率、本币贬值的政策，以刺激经济增长。但是中东欧国家在乌克兰问题上的立场并不一致。比如基于历史记忆和地缘因素，波兰、捷克等中东欧国家立场格外强硬，右翼党派成员、捷克前外交部部长施瓦岑贝格更加激烈地表示，俄罗斯对战乌克兰就是对战整个欧盟，捷克应该站在反对俄罗斯“侵略”的最前线。2014 年 9 月 12 日美欧宣布对俄实施新一轮制裁后，中东欧国家更加感觉到在乌克兰问题上被边缘化，对欧盟和主要大国对中东欧安全担忧置若罔闻表示不安。

2014 年 8 月之后，德国与波兰在乌克兰危机问题上磋商的频次不断减少，进而将波兰排除在管理乌克兰危机的进程之外。波兰是最坚定支持乌克兰与欧盟接近、反对俄罗斯干预乌克兰内部事务的国家，它积极推进和参与欧盟对俄罗斯实施经济制裁，同时呼吁北约在波兰驻军以防不测。波罗的海三国将俄罗斯对乌克兰的干预称为“俄罗斯沙文主义”，将其与 20 世纪 30 年代的希特勒德国相提并论。② 相比较而言，匈牙利、斯洛伐克等国的基本立场是缓和与俄罗斯的对抗态势，避免乌克兰危机升级。匈牙利总理欧尔班甚至单方面邀请普京访问匈牙利并就天然气问题达成双边协议。斯洛伐克总理菲佐对媒体表示，欧美的制裁措施“毫无意义”，没有使俄罗斯发生“任何改变”，相反却把斯洛伐克这样的小国无端拖入大国的地缘政治争端。菲佐表示，对俄

---

① Vít Borčany, *Eastern Partnership Five Years On: Time for a New Strategy?* http://www.amo.cz/editor/image/produkty1_soubory/eastern-partnership-five-years-on-time-for-a-new-strategy_conference-report.pdf.（上网时间：2014 年 10 月 20 日）

② http://news.nationalpost.com/2014/07/22/frances-refusal-to-halt-warships-sale-to-russia-likened-to-its-appeasement-of-nazi-germany-in-the-1930s/#_federated=1.

制裁政策使斯洛伐克的农产品出口及采矿机械出口蒙受了巨大损失。菲佐不无担心地问道："我们应该为东西方阵营间的地缘政治争端埋单吗？"对如何解决乌克兰危机，菲佐连说了三个"谈判"来表明自己的立场。捷克冻结了所有同俄罗斯的政治接触。但是 2014 年 9 月捷克众议院召开特别会议，就捷克在制裁俄罗斯问题上的立场展开讨论。反对方和支持方论战之激烈，反映出中东欧国家在这一问题上进退维谷的处境。捷克总理索博特卡一方面表示，欧盟对俄制裁延期是正确的，应该继续支持双方的对话；另一方面又强调，在获知具体的对俄制裁内容之前，捷克政府是不会同意制裁的。索博特卡称，制裁的确给俄罗斯经济带来了损失，但并没有改变俄罗斯的行为；而捷克却为此蒙受了巨大损失。据估计，制裁将影响捷克对俄罗斯约 30 亿捷克克朗（约合 1.1 亿欧元）的机械设备出口，以及每年约 50 亿捷克克朗（约合 1.9 亿欧元）的石油冶炼技术出口。罗马尼亚表示支持乌克兰领土完整，俄罗斯在克里米亚的行为违反了国际法。塞尔维亚对乌克兰危机采取建设性态度，不支持克里米亚的分离运动，也不支持欧盟对俄罗斯的经济制裁。①

从政治、经济和地缘因素角度可以衡量中东欧国家对乌克兰危机可能带来的安全风险的判断。从政治角度看，中东欧国家与乌克兰的关系远近程度不一样，在中东欧 16 国中，波兰、匈牙利、罗马尼亚和斯洛伐克与乌克兰接壤，根据 2001 年乌克兰人口调查显示，其境内有 20.4 万保加利亚族人，15 万罗马尼亚族人，15.6 万匈牙利族人和 14.4 万波兰族人。乌克兰危机也引起了上述国家对乌克兰境内本民族人口处境的担忧。从经济角度看，2012 年欧盟中 11 个中东欧国家对乌克兰出口占其贸易总额的 2%，几乎可以忽略不计，但是匈牙利、斯洛伐克、罗马尼亚、克罗地亚和保加利亚从俄罗斯进口的天然气 100% 要过境乌克兰。波兰和捷克从俄罗斯进口的天然气也有 40% 以上要过境乌克兰。所以在新的绕过乌克兰的天然气管线建成之前，中东欧国家要确保能源安全就要努力确保乌克兰与俄罗斯关系不会持续恶化。从地缘政治看，波兰和乌克兰同属于喀尔巴阡山东侧，所以认为自己面对的安全威胁是非常急迫的。而捷克、斯洛伐克、匈牙利和罗马尼亚等处于科尔巴阡山西侧，所以暂未感到急迫威胁的存在。但值得注意的是，波罗的海三国虽然与乌克兰存在距离，但是因为与俄罗斯存在历史纠葛，也认为乌克兰

① 朱晓中：《影响中东欧国家对乌克兰危机立场的若干因素》，《欧洲研究》2014 年第 6 期，第 36 页。

危机和克里米亚的归属问题对其造成了直接的威胁。

维谢格拉德集团一直针对乌克兰问题协调相互立场，2014 年 1 月以来，该组织持续就乌克兰问题发表声明，支持在国际法框架内解决领土纷争，对欧盟不支持克里米亚并入俄罗斯的官方立场表示赞成。积极推动欧盟与乌克兰尽快签署联系协定和建立深入全面的自由贸易区。[①]

新老成员与俄罗斯经济联系的紧密度和依存度也是衡量欧盟新老国家对乌克兰危机不同态度的重要因素。欧盟 15 个老成员对俄罗斯的贸易额仅占其外贸总额的 2.4%。11 个新成员出口总额的 5% 面向俄罗斯，其中波兰与俄罗斯的贸易额最大，2012 年双边贸易额为 292 亿欧元，占波兰外贸总额的 14%，而贸易量最少的是斯洛文尼亚，只有 15.3 亿欧元。[②] 在能源方面，斯洛文尼亚、斯洛伐克、捷克等中东欧国家对俄罗斯的天然气依赖程度超过 60%。而波兰、捷克和斯洛伐克也是俄罗斯向其他欧洲国家输送天然气的过境国家。为了防止将天然气转售给乌克兰，俄罗斯在 2014 年冬天减少了对上述几个国家的天然气供应。

德国在对俄罗斯维持强硬态度同时，也注意与俄接触、对话，尽量争取与俄合作，寻求解决危机的途径。乌克兰危机期间，默克尔是唯一能同普京进行正常对话的西方领导人。默克尔总理与俄罗斯总统普京就乌克兰危机展开的热线通话就有 30 多次，再度显现德国对欧洲全局的顾及和掌控欧洲事务中主导地位的意图。默克尔也被西方媒体奉为“领导欧洲对抗俄罗斯的领袖”。[③] 德俄经济高度依存使得默克尔一度不倾向于通过制裁迫俄让步。默克尔曾公开讲道：“乌克兰危机应该通过政治手段而非对俄进行经济制裁来解决”。[④] 2014 年 7 月 22 日，欧盟首次外长会议把对俄制裁问题作为核心议题。德国和法国、意大利等对制裁俄罗斯持保留态度。默克尔曾试图减缓西

① 有关维谢格拉德集团对乌克兰问题的立场申明，参见 http://www.visegradgroup.eu。（上网时间：2014 年 12 月 30 日）

② “Recond Level for Trade in Goods Between EU 27 and Russia in 2012”, http://europa.eu/rapid/press-release_STAT-13-83_en.pdf.（上网时间：2014 年 12 月 30 日）

③ “Easy Politics, Bad Politics”, *The Economist*, http://www.economist.com/news/europe/21601312-indulging-her-social-democratic-coalition-partners-angela-merkel-nsks-turning-germany.（上网时间：2014 年 12 月 30 日）

④ “German Chancellor Merkel against Imposition of Economic Sanctions on Russia”, *The Voice of Russia*, March 27, 2014, http://voiceofrussia.com/news/2014_03_27/Gernan-chancellor-Merkel-againat-imposition-of-economic-sanctions-on-Russia-6195/.（上网时间：2014 年 12 月 30 日）

方对俄制裁步伐，希望与俄保持对话，甚至在 7 月 29 日宣布制裁措施前，她还先后与英国、法国、奥地利、荷兰、芬兰、乌克兰等国领导人通电话寻求避免直接对抗的政治途径。但她并不害怕对俄做出强硬决定。默克尔向俄传递的信号是：她领导下的欧洲将不再扮演懦夫角色，经济利益并不能超越这种捍卫规范导向的和平体系及拒绝以武力改变边界的诉求。德国深知对俄制裁会殃及本国经济，但已做好付出代价的准备。①

首先，在乌克兰政局问题上，默克尔力挺乌克兰亲西方派。2014 年 2 月 17 日，默克尔在柏林会见乌反对派领袖克利奇科（Vitaliy Klychko）和亚采纽克（Arseniy Yatsenyuk），借以表明自己在乌克兰危机问题上的政治立场。在她的鼓励和带动之下，德国外长韦斯特韦勒（Guido Westerwelle）及欧盟外交政策负责人阿什顿（Catherine Ashton）等也频频亮相基辅，与乌亲西方派别频繁交往。同时，欧盟召开紧急会议，警告乌克兰当局，声称“要对过度使用武力和加剧暴力的负责人采取针对性措施”，包括冻结乌领导人资产和实施禁令等制裁性措施。② 这就大大助长了乌克兰亲西方派的气势，使其更加肆无忌惮地同政府作对，并发动政变。为保证乌克兰新的总统选举能够于 2014 年 5 月 25 日如期举行，默克尔甚至扬言如果俄罗斯干涉，制裁手段将会升级。其次，在克里米亚公投加入俄罗斯的问题上。默克尔强烈反对俄“吞并”克里米亚。事实上，默克尔早在 3 月 13 日就在德国议会号召对俄占领克里米亚的行径表达强硬立场。她认为，俄对克里米亚的兼并使欧洲回到了 19～20 世纪争夺势力范围和领土的冲突时期，并称克里米亚全民公决不合法，是对国家主权完整的践踏。她还表示，“欧盟、美国和俄罗斯都不能像 20 世纪时一样仅考虑自己的利益，这样终究贻害自身”。③ 5 月 13 日默克尔发表讲话宣称，“如果俄继续它在乌克兰的军事行动，就不仅是乌克兰的

---

① Beth Pond, “Canny Merkel Plays the Long Game with Putin”, *Financial Times*, July 30, 2014, http://www.ft.com/intl/cms/s/0/1be41a2c - 0e61 - 11e4 - a1ae - 00144feabdc0.html#axzz39-1X6UIir.（上网时间：2014 年 7 月 31 日）

② Péter Balázs, Svitlana Myryaeva and Botond Zókonyi, “Ukraine as Crossroada: Prospects of Ukraine's Relations with the European Union and Hungary”, Where is Ukraine Headed in the Wake of the 2012 Parliamentary Selections, 2013: 33, http://uz.niss.gov.ua/public/File/Prospect.pdf#page = 33.（上网时间：2014 年 11 月 7 日）

③ Elizabeth Pond, “Merkel's Leadership in the Ukraine Crisis”, WIIS, July 7, 2014, http://wiisglobal.org/wordpressl/2014/07/07/merkels - leadership - in - the - ukraine - crisis/.（上网时间：2014 年 12 月 30 日）

灾难，也是对我们的威胁”。[①] 默克尔高调宣布对俄实行进一步制裁，扩大对俄公民限制入境以及冻结账户的名单。再次，在德国主导下，欧盟不顾乌克兰国内形势混乱，为其开出诱人条件，即只要签订联系国协定，乌将获得欧盟 15 亿欧元援助和国际货币基金组织 175 亿欧元贷款。[②]

在外交政策上，德国历来赋予对俄关系特殊地位。联邦政府将自己视为西方伙伴国和莫斯科之间的中间人。避免乌克兰危机失控符合德国的地缘政治与经济利益。德国认为欧洲和美国采取一致的步骤非常重要。默克尔坚决反对使用军事手段处理乌克兰危机。德国政府充分利用所有的外交渠道。默克尔同普京之间的关系可说是务实而冷淡，社民党籍的外长施泰因迈尔则在 2005 年至 2009 年首次任职期间就致力于与俄罗斯建立一种延续性对话关系，以实现“通过接近达致转变”。施泰因迈尔认为，缺了俄罗斯，无法解决国际危机。当施泰因迈尔于 2013 年再度成为大联合政府的外长时，他曾报怨，与俄罗斯政府的对话渠道已相当脆弱。

德国作为“欧洲领袖”所肩负的“欧洲责任”，使默克尔处理对俄关系时除要顾及政府内部的不同意见以及美国对俄政策外，尤其要考虑德国作为“欧洲领袖”不能过分背离欧盟伙伴的理念与诉求。欧洲人认为俄并非真正的欧洲国家，而是一个在价值观和社会结构方面都完全不同于欧洲的“另类”。“欧洲责任”使她始终把对欧关系放在德国对外关系的首位。如何弥合欧盟各国对俄政策的分歧，领导欧洲对俄发出一致“声音”，成为默克尔在欧盟的政治夙愿。默克尔从其第三任期伊始，就不断批评普京企图使俄罗斯邻居远离欧盟的尝试，以及俄腐败、压制媒体、侵犯人权等问题。学界普遍认为默克尔几乎已经放弃了与俄的密切伙伴关系。[③] 默克尔表示，德国虽然仍尽量接触俄罗斯，但要建立在非趋同原则和权力政治的基础上。[④] 面对

---

① Henry Ridgwell, “Germany Warns Russia of ‘Massive Damage’ Over Crimea”, *Voice of America*, May 14, 2014, http://www.voanews.com/content/germany - warns - russia - of - massive - damage - over - crimea - /1871469.html.（上网时间：2014 年 12 月 26 日）

② “European Union External Action”, EU - Ukraine Association Agreement - Complete Texts, http://uz.niss.gov.ua/public/File/Prospect.pdf, p. 33.（上网时间：2014 年 12 月 30 日）

③ Judy Dempsey, “Can Merkel's Policy Work?”, *Boulevard Extérieur*, October 14, 2013, http://www.boulevard - exterieur.com/Can - Merkel - s - Policy - k.html.（上网时间：2014 年 12 月 30 日）

④ Josef Jannning, “Russia Puts Germany's New Foreign Polity to the Test”, *European Council on Foreign Relations*, March 21, 2014, http://www.ecfr.eu/blog/entry/russia_puts_germanys_new_foreign_policy_to_the_test.（上网时间：2014 年 12 月 30 日）

乌克兰危机，默克尔强烈谴责普京有“冷战思维”，并最终支持欧盟对俄进行经济制裁。[①]

的确，自普京 2012 年重掌总统大权以来，德俄紧张关系有增无减。联邦议院所通过的对俄罗斯当局政策持批评态度的一份决议和德国政府俄罗斯事务专员、基民盟籍的朔肯霍夫（Andreas Schockenhoff）对普京威权执政风格的明确抨击清楚显示了这一点。在大联合政府就职后，施泰因迈尔遴选社民党籍的埃勒尔（Gernot Erler）为俄罗斯事务专员。在言辞上，埃勒尔较其前任相对温和。在 2015 年 1 月接受德国之声的一次采访中，埃勒尔指出，重要的是，“就俄罗斯的利益展开理性对话”，展开能让俄罗斯方面不丢面子的对话。德国外长施泰因迈尔因为与莫斯科有着畅通的联系渠道，在乌克兰危机爆发后几乎马不停蹄地展开旅行外交。从一开始，德国外长就希望让冲突各方所属的欧安组织发挥积极作用。

乌克兰危机正是对后里斯本时代欧盟共同外交及安全政策（CSFP）的一次测试，但是德国清楚各国的国家利益高于欧盟整体利益是欧盟对外政策的致命弱点。德国、英国、法国以及意大利等国都因经济利益反对与俄罗斯交恶。另外，在外交关系上，欧盟尤其是几个大国始终未能整合成统一的声音。其他手段还包括和美国一起，展示加强制裁的意愿，并且发出警告，在实施制裁的同时也保留采取更多、更严厉措施的权利。其中包括通过欧安组织呼吁召开第二次日内瓦会议以及加强制裁。就德国而言，国内的工商界不愿自己的贸易及金融利益受到伤害，而对欧盟伙伴来说，德国没有表现出整合欧盟各国立场的能力。虽然在不久前的欧债危机中，德国起到了领头羊的作用，但在政治、军事等硬实力领域，德国近年来的努力并没有改善欧盟群龙无首一盘散沙的情况。

另外，乌克兰危机效应外溢并持续发酵也是俄罗斯决心展示硬实力的原因，乌俄关系严重恶化，乌克兰与摩尔多瓦、格鲁吉亚积极向欧盟靠拢，三国于 2014 年 6 月正式与欧盟签署了联系国协议。德国也推动欧盟与 6 个东部伙伴国在共同安全与防务政策（CSDP）领域中继续加强合作。[②] 德国重申

---

① Daniel Tost, “EU – Russland – Ukraine: Mentalitat des Kalten Krieges”, November 19, 2013, http://www.euractiv.de/sections/ukraine – und – eu/eu – russland – ukraine – mentalitaet – des – kalten – krieges – 299759.（上网时间：2014 年 12 月 28 日）

② “EU and Eastern Partners Enhance Cooperation on CSDP”, 03 October 2014, http://eeas.europa.eu/csdp/news/20141003_en.htm.（上网时间：2014 年 10 月 20 日）

争取乌克兰的全面和平进程，尊重乌克兰的领土完整和乌克兰的权利，强调在调解乌克兰危机三方联络小组（乌克兰－俄罗斯－欧安组织）明斯克会议框架下共同解决乌克兰危机，不承认 9 月 14 日乌克兰东部地区地方选举，并认为这是非法吞并克里米亚和塞瓦斯托波尔。[①] 10 月 26 日，和平调解乌克兰东部局势的拥护者在乌克兰议会选举中获得多数选票，为重新履行明斯克协议提供了机会。德国再次敦促俄罗斯协助东部两个州按照乌克兰法律进行地方选举。[②] 2015 年 2 月，乌克兰、俄罗斯、德国和法国领导人签署了基于明斯克协议基础上的新版乌克兰和平协议，但这一协议是否能被严格执行，前景并不明朗。可预见的是，俄主导的欧亚联盟与欧盟东扩战略围绕乌克兰的地缘争夺还将持续。德国一方面针对乌克兰和俄罗斯展开密集外交，另一方面力推乌克兰部分特定反对派人士成为合法的谈判伙伴。这一举动将考验德国新一届政府所推行的德国“对世界和欧洲”的责任。在多年的谨慎路线之后，德国政府强调，德国的外交和安全政策将依靠军事和民事手段的有机结合。这对德国长期以来的稳健外交政策路线提出了考验。

乌克兰危机的实质是乌坚持实行“亲西疏俄”路线和德俄争夺相互交织而引发的一场区域性地缘政治动荡，在很大程度上反映了两个经济联盟——业已成熟且影响力巨大的欧洲联盟和正在成型但影响力有限的欧亚联盟——为贸易自由和贸易保护而展开的激烈博弈。[③] 虽然不能说欧盟深度介入乌克兰，局势全都由德国一手操控，但是作为欧盟领袖国家的领导人，默克尔明显是要在德国和欧盟的东部边缘，即俄的重要邻国中展开争夺。失去了乌克兰，毫无疑问是俄主导的欧亚联盟的巨大缺失。同样，没有乌克兰的加入，欧盟东扩进程也将大受影响，同时欧盟也不能消除俄在后苏联空间扩张对欧洲安全的潜在威胁。因此，在乌克兰问题上，德俄双方均不会轻易放弃争夺。德俄在乌克兰问题上的争夺仍将持续，并会不断有新的接触和碰撞。[④]

---

① “Council Conclusions on Ukraine”, Foreign Affairs Council meeting, Luxembourg, 20 October 2014, http://www.consilium.europa.eu/uedocs/cms_data/docs/pressdata/EN/foraff/145211.pdf.（上网时间：2014 年 10 月 20 日）

② “Statement by the Spokesperson on Early Local Elections in Eastern Ukraine”, Burssels, 141029/02, http://eeas.europa.eu/statements/docs/2014/141029_02_en.pdf.（上网时间：2014 年 12 月 12 日）

③ 陈新：《欧洲一体化与乌克兰的道路选择》，《欧洲研究》2014 年第 6 期，第 43 页。

④ 陈新明、宋天阳：《乌克兰危机与德俄关系及其演变趋向》，《现代国际关系》2014 年第 9 期，第 54 页。

五　结论

德国清楚，将周边国家整合入欧盟的共同秩序是欧盟作为一个负责任的区域性强权所面临的最大挑战。德国在东部伙伴关系计划实施进程中基本上掌握了主动地位，坚守住引领者、指示者、改造者的角色，正在落实分层次、有重点地推进与各伙伴国之间的双边行动计划的最初设想。但是德国所借助的布鲁塞尔的力量更多是来自规范性的“软实力”。2014 年欧盟与乌克兰落实双边合作，并给予入盟前景是东部伙伴关系的一大进展。但同时也触发了该区域的动荡。从目前的进展来看，乌克兰危机不仅成为欧盟与美国战略联盟的试金石，也是对欧盟成员是否能形成共同外交与安全政策的考验。德国必须通过与其他欧盟成员的内部协调以保障政策的连贯性和一致性，否则难以保持自身期望的欧俄关系的大体稳定性。在东部伙伴关系的调整中，是与俄罗斯进行激烈的地缘政治争夺，还是做出更平衡、更全面的冷静考量，将是对德国扮演欧盟范围内领导角色的重大考验。根据最新民调显示，三分之二的德国人希望“更多的保持距离”。受到公民社会的质疑和反对党的批评，德国目前的外交政策的目标只能是，承担部分有能力承担的责任。中东欧国家也借此机会审视自己在这次地缘政治博弈中的经济利益和政治利益，重新定位自身在欧盟和北约中的地位和作用。

无论如何，德国和中东欧国家支持下的欧盟“睦邻式欧洲化”之路还将继续。欧盟仍会在东部伙伴关系计划框架中与亚美尼亚、阿塞拜疆和白俄罗斯推进双边关系。欧盟对没有入盟前景的周边国家的治理遵循“内部政策的外部扩展”。但欧盟周边治理的困境目前没有解决办法，没有入盟前景的许诺而让东部伙伴国服从欧盟价值观和标准是不切实际的。欧盟周边治理的现有规制只适用于那些接受欧盟的价值观念并且想融入欧盟体系的国家，比如乌克兰、摩尔多瓦和格鲁吉亚。但基于对欧盟基本价值观念的外部化，德国不会采取折中的态度，同时也认识到不能将这些价值观完全强加于他国，如果寻求给予周边非民主国家之间更大的灵活性会淡化价值观色彩，比如在处理与白俄罗斯关系上。德国和中东欧国家需要更为创新和灵活的手段，来寻求鼓励目前被排除在欧盟价值共同体之外的东部国家融入合作。

“没有战略的战略”：德国在北约东扩中的立场与作为

吕 蕊*

冷战结束后，波兰、捷克、斯洛伐克和匈牙利等中东欧国家提出了加入北约的要求。从1993年开始，由于大多数北约成员不希望将这一议题列为北约的正式日程，北约在其内部进行了关于东扩的非正式讨论。很多成员认为北约东扩不是必要的。首先即使中东欧国家不是北约成员，北约也能够在紧急状态下为这些国家提供防御。其次，从财政角度看，北约东扩意味着扩大北约的防御领土，大概会花费数十亿美元，这在当时北约成员普遍削减国防开支的情况下几乎是不可能做到的。① 复次，北约国家的公众舆论也对东扩持消极态度，纳税人并不乐意把他们的钱用在不确定的政治或军事收益上。再次，北约的扩大会造成北约焦点的扩散，弱化北约的凝聚力，稀释北约的军事能力，恶化东扩的赞成派与反对派之间的关系。最后，美国、英国等国家担心东扩问题浮上水面后俄罗斯的反应。② 因此，1993年年初的几个月，北约官员倾向于低调对待东扩问题，同时发展与所有中东欧国家的关系。

---

* 吕蕊，博士，同济大学政治与国际关系学院讲师。

① Charles A. Kupchan, “Expand NATO – And Split Europe”, *The New York Times*, Nov. 27, 1994. http://www.nytimes.com/1994/11/27/opinion/expand – nato – and – split – europe.html accessed Sept. 17, 2014.

② Charles A. Kupchan, “Expand NATO – And Split Europe”, *The New York Times*, Nov. 27, 1994. http://www.nytimes.com/1994/11/27/opinion/expand – nato – and – split – europe.html accessed Sept. 17, 2014.

一 德国对北约东扩的基本立场及初步行动

（一）德国对北约东扩的基本立场

在北约国家中，德国对东扩持正面立场，这主要基于下述考虑。

第一，从地缘政治上看，中东欧国家位于德国直接利益相关区域，波兰和捷克还是德国的邻国。中东欧国家的稳定与德国利益攸关。如果中东欧国家加入北约，德国的周边将全部成为友好国家甚至盟国，德国的东部边界也不再是稳定地区与混乱地区的边界。即使将来德国与某个国家发生冲突，在波兰的东部边界也比在德国的东部边界进行防御更符合德国的利益。由此，德国可摆脱东西方对抗的前沿阵地的处境。

第二，由于二战期间对中东欧国家的侵略占领，德国自觉对这些国家有道义上的亏欠并对其负有历史责任。二战后德国积极实行和解政策，并将其视为德国成为正常国家的必经道路，从而实现了与法国、以色列、波兰等国家的和解。冷战结束后中东欧国家处于新的历史转折点，在这一关键时刻德国有责任实现中东欧国家的平稳过渡。

第三，德国政治精英意识到有必要填补苏联解体后留下的安全真空。拒绝或推迟中东欧国家加入北约的要求将会损害西方国家的声誉，甚至会造成中东欧国家的政策重新民族主义化。中东欧国家很可能会成立自己的安全组织，这将不利于西方国家的控制。因此尽管短期之内存在一定的风险，但从长远来看，将中东欧国家纳入西方同盟并建立一个泛欧洲的安全组织是有积极意义的。

第四，德国从统一之后一直担负着维持中东欧稳定的任务，并且是最大的出资国。德国希望推进北约东扩并将其作为欧洲的共同事业也是出于分担财政负担的考虑。

尽管德国政府在北约是否应该东扩的问题上达成了一致，但在东扩具体的路径、方式方面，德国政府内部分成了两派：一派是以总理科尔为首的谨慎派。科尔并不反对中东欧国家加入北约，但考虑到美国、俄罗斯因素及北约内部的氛围，科尔在对外讲话中对北约东扩问题表态谨慎。1993 年 2 月 6 日科尔在第 30 次慕尼黑安全会议上发表了德国安全关切的讲话。在这一讲话中科尔指出，德国的安全取决于整个欧洲的稳定，德国的核心利益是促进和保护人权、自由、民主和法治，要实现这些目标需要稳定的环境。然而这些核心价值在欧洲的某些国家受到了威胁。因此科尔建议重组德国的军事力量，使其能更有效地应对危机管理的新任务。北约在完成集体防御目标的同时也应做好应对危机的充分准备。在北约东扩问题上，科尔认为应该谨慎设计相关政策，尊重包括俄罗斯在内的德国东部邻居的合法安全利益。[①]

另一派是以国防部长沃克尔·鲁厄（Volker Rühe）及国防部政策规划主任乌尔里希·维泽尔（Ulrich Weisser）为首的行动派，他们致力于将东扩置于北约甚至美国政府的议程上。作为国防部长，鲁厄支持东扩的主要动机在于战略关切。鲁厄同波兰的新政权阶层保持着长期的联系，他认为中东欧国家特别是波兰对德国具有战略意义，决心确保波兰加入西方阵营。[②] 另外鲁厄的个人抱负也促使其在北约东扩问题上有所作为。鲁厄在担任国防部长前长期担任基民盟在议会中外交政策的发言人。鲁厄将外交视作其真正的事业，比起国防部，他更倾向于选择领导外交部。[③] 北约东扩恰好满足了鲁厄在外交事业上的抱负。

尽管德国政府内部在北约东扩问题上存在行动上的差异，但在北约是否要东扩的问题上基本是一致的，即东扩符合德国的利益。

（二）德国国防部与兰德报告的出台

由于德国总理府和外交部对北约东扩缺乏行动上的热情，德国国防部成了北约东扩的先驱者，鲁厄和维泽尔首先做的就是为北约东扩进行理论和政策上的论证。他们委托德国国际政治与安全研究所（Stiftung Wissenschaft und Politik，SWP），就北约东扩进行论证，然而 SWP 的报告却被指责过于理论化，没有提供实质性的政策建议。由于 1990 年到 1991 年维泽尔曾经在兰德公司做过访问学者，在维泽尔的建议下，鲁厄聘请了美国兰德公司的专家对北约东扩展开研究，从而在兰德公司和德国国防部之间建立了沟通渠道。而彼时兰德公司正在做一项名为“冷战后美国对欧洲的未来承诺”的研究，兰德公司总裁詹姆士·汤姆森（James Thomson）认为引入德国的视角将有助于这项研究。因此兰德公司的专家密集讨论了欧洲安全的未来，北约的生存

---

① *Bulletin des Presse - und Informationsamts der Bundesregierung*, no. 13, 1993, pp. 101 - 105.

② Reinhard Wolf, “The Doubtful Mover: Germany and NATO Expansion”, in David Haglund eds., *Will NATO Go East? The Debate over Enlarging the Atlantic Alliance*, Center for International Relations, Queen's University, 1996, pp. 197 - 224.

③ Angela Stent, *Russia and Germany Reborn: Unification, the Soviet Collapse and the New Europe*, Princeton: Princeton University Press, 1999, pp. 216 - 217.

和发展问题，并且第一次讨论了北约东扩的可能性以及重建北约的问题。德国国防部选择与兰德公司合作除了维泽尔因素之外，也考虑到兰德公司对华盛顿决策者的影响力。兰德充当了德国政府和美国政府之间沟通的桥梁。[①]这是兰德公司第一次为一个外国政府做国家安全方面的政策建议。一个美国高级智库就美国国家安全政策研究接受德国国防部的资助，这在美德关系中是前所未有的。

1992 年德国与中欧问题专家罗纳德·阿斯莫斯（Ronald Asmus）、东欧与俄罗斯政治专家史蒂芬·拉拉比（Stephen Larrabee）被兰德公司雇佣就欧洲的未来撰写研究报告。这份报告认为，为了适应新的战略形势北约应该进行内部改革，北约东扩仅是改革的一个部分。兰德的这份报告触动了美国政府的官员。事实上，从 1991 年到 1993 年美国政府内部对北约东扩相当抵制，很少有人会将北约东扩视作改革联盟的一部分。

1993 年春夏间兰德的报告被呈至美国和德国的相关决策部门。德国国防部与兰德之间建立了定期沟通渠道。兰德的报告在美国国务院引起了一些正面反应，兰德也在 1993 年夏天数次向国务院做简报。兰德的报告以“建设新北约”为题发表在《外交》1993 年秋季号上，它的公开发表引起了更大的反响。大多数美国政府官员认为兰德公司的想法是疯狂的。这也证明了 1993 年 9 月到 10 月间美国并没有准备好考虑东扩的问题。

然而兰德的报告获得众多中东欧国家政府和学界人士的认可，也获得美国参议员卢格、布热津斯基、基辛格等人的支持，并对美国的北约东扩决策起到了重要影响。

（三）对北约东扩的再定义及鲁厄的讲话

为了提高北约东扩的接受度，维泽尔重新对北约东扩进行了定义。他认为，东扩并不仅仅是吸纳中东欧成员，而且应被置于欧洲政治发展这一更广阔的背景下考虑，包括欧洲一体化进程及北约的转型。北约东扩将会鼓励中东欧国家发展民主和市场经济，防止这一地区的经济衰退和其他安全威胁的出现，也就是说，西欧的稳定将会向东辐射。另外，东扩也会鼓励北约对新地缘环境中的功能进行重新定位。布热津斯基将其定义为“双重扩大”

---

① Chaya Arora, *Germany's Civilian Power Diplomacy: NATO Expansion and the Art of Communicative Action*, New York: Palgrave Macmillan, 2006, p. 124.

(double enlargement)。[①] 也就是说北约东扩不仅仅是地缘意义上的扩大，也是功能的扩大。功能上的扩大意指北约的功能从以冷战时期的核威慑和防止对欧洲大规模的军事进攻为主转向合作性的危机管理。

为了在北约内部展开关于东扩的讨论，鲁厄在1993年3月26日伦敦国际战略研究所举行的纪念阿里斯泰·布肯（Alistair Buchan）的讲座上发表了关于北约东扩的讲话。鲁厄在讲话中提到，冷战后国际形势的变化需要重新定义跨大西洋伙伴关系。在一个日益多极化的世界中，欧盟应该协调在政治、经济和战略上的一致性，欧盟应该成为全球的一极。中东欧国家在后共产主义时期面临政治、经济上的困境，也面临民族主义、种族中心主义、移民和经济难民的挑战。西欧不能将中东欧排除在跨大西洋安全框架外，欧盟应该战胜欧洲分裂的危险，重新平衡欧洲与美国的关系，承担更多的责任。美国也需要重新定义其国家利益。北约应该把东扩问题提到日程上来。[②]

鲁厄是西方各国政府中第一个公开提出北约东扩的人，这一讲话甚至都没有得到德国政府的许可。在鲁厄公开讲话之后，科尔的立场也较1993年慕尼黑安全会议上有了些许松动。1993年6月24日，科尔在德国军事指挥学院的讲话中表示，北约必须要回应东扩的各种要求。面临外部事态的变化，北约应该重新调整自身的框架。[③] 随后，德国外长金科尔（Klaus Kinkel）阐述了德国对即将到来的北约峰会的期望，希望北约峰会上可以阐明入约的标准，不希望北约的东扩造成欧洲的分裂。至此，德国的主要领导人都对北约东扩表示了支持，并决心使东扩走上轨道。

二 德国游说美国转变对北约东扩的立场

北约东扩能否获得成功，作为北约领头羊的美国的态度至关重要。

（一）1994年1月前美国对北约东扩的基本立场：加强北大西洋合作委员会的作用

克林顿在被民主党提名为总统候选人的演讲中就曾经表示要削减国防开

---

① Zbigniew Brzezinski, "A Plan for Europe", *Foreign Affairs*, Vol. 74, No. 1, 1995, pp. 26 – 42.

② Voler Rühe, "Shaping Euro – Atlantic Policies: A Grand Strategy for a New Era", *Survival*, vol. 35, no. 2, 1993, pp. 129 – 137.

③ 转引自 Chaya Arora, *Germany's Civilian Power Diplomacy: NATO Expansion and the Art of Communicative Action*, New York: Palgrave Macmillan, 2006, p. 120。

支用于提升就业率。[①] 1993 年克林顿上台后，政府的政策基调是国内问题，开始考虑减少美国在欧洲的军事存在。首先，克林顿政府内部相当一部分外交政策和国家安全领域的官员都来自自由派民主党人。他们通常支持自由主义的经济政策，反对好战的国防和外交政策。因此他们主要致力于国内经济的改善，对北约东扩比较消极。比如国家安全委员会负责欧洲事务的主任沃克（Jenonn Walker）强调美国对欧洲的政策应该是加强欧安组织，反对北约东扩。其次，美国民众也希望政府能够解决与他们生活密切相关的国内事务而不是外交事务。再次，在克林顿政府有限的外交蓝图中，对欧洲政策的重点是优先发展与俄罗斯的关系。克林顿政府认为北约东扩必然会引起俄罗斯的敌视，进而影响俄罗斯国内正在进行的民主改革议程，因此搁置了这一事宜。最后，克林顿上台后开始削减军费，并逐渐减少在欧洲的驻军，而北约东扩与这一进程背道而驰。美国不愿承担北约扩大要支付的庞大费用。因此，克林顿执政初期政府内部几乎无人倡导北约的扩大。

1993 年兰德公司报告的出台使美国政府内部对北约东扩的立场出现了一些松动。比如在军方，北约欧洲盟军总司令约翰·沙利卡什维利（John Shalikashvili）提出建立多兵种联合特遣部队（Combined Joint Task Force，CJTF），以允许非北约成员参与北约的域外军事行动，这就为中东欧国家同北约进行军事合作提供了渠道。国防部助理国务卿查尔斯·弗里曼（Charles Freeman）认为北约的问题不仅仅是东扩，而且是建立一个能够管控欧洲问题的安全架构的问题。二人均对北大西洋合作委员会持消极态度，认为只有北约与中东欧国家之间建立了军事联系，并且将中东欧国家有效地整合进北约后，北约东扩才是可能的。

然而国防部长莱斯·阿斯平（Les Aspin）反对在美国削减国防预算及其在欧洲军事部署的情况下仓促讨论北约东扩问题。他认为，东扩的成本大于收益，而且东扩可能会降低北约的行动效率。国防部提出通过"维和伙伴计划"（Peacekeeping Partnership Program）与中东欧国家建立军事联系，从而推迟它们加入北约的时间。美国也可以推迟向这些国家提供安全保障，从而减少对北约团结性的担心，避免刺激俄罗斯。为了避免人们将这一计划与美

① Bill Clinton, Address Accepting the Presidential Nomination at the Democratic National Convention in New York, July 16th, 1992. http://www.presidency.ucsb.edu/ws/? pid =25958 accessed Mar. 5, 2015.

国在索马里维和行动的惨败联系起来,[①] 这一计划后更名为“和平伙伴”(Partnership for Peace) 计划。

美国国务院中，以负责军控与国际安全的副国务卿林恩·戴维斯（Lynn Davis）为代表的一小部分人接受了兰德公司的观点，开始支持维谢格拉德集团国家加入北约，并希望北约在 1994 年 1 月的峰会上提出入约的标准和时间表。而国务卿的特别顾问斯特罗布·塔尔伯特（Strobe Talbott）则主张北约缓慢地扩大，担心东扩会影响美国与俄罗斯的关系，特别是在俄罗斯遭遇国内困境、叶利钦解散国家杜马的情况下，北约的扩大会把俄罗斯逼到绝境。北约东扩会导致欧洲新的分裂，会使俄罗斯担心北约在遏制和孤立俄罗斯。[②]

国务卿克里斯托弗接受了塔尔伯特“俄罗斯优先”的立场，在 1993 年 6 月 10 日雅典北约外交部部长会议上，克里斯托弗发表了“冷战后美国的领导作用：北约和跨大西洋安全”的讲话。这篇讲话强调，在国际维和任务日益加重的情况下，美国政府希望加强北大西洋合作委员会（NACC）的作用，北约东扩目前不在议事日程上。[③]

克里斯托弗返回美国后，美国为准备总统在 1994 年 1 月北约峰会上关于北约东扩问题的讲话成立了一个跨部门工作小组。这一工作小组的基本立场反映了国务院的态度，即通过增强北大西洋合作委员会的作用，比如通过共同协商、联合维和行动、人员交换、民事－军事关系方面的培训等加强与中东欧国家的关系。工作小组的立场基本反映了美国当时对待北约东扩的态度。

（二）德国对美国的游说外交

德国对美国的游说主要从两个方面着手，一方面针对能够影响美国决策的关键政治人物，另一方面针对美国政府的关键部门。

---

① 1993 年联合国索马里维和行动中，美国领导和组织的联合特遣部队遭到武装打击。美军被俘人员被脱衣示众，美军士兵暴尸摩加迪沙大街。相关照片传到美国国内，全美哗然。之后美军撤出索马里。

② James M. Goldgeier, *Not Whether but When: The U. S. Decision to Enlarge NATO*, Washington D. C. : Brookings Institution Press, 1999, p. 34.

③ Warren Chiristopher, “U. S. Leadership After the Cold War: NATO and Transatlantic Security”, Intervention at the North Atlantic Council Ministerial Meeting, Athens, Greece, June 10, 1993, Department of State Dispatch 448, 1993, vol. 4, no. 25.

对个人的游说方面，共和党参议员理查德·卢格（Richard Lugar）是一个重要的对象。卢格是美国国会中的外交事务专家，与维泽尔和鲁厄熟识。从1993年夏天开始，卢格开始公开支持北约扩大。阿斯莫斯认为，正是因为鲁厄在1993年年初向卢格阐明了北约扩大的必要性，从而说服了卢格支持北约东扩。1993年6月24日，卢格发表了“北约：扩大或关门”的讲话，号召美国政府重新定义北约并赋予其新的意义。[①] 他认为，冷战后新的安全威胁来自原苏联加盟共和国，来自于转型期这些国家的内在困难。北约需要面对新的挑战，接纳新的会员。在美国新闻署的简报中，卢格还提出了立即接纳波兰、匈牙利和捷克为北约成员的建议。在西欧联盟与东欧国家建立联系国制度后，卢格认为之后中东欧国家加入欧盟也是顺理成章的。如果在中东欧国家加入欧盟之前北约还没有接纳这些国家，那么美国就会被动卷入对中东欧国家的防御，甚至会为一个非同盟国家而战。这一可能的前景会造成美国外交决策的灾难。卢格是第一个公开支持北约东扩的美国政治家。

另一个关键人物是美国前驻德国大使理查德·霍布鲁克（Richard Holbrooke）。霍布鲁克在卡特政府时期曾经担任过负责亚洲事务的助理国务卿，长期关注亚洲事务，对北约和德国的外交政策思考甚少。1993年9月霍布鲁克开始担任驻德大使后，遂成为推动北约东扩的德国与消极应对的美国之间的桥梁。鲁厄和维泽尔力图使霍布鲁克接受北约扩大的逻辑，鲁厄与霍布鲁克一个月至少会晤两次，霍布鲁克也逐渐从一个北约扩大论的怀疑者变为支持者。他相信管控中东欧地区的唯一方式就是将德国与俄罗斯的合作置于美国领导的联盟框架下。[②] 在霍布鲁克的建议下，塔尔伯特1993年12月任命阿斯莫斯为北约东扩问题顾问。1994年9月霍布鲁克结束驻德大使的工作返回华盛顿担任欧洲事务助理国务卿，这一任命是由塔尔伯特推动的。塔尔伯特和霍布鲁克关系友好，霍布鲁克在波恩期间两人几乎每天都通话。霍布鲁克一定程度上影响了塔尔伯特对北约东扩的看法。

在对关键部门的游说方面，1993年10月鲁厄派出以维泽尔为代表的国防部代表团访问美国，与美国国家安全委员会、国务院、国防部、参议院及相关智库人员会面，试图在10月20~21日北约国防部长特维穆德会议之前

① Richard Lugar, “NATO: Out - of Area or Out - of - Business”, *Foreign Policy Bulletin*, vol. 4, no. 2, September - October 1993, pp. 25 - 29.

② James M. Goldgeier, *Not Whether but When: The U. S. Decision to Enlarge NATO*, Washington D. C.: Brookings Institution Press, 1999, p. 69.

摸清美国对北约东扩的政策。维泽尔代表团发现，尽管美国政府在北约需要调整这一点上达成了共识，但国务院、国防部和国安会没有达成内部一致。国务院和国安会倾向于加强北大西洋合作委员会，而国防部则坚持和平伙伴计划。国安会不赞成快速开启中东欧国家入约过程，希望维持与俄罗斯的友好关系。但是同国防部一样，国安会不希望讨论入约的标准并设置时间表。尽管德国认为和平伙伴计划富有新意且有利于与中东欧国家之间的合作，但并不乐于让和平伙伴计划取代北约的扩大。

德国代表团访问时正值国安会为克林顿与维谢格拉德集团四位领导人的会面做准备。当被问及德国代表团有何建议时，德国代表团认识到这是一个很好的影响美国决策的机会。维泽尔建议美国总统至少应该向四国领导人传递出美国未来政策的方向。国安会和白宫的意见是北约考虑“是否”“何时”以及“如何”接纳新成员的问题，在德国代表团的建议下修正为“何时”及“如何”接纳新成员。德国代表团与白宫的会面也达成了某些共识，即不将和平伙伴计划视作北约扩大的替代品，而将其视作中东欧国家成为北约正式成员的准备。

1994 年 1 月 8 日克林顿启程赴布鲁塞尔参加北约峰会，并就美国对北约政策发表了几次讲话。讲话内容反映了美国政府内部对北约东扩问题的基本态度。他没有对北约扩大做出实质性的评论，使中东欧国家领导人大失所望。由于中东欧国家有过在《苏德互不侵犯条约》中被出卖的经历，因此对和平伙伴计划表示不满，坚决要求获得完全的北约成员身份。一些观察家将和平伙伴计划视为北约推迟解决东扩这一难题的速效解决办法。[①] 波兰总统瓦文萨表达了对布鲁塞尔峰会和和平伙伴计划的失望，认为分裂欧洲的迹象开始出现，并认为西方国家不信任波兰。[②]

1 月 12 日克林顿抵达布拉格与维谢格拉德集团领导人一起参加记者招待会。为了安抚中东欧国家领导人，克林顿在讲话中表示中东欧国家的安全对美国至关重要，和平伙伴计划并不代表北约成员身份，也不会一成不变。目前的问题不是北约是否扩大而是何时和怎样扩大。[③] 克林顿在布拉格的这次

---

① Charles Kupchan, “Strategic Visions”, *World Policy Journal*, vol. 11, 1994, p. 113.

② Gerald B. Solomon, *The NATO Enlargement Debate, 1990 - 1997: Blessings of Liberty*, Westport: Praegers Publishers, 1998, p. 46.

③ The President's News Conference With Visegrad Leaders in Prague, January 12, 1994. http://www.presidency.ucsb.edu/ws/? pid = 49832 assessed Mar. 17, 2015.

讲话被视为美国总统就北约东扩问题所做的最重要的讲话之一。克林顿在讲话中使用的“是否”“何时”和“怎样”是维泽尔访问华盛顿时与国安会和白宫达成共识的结果。

（三）美国立场的转变

虽然克林顿在与维谢格拉德集团领导人召开的记者会上最终认可了北约东扩，但克林顿政府拖延北约扩大的政策还是遭到很多外交领域专家的批评，这些人包括亨利·基辛格、布热津斯基、卢格、罗伯特·佐利克（Robert Zoellick）和詹姆斯·贝克（James Baker）。卢格认为北约应该有自己的优先日程设置，而不是事事以俄罗斯为先。卢格要求美国政府为北约东扩列出清晰的时间表。他认为和平伙伴计划是为了推迟北约东扩，敦促西方国家明确向俄罗斯表示北约讨论的不是是否扩大而是怎样扩大的问题。[①] 基辛格认为和平伙伴计划会将北约削弱为一个多边主义的平台。布热津斯基敦促北约尽快与俄罗斯签订正式的联盟条约，并明确中东欧国家加入北约的路径。佐利克认为美国政府需要将北约东扩视作欧洲政策而不是俄罗斯政策。[②]

从 1994 年 7 月开始，美国对北约的政策出现了明显的调整。克林顿访问德国时表示北约应该考虑在 1997 年前接纳波兰甚至其他维谢格拉德集团国家。美国对北约东扩之所以做出这么迅速的转变，除了德国的游说外，主要还有三个方面的原因：第一，争取中东欧裔选民的需要。1994 年 11 月国会将进行中期选举，克林顿希望争取波兰裔选民的选票。中东欧后裔在伊利诺伊、密歇根、宾夕法尼亚和纽约等州人数众多，中东欧国家加入北约的要求得到了他们的支持。如果克林顿反对北约东扩，将使这些选民投向共和党阵营。第二，克林顿政府在外交事务方面表现惨淡，亟须转变形象。1993～1994 年克林顿政府的波斯尼亚政策并不成功，外界认为美国没有做什么来缓解波斯尼亚穆斯林的困境。因此克林顿希望可以找到一项外交事务来展示美国的领导力而不需冒外交风险，北约东扩这一议题满足了克林顿政府的要求。第三，欧盟的迅速发展使美国产生了危机意识。1994 年 5 月 9 日西欧联盟部长理事会通过了基什伯格宣言，赋予爱沙尼亚、拉脱维亚、立陶宛、波

---

① Gerald B. Solomon, *The NATO Enlargement Debate, 1990 - 1997: Blessings of Liberty*, Westport: Praegers Publishers, 1998, p. 49.

② James Goldgeier, *Not Whether but When: The U. S. Decision to Enlarge NATO*, Washington D. C.: Brookings Institution Press, 1999, pp. 47 - 48.

兰、匈牙利、捷克、斯洛伐克、罗马尼亚、保加利亚“联系地位”（Associate Status），这些国家可以直接参与西欧联盟理事会的讨论。美国尽管对基什伯格宣言表示欢迎，但建议应该协调北约和西欧联盟的东扩事宜。美国意识到如果欧盟和西欧联盟继续保持强劲的发展势头，美国将丧失在欧洲的强势地位，北约也会衰退。

三 德国为消除北约东扩障碍的努力

北约东扩的道路不是一帆风顺的，俄罗斯是北约东扩面临的最大的障碍。

（一）俄罗斯对北约东扩的基本立场

1993 年 8 月俄罗斯总统叶利钦访问波兰时对波兰加入北约一事表示理解。8 月 25 日两国总统的共同声明指出，两国总统讨论了波兰加入北约的意图。长期看来，由主权国家波兰做出的这一决定符合欧洲一体化的整体利益，也不违背其他国家包括俄罗斯的利益。[①] 这一联合声明使北约官员认为东扩不再被俄罗斯视为禁忌，促进了北约内部对东扩问题的密集讨论。叶利钦对媒体的讲话再次确认了北约官员的这种印象。叶利钦说，在新的俄罗斯-波兰关系中，不再有霸权和独裁，也不再有“大哥”和“小弟”这种心理。[②] 然而叶利钦返回莫斯科后遭到了几乎各界特别是军界的批评，立场突变。9 月中旬叶利钦写信给英国、法国、德国和美国领导人，反对北约接纳中东欧国家，并将北约的扩大视为对俄罗斯新的孤立。比起北约，俄罗斯更倾向于一个建立在欧洲安全与合作组织基础上的泛欧洲的安全组织。[③] 俄罗斯有两条红线是绝对不能越过的，即北约的军事设施不能部署在靠近俄罗斯边界的地方，原苏联加盟共和国特别是乌克兰不能作为北约东扩的对象国。

---

① *BBC Summary of World Broadcasts* EE/1778 （1993）, p. A/8. Sevodnya, 27 Aug 1993, CDPSP XLV/34 （1993）, p. 20.

② John - Thor Dahlburg, “Yeltsin Hails New ‘Era’ as He and Walesa Sign Pacts”, *Los Angeles Times*, August 26, 1993, http://articles. latimes. com/1993 - 08 - 26/news/mn - 28212_1_president - yeltsin assessed Mar. 16, 2015.

③ Tatiana Parkhalina, “Of Myths and Illusions: Russians Perceptions of NATO Enlargement”, *NATO Review*, No. 3, May - June 1997, vol. 45, pp. 11 - 15. http://www. nato. int/docu/review/1997/9703 - 3. htm assessed Mar 19, 2015.

（二）德国渐进路线的提出

美国政府确立了北约东扩的基调之后迅速走上了快车道，克林顿1994年11月28日宣布美国将确定北约东扩的对象国、时间和方式。德国政府却决定，维谢格拉德集团国家作为首批入约成员，不公开入约的确切日期和具体的时间表。德国外交部认为，北约应该通过一系列协定加强与俄罗斯的关系，这样既能获得叶利钦对北约东扩的支持，同时也方便叶利钦获得俄罗斯国内的支持。这些协定可以包括在七国集团的政治领域给予俄罗斯成员地位，欧盟伙伴关系协定，以及与北约建立战略伙伴关系等。在欧盟和北约扩大的先后顺序上，外交部认为北约应在欧盟之前。

德国之所以在此时提出东扩的渐进路线主要是考虑俄罗斯因素。1995年12月和1996年6月，俄罗斯将进行国家杜马选举和总统选举，德国希望维护叶利钦在国内的权力，同时借助俄罗斯向波黑塞族施压，因此放缓了北约东扩的步伐。

（三）德国与俄罗斯的协调沟通

为了扭转俄罗斯对北约东扩的敌意，获得俄罗斯的支持，德国多次与俄罗斯举行会谈。比较有代表意义的会谈分别为：1996年2月18日科尔访问俄罗斯与叶利钦的会谈；7月科尔对俄罗斯的再度访问，这是俄罗斯总统叶利钦获得连任后会见的第一位西方国家领导人；7月29日俄罗斯外交部部长普里马科夫（Yevgeny Maksimovich Primakov）与德国外长金科尔的会谈；9月科尔在该年度对俄罗斯的第三次访问；11月德国外交部政治主管沃尔夫冈·伊辛格（Wolfgang Ischinger）访问俄罗斯；1997年2月金科尔访问莫斯科；4月叶利钦访问巴登巴登并与科尔会晤。

在历次会谈中，德国主要向俄罗斯阐明以下几点立场：第一，北约东扩不是以牺牲俄罗斯的安全利益为代价来重新划定欧洲的政治地缘轮廓。北约东扩的目的是统一而不是分裂欧洲大陆。北约扩大与权力的投射无关而是战胜持久分裂的需要。[①] 第二，东扩符合俄罗斯的利益。中东欧国家可以成为俄罗斯与西方间的桥梁，中东欧的稳定可以减少俄罗斯在西部边境的军事部

---

① "Kinkel macht sich für die Aufnahme Rußlands in den Europarat stark", *Frankfurter Allgemeine Zeitung*, 22 January 1996.

署从而集中应对南部侧翼。中东欧国家加入北约的目的是维护这一地区的稳定，这同样符合俄罗斯的利益。第三，德国向俄罗斯提出补偿机制，如通过和平伙伴计划和波黑的多国军事执行部队（IFOR）加强与俄罗斯的联系，确保俄罗斯在欧洲委员会（Council of Europe）的成员地位，确保俄罗斯参加七国集团峰会。德国还提出了北约－俄罗斯宪章（NATO－Russia charter）的草案，建议在北约和俄罗斯之间建立定期的协商机制，给予俄罗斯在北约内部事务中的发言权，并在互惠的基础上进行合作。同时，德国也敦促美国向俄罗斯提供保证。在1997年3月20日至21日美俄赫尔辛基峰会上，美国向俄罗斯保证将深化俄罗斯在七国集团也就是后来的八国集团中的经济地位。至此，德国的八国集团方案获得成功。德国对外关系委员会前主任卡尔·凯泽（Karl Kaiser）接受采访时表示，没有人比德国更积极地推动八国集团这一解决方案。①

（四）德国推动俄罗斯与北约的深度对话

德国与俄罗斯之间的协商为北约与俄罗斯之间的对话开辟了道路。到1996年末，尽管俄罗斯仍然反对北约东扩，但接受了北约提出的就俄罗斯－北约安全关系进行深度对话的提议，对话在北约秘书长索拉纳和俄罗斯外长普里马科夫之间展开。德国外交官积极参与了谈判草案的起草。1997年2月18～19日，在索拉纳与普里马科夫举行第二轮谈判之前金科尔访问莫斯科，以确保俄罗斯在对待与北约达成协定的法律地位和名称方面可以采取更灵活的立场。2月21日美国新任国务卿奥尔布赖特访问莫斯科时，确认了德国对俄罗斯施加的积极影响，认为俄罗斯的立场变得更加灵活。

1997年4月17日叶利钦访问德国巴登巴登，科尔表示北约在满足俄罗斯的要求方面已经做了很多努力，北约也需要保留自己的某些权利，劝说叶利钦不要放弃这一重新安排欧洲安全体系的独特的机会。叶利钦向科尔保证他个人希望协定可以在1997年5月末完成。5月2日德国外交部政治主任伊申格在索拉纳与普里马科夫谈判前会见索拉纳，讨论如何推进谈判。他们认为谈判的关键是北约如何获得俄罗斯的许可保留五“不”原则，即在北约扩

① “Schach dem Bündnis: Rußland setzt bei der NATO－Osterweiterung ein lukratives Tauschgeschäft durch, und die Deutschen helfen dabei”, *Focus*, May 17, 1997, http://www.focus.de/politik/deutschland/aussenpolitik－schach－dem－buendnis_aid_165356.html accessed Mar. 23, 2015.

大问题上不推迟、不赋予俄罗斯否决权，不排除任何一个欧洲民主国家进入北约，不降低标准赋予二等成员身份，北约不屈从任何一个组织。① 商谈的结果是坚持北约 1996 年 12 月提出的三“不”原则（没有意图、没有计划、没有理由在新成员的领土上部署核武器和没有必要改变北约的核政策），将三“不”原则和五“不”原则都写入谈判文件但不写入最后的协定。这一协商结果获得各大国的认可。这样，索拉纳在谈判中获得了更大的机动性。1997 年 5 月 27 日俄罗斯同北约签署相互关系文件，俄罗斯最终允许北约扩大。

（五）德国与北约成员的沟通

德国在争取美国、力劝俄罗斯的同时，还与其他北约成员交流信息、保持沟通，确保它们对北约东扩的理解和支持。北约中的一些国家如丹麦、加拿大等最初就是北约东扩的支持者，但英、法等国对北约东扩犹疑不定。比如英国政府担心东扩会打乱北约现有的框架，损害其行动能力，危及与俄罗斯的关系。英国尤其担心东扩会削弱英国在新的欧洲政治版图中的地位，也对德国在中东欧不断增长的影响力充满警惕。因此北约东扩一事在英国国内鲜有讨论，官方的声明也是相当谨慎和负面的，希望推迟对东扩的讨论。法国的立场也比较模糊。1989 年之后法国支持创立欧洲安全机构以制衡美国在欧洲事务中的作用，因此法国寻求最小化北约的政治功能并将军事作用限定在自我防御。法国没有参加北大西洋合作委员会，对东扩持怀疑态度，担心东扩会将北约重心东移，从而加强德国在欧洲的地位。但是当东扩进入北约的讨论议题并走向正轨后，法国就修正了之前的立场，以避免东扩被德国和美国操纵。②

在东扩进程中德国与伙伴国的几次重要沟通表现在：第一，就渐进道路与美、英、法的沟通。德国的渐进道路引起美国的不满，为了防止与美国分道扬镳，并确保英国和法国的支持，1995 年 2 月 24 日至 3 月 4 日鲁厄访问了美国，重申了德国对东扩的支持，并于 3 月 3 日在美国佛罗里达基韦斯特

---

① Julie Moffett, “Central/Eastern Europe: U. S. Ethnic Leaders Aid NATO Expansion”, *Radio Free Europe Radio Liberty*, May 9, 1997, http://www.rferl.org/content/article/1084669.html accessed Mar. 25, 2015.

② Karl - Heinz Kamp, “NATO Entrapped: Debating the Next Enlargement Round”, *Survival*, Vol. 40, No. 3, 1998, pp. 170 - 186.

与美国、法国、英国国防部长就协调发展与俄罗斯的战略伙伴关系达成一致，在1996年俄罗斯和美国的总统大选之前不启动北约东扩进程。德国的渐进路线从而获得了同盟国的支持。

第二，就北约-联合国宪章与美、英、法的沟通。1996年10月11日，德国在美、英、德、法四国防长和政治主任非正式会议上提出了北约-俄罗斯宪章的详细草案。这份草案最主要的目标是在欧洲危机管理和地区稳定方面建立密切的合作关系。德国的这份草案被各方接受。

第三，就北约东扩的对象国与伙伴国的沟通。北约内部在接受波兰、匈牙利和捷克三国成为北约成员方面已达成共识，但在是否接受罗马尼亚和斯洛文尼亚问题上发生了分歧。比利时、加拿大、法国、意大利、希腊、土耳其、卢森堡、葡萄牙和西班牙支持五国一起加入，而美国、英国和冰岛只支持前三个国家。尽管科尔与克林顿于1997年6月17日达成了接受三个成员的协议，但德国政府避免就这一问题公开表态。科尔表示已经准备接受五个新成员，但在北约扩大早期只接受三个成员也是适宜的。他提议在北约公报中加上“对这次未能入约的国家优先对待”。这一提议满足了斯堪的纳维亚国家对波罗的海国家和法国、意大利对罗马尼亚、斯洛文尼亚的关切。1997年7月8日，经过五年的内部协调和三年与俄罗斯的谈判，北约最终邀请波兰、匈牙利和捷克加入。由于俄罗斯的强烈反对，乌克兰未能加入北约。1995年9月乌克兰接受了与北约的安全伙伴关系。北约在选择东扩的对象国时，放弃了俄罗斯强烈反对的乌克兰，换来俄罗斯对维谢格拉德集团国家入约的认可。

四 “没有战略的战略”：德国在北约东扩中立场的特点

在东欧剧变、苏联解体那样一个剧烈变动的时代，德国最早看到了维护中东欧地区稳定、填补苏联留下的安全真空的必要性。如果中东欧国家之间爆发战争，毫无疑问会波及西方，破坏欧洲的稳定，还可能带来难民等社会问题，影响欧洲经济发展。如果俄罗斯发动控制中东欧国家的战争并成功，西欧将重新回到冷战时期苏联的常规威胁下。因此西方盟国有必要阻止俄罗斯向中东欧地区的扩张，保护这些国家免于俄罗斯侵略，维护这一地区的稳定，防止核武器向中东欧国家扩散。通过让中东欧国家加入北约，完成国内的民主化有助于实现这一目标。

东扩的成功固然依赖于中东欧国家的迫切要求和美国的战略考虑，但毫无疑问德国也在东扩过程中起到了重要作用。综观德国在推动北约东扩中的表现，其特点可归纳如下。

第一，总理科尔把握全局，审时度势；国防部长鲁厄充当急先锋。作为总理，科尔行事谨慎，保持德国一贯低调的外交作风，不希望给人留下德国是领导者的印象，并且具有高度的战略眼光，力图做到在最适宜的时间表明最适宜的立场。在1993年2月慕尼黑安全会议的讲话中，由于当时北约内部的基调是避免公开讨论北约东扩，因此科尔只是提到德国的安全有赖于整个欧洲的稳定，北约在完成集体防御目标的同时也应做好应对危机的充分准备。在国防部长鲁厄公开支持北约东扩后，科尔也表示北约的框架需要调整。1994年1月之后美国开始支持北约东扩，但考虑到俄罗斯因素德国提出渐进路线，并在12月的北约部长会议上获得通过。在接受哪些新成员入约的问题上，尽管科尔与克林顿于1997年6月17日达成了接受三个成员的协议，但科尔却避免就这一问题在7月召开的马德里峰会上公开表态。他表示已经准备接受五个新成员，但也乐见北约扩大早期只接受三个成员。

与科尔不同，国防部长鲁厄怀抱个人抱负，热衷于支持北约东扩。1992年底国防部就召集了总理府、外交部的政治主任开会讨论将北约东扩问题置于德国政府的议事日程上。同时德国国防部资助美国兰德公司为北约东扩做政策研究，并通过兰德公司使德国与美国政府在北约东扩问题上建立了桥梁。之后，1993年3月，鲁厄未经政府许可就发表了支持北约东扩的讲话。在美国北约东扩决策的关键阶段，1993年10月德国国防部派出维泽尔代表团访问美国，并对美国的决策发挥了重要的影响。尽管不知科尔与鲁厄在北约东扩问题上是否有角色划分，但两人确实在国际舞台上起到了互相协调、相辅相成的作用。鲁厄一直作为北约东扩最坚定的支持者出现，科尔尽管没有公开对鲁厄的观点表示支持，但也从来没有公开斥责过鲁厄的观点。

第二，抓住关键国家和关键国家中的关键人物。美国无疑是北约东扩中最具影响力的国家。正因为此，德国将主要精力放在获得美国的许可方面，而采取的策略则是争取关键人物的支持。美国第一个公开支持北约东扩的政治家参议员卢格与鲁厄和维泽尔熟识，鲁厄在相当大程度上影响了卢格对北约东扩的看法。另外一位推动美国北约东扩决策的人物霍布鲁克也深受德国影响。霍布鲁克在担任驻德大使之前主要关注的是亚洲事务，对德国外交、安全以及北约基本没有涉及。正是在他担任驻德大使期间，鲁厄通过与霍布鲁克的频繁会见（一个月至少两次）最终将霍布鲁克从一个北约扩大论的怀疑者变为支持者。1994 年 9 月霍布鲁克回到美国担任欧洲事务的助理国务卿，在推动北约东扩方面发挥了积极的作用。德国一个更明智的决策莫过于资助兰德公司进行北约东扩方面的研究。兰德公司以对美国决策者的影响力而出名，德国通过建立与兰德公司的沟通渠道打通了与美国政府沟通的渠道，从而间接影响了美国政府的决策。

第三，排除主要干扰因素。俄罗斯是中东欧国家加入北约最大的障碍。俄罗斯不希望中东欧国家特别是原苏联加盟共和国转投西方，担心西方国家陈兵俄罗斯边界从而威胁俄罗斯的安全。德国充分考虑到俄罗斯的关切，试图最大可能地减少俄罗斯的反对。科尔等德国主要决策者数次访问俄罗斯，向俄罗斯承诺北约东扩同样符合俄罗斯的利益。在北约东扩问题上，科尔一直将欧盟东扩与北约东扩相提并论，因为科尔了解俄罗斯并不反对欧盟东扩，希望藉此减轻俄罗斯对北约东扩的担心。为了安抚俄罗斯，德国起草了北约－俄罗斯宪章并敦促北约与俄罗斯建立沟通机制，推动美国向俄罗斯做出保证，最终促成了北约与俄罗斯的谈判。也正是为顾及俄罗斯的立场，德国在 1994 年底提出了北约东扩的渐进路线，放缓了北约东扩的步伐。在讨论东扩的整个过程中，科尔充分重视俄罗斯的意见，一方面是因为希望俄罗斯可以遵照协定从德国东部撤军，另一方面也是希望俄罗斯国内的民主改革可以取得成功，实现以民主促稳定的目的。

第四，提出具体的可行性方案。德国对北约东扩的推动并不仅仅表现在游说这个层面，而且确实提出了有效可行的解决方案。比如最初在北约东扩的定位方面，就指出北约东扩并不仅仅是单纯的数字的扩大，更是功能的调整，将北约东扩与冷战后北约功能的调整结合起来，从而使得东扩这一议题更有说服力。在面临俄罗斯这一障碍时，德国设计出俄罗斯－北约宪章这一方案，希望俄罗斯能加入北约 16＋1 机制并建立北约－俄罗斯理事会。在支持俄罗斯国内改革方面，德国也提出让俄罗斯加入七国集团的建议。事实证明，这些方案有效地缓解了俄罗斯的疑虑，扫清了中东欧国家加入北约的障碍。

第五，确保主要国家的支持。在北约东扩过程中，德国保持了二战后外交一贯谨慎低调的作风，不在国际事务中充当领头羊。德国在把美国作为最主要的攻关目标的同时，也与英国和法国保持了积极的沟通，确保它们的支持。比如 1995 年 3 月在美国基韦斯特的四国国防部长会议上，德国的渐进路线获得盟国的理解和支持。在为安抚俄罗斯提出的北约 - 俄罗斯宪章问题上，德国也与英法保持了沟通。

北约东扩是一个漫长且艰巨的过程，其中充满了国与国之间利益的争夺与妥协，德国为推动北约东扩做出了突出的贡献。美国一直批评德国没有明晰的北约扩大的战略，但就像时任北大西洋议会主席卡斯滕·福格特（Karsten Voigt）所说的，德国的战略就是没有战略。某种意义上，正是这种顺势而为、因时制宜的战略成就了德国期望中的北约东扩。

德国与中东欧民主化进程比较：示范和影响

沈洪波*

民主化，指的是朝向民主的政治与社会变动，其过程可分为两个阶段：一是民主转型阶段；二是民主巩固阶段。民主化成功意味着民主巩固已经完成，亦即民主已经内化为社会与个人生活的一部分，人民与政治精英在行为、态度与宪政的层次上认同民主的程序与制度，即使面临严重的政治与经济危机，仍坚信任何进一步的政治变化都必须以民主程序为归依。①

随着20世纪70年代中期“第三波”浪潮滚滚而来，专门研究非民主政体转向民主政体的民主转型理论兴起。民主转型主要涉及非民主政体的特征、民主转型的原因、民主转型的途径这几大部分。通常学者们都将竞争性选举的举行、经由选举产生行政机关、并组成立法与司法机关作为民主转型完成的标志。

当一些国家民主转型完成后，人们很快将目光从如何转型转变为如何巩固新生的民主政权。民主巩固开始成为民主化研究的重要部分。民主巩固涉及宪政结构的设计、立法机关和法院的制度化、中央与地方的分权、民主合法性和有效性、政治领袖的行为、社会结构和社会经济发展、社会经济适度的不平等、市民社会的发展、政治体系的有效运行、政党和政党制度、选举制度等方面。

---

* 沈洪波，博士，同济大学政治与国际关系学院副教授。

① Juan Lin, Alfred Stepan, *Problems of Democratic Transition and Consolidation*, Baltimore: Johns Hopkins University Press, 1996, p. 16.

一 德国与中东欧民主化道路的发展历程

（一）德国民主化道路的发展历程

德国，在经历了两次民主试验后，如今已然成为世界上老牌民主国家之一，政治民主、经济发达，是欧洲经济共同体（欧盟的前身）的发动机，更是民主化成功的典范。但是德国的民主化进程也不是一帆风顺的，早期因四分五裂的处境、普鲁士的专制独裁传统、容克贵族的强大、军国主义思想及民族纳粹主义的崛起，使得德国的民主化进程十分缓慢。在其他欧洲国家早已完成国家统一、民主制度确立和工业化革命时，普鲁士民族于 1871 年才刚刚完成国家的统一，在统一市场条件下开展工业革命，资产阶级初步兴起，然而由于容克阶级的强大及军国专制的传统，于 1914 年爆发了第一次世界大战。4 年多后，德国战败，建立魏玛共和国，通过《魏玛宪法》，这是德国第一次民主化改革的尝试，然而由于政府的软弱及容克贵族的强大，最终破产，被希特勒的专制独裁所取代。直至二战后，西方盟国对德国西占区实行了一场强制性的民主化改造，内容包括“非纳粹化”“经济民主化”“政治民主化”和思想上的民主“再教育”等方面，涉及范围广，持续时间长，影响深远，为联邦德国民主社会的健康发展提供了政治保障。更为重要的是，它促使德意志人民对本民族的传统进行深刻的内省和反思，消除了积淀在社会深层结构里的消极因素，发扬光大了历史文化中潜藏的民主自由观念，同外部强制性的民主化改造实现了良性互动，最终促成了德国社会的根本转变。二战以后，联邦德国在西方盟国的帮助下颁布了《基本法》，实现了民主政治在德国的巩固和发展。

1. 魏玛共和国的建立

诞生于一战后的魏玛共和国是德国探索民主政治征程中的第一次尝试，尽管魏玛共和国的民主政体只存在短短的 15 年，就被希特勒纳粹政体所取代，却为二战后德国民主化提供了借鉴。

19 世纪末 20 世纪初，由于欧洲两大军事集团的军备竞赛和争斗，第一次世界大战于 1914 年爆发，经过 4 年零 3 个月的厮杀，以德国为首的同盟国集团战败。在镇压柏林一月革命的恐怖气氛中，魏玛共和国宣告成立，并随即颁布了资产阶级民主性质的《魏玛宪法》。宪法的措辞，在任何有民主思想的人听起来都是动人而有力的。宪法宣布人民是一国之主：政治权力来自人民。公民凡年满 20 岁，不分男女，均享有选举权；所有德国人在法律面前一律平等，个人自由不可侵犯，所有德国人都有权自由表达意见，所有德国人都有结社和集会的权利，全国居民都享有信仰和良心自由，世界上没有任何人能比德国人更加自由，没有任何政府比德国更加民主，德国人民在形式上获得前所未有的民主。[①] 但由于德国社会民主党右翼领袖，魏玛共和国第一任总统——弗雷德里希·艾伯特（Friedrich Ebert）主张在继续发展现存的国家机构的基础上实行民主制，德意志第二帝国的官僚和法官被悉数留用。[②] 容克贵族、垄断资本巨头及军阀势力仍然享有特权，他们的利益丝毫没有被触动，官僚制度和司法制度依旧，封建帝国的外壳垮掉了，但影响无处不在，加之魏玛共和国是在镇压革命之后诞生的，且始终同《凡尔赛和约》联系在一起，自其出现的那天起，德国左右派都对它极为不满。面对共和国议会民主，很多德国人都感到茫然不知所措。他们认为共和国制度是 1918 年从外国引入德国的舶来品，也许它适合法国人和英国人，但不适合德意志民族。没有中央集权的政府，没有强大的权威，没有一个铁腕人物，德意志便难以维持，所以他们对新政权也持保守甚至敌对态度。命运多舛的魏玛共和国在艰难挣扎 15 年之后，便被德国人民抛弃，人民选择了希特勒。德国的民主化进程遇到重大挫折，德国乃至整个世界都为此付出了巨大的代价。纳粹党对德国的生活进行了全面改组，建立起集权统治的体制，并且加紧扩军备战，使德国民主化进程停滞，走上了专政独裁的道路。法西斯和纳粹的专政独裁，导致了第二次世界大战，给整个人类造成了极大的灾难。

2. 第二次民主改革的尝试

二战后，西方盟国对德国西占区实行了一场强制性的民主化改造，内容包括“非纳粹化”“经济民主化”“政治民主化”和思想上的民主“再教育”等各个方面，1949 年 5 月，联邦德国在西占区成立。1949 年 8 月，联邦德国通过《基本法》。联邦德国民主政体的最大特点是使议会权力和作用处于中心优势地位，避免了魏玛共和国时期“双元首制”的重大体制性缺陷；以“三权分立”的议会内阁制为政权组织形式，强调联邦总理作为政府首脑的地位，赋予联邦总理重大实权，包括人事决定权、方针制定权、单独负责权

① 〔美〕威廉·夏伊勒：《第三帝国的灭亡》，世界知识出版社，1986，第 88 页。

② 李伯杰：《德国文化史》，对外经济贸易大学出版社，2002，第 283 页。

等。《基本法》重新设计了联邦总统的法律地位。从表面上看，联邦总统似乎拥有许多最高权力。作为国家元首，总统是联邦共和国的代表，与外国缔结条约，任命驻外使节并接受外国使节递交的国书。他有权任免法官、官员、军官。联邦总统颁布大赦令。总统有权审查法律是否符合《基本法》，并公之于众。总统向联邦议会提名联邦总理，当选者由联邦总统任命。依据联邦总理提名，联邦总统任免联邦政府部长。如果联邦总理的信任案在议会未获通过，联邦总统可根据联邦总理建议解散议会，举行新的大选。但实际上，《基本法》赋予总统的权力更多具有象征意义和礼仪性质，是如同英国国王和日本天皇的"虚位总统"。总统由各政党提名，经联邦议院全体议员与同等人数的各州议会代表组成的联邦大会不经讨论选举产生；任期 5 年，连选可连任一次。总统不是联邦政府的成员，不拥有实际行政权力。联邦大会由联邦议院全体议员和同等数量的由各州根据人口比例选举产生的代表所组成。凡年满 40 岁，并有联邦议会选举权的德意志人均可以当选；总统任期 5 年，连选以一次为限。[①] 联邦总统不是全国武装力量的统帅，也不拥有《基本法》第 37 条规定的联邦强制权，更无单独宣布国家进入紧急状态的权力。联邦议会、联邦参议院可以以联邦总统故意违反《基本法》或任何其他联邦法律为由向联邦宪法法院提出弹劾。联邦宪法法院如认定联邦总统故意违反《基本法》或任何其他联邦法律，可宣告其解职。弹劾程序开始后，联邦宪法法院得以临时命令停止其行使职权。

在通过法律确定的基本民主政治的框架后，在美国"马歇尔计划"的扶持下，当然也依赖于德国人自己严谨踏实的实干精神，德国经济迅速崛起，并吸纳自由竞争的市场经济体制，逐步形成介于市场主导和政府干预之间的折中模式。这种模式拥有以私有制为主体的多种所有制结构，以政府通过法律手段进行有效干预为原则，注重市场和国家调节相结合，强调财产权的分散和社会公平，主张多种所有制的混合经济，国有和集体经济成分比例大，强调社会公平，以保证市场经济运行秩序和实现公平为目标。德国一跃成为欧洲的经济强国。雄厚的经济实力，稳定的社会秩序赢得了人们对于新制度的支持与信心，并在"去纳粹化"和"管制教育"的作用下，完成了对转型正义的处理，肃清了国内的纳粹势力，并且在社会政治文化的不断塑造下，诞生了新的公民社会，为民主文化的滋生繁荣奠定了基础。

---

① 〔德〕弗里德里希·梅尼克：《德国的浩劫》，何兆武译，三联书店，1991。

3. 两德合并后的民主之路

1990 年世界格局剧烈变动，东欧剧变、苏联解体，两德在民族主义精神的召唤下，同时也是在苏美英法的支持下，重新归于统一。“1990 年德国的再统一，形式上是某种平等的联合，实际是民主德国被合并到联邦德国，也就是说联邦德国统一了民主德国。这里原因有三：一是联邦德国成立后的经济现代化取得了巨大的成功，而民主德国的经济增长远远赶不上联邦德国；二是联邦德国一直高举德国统一的旗子，符合广大人民的愿望；三是联邦德国面对西方大国，有强大的实力维护自己的独立和主权，民主德国在政治上和外交上一直受到苏联的严格控制。”① 东德采用了西德的政治模式，但是政治经济转轨的阵痛还是存在的。首先，政治舞台变动频繁，从昂纳克下台到通过自由选举产生的原民德政府 5 名成员加入波恩内阁，东德政坛发生了巨大变化。不但昂纳克时期的大批官员相继从政坛消失，其后的政府、造反的群众组织和党派领导人，也遭层层筛选。1990 年 12 月 17 日，全德大选（12 月 2 日）刚结束不久，前民德总理、科尔政府现任特别任务部部长德梅齐埃就被指控曾为前民德国家安全部工作，被迫辞职。至此，统一后的德国执政联盟和联邦政府中，就再无一位来自民德的有影响的政治家。其次，经济生活陷入混乱，从高度集中的经济体制迅速转变为自由的市场经济，难免带来混乱，经济上的混乱进而影响到政治稳定。德国政府对此做了极大的调整。② 成立托管局，促进东部地区国有企业的改造；颁布一系列优惠措施，吸引国外以及原西部地区的资本流向东部；采取必要的措施，缓解经济转轨和结构调整对社会造成的动荡；扩大政府在东部地区的支出，积极参与东部建设。③

（二）中东欧民主化道路的发展历程

20 世纪八九十年代，发生了震惊世界的苏东剧变，一夜之间中东欧国家便换了河山，在回归欧洲的动力下，中东欧国家纷纷效仿西欧建立民主制度，至今已 20 余年，中东欧国家在普遍经历了亚诺什·科尔内（Janos Kornai）所称的“转型性衰退”之后，从 2000 年至 2008 年，走上了持续的经

---

① 丁建宏等主编《战后德国的分裂与统一：1945－1990》，人民出版社，1996。

② 陈锋：《原民主德国地区的现状和发展前景》，《苏联东欧问题》1991 年第 3 期。

③ 王海军：《德国政府在东部地区经济调整中的作用》，《辽宁大学学报》1991 年第 6 期。

济增长之路；从实际 GDP 看，到 2007 年中东欧国家已经超过了 1989 年的水平。部分中东欧国家加入欧盟后，经济增速加快，大大高于欧盟平均水平。如今在中东欧，主要的经济决策是由成千上万的企业自主做出的，长期被压抑的企业家精神已经复苏。中东欧国家的转型是全方位的体制变革，目前已在各领域完成的仅是阶段性的，且因转型而新衍生出的问题不容忽视，所以转型尚未结束。

在经济方面，2008 年金融危机之后，中东欧国家经济遭受严重冲击，基尼系数在 0.27 ~0.37 之间，高出转轨之前 1/3 以上；2007 年，几乎在各国都出现了占总人口比率 10% ~19% 的接受补助脱困后又返贫的人口。在政治方面，欧洲怀疑主义盛行；人们普遍对政治不感兴趣：在加入欧盟的波兰、匈牙利、捷克、罗马尼亚等国，对议会和政党的信任度都低于 20%①；多党制并未解决腐败问题：对于大多数中东欧国家左翼政党来说，腐败已成为其执政地位的巨大威胁。在社会方面，存在人口数量下降、老龄化、预期寿命小于西欧国家的问题；昔日积极、创新等模范人物的标准被完全颠覆，随着知识精英处于弱势甚至消失，年轻一代对接受教育不再感兴趣，文盲数量增加。中东欧的民主化进程并不是一蹴而就的，早在 20 世纪初，中东欧国家便已有了建立民主制度的尝试。

20 世纪初期和末期，西方民主制度在中东欧遭遇了截然不同的命运。20 世纪初期，西方民主制度立足未稳，便在除捷克斯洛伐克之外的所有国家被独裁制度取代，捷克斯洛伐克的民主制度亦难逃厄运，终因德国入侵而告终。20 世纪末期，西方民主制度在中东欧国家却顺利实施，已然确立并巩固下来。分析影响“民主化”进程的诸多因素，学者们承认“一个国家的民主化主要依赖于内部诸条件的发育成熟。但他们也承认，外部影响也是影响民主化进程的重要变量之一”。②

1.20 世纪初民主化改革的尝试

20 世纪头 20 年，中东欧国家几乎全都选择了西方民主制度，获得了自主发展的机会。这其中，捷克斯洛伐克、波兰和匈牙利采用共和制，确立了主权在民、三权分立原则，规定议会由众议院和参议院组成，议会代表以普

---

① 黄立茀、杨喆：《中东欧转型研究中待深入探讨的六个问题》，《黑龙江社会科学》2013 年第 5 期。

② 丛日云：《当代世界的民主化浪潮》，天津人民出版社，1999，第 92 页。

遍、直接、秘密和平等的方式、按照比例代表制选举产生，总统由议会选出，任期7年。罗马尼亚、保加利亚和塞尔维亚人-克罗地亚人-斯洛文尼亚人王国确立了中央集权制的君主立宪政体。罗马尼亚进行了选举制度改革，宣布实行普遍、平等、直接、义务的无记名投票，扩大了公民选举权。保加利亚秉承民主自由原则，进行了一系列民主改革。塞尔维亚人-克罗地亚人-斯洛文尼亚人王国通过宪法，确立了中央集权制的君主立宪政体。但是，西方民主制度在中东欧国家的实施并不顺畅。在匈牙利，年轻的共和国困扰于恶劣的经济状况和屈辱的战败国地位，难以为继。原奥匈帝国海军上将霍尔蒂·米克洛什率“国民军”进驻布达佩斯，1920年3月，霍尔蒂被国会推举为摄政王，开始独裁统治。1926年5月，曾任共和国首任国家元首的约瑟夫·毕苏茨基发动政变，夺取政权，推动波兰政体从议会共和制向独裁制转变。20世纪30年代后，上述国家的独裁倾向进一步加强，法西斯势力在一些国家发展起来。西方民主制度在中东欧的第一次实践以失败告终。

2.20世纪末的民主转型

20世纪80年代末90年代初，伴随着政局剧变，中东欧国家再次选择了西方民主制度。首先，中东欧国家放弃了共产党单独执政的一党制或共产党领导下的多党合作制，改行多党制。各国宪法大都规定：第一，政治多元化是民主政治制度的条件和保证，国内政治生活必须建立在政治多元化基础上，任何一个政党或意识形态均不得被宣布或确定为国家的政党或意识形态。第二，公民有权在尊重宪法的基础上自由建立政党并开展活动，形成和表达其政治意志，有权自由加入或退出政党和政治活动。只有在国家安全、公共安全、防止犯罪行动或为了保护他人的自由和权利时，才准许根据法律来限制这一权利。第三，政党活动不得鼓励和煽动军事侵略以及民族、种族或宗教仇恨或偏见，不得威胁民主制度、宪法、国家独立、统一或领土完整或以暴力夺取国家政权为目的。禁止政党行使公共权力，政党不得在国防部、内务部、军事机关、外交部和驻外机构、司法检察部门等国家机关进行活动，政党成员不能是职业军人和警察。其次，中东欧国家放弃了社会主义时期的议行合一制度，确立三权分立原则，实行议会制。各国宪法都确立了立法、行政、司法三权分立原则，议会行使立法权，政府行使行政权，有些国家总统也拥有一定的行政权，司法机关行使司法权。同时，中东欧国家都决定实行议会制，政府由总统和议会协商产生，对议会负责，议会拥有倒阁权。①

二　德国与中东欧民主化进程的异同比较

（一）德国与中东欧民主化进程中的相同之处

1. 政治转型与经济转型的关系

转型进程客观上存在着次序的优先选择，或民主化（政治改革）先于市场化（经济改革），或市场化先于民主化。德国的民主化改革是建立在二战失败后，在“去纳粹化”“去军事化”“去中央化”的前提之下，所以政治转型的任务先于经济转型，是为了“破”希特勒的专制体制而建立的民主制度，并为了防止专制的复辟而设立了所谓的“防卫性民主”，以区别于魏玛政府的“程序性民主”。

中东欧国家是在放弃社会主义道路的前提下向政治民主化和经济市场化转变的，是民主化先行方式的转型。中东欧的民主化改革是源于苏东剧变，在“脱俄返欧”的要求下，进行的破除斯大林高度集中的政治经济体制的运动，目的就是解开束缚了中东欧半个世纪的斯大林模式，所以也是为“破”而“立”，唯一不同的可能就是德国因战败，所以被动性较强，而鉴于中东欧强烈的“回归欧洲”的愿望，所以主动性更强。但仍然是政治转型任务先于经济转型。

2. 转型的推力来自外部

德国的民主化改革是在美、苏、英、法四大国的作用下进行的。在政治上，1945 年 5 月 8 日德国投降，被美、苏、英、法四大国分区占领。盟国向世界宣布，占领德国的目的是彻底清除纳粹主义、严惩纳粹分子，确保德国未来再也不能威胁世界和平。苏联接管了包括首都柏林在内的德国东部，这部分不但是帝国传统粮仓，还有高度发达的西里西亚工业区。美国接管了巴

① 参见中东欧国家宪法。《波兰共和国宪法》《阿尔巴尼亚宪法》引自 http://www. law. cornell. edu/world/europe. html。1990 年和 2006 年的《塞尔维亚共和国宪法》分别引自 http://www. parlament. sr. gov. yu/content/eng/akta/ustav/ustav _ ceo. asp，http://www. legislationline. org/legislation. php? tid = 1&lid = 7474。1992 年和 2007 年的《黑山共和国宪法》引自 http://oncampus. richmond. edu/ ~ jjones//confi nder/Montenegro. htm；其他各国宪法参见姜士林等主编《世界宪法全书》，青岛出版社，1997。

伐利亚，这里是农业区和高山地带。英国占领了德国北部和“欧洲工业的心脏”鲁尔地区。法国占领了德国西南部的莱茵兰－普法尔茨地区，这里拥有煤－钢工业发达的萨尔工业区。1944 年，美国制定了最初的占领方案，因由财政部长小亨利·摩根索主持制定，被称为“摩根索方案”。经调整后，成为盟国共同政策。其要点是分阶段实行非军事化、非纳粹化、非工业化和民主化。战争结束时，德国的非军事化已是既成事实。在经济上，借助美国的“马歇尔计划”，德国经济得到了飞速的发展。

非纳粹化过程实际上就是民主化的教育过程。各占领区在非纳粹化的同时，开始重建德国的民主政治生活。一方面，盟国利用教育宣传机构，在西德进行西方意识形态的灌输，与此同时，培养西德人的参政意识，以及对民族的责任感和不任凭别人摆布的政治上独立思考的能力。另一方面，按照民主原则恢复和重建德国的政治生活。德国社会民主党于 1945 年 5 月开始了重建工作，代表中产阶级利益的基督教民主联盟和基督教社会联盟也先后成立。这几个政党从重建和筹建开始，就成为西德的主要政治力量。此外，还成立了自由民主党，共产党也恢复了活动。由于战后特殊的环境，大资产阶级、大地主被取缔了，工人阶级为温饱而忙碌，失去对权力的兴趣，中产阶级则适时崛起，成为西德政治舞台上的中坚，从而为西德民主政治改造提供了阶级基础，因为德国历史传统中主张民主自由的恰是德国中产阶级。美国为了在战后实现称霸全球战略，害怕苏联对西德进行意识形态渗透，一心要把西德纳入西方阵营，客观上也为西德资产阶级民主政治建立创造了条件。西德民主政治的建立多少是外部力量在特殊的情况下施加于德国人民的。但是，西方民主政治只有通过西德人民的接受才能在德国土地上生根并开花结果。美国当局深知，“民主政治就像拿破仑的军队一样，只有吃饱了肚子才能向前推进”。要使德国人接受美国民主政治，还必须迅速恢复和发展经济。德国大部分民众在战后最关心的问题恰恰就是吃饱肚子，对政治不是十分感兴趣。为此，以美国为首的西占区当局采取了一系列经济、社会措施，尤其是“马歇尔计划”的实施和币制改革，为西德经济输血打气，使经济很快得到恢复和发展，从而使西德人民顺利渡过了战后初期的困难，这从客观上也为西德人民接受西方民主树立了信心，为推行民主政治奠定了物质基础和群众基础。

中东欧民主化改革的推力主要是欧盟。欧盟对于中东欧民主化改革起到一种与软实力相关的外部拘束作用。治理模式发挥了建设性的作用，在没有民主制度的地方帮助建立了民主制度。

3. 转型的目标模式及制度安排

德国转型的目标就是去除“纳粹势力”和专制军国主义，在美英法的压力下，西德建立了西方的议会民主制度，通过了《基本法》，完成了德国一直想完成却未能完成的民主任务，从1871年宪法中皇帝权力的至高无上，到《魏玛宪法》中总统权力的受限与制衡，再到《基本法》中总统大权旁落，议会权力凸显，显示出德国政治民主化的发展。联邦德国政治体制的设计同时也是吸取魏玛宪政教训的结果。《基本法》的制订者们认可西方民主自由原则，“在1948～1949年制宪议会准备联邦德国《基本法》的反复讨论中，‘魏玛教训’扮演了重要角色”。[①] 战后联邦德国民主政体的最大特点是使议会权力和作用处于优势地位，避免了魏玛共和国时期“双元首制”的体制性缺陷；在行政权方面实施“总理原则”，强调联邦政府的内阁性质和联邦总理作为政府首脑的地位，赋予联邦总理重大实权，包括人事决定权、方针制定权、单独负责权等。

中东欧的转型目标是“回归欧洲”，在欧共体（欧盟的前身）的推动下建立了西方的民主制度。欧共体援助中东欧的条件包括：每个受援国必须“（1）建立法治；（2）尊重基本人权；（3）建立多党体制；（4）在1990年底前组织自由和秘密选举；（5）执行建立市场经济的政策”。[②] “现在布鲁塞尔可以把财政援助水平与受援国的经济和政治改革程度以及人权状况相联系了”[③]。国际货币基金组织、世界银行等国际金融组织对中东欧国家的援助也是以一定的政治经济条件为前提的。这些条件包括：保障人权和尊重少数民族权利，实行自由选举和加快自由化进程，建立民主的多党制的国家形式，实行多种形式的所有制或私有化、实行市场经济等。这样，西方国家和组织不仅以其援助直接帮助了中东欧的变迁，而且借援助条件来引导后者向市场经济和自由民主制的变迁进程。

（二）德国与中东欧民主化进程中的不同之处

1. 转型的初始条件不同

德国转型的初始条件是“去纳粹化”，中东欧转型的初始条件是摆脱斯

---

① Eberhard Kolb, *The Weimar Republic*, London and New York: Routledge, 2005, p. 141.

② 邱芝：《论欧盟东扩与深化的动力基础》，《世界经济与政治论坛》2004年第4期。

③ 赵银亮：《欧盟对中东欧国家民主发展的作用》，《教学与研究》2014年第2期。

大林的专制体制。摆脱斯大林的专制体制，“重回欧洲”是中东欧转型的独特目标。对于中东欧国家来说，摆脱苏联的霸权，不仅意味着自由民主价值的实现，也意味着摆脱经济改革困境。它们认为只要脱离苏联模式，就可以像老牌欧洲国家一样，走上富裕的道路。因此，无论是民主化的政治制度改革还是自由化的经济体制改革，我们都可以看到中东欧国家持有坚定的与过去彻底决裂的信念。它的转型内容也十分明确，“就是从各式各样的威权主义向民主过渡，从各式各样的国家统治的、垄断的、封闭的经济体制向以市场为基础的经济体制过渡”。①

2. 民主巩固的动力来自内部

德国在确立了民主制度、构建了民主框架，完成了民主转型的任务后，紧接着借助美国的“马歇尔计划”和自身的科技实力，不断发展本民族的经济。在总结自由主义和极权主义经验教训的基础上，吸取市场经济和计划经济两种模式的优点，制定出符合本国国情的“社会市场经济”模式。这一体制强调在坚持市场经济、坚持自由竞争为主的前提下，强调社会秩序。国家不能对市场经济完全放任自由，要进行适当的调节，维持一种“竞争秩序”，保证竞争得以实现，使经济有一个稳定的发展环境。同时，国家也要干预收入分配和劳资关系，以确保“经济人道主义”；通过社会保险、救济和补贴等措施来缓和私有制及竞争带来的危害，避免社会矛盾的激化。在这一体制下，联邦德国经济发展十分迅速，20 世纪 50 年代中期已超过了 1936 年的生产水平，增长率为 10%，创造了又一个“经济奇迹”。1964 年至 1967 年其经济发展达到最高点，工业生产平均增长率为 7%，至 1970 年国民生产总值提高了 6 倍，一跃成为世界第三大工业强国。联邦德国政治与经济体制的一个共同特点，就是以“平衡”为杠杆，强调“秩序”和“稳定”，这也是鉴于德国在动荡多变的历史中遭受磨难而得出的宝贵经验。②

苏东剧变二十多年来，中东欧国家已在各领域完成阶段性转型，在经济、政治、外交等领域的转型表现出趋同性，多党议会民主制框架和市场经济体系已经建立并运行。但是，由于转型战略及政策选择不同，中东欧国家在转型中亦衍生出新的问题。中东欧经济的主要问题在于过于依赖外资。中

---

① 〔美〕亚当·普沃斯基：《民主与市场——东欧与拉丁美洲的政治经济改革》，包雅钧等译，北京大学出版社，2005。

② 吴友法：《关于对德国历史进程产生影响的几个问题》，《武汉大学学报》（人文社会科学版）2004 年第 57 卷第三期，第 297 页。

东欧国家近十年来实现强劲稳定的增长，主要原因是经过前十年转型的“阵痛”，基本走出了适合它们国情的发展模式。其主要内涵是在推行自由化、私有化的基础上实行国内低储蓄率、较高的经常账户赤字、适当的外贸逆差和对外资严重依赖的经济政策。这种模式的主要特点是，必须取得足够的外部资金来支撑经济增长。从20世纪90年代后期开始，随着中东欧各国政治经济形势的稳定和加入欧盟的预期，更多的外来直接投资涌入该地区。从1994年至2003年，中东欧国家吸收的外来直接投资增加了近10倍，从200亿美元增加至1970亿美元，外来直接投资（FDI）与GDP的比率由6.9%增加至33.2%。2000年以来，FDI流入持续保持在较高水平，年平均达到国内生产总值的5%，外资对中东欧国家经济增长的贡献率达到了75%[①]，而民主巩固的任务却并未完成。

3. 公民社会及政治文化的培育

德国十分重视教育和科技，尤其重视对公民社会政治文化的培育，以维持既定的政治制度。德国学者认为，老百姓期待政治制度的稳定性，政治制度也要得到民众的认可。这是政治教育的重要前提。政治教育其实是推广、解释自己的价值观。政治教育的中心任务是解释现有政治制度，并把现有政治制度的知识介绍给民众，同时培养具有独立思考和政治鉴别能力的人。德国政治教育的前提和背景是西方的民主政治制度。德国学者认为，在联邦和各州各党派参选轮流执政的情况下，执政的党派都宣称自己的执政方针和政策措施符合民主原则，符合大多数民众的利益，但这种情况是否属实，必须得由民众判断。所以，就必须提高普通民众的独立思考和政治鉴别能力，以保证国家的民主政治运作向着有利于民众的方向发展。

公民社会的建构对于转型国家的意义尤其重要。当今世界发展潮流及趋势表明，无所不能的全能型国家的时代结束了。城市化、工业化和信息化使得社会更加复杂化，频繁更换的政府的社会控制能力、社会动员能力以及社会服务能力都大大减弱，要想不在国家转型和政府职能转型后出现社会“丛林化”和“无序化”的局面，公民社会（各类自治社会组织）的出场显得十分必要。它能够迅速填补原本由政府所承担的功能，使社会保持稳定有序。

---

① 扈大威：《中东欧经济增长模式初探》，《中国国际问题研究》2009年第6期。

三　德国对中东欧民主化进程的示范和影响

德国凭借其雄厚的经济实力和与中东欧日益密切的贸易往来，对中东欧的民主化转型起到了独特的作用。在民主化先行的中东欧国家通过推动其制度领域中经济政策的改革，从而引发政治社会的全面改革；凭借其在欧盟中的独特地位，在资本主义全球化的影响下通过不断的经济援助，改革其政治制度，渗透民主制度及观念；以其毗邻中东欧的独特的地缘政治影响，促进中东欧民主化转型的进程。

（一）示范效应

民主具有一种示范效应，可以在国与国之间相互扩散。与中东欧国家在民主化进程中具有相似性的德国，在二战后出色的制度建设与经济发展无疑对中东欧国家有着强烈的吸引力与示范作用。德国的示范作用是可以用历史佐证的。“瑞士人在已经具有民主政府的先进制度的情况下，继续向前推进。1919 年，议会下院的选举开始实行了比例代表制。1921 年，对国际条约的批准采取了非强制性的公民投票的计划”。[①] 在西方民主制度凯歌行进的大好形势下，中东欧国家选择这一制度似乎是再自然不过的事情。然而，好景不长，西方民主制度的发展很快便在一些欧洲国家遭受重大挫折。1922 年 10 月，意大利的法西斯团体“进军罗马”，墨索里尼出任首相，开始建立法西斯独裁制度，从而“在某种程度上为德国纳粹分子、西班牙长枪党以及哈布斯堡家族和奥斯曼帝国的几乎所有欧洲继承国建立的极权政体树立了一个效仿的榜样”。紧接着，西班牙、葡萄牙、立陶宛、奥地利、爱沙尼亚、拉脱维亚、希腊相继出现了独裁政权。德国更是在希特勒上台后走上了法西斯道路。这些国家政治制度的变化对中东欧国家独裁制度的建立和加强起到了一定的示范作用。

（二）地缘位置

德国在地理位置上也是很独特的，毗邻中东欧国家。科雷德克谈及地理

---

① 〔美〕C. E. 布莱克、E. C. 赫尔姆赖克：《二十世纪欧洲史》（上），上海人民出版社，1984，第 445 页。

位置对转型的影响时曾指出，当一个国家更靠近发达国家的市场时，与世界经济融为一体也更加合理。这也造成了德国相对于其他欧盟国家而言对于中东欧的政治经济影响要更加显著，例如捷克和波兰就属于这种情形，它们比哈萨克斯坦或老挝这样的国家处于更加有利的地理位置，因此，从转轨的最终结果及对各国发展的意义来讲，地缘政治因素即便不被看作决定性的，也应当说是非常重要的。

狭义的地缘经济是指从地理空间和历史角度看，两个或两个以上位置毗邻、空间相连的地域经济单元，以传统的经济联系为基础，按比较利益来展开较为密切的产业和劳动地域要素，一个国家的地理区位，会对国家发展及经济行为与战略选择产生重要影响。在国家的经济活动和经济行为中，总是选择邻近的地区合作。地域上连接产生的经济关系称之为地缘经济关系。德国与中东欧的经济联系从某种角度来说就是地缘经济关系。

地缘经济与地缘政治是息息相关的。在一体化的过程中，无论是出于地缘因素还是战略因素，德国与中东欧密不可分的联系是确定无疑的。一体化不仅是在经济领域，也表现在德国对中东欧政治影响的领域，即民主的输出。体制越接近，存在的威胁度或者差异性越小，对于区域合作来说，就越安全。

（三）经贸往来

德国东欧经济关系委员会最早成立于 1952 年，是德国最早的地区商业模式，有超过 150 家德国与中东欧的企业和协会参加，理事会设在柏林，有 20 多名员工。该组织主要对包括德国和中东欧在内的中亚、高加索、俄罗斯等国家和地区负责。该委员会的作用主要在于：促进德国与中东欧企业的共同发展，集中体现德国对这 22 个国家的特殊利益所在；主要形式有组织代表团会面、会议、背景谈话，以及政府代表与企业代表的会晤；提供一系列的全面系统的信息网络帮助区域内国家地区的经济发展，通过咨询会与资助项目帮助中东欧国家的经济发展；促进市民全面系统的对话机制。德国是中东欧在欧洲最大的贸易伙伴，2009 年德国与中东欧的贸易往来甚至达到了 234 亿欧元，德国经济的好坏有时甚至直接决定中东欧经济发展的好坏，2008 年德国经济不景气，中东欧的经济同样经受考验，所以德国对中东欧经济的发展有着重要的作用。现今德国对中东欧的主要贸易模式，仍然还是从中东欧地区进口原材料和廉价劳动力，中东欧高新产业发展不理想的问题，亟待解决。目前德国在高科技产业中的专利占9%，仅次于美国和日本。特别值得一提的是在经贸往来中德企文化的输出。首先是双元制教育制度的输出。德国教育系统的特色十分鲜明，有七成至八成的学生在十五六岁时就已经有自己主攻的方向，确定了自己一生的努力目标。德国在输出自己企业的同时，在培训当地员工时因为特别注重文化素质的培养所以引入产学研相结合的模式，学习研究以产业的目标为方向性，把大学当作基地培养高新人才，促进中小企业的发展壮大，基于此目的，德国在中东欧建立了为数不少的教育培训机构；其次是创新思维的输出；最后是技术的输出。

四　结语

二战后，德国在美苏英法的要求下，在联邦德国进行了民主化改造，确立了资本主义民主制度的框架，通过了联邦德国《基本法》，顺利实现了政治上的民主转型，之后在美国的扶持下，德国经济在一片废墟之上重振，一跃成为欧洲经济实力最强的国家，并且德国人十分重视教育和对公民政治文化的培养。民主政治制度的确立、经济的自由繁荣，以及公民社会政治文化氛围的培育，这一切都对民主巩固起到了重要的作用，使德国顺利完成了民主化的改造，如今已然跻身老牌民主强国之列。20世纪八九十年代，东欧剧变、苏联解体，中东欧在“回归欧洲”的动力下，决心与斯大林高度集中的政治经济体制决裂，重新建立起西方的资本主义民主制度，开始政治转轨先行的民主转型，波匈捷等国纷纷开始效仿西方进行制度安排，主要是进行政党改革，实行多党制；设立议会，建立以议会为中心的民主制度；扩大公民的政治参与，施行参与政治等。中东欧的民主转型进行到今天，已经有二十余年了，在民主转型方面取得了一些成就，但是问题依然存在，主要体现在转型后社会动荡，人们的思想观念、主流价值观依然混乱，经济过于依附外资、自主性不强、受外界影响大、经济不稳，尤其是在经历了2008年的金融危机与2011年的欧债危机之后，新生的民主政体面临着巨大的压力与挑战。因此如何巩固已有的民主转型成果，如何更好地在经济及文化层面进行民主巩固、在民主化进程的道路上越走越远，对中东欧国家来说是迫切待解的课题。而因地缘位置、历史联系等因素，在转型的初始背景、民主转型的外在推力以及转型的制度安排方面与中东欧国家有着极为相似经历的德国，或许可以凭借自身的示范效应及与他国的自由经贸往来，在民主转型的成效、民主巩固的内在动力及公民社会政治文化的培育方面给中东欧国家以有益的启示与影响。

参考文献

朱晓中编《十年巨变：中东欧卷》，中共党史出版社，2004。

孔田平：《尚未终结的革命——中东欧转型 20 年》，《南风窗》2010 年第 12 期。

雅诺什·科尔奈：《后社会主义转轨的思索》，吉林人民出版社，2003。

孔寒冰：《对东欧、中欧和东南欧国家社会转型的考察和思索》，《当代世界社会主义问题》2010 年第 3 期。

朱晓中：《七问中东欧转型》，《同舟共进》2012 年第 1 期。

金雁：《从东欧到新欧洲：20 年转轨再回首》，北京大学出版社，2011。

萨缪尔·亨廷顿：《第三波——20 世纪后期民主化浪潮》，刘军宁译，三联书店，1998。

冯绍雷：《原苏东、南欧、拉美与东亚国家转型的比较研究》，《世界经济与政治》2004 年第 8 期。

青木昌彦：《比较制度分析》，周黎安译，上海远东出版社，2001。

高歌：《经济全球化与中东欧国家的制度变迁》，《国际政治研究》2006 年第 2 期。

殷红：《中东欧民主化与市场化转型特征分析》，《经济社会体制比较》2014 年第 1 期。

陈洋：《欧盟东扩与德国劳动力市场开放》，《中南财经政法大学研究生学报》2008 年第 5 期。

项佐涛：《中东欧政治转型的类型、进程和特点》，《国际政治研究》2010 年第 4 期。

夏洪亮：《德国民主化进程缓慢原因初探》，《怀化学院学报》第 26 卷第 4 期。

赵银亮：《欧盟对中东欧国家民主发展的作用》，《教学与研究》2014 年第 2 期。

欧盟东扩背景下德国的中东欧国家移民及社会融合

——以穆斯林族群社会融入为个案考察

刘　骞　封　畅*

一直以来，人口的空间迁移流动是当代开放社会的重要特征。作为当今世界最大且运作最为成熟的地区一体化组织，欧盟各成员在一体化进程中突破了“主权的桎梏”，实现了国家间合作的新模式，甚至使欧洲各国呈现出“超国家”的发展趋势。然而，此进程并非一帆风顺，特别是欧盟的主要成员面临着来自欧盟扩大后新移民持续输入带来的社会整合问题。随着《申根协定》的签署和欧盟的持续东扩，越来越多中东欧国家的人们可以通过更为自由且合法的方式进入德国，成为德国的新移民。本文从移民社会融入的视角出发，分别从融入的客体和主体两方立场展开分析。一方面，就融入的客体而言，本文将从德国的中东欧国家移民历史与现状出发，分析德国移民政策的演变，以呈现德国针对移民融入的立场和移民融入的背景；另一方面，就融入的主体而言，将对德国的中东欧移民的社会认同与适应性进行分析，并探讨其中存在的问题。最后，在这两方面的基础上，将围绕德国的中东欧穆斯林移民社会融合进行个案分析。

* 刘骞，博士，同济大学政治与国际关系学院副教授。封畅，同济大学政治与国际关系学院硕士研究生。

一　德国的中东欧移民政策及其演进逻辑

（一）移民问题与欧盟地缘政治

21 世纪是移民的世纪，在全球化背景之下，移民现象已成为当今世界的普遍现象。然而追溯到 15 世纪末 16 世纪初，由于生产关系向全球的扩散和资本主义生产力的迅速发展，欧洲就已经出现了人口大规模的跨国迁移。20 世纪 80 年代以来，伴随着全球社会生产力的巨大发展，以及信息技术和交通运输技术的空前发展，经济全球化席卷了全球各地，进一步推动各国商品、资本、技术、服务在全世界范围内的广泛流动。而作为社会生产要素的劳动力的跨国流动也更加活跃，跨越国境线的人口规模日益庞大，人口迁移的速度大大加快。冷战结束之后，各种国际力量重新组合，国际关系的格局以东西方对峙为特征，但朝着多极化的方向发展。欧盟在国际舞台上作为一支崛起的政治力量和经济强大的实体，已然意识到，光靠现有的成员力量难以同其他国际组织相抗衡，只有最大限度地扩大欧盟的地理面积，才能从根本上保证欧盟成员的安全以及在国际社会中成为一支重要的政治力量。

2004 年，爱沙尼亚、拉脱维亚、立陶宛、波兰、匈牙利、捷克、斯洛伐克、斯洛文尼亚、塞浦路斯和马耳他 10 国正式加入欧盟，从而形成了一个横跨东西欧 25 国、面积 400 万平方公里、人口 4.5 亿、GDP（国内生产总值）约达 10 万亿欧元的新欧盟。欧盟在东扩协议中规定，10 个新成员在加入后将享有与 15 个“老欧盟”国家同样的权利和机会，欧盟内部将实现人口的自由流动。对经济较为发达的 15 个“老欧盟”国家而言，这意味着将有更多来自经济欠发达的新成员国家的工作者和移民。欧盟东扩计划给欧盟成员与中东欧关系发展提供了更为有利的条件和保证。

而作为欧盟“发动机”之一的国家，德国一直被视为一个纯粹德意志人居住的民族国家。第二次世界大战以后，德国被“人为分割”，并分别被纳入美苏争霸的两大对立阵营，大量的外国移民开始来到德国，这使德国的人口结构开始出现改变。随着联邦德国经济复苏，劳动力的缺乏促使西德政府推出了劳工移民的政策，德国境内的移民数量开始出现较大幅度的增加。而冷战结束后，随着两德的统一，特别是欧盟的东扩和《申根协定》的签署，越来越多的来自中东欧地区的“新欧洲人”开始通过自由且合法的方式进入德国。究其原因，主要包括：第一，从政治上来看，德国在欧盟内部发挥着强大的动力作用，同时是积极推动欧盟东扩的国家之一。1998 年施罗德政府上台后，制定的外交政策之一就是继续扩大欧洲联盟以确保整个欧洲进入一个和平民主、经济较快发展的新时期。第二，从经济上来看，德国是欧盟经济发展最强大的国家，其国土面积 35.7 万平方公里，居欧盟 15 国第 4 位，人口 8250 万，居欧盟第一；在欧盟东扩的第一年，即 2004 年，德国的国内生产总值就达 21770 亿欧元，占欧盟 15 个老成员国内生产总值总和的 22.4%，比排名第二的英国足足高出 5 个百分点；[①] 第三，从地缘上来看，德国由于地理位置上的优势，更容易与中东欧地区的国家进行贸易往来与互惠合作。在入盟 10 国当中，德国是除了爱沙尼亚、立陶宛、马耳他和塞浦路斯以外，其他所有中东欧国家的第一大贸易伙伴，而其中波兰、捷克、斯洛伐克和匈牙利这 4 个中欧国家与德国的贸易更是占其总贸易额的 25% 以上。更重要的是，随着本土人口老龄化时代的快速到来，德国对外来移民将有持续性的需求，同时，这也意味着德国人口结构中新移民的数量将会持续增加。

（二）德国的中东欧国家移民历史与现状

从德国移民发展的历史来看，德国始终存在着移民的现象。历史上的德国移民大致分为三个时期：大陆移民（Continental Emigration）时期、跨大西洋移民（Transatlantic Emigration）时期和迁入移民（Immigration）时期。大陆移民时期几乎持续了整个农业社会时期。直到 1830 年前后，随着海外殖民地和新大陆的发现，它的主导地位才逐渐被跨大西洋移民所取代。而到了一战期间，德国经济的迅速发展，使得选择向海外移民的德国人逐渐减少，与之相反，选择向德国移民的外国人的数量与日俱增。德国完成了由移民输出国到移民输入国的转型。进入德国的移民自 1871 年以来就一直呈增长的趋势。1871 年德国的外来移民还只有 20 多万人，到了 40 年后的 1910 年，数字猛增到近 126 万人。此后，德国的外来移民保持了每五年 20 万人以上的增长速度。[②]

---

① http://europa.eu.int/comm/eurostat/newcronos/reference.

② Ulrich Herbert, *A History of Foreign labor in Germany 1880 - 1980*, Michigan: University of Michigan Press, 1990.

一战结束之后，德国的劳动力严重不足，对德国经济的发展形成了巨大的阻力，国内的妇女和青少年劳动力已无法满足其需求。这使部分战俘得以进入德国的劳动力市场，填补了劳动力的空缺，同时，周边国家以及海外殖民地人口开始进入德国的劳动力市场。而在一战和二战之间，德国的移民开始出现新的特点：一是随着国内保护主义政策的出台，欧洲各国倾向于限制人口的流动，移民变得更为艰难；二是战后难民潮和回归战后新成立的民族国家的人口增多。据统计，在 20 世纪 20 年代中叶，难民和重新定居的人口数量超过了 950 万。① 总之，战争极大地改变了移民线路和移民数量。德国国内政治局势的变化也推动了德国移民的产生。总的来说，有一点变化是十分明显的，即这一时期的德国已经从一个移民迁出国转变为一个移民迁入国。

第二次世界大战结束以后，欧洲一体化加强了跨越国境的移民数量和规模。德国经历三次大的外国移民潮：客籍工人潮、回归移民潮和难民潮，最终使德国成为事实上非典型意义的移民国家。二战后的德国移民状况大致分为四个阶段：（1）1955 年前为第一阶段，这个时期的移民潮主要由东向西的方向流动，移民主要是二战期间因为德国的扩张而前往中东欧和东南欧地区国家居住的德国人，这些德国人在二战结束后受到这些被纳粹德国占领国家的驱逐而被遣返，这些德国人回到德国后大多进入德国的劳动力市场，成为战后初期德国经济复苏阶段的主要劳动力。②（2）第二阶段是 1955 年至 1973 年，随着联邦德国经济的快速发展，德国国内劳动力市场对人力资源的需求大幅增长，这种情形促使德国联邦政府推出了吸引外国劳动力的“延续居住许可证和工作许可证”政策。③ 大量“客籍劳工”因此得以进入德国工作，并成为德国的永久居民。德国也成为欧洲拥有外国人口数量最多的国家之一。（3）第三阶段从 1973 年延续到 1989 年，受到中东战争的影响，德国经济发展放缓，联邦政府暂停了招募外籍劳工的政策，以减轻劳动力市场的压力，但是德国优惠的社会福利政策却对外籍劳工家属具有巨大的吸引力，这促使很多外籍劳工的家人通过“家庭团聚政策”④ 来到德国。这直接造成

---

① Klaus Bade, *Migration in European History*, Blackwell Publisher, 2003, p. 201.

② 李欣：《二战后德国移民潮流》，《德国研究》2005 年第 3 期。

③ James P. Lynch and Rita J. Simon, *Immigration the World Over: Statutes, Policies and Practices*, Maryland: Rowman & Littlefield Publishers, Inc., 2003.

④ 1973 年德国停止招募外籍劳动力后制订了家度团聚政策，其法律基础是德国《基本法》的第六条。根据这一政策，在德工作的外籍劳工的配偶及子女可以以家庭团聚为目的来到德国定居。

了德国移民数量的持续升高。（4）第四阶段是从1989年至今，由于中东欧国家经济和社会形势的恶化，一批批因生活所迫或存在政治问题的移民选择离开本土向西欧各国，特别是西欧国家的“桥头堡”德国迁移。而与此同时，一些为冷战对抗所掩盖的诸多民族和宗教问题开始频繁地爆发出来，进而在一些地区，特别是穆斯林聚居的国家和地区出现了大批战争难民，这些战争的逃亡者和避难者也通过德国的避难政策而来到德国。[①]

进入21世纪，欧盟开始进行“扩大”的尝试，就移民问题而言，人口自由流动被视为奠定欧盟的基础条约，也是《罗马条约》的精髓。《罗马条约》第39条规定，欧盟成员之间劳动力自由流动。在欧盟东扩之前，除较穷的成员希腊、西班牙和葡萄牙的民众担心来自新成员国家劳动力的大规模流动之外，绝大多数欧盟成员均表示愿意向新成员开放劳动力市场。但到8个中东欧国家签署入盟条约时，与新成员接壤的德国和奥地利率先对来自中东欧国家的工人移民冲击本国的劳动力市场表达了忧虑（因为，在欧盟东扩之前流向欧盟成员的近百万中东欧人中，大约60%到了德国，5%～10%到了奥地利），而后，大部分成员也相继改变了自己的立场。在欧盟扩大时，只有爱尔兰、英国和瑞典三国向新成员开放了自己的劳动力市场，其他老成员拒绝效仿。欧盟东扩以来，已经有170万来自中东欧国家的各类人员申请在欧盟老成员国家工作。在开放劳动力市场的国家中，流向德国的劳动力最多，德国一直都是中东欧国家工人最向往的目的地。2004～2005年，德国向来自中东欧国家工人发放了100万个工作许可（绝大多数是建筑业和农业的季节性工作），中东欧国家移民工人的到来还引起了德国某种程度的社会骚动甚至政治反弹。2004年，当波兰和捷克的屠宰工人接受每小时5欧元或更低的工资时，2.5万名德国屠宰工人失去了工作。[②]

自金融危机以来，在移民和雇佣政策方面，德国积极采取措施。就欧洲三大经济体而言，自欧债危机以来，法国奥朗德政府推出了最高75%的个人所得税；英国卡梅隆政府则对移民采取限制政策；而德国在移民政策方面的

---

① 有统计指出，1984～1998年，在土耳其地区就有约300万库尔德人因民族、宗教冲突流离失所，而其中主要的流离失所者和难民通过各种途径流入欧洲，特别是难民政策相对宽松的德国。Krim Yildiz, *The Kurds in Turkey: EU Accession and Human Rights*, London: Pluto Press, 2005, p. 16.

② 朱晓中：《中东欧国家入盟两年：成果和影响》，社会科学文献出版社，2007。

较大开放度，使德国在今年成为经济合作与发展组织国家中，仅次于美国的接收移民国家，也是欧盟最受欢迎的接收移民国家。有研究指出，根据经济合作与发展组织的数据，2012 年共有 43.7 万名新移民到德国，与 2011 年相比增幅达到 16.3%，是难得见到的双位数增长，也是德国自欧债危机后，第四年移民数量持续增长。另外，德国在 2013 年为非欧盟国家的移民签发了 5.17 万份工作，其中过半数都是技能型的工作岗位。2013 年德国共接纳了 123 万移民，这个数字为 20 年来最高。其中，德国移民中四分之三来自中东欧国家。波兰位居移民来源国第一名，2013 年向德国移民 19.7 万人。新移民中，每 4 个就有 1 个来自其他欧盟国家，其中波兰裔最多，占到德国新移民总量的 17% 左右。其次是罗马尼亚、保加利亚与匈牙利，此外，中东欧国家的移民占据了移民排行榜的前四位。而当前的移民与之前移民最大的区别是"当下的移民受教育水平比以往更高，受过高等教育的移民数量一直在增长，相比过去 10 年，受过高等教育的移民数量增长了 70%，大约占整体移民的 45%"①。

（三）德国的移民政策演变

"移民不再是我们的问题，我们的问题是移民融入"②。2006 年，时任联邦内政部长朔伊布勒的这番话指出了目前德国政府移民政策的重心所在。移民融入问题在德国政府的政治议程当中成为重要议题之一。那么，如何制定出适合外来移民的一系列政策并且更好地促进移民的社会融入问题成为德国政府在移民问题上的重中之重。融入在移民研究领域指的就是移民的社会融入，也就是说移民作为"行为主体"进入"主流整体"的客居国社会。移民现象是一种复杂的社会现象，其显著的标志就是个体或者群体居住地的变化，这种变化不是简单的地域间的转移，而是离开原属地的政治共同体的主体发生一种社会关系的转变，包括文化、政治隶属关系的改变。由此可见，移民融入是一种以移民为主体、客居国社会背后的民族国家为客体，两者在社会结构中紧密相连、相互作用的社会现象。我们都知道，移民融入的客体即民族国家拥有领土主权不可剥夺的权威，这成为其对移民主体和移民活动

① 相关研究数据和结论转引自冯迪凡《德国成为全球第二大移民国》，《第一财经日报》2014 年 12 月 5 日。

② 郑朗、伍慧萍：《新世纪德国移民融入政策及其理念分析》，《德国研究》2010 年第 4 期。

进行调控的重要依据之一。那么，如何协调好国内与国外的各种利益，并且应对移民涌入客居国造成的社会结构的改变，成为民族国家所要面对的问题。

早在二战结束以后，德国外来移民流入的现象十分显著，主要是来自德国前东部领地、中东欧和民主德国的被驱逐者和政治难民，以及地中海沿岸国家、土耳其、南斯拉夫的“客籍劳工”，并且还有两德统一前后曾经分散在中东欧国家的德裔侨民，这些都构成了德国外来移民的主体。然而，德国政府长期以来一直公开否认自己是一个移民国家，这意味着德国政府认为，德国社会的变化是偶然的并且对将来发生类似的变化也持否定的态度。直到 20 世纪 90 年代末，关于“德国不是一个移民的国家”的认识还几乎是德国政界的共识。这也直接导致了德国政府在很长一个时期内都始终缺乏统一明确的移民政策。在 1978 年，时任外国人事务专员海因茨·库恩在一次备忘录中首次提出了移民融入政策的具体构想，诸如赋予外籍移民完整的法律地位、加强外籍青少年移民的融入、放宽入籍标准等，但在当时德国否认是移民国家的大氛围下，这个构想始终未能系统贯彻。到了 20 世纪 90 年代，虽然德国政府推出了一系列针对移民问题的“法律文件”，但是德国移民政策仍然一直缺乏统一、连贯的政策体系，而是更多被视为由针对不同移民群体的措施拼接而成的“打满补丁的地毯”和“实用主义的即兴创作”。[①] 例如，针对来自非欧洲国家的难民和避难申请者主要实行限制入境政策和鼓励回国的政策，包括大量来自招募时期的土耳其移民和（前）南斯拉夫移民；有限的移民措施则主要提供给来自欧共体内部以及其他经济较为发达国家的移民以及德国侨民，这部分的移民拥有更高的法律地位并且德国主流社会对其接纳程度更高。由于德国政府缺乏明确的政策引导，移民对于自身的身份转变没有足够的认识，这对于社会融入进程的影响是消极的。

进入 20 世纪 80 年代之后，移民在德国的被关注度越来越高，政治象征意义不断上升，逐渐成为政党竞争的重要议题，各个政党在移民问题上的态度也是日趋分化。1998 年，社民党和绿党联合执政之后，两党对于德国的移民现状首次给予了明确的肯定性表述，承认德国“已经发生了不可逆转的移民进程”[②]。联邦总理施罗德在其首份施政报告中再次承认了这一事实。2000

① 郑朗、伍慧萍：《新世纪德国移民融入政策及其理念分析》，《德国研究》2010 年第 4 期。

② 郑朗、伍慧萍：《新世纪德国移民融入政策及其理念分析》，《德国研究》2010 年第 4 期。

年在汉诺威电子博览会上，施罗德宣布实施“绿卡”计划以吸引高科技人才，从而再次制订了大规模非欧盟劳动力的计划，这是继 1973 年之后的又一次大规模引入劳动力的政策，这进一步明确德国政府对于移民的开放态度。此外，新《国籍法》颁发实施，在血统原则之外首次引入了出生地原则，承认在一定条件下，外籍移民子女在德国一出生即可获得德国国籍，这一规定使 50% 在德国出生的移民子女获得了德国的国籍。但由于反对党派的阻挠，这部《国籍法》并未实现，但是在一定程度上，使得两党在移民融入的必要性上达成了一致。

2001 年德国移民事务独立委员会调查撰写的移民问题研究报告出炉，这意味着德国真正开始对移民问题展开全方位的探讨。报告的标题为《塑造移民，促进融入》，这不仅承认了德国是一个移民国家，而且强调了 21 世纪德国对移民政策的重视，并且提出了完整统一的移民政策理念和移民融入措施。基民盟和基社盟也分别成立了委员会进行移民问题研究，并于 2001 年分别提出了自己的政策理念，虽然与红绿两党相比在文字表述上仍然较为保守，但是，这也在一定程度上承认了德国是移民国家的现实。2002 年，自民党在其竞选纲领中也首次承认德国是一个移民国家。在移民现状问题上所达成的跨党派共识越来越广泛。2005 年，德国第一部《移民法》经过激烈讨论之后正式出台，虽然最终并没有摆脱对新移民的限制态度，但是对移民的权利和义务做出了全面、清晰的规定，从此，移民问题首次拥有了完善而又统一的规范指导，它不再是政党竞争的争议焦点，从而在法律文本上最终默认了移民国家的现状。

二　德国的中东欧移民社会融入与社会认同

（一）社会融入与社会认同及其对移民问题的意义

在专门研究移民问题的领域中，众多理论家从不同的角度对融入的概念进行了大量的阐述，其中，英国社会学家戴维·洛克伍德（David Lockwood）将“融入”分为系统融入和社会融入：系统融入关注的是社会系统各个组成部分之间有序的或冲突的关系，是指社会作为一个整体系统的聚合，主要通过市场、民族国家以及大型的跨国合作组织来实现；而社会融入是把注意力放在行为体之间有序的或冲突的关系上，描述的是行为体以集体或者个体的形式被纳入社会系统之内的过程。[①] 迄今为止，这种划分已为众多社会学家所接受，被广泛应用于众多研究领域。就移民问题而言，移民作为一个特殊的群体，当他们进入一个新的国家或社会之后，往往会面临着诸如就业、教育、社会交往等问题，那么此时适应新社会的互动规范是必要的。在社会融入的研究中，有研究通过对欧盟各国移民融入政策的分析，认为移民在流入地社会要面临四个维度上的融入，即社会经济融入、政治融入、文化融入、主体社会对移民的接纳或拒斥。其中，社会经济融入主要是指移民在经济就业、收入水平、职业流动、社会福利与社会保障、社会性活动与社会组织参与等方面的状况改善；政治性融入则更多涉及移民群体的合法政治身份——合法公民权（考察政治融入的最关键指标）、移民的政治参与和对市民社会的参与；文化性融入主要涉及多元文化主义与同化主义的争论，对于文化融入可以通过移民对流入地社会基本规则与规范的态度、配偶的选择、语言能力、犯罪行为等指标进行测量。[②] 在这个意义上，移民的融入不仅仅是移民个体或群体自身对于流入地社会的同化与适应，同时也包含着流入地社会自身在面对移民群体时发生的变化。所以，移民的融入过程是两个相互调适过程的集合，一方面是移民整个群体对于流入地社会的融入，另一方面是流入地主流社会的再融入过程。[③]

社会认同是亨利·泰弗尔（Henri Tajfel），约翰·特纳（John C. Turner）等人在 20 世纪 70 年代提出并在群体行为的研究中不断发展和完善的。泰弗尔认为，社会认同是个体认识到他（或她）属于特定的社会群体，同时也认识到作为群体成员带给他（或她）的情感和价值意义。认同理论认为，社会认同由三个基本历程组成：类化、认同和比较。类化指人们将自己编入某一社群；认同是认为自己拥有该社群成员的普遍特征；比较是评价自己认同的社群相对于其他社群的优势、地位和声誉。在塞缪尔·亨廷顿看来，认同"是一个人或一个群体的自我认识，它是自我意识的产物，我或我们有什么特别的素质而使得我不同于你，或我们不同于他们"。对于大多数社会中的人来说，认同是历史演进的最终结果，其中包含了共同的祖先、共同的经

---

① 参见 http://www.mzes.uni-mannheim。

② Han Entzinger and Renske Biezeveld, *Benchmarking in Immigrant Integration*, Erasmus University Rotterdam, 2003.

③ Han Entzinger and Renske Biezeveld, *Benchmarking in Immigrant Integration*, Erasmus University Rotterdam, 2003.

历、共同的族源、共同的语言、共同的文化，通常还包括共同的宗教。所以，认同是人们在面对一定的社会、群体时，参照特定社会或者群体特征、边界来确定自己的归属的过程。

关于社会认同的功能，从个人层面来看，社会认同在很大程度上影响着一个人的行为和基本偏好，社会认同的成功建构对于个人融入社会生活、确立生活和道德的方向感等方面均有重要的意义。对此，有研究认为，“知道您是谁，就是在道德的空间中具有方向感，在道德的空间中，出现问题时，什么是好，什么是坏，什么是该做的，什么是不该做的，什么是值得做的，什么是不值得做的，什么是对你有意义的、重要的，什么是浅薄的、次要的”①。这种认识体现了社会认同对于个体、社会人的道德定位的重要性。因为，一个人若缺乏社会认同，即出现“认同危机”，就会产生严重的无方向感和不确定性。从社会层面来看，主要表现在对于自己所归属的社会、群体的认同，以及群体凝聚力、向心力认同及其再生产。社会认同可以确定群体符号边界而使内群体产生向心力，并使内群体具有合法性的条件。社会认同度的提高可以加大社会整合的力度，甚至还可以促进民族认同、国家认同。

（二）中东欧移民对德国的融入与认同

一般认为，无论是在就业、住房、教育等方面，还是在公民权利、社会参与以及观念意识等方面，与流入地居民相比较，移民可获得的各种资源和发展程度都存在着较大差距，形成与主体社会的隔阂。② 德国的移民发展模式是“过客或临时打工者”模式，在这种模式中，移民大多数是一种临时性的经济移民。在 20 世纪 60 年代和 70 年代，德国从土耳其和前南斯拉夫等国引进了大批工人，这些工人一部分在合同期满后回到本国，另一部分滞留德国继续工作。到 1991 年时，德国大约有 530 万外籍人口（不包括从国外回来的德国人后裔），这些人口占德国总人口的 8.6%，其中，土耳其人占 170 万，前南斯拉夫人 77.5 万。③ 与此同时，有研究指出，1993 年，德国人

① 查尔斯·泰勒著《自我的根源：现代认同的形成》，韩震等译，译林出版社，2001，第 38 页。

② Silvia Dorr and Thomas Faist, "Institutional Conditions for the Integration of Immigrants in Welfare states: a Comparison of the Literature on Germany, France, Great Britain, and the Netherlands," *European Journal of Political Research*, No. 31, 1997, pp. 401 - 426.

③ 陈勇：《当今国际劳工迁移现状、特点和政策趋向》，《经济地理》2001 年第 4 期。

口中约有 8.5% 的外国人，而在这些外国人中，大约有 26% 的人已在德国居住了至少 20 年以上，另有 26% 的人已在德国居住了至少 10 年以上。在德国的外国人中，土耳其人最多，大约有 157.6 万，占所有外籍人口总数的 1/4 以上。除了土耳其人，前南斯拉夫人、意大利人、希腊人和波兰人也相对较多。除了外籍工人及其后裔外，德国还接纳了大量散居在国外的德国人。从 1988 年到 1991 年，大约有 120 万居住在东欧和原苏联的德国后裔移居德国，仅 1990 年，就有大约 40 万德国后裔返回德国。而目前，从东欧和原苏联地区回国的德国后裔有 200 多万人，这些人大部分来自哈萨克斯坦、俄罗斯，也有相当一部分人来自波兰和罗马尼亚。自 1993 年开始，德国已经把通过民族回归进入德国的人数限定在每年 22 万人以内。在移民归化上，德国奉行儿童国籍决定于父母国籍的原则，这意味着与德国人有血缘关系和亲戚关系的人比在德国居住较长时间的外国人更容易获得德国国籍。

从近代移民发展历史来看，德国始终存在移民的现象，但是德国的中东欧移民并没有融入德国的主流社会当中，甚至被边缘化。从社会经济融入方面来看，德国的中东欧移民在就业、收入水平、职业流动、社会福利与社会保障、社会性活动与社会组织参与等方面远远落后于本土民众。例如在波兰的罗姆人，由于被迫离开原属国移民到德国，但是原本对新生活的向往与希望往往成为泡影，工资薪酬低，失业率高，很多德国本土居民不愿与罗姆人为邻，后者甚至饱受歧视、排挤和迫害。

三　德国的中东欧穆斯林移民现状与德国的应对

（一）德国中东欧穆斯林的形成

德国原本是一个纯粹德意志人居住的民族国家，早在 7 世纪，德国就有穆斯林的存在，只是规模较小。在二战之前，德国只有少数的法国人、荷兰人和丹麦人，外国人数仅占德国总人口的 0.2% 。二战之后，缘于战后经济重建与繁荣，劳动力严重匮乏的德国在 20 世纪 60 年代初陆续与波兰、土耳其和摩洛哥等国签署客工招募协议，自此穆斯林客工便络绎不绝地进入德国，大大改变了德国的人口结构和外国人所占总人口的比例。[1] 战争结束之

---

① 胡雨：《穆斯林移民在德国及其社会融入》，《德国研究》2013 年第 3 期。

后，德国大多数穆斯林被遣返回苏联，一部分留在德国，包括摆脱东欧、苏联控制的逃兵。这样，许多来自巴尔干半岛和东欧不同国籍的穆斯林在战后德国的不同地方定居下来。20 世纪 60 年代是招募劳工阶段，按照德国政府最初的设想，客工只是暂时雇佣关系的外籍劳工而非法律意义上的外来移民，招募的政策完全只是为解决劳动力暂时短缺的权宜之计，并未真正考虑客工定居与公民权事宜。[①] 20 世纪 70 年代至 80 年代是家庭团聚阶段。1973 年，由于受石油危机以及经济危机的影响，德国废止客工计划，并且鼓励客工返回原籍，然而效果并不显著。80 年代中期，出现以难民为主要形式的穆斯林移民潮并且一直持续至今，90 年代达到高峰期，1989 年以来，东欧剧变、苏联解体和南斯拉夫内战使穆斯林移民到德国的人数达到高峰，东欧各国和苏联在 1989 后放宽了移民限制，大量东欧国家公民和苏籍少数民族离开本土来到西欧。据欧共体和联合国难民署统计，1989 年从东欧涌入西欧的人数达 80 万；1990 年离开东欧地区的人口达 130 万；1991 年以来，匈牙利、罗马尼亚和波兰等国的移民势头有增无减；1992 年到 1995 年的波黑战争使 200 万人沦为难民；1999 年科索沃战争造成 85 万难民。这些战争导致难民利用避难权涌入德国，其中大部分穆斯林难民来自波斯尼亚和科索沃，与此同时也出现了新的移民形式，即政治难民和战争难民。[②] 1993 年前，德国《基本法》的第 16 条规定，“受到政治迫害的人享有政治避难的权利，并在等待申请结果时可以享受相对慷慨的社会福利”。[③] 这些难民根据德国宪法第 16 条可以到德国寻求政治避难，该条款赋予政治受迫害者庇护权。因此，冷战后，在中东欧长年冲突和动荡之中，许多流离失所者和难民通过各种途径流入德国。据统计，在德国的 700 多万外国人中，穆斯林的数量位居榜首，外来民族大量涌入使德国的人口结构发生重大变化，也迫使德国政府不得不接受德国已经成为一个非典型意义上的移民国家的事实。1961 年德国仅有 6500 名穆斯林，1989 年陡升至 180 万，2002 年已达 340 万。[④] 另外，据皮尤中心估算，2010 年德国共有 412 万穆斯林，占总人口的 5%，是欧盟国家中

---

① Stephen Castles and Mark J. Miller, *The Age of Migration: International Population Movements in the Modern World* (4th edition), New York: Palgrave Macmillan, 2009, pp. 100 - 101.

② 宋全成：《简论德国移民的历史进程》，《文史哲》2005 年第 3 期。

③ 陈南雁：《欧洲移民问题及移民政策的趋势分析——兼论德国在欧洲移民政策形成过程中的重要作用》，《德国研究》2006 年第 2 期，第 37 页。

④ Joel S. Fetzer and J. Christopher Soper, *Muslims and the State in Britain, France, and Germany*, Cambridge: Cambridge University Press, 2005, p. 102.

仅次于法国（470万）、超过英国（286万）的拥有第二大穆斯林人口的国家。鉴于穆斯林妇女较高的生育率以及穆斯林移民的持续涌入，预计到2030年德国穆斯林将增至550万，约占总人口的7.1%。[①]

当前，德国的穆斯林人口总数在欧盟国家中仅次于法国，达400多万，大部分来自土耳其和东南欧。根据德国伊斯兰教协商会议的要求，联邦移民和难民局首次为《德国的穆斯林生活》这一专题提供了在全国范围内具有代表性的统计数据基础。2009年6月发表的调查报告证实，穆斯林移民已成为德国社会的固有成分，目前生活在德国的穆斯林人口已达430万，比先前主流媒体所认为的340万还要多出很多，占德国总人口（约8200万）的5.2%，其中约有半数具有德国国籍，他们中的大部分人信奉伊斯兰教，超过三分之一的人认为自己是非常虔诚的信徒。就教派而言，生活在德国的穆斯林多数属于逊尼派，其他教派仅存于较小的群体中。更值得注意的是，几乎所有在德国生活的穆斯林都具有移民背景，且大部分来自土耳其和东南欧，其中，约14%来自波斯尼亚、保加利亚、阿尔及利亚等东欧国家。

由此可见，穆斯林正逐渐成为德国社会不断壮大的一个外来族群。根据德国人口官方数据预测，德国人口总量呈下降趋势。2008年人口总量为8200万，预计到2020年人口总量减少200万左右，并于2060年下降到6500万~7000万。同时20~65岁工作年龄的人口数目将逐步下降，2008年此年龄段人口总量为5000万，到2060年将下降到3600万，下降比例为28%。这意味着德国老龄化问题将更加突出。[②] 人口总量及结构的转变表明，德国将会对外来移民保持持续的内在需求，由于德国本土人口数量的不断下降、老龄化的加剧以及穆斯林较高的人口出生率，德国的穆斯林群体会在德国总人口中占据越来越大的比例。

（二）德国中东欧穆斯林的现状

穆斯林具有一种行为止于宗教向心力的生活圈，这是由其特有的宗教性

---

① Pew Reaearch Center, "The Future of the Global Muslim Population: Projections for 2010 - 2030", http://www. Pewforum. Org/The - Furture - of - the - Global - Muslim - Population. aspx, 2011.

② Germany Federal Statistical Office, "Germany's Population by 2060: Results of the 12th Coordinated population on projection", http://www. Destatis. de/jetspeed/Portal/cms/Sites/destatis/Internet/EN/Content/Publicationen/SPeeializedlPublications/Population/GermanyPopulation2060, Property = fiIe. pdf, 2009.

所决定的，而这也就构成了他们融入德国主流社会的结构性问题。在穆斯林的世界里，宗教信仰至高无上，清真寺是穆斯林主要的宗教活动场所，同时也是组织和动员各类文化、政治、经济等活动的载体。如今，德国共有2342个清真寺社群，即以清真寺为轴心的伊斯兰社群。[①] 所谓的“伊斯兰社群”是指一个生产、遵循和支持某个特定的伊斯兰解释的社会宗教团体，透过其活动和组织网络，组成协会、联合会、基金会、教育机构和清真寺。[②] 各类伊斯兰组织最初大都在当地活动，随后逐渐扩展至地区层面，从20世纪80年代开始，全国性的伊斯兰伞状组织相继涌现，它们代表了德国大多数穆斯林的利益和立场，其五大组织列举如下。

（1）土耳其－伊斯兰事务联盟是土耳其官方控制的宗教组织，即德国最大的伊斯兰伞状组织，由896个地方清真寺社群组成。1984年“土耳其宗教事务局”在科隆组建土耳其－伊斯兰事务联盟，其伊玛目是土耳其官方的宗教公务员，受土耳其大使馆宗教领事的管辖，这些人对德国社会了解甚少，几乎不会德语，土耳其－伊斯兰事务联盟的使命和宗旨是为土耳其裔穆斯林提供宗教社会服务，传播官方世俗版本的伊斯兰教，强化与离散社群的政治、经济和文化关系。鉴于土耳其－伊斯兰事务联盟专门针对土耳其裔穆斯林，因此它并不能代表德国全部穆斯林的利益。

（2）伊斯兰社群是德国第二大伊斯兰伞状组织，伊斯兰社群始建于1994年，由323个清真寺社群构成，总部位于科隆附近的科蓬。伊斯兰社群肇端于政治伊斯兰倾向的社群主义运动，其宗旨和目标是促进土耳其国家和社会的伊斯兰化，实施伊斯兰教法，建立伊斯兰国家。自20世纪70年代初以来，伊斯兰社群积极在德国拓展势力。鉴于其反世俗、反西方的立场，未获邀参加“德国伊斯兰会议”，并长期受到联邦宪法保卫局的重点监控。

（3）穆斯林文化中心协会是苏莱曼运动在德国的翻版，代表了“民间伊斯兰”的势力，它拥有300座清真寺。苏莱曼运动发端于苏菲派的奈格什班迪教团，它从20世纪70年代初就在西欧开展活动，到1973年该运动已在德国建造了150座清真寺。同年间，这些清真寺在科隆共同成立了“伊斯兰文

---

① Matthias Kortmann/ Kerstin Rosenow – Williams, “Islamic Umbrella Organizations and Contemporary Political Discourse on Islam in Germany: Self – Portrayals and Strategies of Interaction”, *Jorunal of Muslim Minority Affairs*, Vol. 33, No. 1, 2013.

② Ahmet Yukleyen, *Localizing Islam in Europe: Turkish Islamic Communities in Germany and the Netherlands*, Syracuse: Syracuse University Press, 2012, p. 3.

化中心”，这也是当时德国第一个伊斯兰伞状组织。穆斯林文化中心协会的目的就是帮助穆斯林的宗教实践，训练伊玛目，并提供“伊斯兰教育”及各种社会服务。

（4）穆斯林中央理事会成立于 1994 年，其前身是德国伊斯兰工作委员会。它目前是一个由 21 个土耳其、阿拉伯、巴尔干等地方伊斯兰伞状组织所组成的联合会。穆斯林中央理事会的宗旨是“促进德国的穆斯林社会和伊斯兰精神，为穆斯林的宗教功修提供方便”。该组织试图充当全德穆斯林的代言人。德国联邦宪法保卫局怀疑其资金来源于沙特领导的穆斯林世界联盟，并深受穆斯林兄弟会的影响。①

（5）德国阿拉维社群是以阿拉维人协会为主体的伊斯兰伞状组织，正式成立于 1990 年，现由 130 个成员协会所组成。“阿拉维人”意指“阿里的支持者”，阿拉维教派通常被看作什叶派的一个支派。在宗教教义和仪式上，阿拉维派杂糅了伊斯兰教什叶派和佛教的多种元素，加上阿拉维人并不在清真寺而是在“赛姆”践行集体礼拜和舞蹈，由此正统穆斯林不愿意把阿拉维派信徒视为真正的穆斯林。②

基本上，穆斯林在德国尚未形成一个统一的、有权威性的有机整体，各类伊斯兰组织为争夺“宗教场域”的话语霸权彼此竞争，为获取穆斯林社群的影响力而相互博弈，为觅取合法性、地位和财政援助等社会资源而竞相角逐。虽说这些组织的正式成员人数仍相对较少，但它们对穆斯林移民的影响却不可小觑，正是这些组织在很大程度上设定了整个穆斯林社群在欧洲的发展趋势。如果说，第一代穆斯林移民组织大都依循族群身份的性质而组建，那么随着新世代穆斯林的不断成长，跳脱狭隘的族群边界，更具包容性、多元性的新型伊斯兰组织也随之发展壮大。然而，不同于生活在以穆斯林为主体的祖籍国，伊斯兰组织处在德国这个非伊斯兰的大环境中，伊斯兰社群与国家的相互关系嵌入在不平等、不对称的权力结构之中，无时无刻不受到德国既有的宪政体制的制约。

由于历史和文化传统的差异，西欧各国在处理政教关系上都有自己本国

---

① International Crisis Group, “Islam and Identity in Germany”, *Europe Report*, No. 181, March, 2007, p. 10.

② Matthias kortmann/ Kerstin Rosenow – Williams, “Islamic Umbrella Organizations and Contemporary Political Discourse on Islam in Germany: Self – Portrayals and Strategies of Interaction”, *Journal of Muslim Minority Affairs*, Vol. 33, No. 1, 2013, pp. 41 – 60.

的特色，形成了不同的宗教治理模式。相较而言，德国采取了介于法国严格的世俗主义与英国宽松的多元主义之间的折中道路，在对待穆斯林移民的宗教和文化实践上，德国比法国具有较强的包容性，却比英国的包容性更弱。[①]

迄今为止，已有20多个天主教、新教及犹太教的教会被获准拥有"公法法人"地位，而绝大多数伊斯兰组织还没有被德国政府赋予"公法法人"地位。究其原因，德国政府依旧视伊斯兰教为"外来宗教"或"移民宗教"，伊斯兰社群仍不是有30年以上历史的"稳定社群"，"它们未能符合《基本法》第140条的诸多要求"，不符合法律规定的"宗教社群的标准"。鉴于尚未获得"公法法人"地位，伊斯兰组织只能以"注册社团"或基金会的名义登记注册，开展活动，无法享有宗教社群的特权，这其实就是伊斯兰教在德国的合法地位不被承认。鉴于这种情况，穆斯林认为这不过是政府对伊斯兰社群采取或明或暗的歧视和排斥的反映，因此迫切希望政府能够以平等方式承认其宗教信仰，赋予伊斯兰教合法地位，使之不再遭受误解和歧视，尽快融入德国社会。[②]

（三）德国穆斯林移民所引发的社会问题及其原因

在早期，由于穆斯林客工的工作性质和集中居住的情形，他们与德国社会的接触相当有限。在文化上直到20世纪70年代末，政治上直至80年代末，穆斯林基本处于隐而不彰的状态。然而，随着家庭的到来以及新生代的涌现，穆斯林在德国的永久存在已成事实。移民问题作为一把双刃剑，在有力推动德国经济的繁荣与多元化的同时，也给德国社会带来了诸多问题。本部分便分析德国的穆斯林移民所带来的社会问题以及造成这些问题的原因。

第一是给德国造成了巨大的经济压力。首先，在欧盟层面上的移民政策合作增加了德国的财政负担；为了控制外来人口以及非法移民的不断涌入，德国不得不大幅度地增加政策成本以维护社会的稳定发展，比如建立边防警察部队、建立临时避难营、加强对偷渡移民的打击等。另外，随着欧盟东扩，越来越多的中东欧穆斯林移民涌进德国，这也给德国移民安置问题带来

---

① Joe S. Fetzer and J. Christopher Soper, *Muslims and the State in Britain, France, and Germany*, Cambridge: Cambridge University Press, 2003, pp. 102 - 105.

② 胡雨：《穆斯林移民在德国及其社会融入》，《德国研究》2013年第3期。

了极大的困难，用于安置移民的费用也大大增加，需要提供给移民一定的住宿、伙食以及其他必要的费用。这些也成为德国政府一项巨大的财政负担，与此同时，也相应减少了用于生产的资本投资，对经济可持续发展构成了一定障碍。

其次，欧洲经济停滞以及发生危机之后，欧洲各国的失业率很高，较高的失业率对本国的劳动力市场打击很大。大量外来移民涌入德国后，承担了大量原本属于德国本土人员所承担的工作，这就对本国公民劳动就业空间产生了强烈的挤压作用，从而加剧了德国的失业现象。实际上，德国穆斯林移民不仅是导致德国失业率增加的重要因素之一，也是德国失业大军的主体部分，是经济发展缓慢的受害者，甚至沦为本土人士发泄不满的主要对象。

最后，穆斯林移民进入德国后基本处于较低的社会地位，这些低层次的简单劳动力不一定有利于德国经济的稳定发展，大量难民和非法移民是偷渡到德国的，他们处于非法生存状态，靠打黑工赚钱生活，这样就形成了一个黑工市场。在这个市场中，对工人的剥削、超强劳动、劳动条件恶劣、工伤事故不断、偷税漏税等问题层出不穷，违法了各国法律，影响了劳动力市场，也扰乱了正常的市场经济秩序。

第二是宗教信仰难以调和。“穆斯林身份”最标志性的表现就是宗教信仰，这一点是构成穆斯林移民问题最为关键的因素。德国本土占主导地位的基督教，与伊斯兰教积怨已久，两者虽然在宗教渊源上有相通之处，但在长期的自我发展和相互竞争中，互相也为对方贴上了“他者”的标签。一些极其细微的象征性事物能够触及教徒的精神内核。以近些年的“丹麦漫画事件”为例，欧洲媒体对于穆罕默德的侮辱性漫画触犯了伊斯兰教教规，激起了穆斯林移民以及全球穆斯林的大规模抗议。[①] 另外，还有巴黎学校的头巾事件，以及法国总统萨科齐抛出的“法国不欢迎穆斯林罩袍”[②] 的言论。

从伊斯兰教与基督教的差异视角出发，穆斯林移民所带来的社会问题中的确存在一些亨廷顿的“文明冲突论”所提及的内容。亨廷顿认为，伊斯兰教与德国主流宗教基督教都是一神教，但与其他一神教不同的是，其不容易

---

① Frances Harrison, “Danish Muslins in Cartoon protest”, http://news. bbc. Co. uk/2/hi/Europe/, 2009 - 06 - 25.

② Doreen Carvajal, “Sarkozy Backs Drive to Eliminate the Burqa”, http://www. nytimes, 2009 - 6 - 23.

接受其他的一神教，都是用非我即彼的眼光看待世界，又都是普世主义的，声称自己是全人类都应追随的唯一真正信仰。[①] 由此，宗教的排他性被强化了，伊斯兰宗教文化与德国本土的基督教文化在观念上有很大的差异。

在德国人眼里，伊斯兰教被贴上了恐怖、暴力、保守、专制等标签，宗教被利用，成为政治领域的核心话语。在德国人看来，伊斯兰教中妇女佩戴头巾意味着女性的从属地位，体现了对女性的歧视。所以，很多德国人反对穆斯林妇女佩戴头巾，特别是在校的女学生。这些都体现了土耳其移民与德国人在文化认同方面的差别。作为一个传统上的基督教社会和现代的世俗社会，德国社会对与德国基本价值观差距巨大的穆斯林及伊斯兰信仰的接纳程度是有限的，随着德国穆斯林数量的不断增加，两种文化的碰撞不断加强，德国民众对于伊斯兰教也渐渐衍生出“谈虎色变”的心态。这也进一步推迟了欧洲穆斯林融入主流社会的脚步。

第三是穆斯林移民给德国社会造成了一定的安全风险。大量穆斯林移民也给德国主流社会带来了潜在的安全风险，由于穆斯林移民长期居住在社会的“底”层，许多移民连基本的衣、食、住、行和基本的医疗卫生条件都没有保障。例如在柏林的新科隆区，有 14% 的人是穆斯林，这些穆斯林移民区也是德国最贫穷的区，他们不仅在收入上处于社会的最底层，而且在教育和工作方面也成为社会的弱势群体，如在柏林的新科隆区，有 1/3 的人口靠社会救济生活，人均收入比柏林平均水平低 20% 以上。[②] 另外，穆斯林及其后代，在社会教育、语言、就业、生活习惯等方面也面临社会适应性的问题，甚至是被孤立在德国主流社会之外。以上因素一定程度上使穆斯林移民更容易走上犯罪道路。

“9·11”事件发生以后，反穆斯林、反伊斯兰情绪在整个欧洲大陆开始泛滥，欧洲人普遍出现了“伊斯兰恐惧症”。德国以及整个欧洲针对穆斯林的暴力事件时有发生，这给国家的安全构成了前所未有的潜在风险。《华尔街日报》2004 年的一项调查显示，大部分欧洲国家都存在强烈的反穆斯林情绪。[③] 在德

---

① 塞缪尔·亨廷顿：《文明的冲突与世界秩序的重建》，周琪等译，新华出版社，2002，第 232 页。

② 宋全成：《欧洲移民研究：20 世纪的欧洲移民进程与欧洲移民问题化》，山东大学出版社，2007，第 287 页。

③ Marc Champion, “A Test to Multiculturalism”, *Wall Street Journal Europe*, Dec. 10, 2004.

国，每 3 人中就有一人认为应当禁止穆斯林移民到德国。[①]“德国之声”网站报道称，德国种族歧视现象似乎不减反增。德国宪法保护报告中一些数据也让人触目惊心：2007 年犯罪事件 7176 起，其中 2/3 是非法宣传、佩戴违宪的纳粹徽章等。而造成身体伤害的暴力案例为 845 起，德国每天会发生 2.3 例与种族歧视有关的伤人事件。排外、反犹、歧视性侵犯等行为则屡屡见诸报端。[②]

对德国而言，无论是经济层面上的就业压力、财政压力，还是宗教文化之间的观念差异，穆斯林移民都带来了潜在安全风险。那么，如何能够处理好这一系列的问题，是当今德国政府所要面临的重要问题。

（四）德国政府针对穆斯林移民问题的态度与应对

自 20 世纪 90 年代以来，德国政府对于移民的基本态度就是：移民融合需要移民自身的参与，积极地融入德国主流社会中，首先要熟悉本地的价值观、理念和生活方式，要尊重德国文化，会讲德语，放弃极端的宗教行为，融入德国社会生活中。不同时期，德国政府对于移民的态度是不同的：二战结束后，德国外来移民主要是来自德国前东部领地以及中东欧的难民和客籍工人，直到 20 世纪 90 年代末期，德国仍然否认自己是一个移民国家，也并未采取统一明确的移民政策。1978 年，时任外国人事务专员海因茨·库恩首次提出移民融入政策的具体构想，但是当时德国整个环境是对移民国家的否认，因此，这个构想并未系统贯彻。到了 20 世纪 90 年代，政府开始出台一系列有关移民问题的法律文件，但并未形成统一、连贯的政策体系。只是对非欧洲国家难民和避难申请者实行限制入境政策以及鼓励回国政策以缓解移民所带来的社会问题。90 年代之后，德国政府对于移民问题的关注度越来越高，2000 年在汉诺威电子博览会上，施罗德宣布“绿卡”计划以吸引高科技人才，从而制订了大规模引入劳动力计划，这也明确了德国政府对于移民的开放态度。这时期，新的《国籍法》颁布实施，首次引入出生地原则，承认在一定条件下，外籍移民子女在德国一出生即可获得德国国籍。这对于移

① Serena Hussain and Tufyal Choudhury, *Muslims in the EU: Cities Report*, Preliminary research report and literature survey of the Open Society Institute and EU Monitoring and Advocacy Program, United Kingdom, 2007, p. 55.

② 《青少年更排外？极右和种族歧视在欧洲抬头》，http://news.sina.com.cn/c/2009-03-24/142115359274s.shtrml。

民又是一大吸引，但最终由于反对党的阻挠未能实现。在 2002 年，自民党在竞选纲领中也首次承认德国是一个移民国家，各党派对于移民问题的共识也越来越广泛。2005 年，德国第一部《移民法》出台，虽然仍然对新移民有很大的限制，但对移民的权利与义务做出了全面、清晰的规定。

所谓移民政策，就是有关人口国家间迁徙管理的一切法律、政令、国际协定、约定等具有强制法律约束力的规范。① 移民政策长期以来一直没有明确的界定，由于涉及的社会问题广泛，可以分为两大方面：社会控制政策与社会认同政策。社会控制政策主要是限制更多的外来移民，对于非法移民的入境采取有效政策。主要包括边界控制、运输管制和内部控制。移民控制虽然在接受国有所增强，但不能从根本上改变移民压力。通常我们又把移民控制政策分为外部控制与内部控制。外部控制政策包括国家采取加强外部边境控制和限制入境的种种政策和措施。内部控制是国家采取对内部移民的定居、就业、确定公民身份以及遣返等一系列的行为控制。具体而言，德国政府采取的主要的外部控制政策与措施有：加强边境检查，在机场、港口等出入境口岸加强过境检查和加强入境签证制度的协调管理；通过立法，防止非法偷渡和秘密移民；加强有关寻求避难者的管理以及严格确定难民身份，采用了先进的计算机信息网络技术，建立了计算机数据网络，如申根信息系统和欧洲信息系统；为防止避难者多国申请，还建立了避难者指纹系统；加强了对航空、海运等运输管制以及法律技术合作以共同对付移民的虚假欺骗行为；实行了特别警察联合，进一步巩固武装力量，共同防止“偷渡”；有条件地援助难民输出国，以减少难民数量；建立由联合国监管的安全区，从而阻止难民流入；通过与移民输出国或移民中转国订立双边协议，以防止大量移民进入德国。

德国政府采取的内部控制政策包括驱逐与遣送非法移民；鼓励移民返回原籍国；严格的避难政策；有效管理入籍政策等。根据《移民法》第 1 节第 55 款，外国人如果其居住对公众安全和秩序或者其他联邦德国的重要利益构成威胁，就应当被驱逐。如果一个外国人犯法或者在办理有关外侨手续时，提交了不实或者不完整的信息，也同样适用于驱逐，外国人只要被查出有严重威胁公共安全和秩序的行为就会遭到驱逐。遣送往往被纳入两国安全合作

---

① 丁斐平、贾林波、衡晨敏、郑潞：《浅析国外移民政策对我国打击非法移民的影响》，《上海公安高等专科学校学报》2004 年第 6 期。

的框架中，而在2007年2月4日，德国和阿尔及利亚签署的安全合作协议中，就有包括反对偷渡和引渡内容。只有在外国人已经被命令离境、居留申请不被批准、不自愿离境或者出于公共安全和秩序考虑，需要其离境的情况下才可以被遣送。如果是临时滞留，尤其是当他们遭遇人种、宗教或者政治歧视，面对目的地国的迫害时可以不被遣送。另外，德国政府积极鼓励移民返回原籍国，《移民法》规定，在德国合法居住的外国移民，只能申请让自己的配偶和未成年的子女来德与自己生活，其他亲属的进入则受到严格的限制，而且一次性申请原则，即一次性办理家庭团聚，不能申请一人、分数次申请。此外，政府还为那些愿意返回国内的外国移民提供资金支持，鼓励更多的移民返回原籍国。

对于难民政策，如果寻求避难者是从安全的国家来德国的，他们的申请将被拒绝。这就意味着那些经由罗马尼亚、保加利亚这类国家进入德国的难民，将被认为不符合德国难民收容程序和标准而被遣返原国。而且，抵达国际机场的寻求避难者会被阻挡在机场的通行区内，如果他们的申请被证明缺乏理由，那么他们将会被拒绝入境。由此，德国政府通过控制入境的方式将东欧和独联体国家的大量申请难民身份的移民，排斥在德国的国门之外。德国还减少了对难民申请者的资助。2007年，只有15.4万的申请者领取到难民申请补贴费。这也是自1994年以来从没出现过的现象。[①] 德国对申请避难者准入的严格控制，使得政治避难申请者的数量大幅下降。

德国一直拥有整个西欧最为严格的入籍法，在归化入籍上，奉行血统主义原则，但德国入籍法严格的地方甚至将那些只有一半德国血统的人也排除在授予国籍的行列之外。但在2000年，在新的国籍法中德国放弃了原来严苛的血统判定原则，建立了新的出生地原则。申请德国国籍的人最基本的条件有：在德国定居至少10年；熟练掌握德语；有工资能力；道德上无瑕疵；有稳定的住所；经济收入能够满足自己和家人的需要；愿意放弃自己原来的国籍。[②]

新《移民法》成为历史的分水岭，第一次为控制和限制移民提供了更坚实的法理基础，它赋予德国在完成人道主义任务的同时，根据德国的经济、

---

① 《德国：难民申请和外国移民越来越少》，参见山东大学移民研究所网站，http://www.ims.sdu.edu.cn/cms/index.php。

② Joel. S Fetzer and J. Christopher Soper, *Muslim and the State in Britain, France, and German*, Cambridge: Cambridge University Press, 2005, p. 101.

政治和文化利益管理移民的权力。同时，新移民法所遵循的原则之一，包括使永久定居的合法移民融入德国社会，也采取了很多促进外来移民融入德国主流社会的社会认同政策。

社会认同政策是指为了促进外来移民积极融入主流社会而采取的有效政策。20 世纪 70 年代初由于经济危机导致劳动力需求减少，大量的移民劳工并未回流到自己的国家，而是选择留在德国。因此，德国政府已经明显感受到移民融合的压力。在 1973 年，德国政府出台了《关于移民劳工就业计划》，该计划被视为官方制定的第一个旨在推进移民融合的政策，其主要是解决移民住房和教育问题。[①] 1975 年，政府又建立了移民政策指导委员会，该委员会号召给予移民社会、经济方面的权利。1979 年，联邦德国专门处理外来劳工及其家庭问题的联邦高级官员曾公布了第一份代表着官方全面正视移民少数民族系列问题的官方报告。在报告中，他推出了一系列措施，以确保外来劳工具有更安全的法律地位和更多的机会，以及给予已有 8 ~ 10 年居住期的移民劳工参加地方选举的权利。同年，移民指导委员会还起草了移民融合的指导性报告，强调要关注第二、第三代移民的社会问题。[②] 这两份报告的进步性颇具里程碑的意义，但遗憾的是，在此后的 10 年中，这两份报告中的建议，并没有真正转变为政府的相关社会政策。1990 年德国政府通过了新的外国人法案，它把改善移民融合作为首要目标之一，鼓励已获长期居留许可的外国人融入德国社会。2000 年 1 月 1 日生效的新《国籍法》大大降低了外国人获得德国国籍的门槛，德国由此制定了一套融入性、标准化的入籍方案，有利于解决内部长期存在的移民合法化问题。欧盟东扩以来，2005 年德国实施新的移民法，社会融合政策在新移民法中占据重要的一部分。2007 年又对该法进行了修订，标志着德国正式着手对境内移民制定积极的融入政策。近年来，尽管德国放慢了接纳外国移民的步伐，但是，低出生率和人口负增长的危机以及老龄化时代的来临，使得德国对移民的需求将持续下去。2005 年 11 月新成立的德国"联合政府"将制定有效的融合政策放在了突出位置。2006 年 7 月 14 日，德国总理府召开了"融合峰会"，[③] 旨在邀请

---

① Sarah Colllinsion, *Immigrant Minorities in Euro Today.* Typographie Ltd, 1998, p. 99.

② Stephen Castles, "The Guests Who Stayed: The Debate on 'Foreigners Policy' in the German Federal Republic", *The International Migration Review*, Vol. 19, No. 3, Autumn, 1985, pp. 517 – 534.

③ "On Integrating Immigrants in Germany", *Population and Development Review*, Vol. 32 Issues. 3, Sep. 2006, p. 597.

部分移民代表共同商讨制订一部国际融合计划。2007 年 7 月 12 日，德国第二届移民“融入峰会”在联邦总理府举行，默克尔总理主持会议并致辞，会上通过了《国家融入计划》，被称作德国移民政策史上的里程碑。德国政府为穆斯林移民的融合做了如下努力。

首先，在入籍政策方面，德国放弃了严格的以德国血统判定德国公民的原则，建立了出生地判定原则。新法律的出台，规定所有在德国出生的外国人，只要父母一方具有合法的德国居留权，就可以在 14 岁或更小的年纪获得德国公民权，同时他们在 23 岁的时候必须选择母邦或移居国一种国籍。[①] 出生地原则的入籍政策对德国国籍法来说，是一项重大的改革，为外来移民子女接受教育、减少歧视性发挥了积极的作用。另外，政府对于新加入德国的公民教育也是相当关注，在注册的教育中心开设公民教育课程，申请者也可以通过网络来学习课程，并针对性地进行专门的测试以确保申请入籍者能真正掌握公民身份所要求的对国家基础知识的了解。

其次，召开德国伊斯兰会议，完善宗教治理机制。在 2005 ~ 2009 年基民盟与社民党组建大联合政府期间，内政部长沃尔夫冈 · 朔伊布勒于 2006 年设立了德国伊斯兰教联席会议，以致力于加强与穆斯林社群的对话和社会融入。德国“伊斯兰会议”的口号和目标是：“由穆斯林在德国走向德国穆斯林。”伊斯兰议会由 15 个政府代表与 15 个穆斯林社群代表组成，进行定期的直接沟通对话。德国新内政部长德梅齐埃表示将会继续举行该会议。虽然到目前还没有取得很实质性的成果，但是已经体现出德国对国内第三大宗教—伊斯兰教的认可和重视，为种族群体关系和宗教观念的交流和关系的改善提供了很重要的平台。

最后，强化文化融合。德国政府和社会舆论都曾指出，“穆斯林融入的主要问题是文化和宗教的差异”。无论如何，语言和文化始终扮演着社会凝聚的重要功能。[②] 而如今德国面临的困境是，即使拥有德国国籍的穆斯林日益增多，但只不过是形式上的公民身份，真正的文化融合并不显著。2006 年 7 月德国政府首次召开全国融入峰会，总理默克尔着手制订全国融入计划（NIP）。德国政府认为，问题关键在于缺乏德语能力、缺少高等教育等。因

---

① Robert J. Pauly, *Islam in Europe Integration or Marginalization*? England and USA: Ashgate, 2004.

② Faruk Sen: “Euro - Islam: Some Empirical Evidences”, in Ala Al - Hamarneh, *Islam and Muslims in Germany*, Leiden and Boston: Brill, 2008, pp. 22 - 48.

此，政府每年投入约1.5亿欧元，开设了融合课程班，主要改善年轻移民的受教育机会和德语语言能力。融合课程主要包括德语课程与适应课程。目的是提高外来移民的德语技巧，除此之外，还包括熟悉德国的历史、人文和法律制度。适应课程旨在使移民理解德国的国家政体，帮助他们能够在新的环境中找到出路，给他们提供可以认同的东西。尤其是为女性穆斯林移民融入德国给予了更多的特殊关照，打破原籍国的一些规定，允许女性穆斯林移民能正常参与到融合行动中，积极参加到德语课程班的学习和职业培训中。总之，关注教育和职业培训，通过教育和语言能力的提升以增进相互理解，社会参与和就业成功已经成为德国对于穆斯林移民融合议程的主轴。

四　结论

21世纪是移民的世纪，在全球化浪潮下移民现象已经成为当今世界的普遍现象。作为当今世界最大且运作最为成熟的国际组织，欧盟各成员在一体化进程中突破了“主权的桎梏”实现了国家间合作的新模式，甚至使欧洲各国呈现出“超国家”的发展趋势。然而，此进程并不是一帆风顺的，特别是欧盟的主要成员都面临着来自欧盟扩大后新移民持续输入带来的社会整合问题，相应的，与传统移民国家相比，欧盟的主要成员探索出一条社会整合与社会治理的新路，也形成了丰富的移民政策法规。作为欧盟“发动机”之一的德国，一直被视为一个纯粹德意志人居住的民族国家，二战之后，德国被“人为地分割”到两大对立阵营，大量的外国人也因此来到德国，这也使德国的人口结构开始改变；并且，随着《申根协定》的签署和欧盟的持续东扩，越来越多的外国人，特别是中东欧国家的人们开始通过更自由且合法的方式进入德国，成为新的移民。

在此背景下，本文从移民的社会融入视角出发，分别从融入的客体和主体两方立场展开分析。一方面，就融入客体而言，从德国的中东欧国家移民历史与现状出发，分析德国移民政策的演变及其政治学意义，以呈现德国针对移民融入的立场和移民融入的背景；另一方面，就融入的主体而言，根据社会认同和社会融入的定义对德国中东欧移民的社会认同与适应性进行分析，探讨其中存在的问题。最后，在这两方面探讨的基础上，着重对德国中东欧穆斯林移民的社会融合进行个案分析。对此，本文认为，社会融合体现的就是一种平等交互的过程，德国中东欧穆斯林移民的社会融合达到何种程度，是需要德国政府做出适度的社会控制政策，且需要移民主体不断努力提升自身的社会认同感，只有主客体双方都做出努力，才能更好地解决移民所带来的各种社会问题。

就现状而言，中东欧移民的社会融合问题仍然成为德国所要面临的重大挑战。首先，穆斯林族群的长久存在是个不争的事实，再加上德国本土人口老龄化加剧，这促使德国需要不断引进外来劳动力为其发展经济。人口学家分析，即便未来没有穆斯林迁入德国，考虑到在德穆斯林的高出生率和不断下降的德国本土人口，穆斯林族群将会是德国社会不断壮大的社会群体。其次，穆斯林移民已经给德国主流社会带来了一系列的经济压力、文化差异和价值认同、安全威胁等社会问题，这就要求政府采取及时有效的移民政策，否则，将会给德国社会带来不可想象的影响。再次，由于穆斯林的存在是不可改变的事实，并且给德国社会造成了包括恐怖主义在内的多种社会问题，德国政府正不断致力于穆斯林移民的社会融合，将社会问题转化成社会融合，希望通过实现移民的社会整合来逐渐解决社会问题。

为了让中东欧穆斯林移民更好地融入德国主流社会，德国政府态度的改变和政策的实施是社会融合的第一步，而本土居民和外来移民相互合作的态度是融合过程中必不可少的因素，所以“融合”是一个相互的过程，需要各方面共同合作努力才能达到目标，在保持主流文化的基础上，形成一种多元文化和谐共存现象。作为被主流社会隔离和排斥的对象，穆斯林移民虽然在很多方面与德国主流社会有差异，但不能否定他们争取融入主流社会的努力。他们并不甘于现状，一方面，坚持和强调自身的伊斯兰信仰；另一方面，又希望通过自身努力改变现状，争取获得尊重与平等的权利。因此，要想改变现状，就需要靠德国政府采取适度的移民政策和移民主体社会认同感的不断上升。

本文认为，政府需要从教育、法律、社会交往几个方面入手，减少穆斯林移民在本土德国人中间受到的歧视与不公平。首先，语言是教育的基础，政府必须提供相关的德语课程，在学校学习的过程中，移民及其子女不仅提升了专业知识，更为重要的是，通过与同龄孩子的相互交流、沟通，促进了他们之间的融合。但是目前，学校的教育体系并未很好地承担起促进社会融合的责任。其次，要想真正实现社会融合，一个很重要的方面就是法律的作用，制定相关的移民法来实现社会的公平与平等。然而，在这方面德国相关的移民法并未针对性的体现平等，德国反歧视政策出现在不同法律的不同部分，但主要存在于德国《基本法》中的工作宪法法案部分，德国与国际劳动组织、联合国和欧共体批准的国际条约中。这些法律条款并未说明移民工人在遭受歧视时应得到怎样的赔偿，所以，需要一部反歧视法案来促进德国穆斯林移民的社会融合。再次，社会成员之间的交往也是促进移民融合不可或缺的一部分。1978 年建立的联邦政府移民、难民与融合事务专员办公室虽然在过去的十年已经开始真正关注到移民及其社会融合的问题，但究其实质，其工作和职责的设定仍主要是象征性的。因此，德国应建立一个针对移民的社会融合相关部门，并使其拥有一定的权力，进而担负起移民社会整合、法律制定与实施等方面的工作，甚至可以参与或直接负责相关法律与政策的执行。相关部门也能够组织有利于德国本土民众与外来移民之间相互交流合作的一系列活动，以增进相互的了解与融合。在实现移民融合的过程中，德国政府应该更多考虑在相互尊重彼此文化的基础上，推进文化多元共存的措施。总之，只有通过移民的客体，即德国政府、本土民众以及移民的主体，即来自中东欧的穆斯林移民的共同努力与合作，才能实现外来移民与本土居民之间的和谐共处，并最终实现移民的社会融合目标。

德国与中东欧国家应对欧洲难民危机的差异及合作分析

张　皓　张妗娣*

肯尼斯·奥耶在解释无政府状态下的合作动机与达成时，谈到国际合作的两种极端情况：(1) 不需要合作而实现共有利益，即行为体认为无偿合作比单边背叛更可取，则行为体间形成了利益共同体。(2) 当至少一个国际行为体认为名义上的相互背叛比相互合作更可取，通过合作也无法实现共有利益时，协调和合作将是无意义的。① 在现实的国际社会互动行为中，合作和协调情形介于两者之间。罗伯特·阿克塞尔罗德与罗伯特·基欧汉都认为合作不应基于道德观点看待，而是一种理性主义的利益考量。合作的促成是建立在冲突利益和互补利益的混合状态上，当行为体将其行为调整到其他行为体预期或实际偏好上时，合作就产生了。②

近年来，欧洲难民问题不断加剧，难民危机已成为欧洲乃至世界范围内的重要议题。鉴于中东和北非地区政局持续动荡，“伊斯兰国”恐怖活动猖獗，大规模的难民铤而走险经希腊和意大利登陆，涌入欧洲，人数已逼近欧洲各国的收容极限。不论从短期还是从中长期来看，难民涌入危机带来的经济、政治、社会、文化、宗教、安全等维度的现实问题不容忽视。由于应对难民问题

---

* 张皓，四川大学锦城学院讲师。张妗娣，同济大学中华文化传播中心项目主管。

① 肯尼斯·奥耶：《解释无政府状态下的合作：假说与战略》，载肯尼斯·奥耶编《无政府状态下的合作》，田野、辛平译，上海人民出版社，2010，第7页。

② 罗伯特·阿克塞尔罗德、罗伯特·基欧汉：《无政府状态下合作的达成：战略与制度》，载肯尼斯·奥耶编《无政府状态下的合作》，田野、辛平译，上海人民出版社，2010，第233页。

的态度和措施差异，“两个阵营”在传统西方社会内部正在形成并强化。正如历史学家戴安娜·平托所描述，维也纳和慕尼黑的微笑人群以及布达佩斯不友好的面孔共同组成了欧洲难民危机的典型景象。欧洲给世界呈现出极为矛盾的两面形象：善意友好 VS 严峻可怕。[①] 在欧盟内部，以德国、瑞典为代表的积极主动派和以匈牙利等中东欧国家为代表的消极拒绝派间分歧明显且上升到对抗的程度，中东欧国家和西欧国家在对待移民的态度上，反映了新老欧洲国家和社会间深刻的鸿沟，凸显了欧洲一体化进程中的挑战和考验。

一　欧洲难民危机现状分析

欧洲正在经历二战以来最严峻的难民危机，又因难民规模之大和途中惨案之多，欧盟委员会又称之为“全球最大的人道主义危机”。自难民危机爆发以来，媒体报道中充斥着难民迁移过程中的惨案。2015 年 9 月，一张 3 岁叙利亚儿童惨死海滩的照片震惊了欧洲，然而，仅在去年前 9 个月，在地中海区域因船灾而殒命的难民数量已有几千人。据统计，2015 年共有 125 多万名难民向欧盟成员提出避难申请，这一数字是 2014 年的两倍多（数据对比详见图 1）。

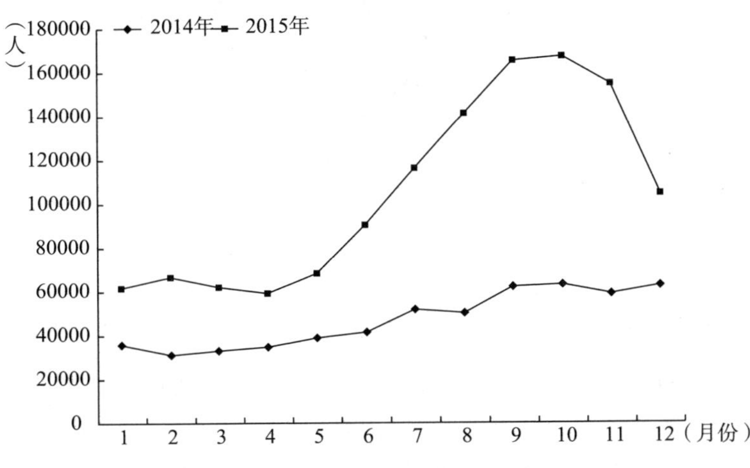

图 1　2014 年和 2015 年欧盟接受难民人数比较

数据来源：http://ec. europa. eu/eurostat/statistics - explained/index. php/File：First time asylum applicants，EU - 28，January 2014 %E2%80%93 December 2015. png。

① 戴安娜·平托：《欧洲难民危机显示的“两个阵营”》，《南风窗》2015 年第 22 期，第 86 页。

2015 年欧洲接受的难民申请主要来自中东和北非，有 29%（约 36 万人）的难民来自叙利亚，14%（17.8 万人）来自阿富汗，10%（约 12 万人）来自伊拉克。究其原因，过去十年，以“单边主义”为指导，美国等国借“反恐”为名，在全球进行广泛的军事干预行动，造成战乱地区严重的人道主义危机，进而引发大规模难民出逃涌向其他国家。欧洲经济发达，民主制度健全，具备人道主义传统，且地理区位紧邻中东地带，自然成为战争难民争相逃往的主要地区。近年来，叙利亚成为欧洲难民的最主要来源国。叙利亚自 2011 年春爆发了内战，部分民众在饱受 4 年战火和内乱后选择离开故土，赴邻国或者欧洲寻求更安全、更好的生活。根据瑞典的一项数据表明，大部分远赴欧洲的叙利亚难民是中产阶级的逊尼派穆斯林，40% 的叙利亚难民都接受过中等或高等教育。①

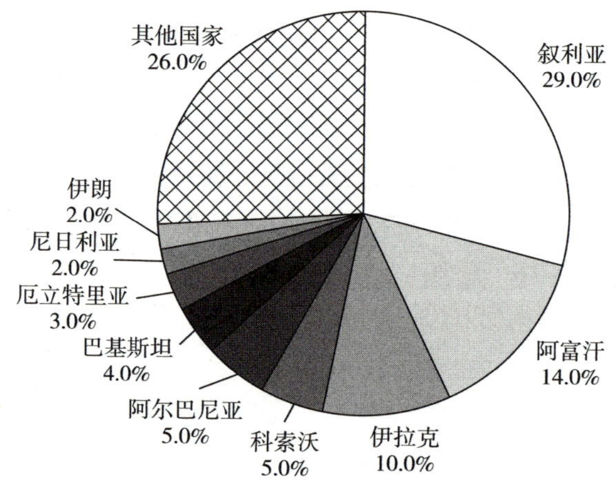

图 2 2015 年欧盟接受难民来源分布

数据来源：http://ec.europa.eu/eurostat/documents/2995521/7203837/3 - 04032016 - AP - DE.pdf/9fcd72ad - c249 - 4f85 - 8c6d - e9fc2614af1b，访问于 2016 年 3 月 20 日。

从中长期的经济角度看，根据欧盟委员会的一份文件，难民的到来将会促进欧盟的经济发展，预计在 2017 年贡献 0.2% ~0.3% 的 GDP。② 从社会文化角度来看，难民的文化往往与难民接纳国的主流文化产生冲突和撞击，给

① Thembisa Fakude，“Germany's Efforts to Resolve the Refugee Crisis”，http://studies.aljazeera.net/ResourceGallery/media/Documents/2015/11/16/20151116121013713580Germany.pdf，访问于 2016 年 1 月 5 日。

② European Commission（2015），http://ec.europa.eu/economy_finance/publications/eeip/pdf/ip011_en.pdf，访问于 2015 年 12 月 10 日。

社会融合与社会一体化带来了很大的困难与挑战。此次涌入欧洲的难民基本上都是穆斯林群体，给欧洲这个受基督教文化影响的社会带来了巨大的冲击，增加了社会的不安定因素。在难民大规模涌入欧洲的背景下，欧盟内部分裂为两派：以德国为首的相对欢迎派和以中东欧国家为代表的防御派。

二 德国和中东欧国家应对难民危机的措施及原因分析

新功能主义理论代表人物约瑟夫·奈指出，“外溢”是一体化合作的动力。外溢指“功能性的相互依赖或任务间的内在联系导致的不平衡，会成为推动政治行为体重新确定共同任务的力量”①。通过多边协商，最可能达成共同任务和目标的是功能性的、低级政治的，与民众生产生活密切联系的领域，从而使多边主义得以实践，而文化、政治、军事等高级领域则最不具备“外溢”特性。

随着一体化的实践，奈修正了其对“外溢”的理解，提出了“一体化潜力”的七大条件：（1）各成员经济水平对称；（2）精英价值的补充；（3）多元主义的程度；（4）成员的适应能力和反应能力；（5）利益分配公平的感性认识；（6）对外部问题的认知；（7）一体化代价的可见性和可转嫁性。②

欧盟作为多边主义和合作博弈理论实践的最佳产物，在因应功能性融合向价值性融合转化的阶段正遭遇一系列挑战和压力。当前难民危机在欧洲的普遍存在引发了该区域“民粹主义”的膨胀，加剧了多边主义协商机制运行的难度和社会共识的折损，对奈提出的七大“一体化潜力”形成了现实的挑战。难民问题作为来自欧盟域外的危机，已成为其当前面临的最大外部问题。2015 年 10 月 14 日，默克尔总理在德国议会演讲时提到，欧盟应对难民危机所应表现出的团结是测试欧盟多边合作机制的历史性考验。③ 这种考验反映了德国与中东欧国家对外部问题认知的差异性和各国围绕难民应对代价

① Josph Nye, *Peace in Parts: Integration and Conflict in Regional Organization*, Boston: Little, Brown, 1971, p66. 中文部分引用自：古莉娜著《欧洲一体化的悖论》，吉林大学出版社，2010，第 9 页。

② 古莉娜：《欧洲一体化的悖论》，吉林大学出版社，2010，第 11 ~ 12 页。

③ Angela Merkel, “rejects criticism of open - door refugee policy”, *The Guardian*, http://www.theguardian.com/world/2015/oct/15/angela - merkel - rejects - criticism - open - door - refugee - policy - germany，访问于 2015 年 10 月 20 日。

的考量。

（一）德国处理难民危机的立场分析

1. 德国应对难民危机的政策基础

二战结束后，德国为了弥补历史错误，宣扬人道主义精神，在基本法中规定："遭受政治迫害的人享有避难权。"同时，德国的庇护体系遵循联合国1951年的《关于难民地位的公约》以及1967年生效的议定书。公约基于"不驱逐出境"（non－refoulement）原则，不允许将难民遣返至面临迫害的危险环境。1989年苏联解体、东欧国家发生政治剧变，大量中东欧的难民涌入德国境内，给德国政府和社会带来了严重的负担。德国政府于1993年通过了《避难妥协法》，规定将更加严格地审查难民资格，并对难民的避难权进行了限制。在欧洲范围内，《都柏林公约》签署的目的是分担欧盟成员的难民庇护责任，适用范围不仅仅局限于28个欧盟成员，也包括挪威、冰岛、瑞士和列支敦士登等非欧盟国家。《都柏林公约》规定避难申请者首先到达的国家应当承担审核的责任，途经周边安全国家进入德国的难民申请者无权获得庇护。

德国大规模接受并妥善安置难民，主要有三个方面的考量：（1）价值考量：难民潮唤起二战时代德国与欧洲各国战争难民的痛苦记忆，德国同情因战争造成流离失所的民众，此次的难民危机为德国提供了一个可以重新书写历史的机会，进而重塑国家身份和承担政治责任，建立负责任大国形象；（2）经济考量：据统计，涌入德国的战争难民中多为叙利亚社会的中产阶级和知识精英，他们能够为日益老龄化的德国社会发展带来远期的经济收益；[①]（3）外交考量：德国欲借此施压美国，促其改变原来的中东政策，争取美国对欧政策向有利于德国及欧盟的战略目标与利益发展。

2. 德国应对难民危机的举措

无论是在经济上还是政治上，德国都处于欧洲的领导地位。根据德国联邦移民与难民事务局统计，自2014年叙利亚危机恶化以来，入境德国的难民人数预计为每年20万，两倍于2013年同期水平。[②] 2015年实际到达欧洲

① 《为什么叙利亚中产阶级沦落为外逃的难民》，和讯网，http://opinion.hexun.com/2015－09－14/179065526.html，访问于2015年10月20日。

② 《德国和欧洲难民政策概览》，《欧洲新报》，援引德国之声数据，http://www.xinbao.de/xinbao/sydh/art/2014－11－07/494277.html，访问于2015年11月1日。

各国的难民总人数已经超过 125 万。德国作为欧洲经济的中心和引擎，成为难民们最期望前往的国家，因此，德国当局难民接收数量达到二战以来的顶点。德国内政部长弗里德里希曾主张维持现行都柏林机制，担心政策的更改会让德国承受更大的接受难民的压力。但默克尔政府最终决定积极接收汹涌而至的难民，引起德国与周边中东欧邻国关系的微妙变化。德国方面警告，由于难民安置问题所引发的欧盟成员间的争执已使欧洲陷入深刻的危机，这远超过希腊债务危机带来的影响。[①] 在此次难民潮的严峻挑战下，德国采取更加积极、开放、友善的态度应对难民的到来。

德国处置难民危机的温和态度，使得从欧洲南部和东部奔赴德国成了中东难民的救命稻草。而在这一必经之路上的中东欧国家，面对难民潮所带来的巨大压力，紧张不安，大批难民借道匈牙利、捷克、斯洛伐克、克罗地亚与斯洛文尼亚，不仅带来巨大的经济压力，也造成所在国家社会生活秩序的混乱。上述国家将矛头直指德国对待难民潮的态度。在欧盟的多边协调机制内，德国试图通过其经济地位和表率行为，施压欧洲尤其是西欧其他发达国家，促使它们同意或增加接收战争难民的人数，简化相应的审批流程，然而收效甚微。

3. 默克尔政府的内忧外患

（1）默克尔政府应对挑战：价值实现与现实能力的悖论

德国政府在欧盟甚至全球范围内树立了负责任大国的形象，维护德国的大国威信，进而提供公共产品。冷战时期，两德民众对“接收难民”的共同记忆，促使德国社会对待此次难民潮的态度趋于同情和接纳。默克尔政府突破了烦琐的“都柏林机制”，简化处理难民问题的常规流程，开放边境以便使来自中东地区难民涌入，旨在进一步实践和强化新德国开放包容的价值理念。默克尔也因其在难民危机中的政策和表现，当选美国《时代》杂志 2015 年年度风云人物。

（2）德国当局难民政策的内部压力

默克尔政府的难民政策在施行了数周后，来自国内各联邦州政府与社会的压力蜂拥而至。基督教社会联盟副主席汉斯 - 彼得 · 弗里德里希已经公开

---

① Jasmina Kuzmanovic, “Rainer Buergin and Marton Eder: Germany Says Europe in Danger as Countries Spar Over Refugees - Bloomberg Business”, http://www.bloomberg.com/news/articles/2015-09-18/o-verwhelmed-croatia-shuts-border-as-hungary-plans-longer-fence，访问于 2015 年 11 月 1 日。

批评默克尔放宽难民接收政策的立场，认为这是“一个史无前例的政治错误”，将带来“灾难性后果”。[①] 从现实情况来看，德国目前是欧盟国家中接收难民人数最多的成员。

近年来，在欧盟的主权债务危机和难民危机的双重困境下，西班牙、希腊等国左翼政治势力不断发展，中欧与东欧地区，政治与社会则显著右倾化。随着难民的涌入，德国面临着一些严重的社会问题，这直接导致德国社会思潮的新趋势表现为左右翼社会组织均朝政治极端主义方向发展。2015 年 7 月逐渐走向右翼民粹主义的德国选择党，主张加强德国外部边界控制，实施更严厉的避难法，并要求默克尔为其不设上限的难民接收政策承担责任并下台。[②] 2015 年 11 月下旬，选择党民调支持率已达 9%。自 2015 年 9 月以来，难民营内打架暴力事件和偷盗抢劫事件呈急速上升的态势，尤其是 2016 年跨年夜的暴力事件后，右翼团体和民粹主义获得更多的支持。2016 年 3 月德国选择党在州选举中，在莱茵兰 - 普法尔茨州的支持率为 11%，巴登 - 符腾堡州的支持率为 12.5%，并在萨克森 - 安哈尔特获得 24% 的支持率，一举成为该州仅次于基民盟的第二大党。[③] 而默克尔所在的基民盟却因积极推行难民政策在州选举中挫败。选举支持率的新动向呈现了德国部分联邦州民粹化的倾向。

（3）外部压力 - 多边协商有效性的边界

德国对待大批难民的慷慨与开放，也引起了相关国家，尤其是难民途径国家的不满。中东欧国家，尤其是作为欧盟成员的中东欧国家表现冷淡，并对难民大规模涌入持消极态度，其中匈牙利与克罗地亚反应最为激烈，直接体现在匈牙利与克罗地亚两国近期关系的紧张。2015 年 9 月 18 日，克罗地亚宣布关闭与塞尔维亚的边境，并将已抵达克罗地亚国境内的难民通过巴士运送至匈牙利边境。这一单方面行为致使匈牙利当局中断与克罗地亚的沟通，两国相互指责，导致相互关系陷入困境。过境难民大量涌入上述国家，社会秩序日益混乱，治安问题恶化，同时，由于当地居民担心难民可能会长期滞留本国，致使本就增长乏力的经济雪上加霜，失业率进一步攀升。不仅

---

① 《德国难民接收能力“逼近极限”》，人民网，http://world.people.com.cn/n/2015/0914/c1002-27580098-2.html，访问于 2015 年 9 月 20 日。

② 伍慧萍，《民粹主义日益侵蚀欧洲主流政治》，《人民论坛》2016 年 1 月，第 42 页。

③ 《德国地方三州昨日选举　默克尔所在执政党失利　右翼选择党成最大赢家》，和讯网，http://news.hexun.com/2016-03-14/182744778.html，访问于 2016 年 3 月 29 日。

如此，欧洲社会思潮的新趋势表现为左右翼社会组织均朝政治极端主义方向发展，正深刻地影响着本国政府的内政与外交政策，一系列的内外困局，导致通过双边与多边协商解决争端的前景难以预测，达成共识与共同行动的可能性非常渺茫。

（二）中东欧国家的应对

一些中东欧的领导人认为欧洲文明是以基督教文化为基础的，大量的穆斯林难民的涌入必将冲撞和威胁欧洲的社会文化，带来“恐怖主义”威胁，特别是在2015年11月巴黎恐怖袭击事件、2016年科隆跨年夜暴力事件以及3月发生的布鲁塞尔恐怖袭击事件后，这样的担忧是令人关注。匈牙利是难民进入德国的必经之地，也是东南欧的门户，许多难民视匈牙利为通往北欧的中转国家。由于紧邻塞尔维亚，匈塞边境聚集了大量来自叙利亚、北非以及阿富汗的难民。仅在2015年夏天，就有约35万难民穿越了匈牙利的领土。根据欧盟的《都柏林协议》规定，难民应该在入境的第一个欧盟国家申请政治庇护，这就是匈牙利在国界堵截难民的原因之一。自难民潮爆发以来，匈牙利当局强硬回应有关难民涌入与安置的相关计划。2015年9月21日，匈牙利议会授权政府可动用军队阻挡难民潮，并允许军方使用非致命性武器。该项法令的通过使军队可以使用橡胶子弹、烟火设备、催泪弹或网枪。在布鲁塞尔召开的紧急内政部长会议上，欧盟通过了12万的难民分配方案，规定成员拒绝执行难民“配额”时将被征收相当于该国国民生产总值0.002%的经济罚款。匈牙利持坚决反对的立场。

匈牙利总理府部长拉扎尔·亚诺什拉认为，配额制是“道德绑架”，是“德国强迫欧洲接受的”。[①] 匈牙利总理欧尔班2015年到访德国时，则建议在难民和移民工人进入申根区之前，就应该在快速登记站（Hotspot）对难民身份进行甄别。欧尔班认为，欧盟和匈牙利都拥有完善的法制系统和执法机构，这一系列的制度建构应该可以做到阻止难民的大量涌入。欧尔班警告，如果欧洲的法律系统不复存在，那将导致欧盟治理体系的失序并陷入混乱。欧尔班更直指德国对难民的所谓“欢迎政策”助长了恐怖主义并增加了不安

---

① 《欧盟各国对难民分摊方案反应相去甚远》，新华网，http://news.xinhuanet.com/world/2015-09/25/c_1116682905.htm，访问于2015年10月11日。

情绪。[①] 同为东欧国家的捷克，也在应对难民潮危机中面临严峻形势。难民潮爆发之际，涌入捷克的难民就曾被扣留长达6周。难民在捷克缺乏食物并在无法对外联络的安置中心过渡。6周后，捷克政府试图根据《都柏林协议》将难民送回其首个入境的欧盟成员国家，但通常由于上述成员拒绝接收难民，捷克政府不得不将难民释放，并允许其继续前往德国。迫于压力，目前捷克当局已经允许来自叙利亚的难民经由本国前往德国。[②] 难民的涌入引发捷克政府与社会强烈反应。作为欧盟成员的捷克，一直以来认同欧盟防止极端排外主义发展的原则。但在此次应对难民危机中，这一原则遭到现实情况的挑战。捷克当局在处理难民问题上被冠以傲慢、官僚且非人道的形象，遭到国际社会的批评。因忧虑大批来自中东地区的难民会对本国社会的宗教信仰、价值观、主体文化等造成冲击，大多数捷克国民支持政府的应对措施。近期民意调查显示，94%的捷克国民主张要求将所有此次进入捷克的叙利亚难民遣送出境，并且关闭边境，中止申根协议有关边境开放的要求。欧盟委员会在早前的难民安置计划中，要求捷克当局安置约1300位难民，否则同样可能被征收经济罚款。这一决定随即被捷克各政治团体否决。[③] 捷克总理博胡斯拉夫·索博特卡曾明确指出“难民将致使欧盟瓦解”。随后，捷克总理代表维谢格拉德集团四国表态，支持保加利亚和马其顿强化其与希腊边境管控，以缓解巴尔干地区相关国家面对难民潮的压力。[④]

2015年9月中旬，由于匈牙利和塞尔维亚的边境关闭，越来越多的难民选择从克罗地亚越过斯洛文尼亚进入奥地利。但是自10月起，斯洛文尼亚政府将每天越境人数控制在2500人，两国政府在边境为难民建立了临时等

---

① 引用自英国《独立报》：http://www.independent.co.uk/news/world/europe/refugee-crisis-eastern-europe-opposes-angela-merkel-s-policy-on-asylum-seekers-a6877916.html，访问于2016年2月16日。

② “Beyond Hungary: How the Czech Republic and Slovakia are Responding to Refugees”, September 7, 2015: http://theconversation.com/beyond-hungary-how-the-czech-republic-and-slovakia-are-responding-to-refugees-47122，访问于2015年12月11日。

③ “Anti-Immigrant Walls and Racist Tweets: the Refugee Crisis in Central Europe”, June 24, 2015: http://theconversation.com/anti-immigrant-walls-and-racist-tweets-the-refugee-crisis-in-central-europe-43665，访问于2015年11月2日。

④ 引用自英国《独立报》：http://www.independent.co.uk/news/world/europe/refugee-crisis-eastern-europe-opposes-angela-merkel-s-policy-on-asylum-seekers-a6877916.html，访问于2016年2月16日。

待点，即使没有任何的安置和照顾措施，也有几千名难民守候在入境口。①对于同处中东欧的斯洛伐克来说，根据一项调查，97%的斯洛伐克群众拒绝接受难民。② 跟匈牙利和捷克政府一样，斯洛伐克政府也明确表示拒绝分摊难民额度。维谢格拉德集团在声明中表示，愿意派遣专家、提供设施和技术支持，以保护申根国家的外部边境。由于中东欧的匈牙利、捷克、波兰、斯洛伐克等国家在难民安置比例问题上坚持不肯做出让步，最终在欧盟框架内，针对难民安置问题的多边协商以失败告终。

三 共同偏好还是冲突偏好：德国与中东欧国家分歧原因评析

在考察德国与中东欧国家围绕难民危机应对的分歧时，需要明确这种分歧的性质，即分歧属于共同偏好（可调和）抑或冲突偏好（不可调和）。各国在行为上是国际协作中稳定预期的结果，也是欧盟国家间必然出现的现象。鉴于此，可以从利益相关性、未来影响两方面，考察难民危机与欧盟国家间行动的协调及分歧。从表 1 中 2015 年德国与中东欧 9 国接收难民人数的比较中不难发现，德国接收难民的数量远超中东欧 9 国总共接纳的难民人数。多方面的原因导致德国的难民接纳度比中东欧多国超过许多。

表 1 2015 年德国与中东欧 9 国接收难民人数对比

国家	2015 年接受难民人数（人）	接受难民人数占欧盟难民总数（%）
德国	441800	35.2
匈牙利	174435	13.9
保加利亚	20165	1.6
波兰	10255	0.8
捷克	1235	0.1

① Julian Lehmann, *Ein Rückblick auf die EU - lüchtlings Krise 2015*, *in Aus Politik und Zeitgeschichte*: *Europäishe Integration in der Krise*, http://www.bpb.de/apuz/217298/europaeische-integration-in-der-krise，访问于 2016 年 3 月 20 日。

② "A Small Town in Slovakia Held a Vote on Accepting Refugees; 97 Percent Said no", https://www.washingtonpost.com/world/europe/a-small-slovakian-town-held-a-vote-on-accepting-refugees-97-percent-said-no/2015/09/28/1d29b1c0-6168-11e5-8475-781cc9851652_story.html，访问于 2015 年 10 月 10 日。

续表

国家	2015 年接受难民人数（人）	接受难民人数占欧盟难民总数（%）
罗马尼亚	1225	0.1
拉脱维亚	330	0.026
立陶宛	275	0.021
斯洛伐克	270	0.021
爱沙尼亚	225	0.018
欧盟接收难民总人数	1255640	

数据来源：http://ec.europa.eu/eurostat/statistics - explained/images/1/13/First_time_asylum_applicants%2C_Q4_2014_%E2%80%93_Q4_2015.png，访问于 2016 年 3 月 20 日。

（一）原因分析

1. 经济层面的承压差异

基于各国经济实力的差异，德国和中东欧国家对难民的接纳度也不同。德国是欧盟中经济实力最强的国家，即使在欧债危机的背景中也保持了良好的发展势头。同时，中东欧国家，尤其是 V4 成员在 2004 年入盟后，经济发展加速，处于与西欧国家趋同化的过程，并逐步融入欧洲经济发展的轨道。然而，大批难民的涌入在短期内会造成当地财政负担恶化，预算赤字猛增的危机，对中东欧国家造成结构性的压力。

难民的大量流入意味着国家需要扩大财政预算。在经历 2008 年全球金融危机和 2011 年开始的欧债危机后，中东欧的出口市场受到影响，经济复苏前景堪忧。匈牙利、捷克等中东欧国家的经济发展水平普遍落后于德国，国内基础设施也较为薄弱，政府及民众都认为国家财政已无余力负荷大量外来难民，正如匈牙利总理欧尔班所担忧的那样："难民的涌入将会影响本国的劳动力市场，并威胁已有的福利体系。"根据国际货币基金组织的统计，2014 年，德国使用 0.08% 的 GDP 用来安置难民。在 2015 年，难民安置费用升至 GDP 的 0.35%。[①] 德国央行则预期，2016 年花费在难民上的支出将达到 GDP 的 0.55%。[②]

---

① "The Refugee Surge in Europe: Economic Challenges", https://www.imf.org/external/pubs/ft/sdn/2016/sdn1602.pdf，访问于 2016 年 3 月 15 日。

② 援引自德国《明镜报》：http://www.spiegel.de/international/germany/budget - battle - begins - over - refugees - in - germany - a - 1079864.html，访问于 2016 年 3 月 20 日。

面对处置难民潮造成的国内开支不断提高，德国政府以及中东欧国家均面临着两难选择——增税或提高政府预算。对此，德国与中东欧国家有着不同认知。

主流的德国政要和学者认为，德国的优势在于其健康的经济成长，而这是解决欧盟当前包括主权债务危机和难民潮的物质基石，若提高税收和政府预算将伤害德国经济增长的动力。德国财政部部长沃尔夫冈·朔伊布勒将力图确保到2020年德国的财政收支保持平衡。入境德国的难民安置开销将视为劳动力的投资，期望未来能够获得收益。根据IMF和德国央行预测，德国政府安置难民的开支有助于提振其2016年经济增长，将比预期增长水平提高0.3%。如果难民群体能够成功融入德国的劳动力市场，到2020年，德国将实现额外0.5%~1.1%的经济增长率，[①] 解决德国因老龄化导致的税收和社保挑战。

2. 国际政治参与度的不同

从国际政治的角度来看，近年来，美国主导，欧洲部分国家以“民主化”和“反独裁”的名义积极参与了对西亚、北非地区和乌克兰等地的局部战争，致使叙利亚、阿富汗、伊拉克、乌克兰和科索沃等区域局势动荡，冲突加剧，进而产生大量流离失所的难民。西欧国家的参与，如德国、法国和英国，也是制造这些区域动荡的原因之一。在当前的难民危机面前，出于责任感和道义感，德国首当其冲地承担起了这场人道主义灾难的难民危机。然而，中东欧国家认为与德、法、英不同，它们并未或者较少插手中东和北非战乱国家的事务，在情感上没有强加的责任和义务来安置难民，它们没有必要承担美国和部分西方国家中东战略的后果，因而它们对待难民的态度相对消极。

3. 处理多元文化的经验不同

二战后，德国有过多次融入难民和移民的经历。战后的德国紧缺劳动力，从周边国家招募了大量劳工。1961年，联邦德国与土耳其签订了《招工协议》，土耳其人逐渐成为德国最大的移民团体。20世纪80年代中期至今，阿富汗、伊朗、伊拉克一直是难民的主要来源国之一。[②] 90年代初，苏

---

① 引自德国《明镜报》：http://www.spiegel.de/international/germany/budget-battle-begins-over-refugees-in-germany-a-1079864.html，访问于2016年3月20日。

② 唐艋：《德国难民政策的历史与现状》，《德国研究》2015年第2期第30卷。

联解体和东欧剧变后，来自波兰、匈牙利等中东欧国家的难民投向德国。2011 年叙利亚内战爆发后，叙利亚成为难民最主要的来源国之一。在多民族的文化冲击与融合中，德国逐渐发展成为一个多元文化的国家。跟德国相比，中东欧国家的文化相对比较单一。在波兰、匈牙利和捷克，大部分民众信奉天主教或者基督教新教。这些中东欧国家缺少不同宗教的融合经历，也缺乏接纳移民的管理经验和开放心态。因而面对以穆斯林群体为主的难民问题时会显得谨慎和消极。

（二）需要弥合的分歧：化“冲突偏好”为“共有偏好”

国家间博弈的报偿结构会影响合作的水平，而报偿结构往往受制于行为体外部的客观因素和行为体自身的主观因素。由于社会历史发展轨迹的差异，德国与中东欧国家形成了各自不同的社会意识观和国家利益观。在欧盟框架下，各国凝聚共识、建构新利益共同体是保障、推动多边治理的基础。难民危机暴露了当前以德国为主导的多边治理实践的缺陷。而弥合分歧的途径应当着重于行为体的主观层面，即对共同利益知觉的启发和认知，进而令各国主观上提升利益相关性，使报偿结构从冲突转向合作。[①]

需要弥合的具体分歧有以下三方面。

1. *德国方面*

强调多边治理的价值维度，主张以多边协商为手段，采取风险分担的态度，增加联盟的绝对收益。德国总统高克在出席德国统一 25 周年纪念活动之际提到：只有欧洲（作为一个整体）一起努力，才可能解决难民问题；只有共同努力加大对战争地区难民的支持，尤其是解决难民问题的根源，才能减少难民涌入；只有共同加强欧洲外部边界的安全，德国才能保持目前的开放。[②]

国际格局的力量对比和结构压力转移，为德国发挥更加正面、积极的作用营造了有利条件：（1）法国目前正面临长期经济发展缓慢和承受较大的债务负担；（2）英国可能寻求退出欧盟；（3）美国推动的“亚太再平衡战略”

---

① 罗伯特·阿克塞尔罗德、罗伯特·基欧汉：《无政府状态下合作的达成：战略与制度》，载肯尼斯·奥耶编《无政府状态下的合作》，田野、辛平译，上海人民出版社，2010，第 235 页。

② 《德国总统：难民问题使德国面临新的统一任务》，环球网，http://world.huanqiu.com/hot/2015-10/7690286.html，访问于 2015 年 10 月 30 日。

与“泛太平洋伙伴关系协定”，将其战略转向亚太地区，在欧洲的影响力正在下降；[①]（4）俄罗斯正经历经济停滞之苦。德国因其经济地位和广泛影响力，正成为区域内无可争辩的第一大国。

作为欧盟成员中的领导国家，通过此次难民危机的应对，德国政府正在从原有的“克制”外交政策逐渐走向积极、稳健、更加有所作为的积极外交政策，而通过参与此次难民危机的应对过程，也唤醒德国社会和民众对德国和欧盟的责任意识，以多边协商和利益补偿（尤其是财政层面的转移支付）为手段为欧盟甚至整个欧洲地区提供足额的“公共产品”，默许成员以“搭便车”的方式，实现共有偏好的达成，既解决了争端，也成就了德国的政治地位。

2. 中东欧国家方面

强调多边治理的工具维度，在肯定多边治理模式下，追求自身相对收益的增加并试图规避由此产生的风险。在欧盟所倡导的价值趋同上，中东欧国家因特定的政治历史记忆，还需经历相当长的适应阶段。民族主义在东欧剧变中曾发挥过重要作用，其社会当中的民族主义思潮与思维方式相对于西欧国家也较为强烈，政府与社会更倾向从民族国家利益的角度保证自身权益，在欧盟多边协调与合作中更愿意以低成本的投入获得高收益的“公共产品”，如外国直接投资、欧盟统一大市场、劳动人口的自由流动等。

3. “共同命运”

德国与中东欧国家应当在欧盟多边治理机制下，建构一种“共同命运”的价值判断，避免由难民问题引发的强势德国，再次唤起邻国对“德国问题”在安全领域的不安情绪，杜绝“修昔底德陷阱”在欧洲再现。

目前，欧盟处理难民问题的法理依据是以都柏林二号规章（Dublin Ⅱ - Verordnung）为参考标准，要对难民申请者是否具备资格而进行审核。[②] 1997 年生效的“都柏林机制”，是指经由第三国而入境欧盟成员国家的难民可能会被遣返至最初到达的那个欧盟成员国家。这一机制长期遭到中东欧成员的反对，特别是遭到巴尔干地区成员以及东扩后新成员的非议。例如，像匈牙利这样因地缘条件靠近冲突地区而成为难民“首选”的经由国，更倾向

① Stefan Wagstyl, “Migrant Crisis Awakens Germans from Foreign Policy Slumber”, *Financial Times*, October 2, 2015.

② 《德国之声（DW）：欧盟统一难民政策难上加难》，转自大公网：http://news.takungpao.com/hkol/digest/2013-01/1398687.html，访问于 2015 年 10 月 9 日。

于都柏林体系能够做出系统性修正，以缓解自身受到的难民接收数量的压力和减少巨大的难民安置成本。当前，包括欧盟成员在内的欧洲各国正经历自二战以来最严峻的难民潮，这次难民潮将彻底冲击现行的欧盟难民收容制度、救助机制以及“申根”协议下的边境管控机制，也将对欧盟各国的经济、社会、文化产生深远且不可预期的影响。

四　结语

由于传统的地缘政治因素，德国与中东欧国家关系密切。在经济发展模式和传统政治问题上，中东欧国家都在向德国靠拢。而在日益凸显的欧洲难民问题上，德国显得相对积极主动，中东欧国家则消极拒绝，德国与中东欧国家在处理难民危机问题上产生了鸿沟，造成鸿沟的根本原因在于各国经济实力、国际政治参与度、处理多元文化经验上的差异。然而，难民危机的解决需要欧盟团结起来共同寻求解决办法。一体化悲观主义者、美国学者戴维·卡里欧认为，如果不经历一场巨大的危机，一个真正意义上的联邦欧洲看起来仍是难以想象的。[①] 难民危机或许正是这样一个危机，抑或是契机，实现冲突偏好向共有偏好的报偿结构转换，促成包括德国与中东欧国家在内的各成员一致的利益知觉，形成一种基于结构经济、政治、安全压力下的利益共同体，推动争端的缓和与化解，从而使欧洲一体化距离政治联盟更进一步。

① 戴维·卡莱欧：《欧洲的未来》，冯绍雷等译，上海人民出版社，2003，第 317～318 页。

后　记

《冷战后德国与中东欧的关系》一书即将付梓。作为最近几年对中东欧学者关于“中欧”概念的关注和热议的回应，尤其是对中东欧问题研究近三十年的长期研究心得的回报，这样一本学术成果即将问世，着实是一个十分令人振奋的好消息。

本书是同济大学德国学术中心促进对德交流的研究项目之一，主编之一杨烨申请了主题为“冷战后德国与中东欧的关系”的项目（2013～2015），得到该中心促进对德学术交流资助基金的支持。在研究中，该中心给予项目组成员研究经费、出版经费等具体资助。在此，谨以主编的身份，并代表全体作者、译者对同济大学德国学术中心表示衷心的感谢！

本书书稿也是欧盟让·莫内课程项目（Jean Monnet Program—European Module 2013－2016）的研究成果之一。该项目主题为：“欧洲一体化、经验、现实与政策”（European Integration：Experiences，Practices and Policies）。书稿是项目结项成果之一，在此对欧盟让·莫内项目表示真诚的谢意！

项目书稿中，采用了三篇捷克学者的英语论文。论文来自捷克查理大学文学院和捷克科学院哲学研究所合作出版的一本英语、德语书籍《中欧？在现实，空想和构想之间》（*Mitteleuropa？Zwischen Realität，Chimäre und Konzept*，布拉格：查理大学出版社，2014）。在获得该书主编以及两位作者的书面承诺后，这几篇译文得以作为书稿的内容，在第一编中对“中欧”概念的历史、文化、地缘等相关内容做了极大充实，为书稿主题的突出做出了有成效的贡献。在此，向这几位捷克学者表示深深的学术敬意！

书稿的主编和作者大部分是中东欧问题研究领域的学者，两位主编虽然长期研究中东欧问题，但是因参与欧盟项目，在德国具有学术访问的经历，从而为书稿涉及主题的展开提供了客观的经验性条件。

本书的作者主要是来自同济大学政治与国际关系学院欧洲研究中心的学者，他们是：杨烨、宋黎磊、刘骞、沈洪波、蒋一澄；来自中国社会科学院俄罗斯东欧中亚研究所中东欧研究室的学者，他们是高歌、贺婷、曲岩。此外，还有广西大学的顾强、同济大学马克思主义学院的胡丽燕、同济大学中华文化传播中心的张妗娣、四川大学锦城学院的张皓。作者中也有从事德国问题研究的资深学者，例如，上海外国语大学的戴启秀。在此，特向各位作者的辛勤工作及对书稿的学术贡献表示深深的感谢！

书稿序言的写作者，是国内德国研究和中东欧研究的佼佼者，具有首屈一指的学术地位。郑春荣是德国问题研究领域的中青年学者，是德国问题研究的前沿人，在德国当代政治与外交、中德与中欧关系方面有诸多学术专著、译著以及学术论文问世，在国内德国研究和欧盟研究领域获得高度认可。朱晓中是中国社会科学院俄罗斯东欧中亚研究所中东欧研究室主任，自20 世纪 90 年代初至今研究中东欧问题孜孜不倦，发表了诸多精彩论文，是在国内中东欧研究领域被高度首肯的一位具有观点引导性的资深学者。写作序言的两位作者的特殊学术身份，将使本书的学术影响得以提升。在此，特向这两位前沿学者致以最高的学术尊重和发自内心的感谢！

在书稿写作和英语论文翻译中，同济大学政治与国际关系学院的几位硕士研究生也做出了自己的努力，他们是：王静、张亚男、任桑、封畅、吴惠玲和冀羿辰。对他们的积极参与和努力工作，在此一并表示感谢！

2015 年 7 月 8 日，书稿召集审稿会，邀请了国内学术界欧洲问题研究、德国研究和中东欧研究的著名学者参加。其中包括：中国社会科学院俄罗斯东欧中亚研究所朱晓中、高歌等；中国社会科学院欧洲研究所《欧洲研究》主编宋晓敏、山东大学马克思主义学院副院长方雷；同济大学德国研究所郑春荣、伍惠萍；上海社会科学院崔宏伟；上海对外经济贸易大学尚宇红、刘海泉；上海外国语大学汪宁、忻华；复旦大学刘丽荣；上海欧洲学会曹子衡等。这些学者在审稿会上对书稿写作提出了中肯的意见和建议，这些意见和建议对书稿的写作极有裨益。在此一并表示感谢。

同济大学德国研究中心的任春、朱哲莹以及其他几位老师，在项目执行和书稿审稿会上也给予积极的配合与支持，在此也表示衷心的感谢。

总之，《冷战后德国与中东欧的关系》书稿即将付印，这无论如何是一个极好的事情！尽管如此，德国与中东欧国家关系的研究目前在国内学术界还是一个受关注不多的研究课题，在这个领域还有很多新领域和新空间值得探索和深究，还需要很多学术努力和奉献。在今后十年以至于更长的时间里，这个话题将始终是欧洲研究、德国研究、中东欧研究领域的一个颇具现实意义和学术价值的长期研究课题。

主编 杨 烨 高 歌

2016 年初冬 上海 北京

图书在版编目(CIP)数据

冷战后德国与中东欧的关系 / 杨烨，高歌主编．-- 北京：社会科学文献出版社，2017.5
(德国研究丛书)
ISBN 978-7-5201-0179-0

Ⅰ．①冷…　Ⅱ．①杨…　②高…　Ⅲ．①国际关系史-研究-德国、中欧、东欧　Ⅳ．①D851.69②D850.9

中国版本图书馆 CIP 数据核字（2017）第 000898 号

·德国研究丛书·
冷战后德国与中东欧的关系

主　　编 / 杨　烨　高　歌

出 版 人 / 谢寿光
项目统筹 / 祝得彬
责任编辑 / 刘　娟　刘学谦

出　　版 / 社会科学文献出版社·当代世界出版分社（010）59367004
　　地址：北京市北三环中路甲 29 号院华龙大厦　邮编：100029
　　网址：www.ssap.com.cn
发　　行 / 市场营销中心（010）59367081　59367018
印　　装 / 三河市尚艺印装有限公司

规　　格 / 开　本：787mm×1092mm　1/16
　　印　张：24　字　数：411 千字
版　　次 / 2017 年 5 月第 1 版　2017 年 5 月第 1 次印刷
书　　号 / ISBN 978-7-5201-0179-0
定　　价 / 98.00 元

本书如有印装质量问题，请与读者服务中心（010-59367028）联系